浪漫、孤独的理想主义者

赵仲明 著

GUANGXI NORMAL UNIVERSITY PRESS
广西师范大学出版社
·桂林·

浪漫、孤独的理想主义者
LANGMAN GUDU DE LIXIANG ZHUYIZHE

图书在版编目（CIP）数据

浪漫、孤独的理想主义者 / 赵仲明著. -- 桂林 ：广西师范大学出版社，2025. 8. -- ISBN 978-7-5598-8536-4

Ⅰ. K825.76

中国国家版本馆 CIP 数据核字第 20256RH203 号

广西师范大学出版社出版发行
（广西桂林市五里店路 9 号　邮政编码：541004
网址：http://www.bbtpress.com）
出版人：黄轩庄
全国新华书店经销
北京博海升彩色印刷有限公司印刷
（北京市通州区中关村科技园通州园金桥科技产业基地环宇路 6 号
邮政编码：100076）
开本：710 mm × 1 000 mm　1/16
印张：25.25　　　字数：351 千
2025 年 8 月第 1 版　　　2025 年 8 月第 1 次印刷
定价：168.00 元

谨以此书献给

李西安 先生

音乐家传记写作的“三学”品格与境界

居其宏

2021年8月底，正当酷暑难当、疫情肆虐之际，我接到赵仲明的邀约，要我为他刚完稿的《浪漫、孤独的理想主义者》写一篇小序；虽然，其时手头之事多且杂，正忙得焦头烂额，但考虑到传主李西安在改革开放新时期的中国乐坛上做出过巨大贡献，具有特殊地位，又兼他和传记作者赵仲明都是我的同道，却之不恭，故欣然从命，始有此序。

传主李西安与作者赵仲明

李西安大我6岁，算是同辈人；在1985年之前，相互之间并无太多个人交谊。自他相继担任中国音乐家协会书记处书记、《人民音乐》主编、中国音乐学院院长以后，因工作需要，彼此交往渐多，也共同经历了改革开放新时期中国乐坛的风风雨雨。在著名的“四人谈”“回顾与反思”“兴城会议”以及他的“大峡谷”理论的提出等重大事件上立场一致、志趣相投。于润洋、张静蔚、梁茂春、王安国、戴嘉枋等和我的一些“反思”文论多在他任主编时的《人民音乐》发表，给他和张弦、于庆新等编辑部同人增添了许多麻烦。不久，他的音协书记处书记、刊物主编、学院院长三个职务相继被免，之后依然不改初衷，无私而忘我地工作在新的岗位上，为新时期我国音乐艺术的发展和中国音乐学院的建设做了很多有益工作和杰出贡献。

在我印象中，李西安外表温润儒雅，颇具绅士风度，每遇大事有静气，骨子里却有一股战士和勇士情怀充溢其间。

相比之下，我对赵仲明的了解，仅限于以下几点：

其一，早年，他与我的师弟张振涛是同班同学；按这层关系，他也是我的师弟。

其二，后来他竟投到张振涛门下攻读博士学位；按这层关系，他竟成了我的师侄。

其三，自彼此认识至今，多年来我俩直接交往的机会虽然不多，但他给我留下的印象是，为人热情，性格文静，办事靠谱，在对大命题的看法上彼此颇有共识。

其四，通过阅读他的大作，我对他的人品、学品和文品有了更加真切的了解和更深刻的体认。因为，在我的阅读视野中，为音乐界名人立传者为数不少，如日本作家冈崎雄儿著、李玲翻译之《不愿做奴隶的人：聂耳传》，马可之《冼星海传》，李业道之《吕骥评传》，伍雍谊之《人民音乐家吕骥传》，史中兴之《贺绿汀传》等。这些传记的传主都是近现代当代中国乐坛上的风云人物，各个有其历史贡献。再看这本书，无论传主的专业成就和历史地位，还是传记作者的影响力均不及前述各传，然而，它的鲜明特点和独有贡献，却是在史学品格、乐学品格、文学品格及其融合上达到了一个新的境界。

恰是这最后一点，成为了我为之作序的重要动力。

史学品格之求实精神

一般而言，名人传记属史学范畴，系史书体例之一。被鲁迅赞为“史家之绝唱，无韵之离骚”的司马迁《史记》，为古今历代传记之至境。

音乐史学家戴嘉枋曾就音乐家传记写作提出过如下要求：“传记是记述某个历史人物的生平事迹的，写的是历史，它必须忠于史实，言必有据。即便是为了使人物鲜明生动一点，可以在某些细节性的描写上作一些文学性的渲染，然而所写的人与事，却必须是真有其人、实有其事，主要情节及重要细节不能违反确凿可靠的历史事实，不能任意虚构。”[1]

赵仲明硕士阶段师从我的研究所同事吴钊，主攻中国古代音乐史，接受过专业化的史学训练，从这本传记也可看出，他具备了史学家最基本也最重要的学术品格和素养——

其一，充分掌握确凿的史料和史实，将李西安的人生阅历、音乐经历、与传主及音乐界重大事件有重大关联的史料和史实悉数搜集到手，务求无重大遗漏，并在书中适当部位予以展示，如贺绿汀致李焕之及第四届音协常务理事会的信（原件）、李西安《〈人民音乐〉改版计划》《关于中国音乐学院办学的若干设想》《就职演说》手稿等等。

其二，在丰富、厚实的史料支撑下，以把握历史发展规律、顺应时代前进方向、求实求是的科学历史观，对传主艺术人生、从政主张与经历、由仕而士后的孤独与坚守、在诸多重大事件中的思考与行动（如1980年中国音乐学院复建时以普通教师身份向院方提出《十点建议》；1982年、1983年亲自策划组织第一届、第二届“华夏之声”系列音乐会；1985年兼任《人民音乐》主编后积极推进刊物大胆改版并发表“四人谈”；开辟《回顾与反思》专栏，在鲜明支持“新潮音乐”的同时对中国民族音乐抱以深切的学术关怀；提出“大峡谷”理论）做了真实可靠的记叙与积极中肯的评价，进而从中提炼出“浪漫、孤独的理想主义者”的结论。我认为，这个结论是准确的，符合李西安公众形象的基本面。

其三，严格遵循既不虚美、也不掩过的原则，对李西安的性格特点、

---

[1] 戴嘉枋：《我们需要什么样的音乐家传记？——读两本冼星海传》，《中央音乐学院学报》1981年第1期，第38页。

才能类型、前瞻性眼光及其在境遇顺逆中的作为与不足，从不避讳，而是如实道来，由此写下这段话：

> 在我看来，李西安其实是一位颇为典型的儒雅将才。他有思想、有学识、有人格魅力，同时也具备独当一面、事无巨细地处理工作的超强执行力，但他身上却缺乏运筹帷幄和杀伐决断的帅才特质。作为将才，他可以在李凌手下把一个部门，比如创作室、实验乐团、作曲系搞得风生水起；在李焕之手下把《人民音乐》也办得有声有色。所谓“能领兵者，谓之将也”“能将将者，谓之帅也”。但改革开放之初，中国音乐学院人心涣散、百废待兴，且由于种种历史原因积习难改，他在没有强有力的班子同僚支持的情况下孤军奋战，成大事不易，创伟业更难。何况，他与生俱来的温良恭俭让书卷气和独善其身的理想主义性格还让他对现实，乃至对未来产生了某些误判。

这就是一个严肃史家对传主和传记写作必须抱持的严肃态度。

可惜，我们在某些音乐家传记中看到，为传主讳者、隐恶扬善者、一味歌功颂德者，各逞其技，应有尽有，唯将史家与史笔的史学品格抛于脑后。仅此一端，便益显赵仲明及本传记之难能可贵。

乐学品格之专家眼光

音乐家传记，传主不但是音乐家，而且是在音乐界各门类成就卓著、声名显赫、影响巨大的音乐家。为之写传，作者的音乐史论修养和眼光、与传主所从事的专业领域相关的知识和技能等等，不仅是传记写作必备的基础条件，更是对传主音乐成就进行职业化评估和历史性定位的内在依据。

鉴于传主李西安系作曲出身，此后在理论思潮研究和常规教学之余，以一身而兼中国音协书记处书记、中国音乐学院院长、《人民音乐》主编，以及乐团艺术总监、音乐会策划者和组织者等职，涉猎领域甚广，专业门类很多，对他在这些领域的活动、作为、成果、贡献和影响进行记述和评价，对赵仲明的音乐素养和综合眼光是一个严峻的挑战。

当然，写传记毕竟不是做和声或作品分析题，也不必进行更加专业化的命题探讨或行政领导的政绩评估，但《浪漫、孤独的理想主义者》比起某些音乐家传记在一些涉及音乐艺术专门命题上总是隔靴搔痒、言不及义，甚至得出明显违背艺术规律的结论来，虽不能说在这方面的表现已尽善尽美，但其中大量的内容和描写，特别是对两届“华夏之声”音乐会、“新潮音乐”和“四人谈”、“回顾与反思”等的记叙和评论，无论是三言两语还是纵横挥洒，总能以较高的专业眼光和开阔视野点中穴位，从而令该著成为一部真正具有专业素养和乐学品格的音乐家传记。

文学品格之老辣多思

传记当然也是文学体裁之一种，因此，在坚持史学品格、乐学品格的前提下，也要讲究文学品格。但文学品格也有多样，不事雕琢、平实质朴、厚重深沉是其一；文笔生动、描写精彩、修辞优美是其二；文字老辣、博学多思、浮想联翩是其三。

不过，文学品格毕竟是传记文学的一个补充性品质，最基本的文字要求不妨以“信达雅”来概括；一旦过之，极易落入戴嘉枋所批评的任意虚构、违背真实的窠臼，以文害义，反为不美。故把握好分寸，实为至要。

我对赵仲明的文学素养和严谨的文字表述功底了解不多，但从这本书给我留下的阅读体验看，其文学品格似乎三者兼有，但以老辣多思为主——在忠实记写传主生平事迹或坎坷境遇时，作者常有独立思考与丰富联想，从中吟哦出若干感慨，给读者以意味深长的生命启迪或直击灵魂的警示哲思。

且看以下两段文字。在记叙李西安生平中诸多“假如”时，赵仲明将它概括为“最令人唏嘘的假如”和“最令人感动和心碎的假如”两种，分别写出自己的感慨：

我相信，世上最令人唏嘘的假如，并非都是因“壮志未酬人欲老，寒林落雾心茫然”（尹耕）的感叹和“心如老马虽知路，身似鸣蛙不属官”（陆游）的哀怨。最令人感动和心碎的假如，恰恰是人在生命垂危之际最后发出的强烈渴求和深切期盼。正如贝多芬患科根综合征（Cogan Syndrome）后，迅速的听力下降和最终的耳聋折磨了他近30年，但他临终前留下的一句话却让人仰面而泣，潸然泪下——“我将在天堂里听到一切。”

在写到李西安人生道路上遇到许多“贵人”时，赵仲明又不甘就事论事，而是将思绪从具体叙述中超拔出来，以老辣笔触写出下面这段颇具人生哲理的警世恒言：

中文里的“贵人”一词多义。有人说，提拔你并给你机会施展才华的人就是你的贵人。但在人生的漫长道路上，不断提醒你的人，愿意和你唠叨的人，和你分担和分享的人，无条件荐你、挺你、欣赏你并且还始终在背后默默为你付出的人，又何尝不是贵人？然而，贵人并不是对谁都能倾情相助的人。能得到贵人帮助的，必须是那些首先懂得“自贵”和“自重”的人。他们脚踏实地，既不指责别人才疏学浅，也不抱怨自己怀才不遇。一旦机遇来临，他们便能以青衿之志，履践致远，行而不辍，未来可期。

我相信，这段文字给人以鼓舞、以启迪，也给某些人以警示，足可直击其灵魂深处的良善盲点。

在传记的最后，赵仲明对李西安其人、其作、其事做了如下判断：

> 诚然，李西安究竟是“尘”是“土”还需要留待历史评说，但我确信——
>
> 他是一位重情重义的人；
>
> 一位有理想而从不妄诞浮夸的人；
>
> 一位具有爱才诚意、用才胆识、容才雅量和聚才良方的人；
>
> 一位既没有学阀气息，更没有官僚做派的人……

我深然此说并相信，举凡对李西安有所了解或与之有交往的业内同行，都会认同这个评价。

总而言之，尽管《浪漫、孤独的理想主义者》中个别评说还有可斟酌之处，但它集史学品格、乐学品格、文学品格于一身，在实际写作中融三者于一体，从而将我国音乐家传记的研究和写作推向了一个新的境界，值得嘉许。

乃有此序。

2021年9月22日星期三于北京寓中

自 序

无论从什么角度讲，李西安的传记本不该由我来写。皆因许许多多与李西安相识相交数十年之久的前辈、同窗、同事，以及他曾经直接、间接的学生对他的了解都比我多。何况，近年来关于李西安的生平报道、为人处世、工作业绩、学术研究，尤其是2020年6月以后对他的回忆、缅怀、追思等文章也已不少。在这样的情况下，再添一本我写的传记似乎有些多余。

然而，面对2018年6月李西安对我的生命之托，这本传记我却不得不写。坦率地说，从那时起，每当想到这些，我便顾虑重重，惴惴不安。如果只是进行流水账式的生平编年史编纂，我实在不愿意再去重复早已被大家了解和熟悉的内容。那种微不足道，甚至多少还有些浅薄的叙事方式既不足以反映和描述李西安，更不可能在他身处的和经历的历史语境中透析他一生的志趣、理想、追求，以及迫于现实不得不做出妥协和退让的真实内心。皆因“没有分析的历史叙事是琐碎的，而没有叙事的历史分析则是欠缺的”（彼得·盖伊语）。

实事求是地说，李西安还算不上什么伟大的人物。但不可否认，在他那一辈的音乐学者当中，学术造诣比他深的人影响力没他大；影响力比他大的人学术造诣却没他深。究其根源，皆因李西安极其特殊的人生际遇在中国当代音乐史上具有十分典型的意义，而从他的际遇中映射出来的正是一个时代的缩影。我很赞同史学家许纪霖的说法：“历史，总是由知识分子书写的，然而，知识分子自身的历史，却常常无人书写……这一情形，到20世纪80年代有所改变，在文化热之中，产生了知识分子的自我反思。反思的方法有多种，其中之一就是历史的反思，于是，知识分子开始有了自我的历史。”[1]

毋庸讳言，李西安和一些与他意见相左，甚至产生分歧、对立的人一样，都是有争议的前辈。既然是争议，那么众说纷纭，各抒己见便不足为奇。在我看来，李西安是一位理想主义者，而且是一位浪漫、孤独的理想主义者。浪漫的理想主义激情始终在他的一生中跌宕起伏。他的睿智感召和远见卓识使他在海内外拥有一大批和他一样激情澎湃、痴迷执着，且才华横溢的精神信众。虽然云谲波诡，荆棘满途，春生冬亡，夏荣秋枯，但他总能在荣辱不惊、云淡风轻的精神世界里找到自己激情的归宿，他的灵魂最终也得以安放在他善良、正直、坦荡、豁达的内心深处。

李西安重视现实，讲求实际，但却常常把现实中的人、事、物理想化；他乐于接受新思想、新理论、新方法，并有强烈的使命担当，但他更急于为自己的理想抱负立言、立说；他善于从宏观上、整体上洞悉事物的本质，并能从中推断出事物运行的基本规律，但他却没有讳莫如深的城府，甚至有时还好为人师，规谏劝诫；他勤勉律己，闻融敦厚，但却不善管束他人、批评他人；他审己度人，顾全大局，但却从不为自己辩解；他安不奢逸，危不惊惧。面对各种褒贬和责难，他胸中纵有激雷，也总是面如平湖，泰然处之。

生命存活的时间或长或短，因人而异。在有限的生命里，人人都有或悲或喜、或明或暗的时光。但从1980年至2020年逝世的40年中，“福无双至，祸不单行”的民间谚语并不适用于李西安。因为，他的命运常常是福祸双至，从不单行——他的第一个10年辉煌，得益

[1] 许纪霖：《中国知识分子十论》，上海：复旦大学出版社，2003年，第80页。

于中国改革开放之初“不拘一格降人才”那个至今依然让人怦然心动的大时代；但之后的10年，用他自己的话说便是“打一枪换一个地方”的无奈沉寂和默默抗争；21世纪的第一个10年，他似乎又得到了幸运之神的眷顾，甚至享有“香风飒来，神清气爽，飘飘然有凌云之意”[1]；但最后的10年，幸福和灾难依然比肩连袂，突如其来，令他猝不及防。

然而，李西安身上始终有一种“吃一堑不长一智”的执拗。他虽然外表温文尔雅，彬彬有礼，但内心却有着不屈不挠、越挫越勇的坚韧和刚毅。为了他的理想和追求，他宁可一个人孤独跋涉，也不愿意随波逐流地苟笑。

很少有人知道，李西安一生都没有见过他的生父生母和胞兄胞妹，就连他的名字也是由算命先生掐算而来——20世纪30年代初，一位名叫李振泰的山东荣成汉子，随着华北大批闯关东的灾民到了东北。短短几年，他靠在黑河伐木、挖煤，在大连做“水鬼”挣得了“第一桶金”。随后，他在黑河娶妻成家，到哈尔滨安居乐业。但因婚后一直无子嗣，1935年2月19日，他抱养了第一个男孩，取名李福聚；1937年5月20日，又抱养了第二个男孩，取名李宝聚。由于宝聚体弱多病，经算命先生掐算后方才知道宝聚命里缺“金”。于是按照东方属木、南方属火、西方属金、北方属水、中方属土的五行学说，李宝聚的名字被改成了李西安，取“西”补“金”，求安，求吉……

但李西安和普天下的芸芸众生一样，仍然不能逾越命中已有的注定。虽然他自幼在养父养母十分殷实的家中度过，并先后就读于黑河惠永国民小学、哈尔滨兆麟小学，跟随养父养母迁居天津后，又先后在天津木斋中学、天津一中读书，并且还能以半袋白面一节课的天价课时费

[1] 〔宋〕李昉：《太平广记》卷十七《裴谌》，北京：中华书局，1961年，第117页。

跟随白俄小提琴家托诺夫[1]学习小提琴，直至18岁顺利考上中央音乐学院作曲系，之后，27岁便与军驰合作出版了他的第一本小册子（《民族曲式与作品分析》），44岁脱颖而出，一步一个脚印地走进了他生命中第一个高光亮丽的10年，但54岁依然丢官罢职，直至大限之日，也终究没能躲过“4”的天数……

之所以如此叙事，皆因我不想把李西安的一生按照通常所见的“教授”“作曲家”“音乐理论家”，以及“书记处书记”“主编”“院长”等学衔官职加以概括。相反，我更愿意将他视为一位忘年交而予以研究。因此，与其说这是一本受传主郑重委托的个人传记，不如说是一本中国当代音乐史的缩影侧记。而他给我留下的数十本他在中国音乐家协会书记处、《人民音乐》编辑部和中国音乐学院工作期间的工作笔记和一些见证历史和记录时代的照片、音乐会节目单、解说词，以及听杨荫浏、姚锦新讲课的课堂笔记和他个人的日记、书信、诗歌等，便是透视中国当代音乐史最鲜活、珍贵的史料。读懂它们，才能读懂李西安所处的时代，才能理解“真正的光明绝不是永没有黑暗的时间，只是永不被黑暗所掩蔽罢了。真正的英雄绝不是永没有卑下的情操，只是永不被卑下的情操所屈服罢了”（罗曼·罗兰语），最终，才能读懂李西安在那个时代里的所思所想与所作所为。作为朋友、学者，尤其是作为理想主义者的李西安，才能真实、亲切、自然地呈现在我们面前。因为，“历史学家

[1] 按：关于“托诺夫”，虽然在很多中文著述里都有提及，而且有的著述还指出他曾经教过聂耳、刘天华、冼星海等中国音乐家，但由于他名字的俄文或英文全称很多著述并无详载，以致在英文维基百科（Wikipedia）之“白俄小提琴家”（Category：Violinists from Belarus）栏目中按“M. Tonoff”查找也一无所获。目前国内学界仅有牛蕊《从漂泊的“无根者”到中国早期专业音乐的“拓荒者”——俄侨音乐家嘉祉、托诺夫在华音乐史料述评》（《音乐研究》2013年第1期）和孟维平《北京近代新音乐发展史研究》一书对托诺夫有相对详细的解释：“托诺夫曾任俄国国立西伯利亚音乐学院院长。十月革命后到北京，曾任北京大学音乐传习所等北京多所学校小提琴教授。1930年被清华大学聘为小提琴导师。新中国成立后，托诺夫曾在中央音乐学院任教，后赴香港从事私人教学。”详见孟维平：《北京近代新音乐发展史研究》，北京：首都师范大学出版社，2018年，第143页。

是以自己的心灵境界在拥抱世界和人生……历史学的研究在某种意义上也是人性学的研究……是史家对人性的探微”[1]。

但我深知，即便是这样一部以史事记写和史实评述为主的史传，书写起来也并非易事。[2]虽说历史之于国家，犹如记忆之于个人。但有的记忆历久弥新，有的记忆每况愈下。能成为记忆的，必然是那些至今还能引起我们兴趣和思考的历史。否则，历史学家就不会说“一切历史都是当代史”（克罗齐语）。其根本原因就在于，编年史均为没有活力的“死历史”，只有被充分关注、充分思考、充分研究的历史才是“活着的”历史。

当然，历史学之于历史研究者本身，也同样是一种历史事实。他的研究和书写最终也必然要被学界作为历史加以评价、接受，甚或批判。即使是个人传记也概莫能外。研究者所能做的，无非是在面对与我们渐行渐远的传主和看似尘埃落定，但与当下尚缺乏必要距离的历史中，尽可能不被五光十色的表象遮蔽，不被人云亦云的舆论左右，从而对传主做出尽可能辩证、公允的评价。

谨以为序。

---

[1] 何兆武：《历史与历史学》，武汉：湖北人民出版社，2007年，第5页。

[2] 按：《四库全书总目》在列举《唐才子传》《元朝名臣事略》《元儒考略》《明儒学案》等之后总结道：“传记者，总名也。类而别之，则叙一人之始末者为传之属，叙一事之始末者为记之属。”详见〔清〕永瑢、纪昀等撰：《四库全书总目》卷五十八 · 史部十四 · 传记类二，北京：中华书局，1965年，第531页。

目　录

第一部　春

第二部　夏

第三部　秋

第四部　冬

第一部　春

北京的春天，乍暖还寒。裹挟着黄土的大风，尖利料峭，肆虐猖獗。所到之处，飞沙走石，天昏地暗。只有等到春分和清明都过了，那些在寒冬中把根深扎在地里幸存下来的迎春花、玉兰花、梨花、杏花、桃花竞相开放的时候，这座城市才会焕发盎然生机。

“月盈则亏”“否极泰来”都是中国人对世间万物运行规律精辟、智慧的总结——当事物发展到极端、极致的时候，便会向相反的方向转化，从不以人的意志为转移。

一、从军粮城到中央五七艺术大学

1968年1月25日，李西安、张鸿懿正式结为了夫妻。那一年，李西安31岁[1]，张鸿懿25岁。

1966年“文革”全面爆发，全国的大中小学随即停课，尚在襁褓之中的中国音乐学院可谓元气大伤。虽然1967年10月14日，中共中央、国务院、中央军委、中央“文革”领导小组联合发出了《关于大、中、

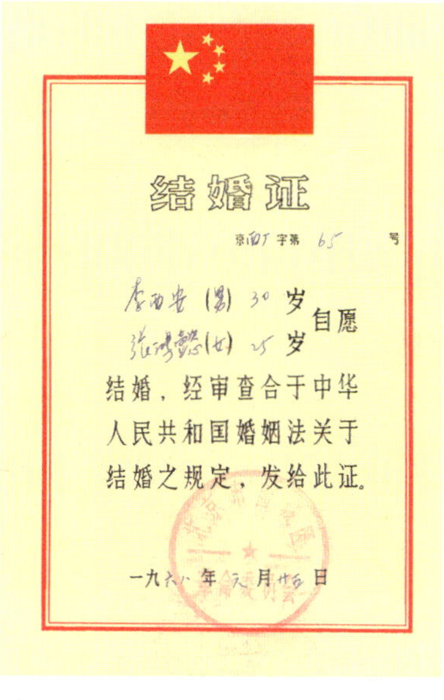

结婚证

京西厂字第 65 号

李西安（男）30岁
张鸿懿（女）25岁 自愿

结婚，经审查合于中华人民共和国婚姻法关于结婚之规定，发给此证。

一九六八年元月廿五日

图1-1　李西安、张鸿懿的结婚证

[1]　按：1968年李西安31岁，结婚证上年龄系笔误。

小学校复课闹革命的通知》，但收效甚微，被人为破坏了的教育制度和教育体系已经名存实亡，形同虚设。1969 ~ 1973年中国音乐学院全院师生被下放到天津东部素有“三会海口”（沽河、清河、滹沱河）之称的千年古镇——军粮城，开始了劳动改造和清查运动，这更是雪上加霜。燕尔新婚的李西安每天只能在劳动改造之余，靠“偷偷”写诗抒发对时事的困惑和对妻子的思念之情。

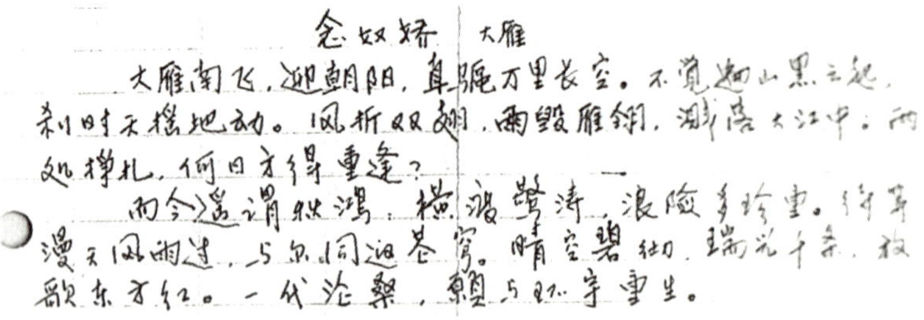
念奴娇 大雁
大雁南飞，迎朝阳，直驱万里长空。不觉遍山黑云起，刹时天摇地动。风折双翅，雨毁雁翎，溅落大江中。两处挣扎，何日方得重逢？
而今遥谓秋鸿，横渡惊涛，浪险多珍重。待等漫天风雨过，与尔同返苍穹。晴空碧彻，瑞光千条，放歌东方红。一代沧桑，愿与环宇重生。

图 1–2 《芦边诗抄》手稿[1]

念奴娇　大雁

大雁南飞，迎朝阳，直驱万里长空。不觉遍山黑云起，刹时天摇地动。风折双翅，雨毁雁翎，溅落大江中。两处挣扎，何日方得重逢？

而今遥谓秋鸿，横渡惊涛，浪险多珍重。待等漫天风雨过，与尔同返苍穹。晴空碧彻，瑞光千条，放歌东方红。一代沧桑，愿与环宇重生。

如梦令

大苦、大悲、大痛，千古奇祸横生。
望兵交旗靡，赤橙变幻如梦。
如梦非梦，血泪洒杜鹃红。

[1] 按：由于中国音乐学院师生在天津军粮城居住的土坯房后面是一片茫无涯际的芦苇荡，2017年6月，李西安在整理当年的这些诗作时，特意将其命名为《芦边诗抄》。

采桑子

风萧萧兮路漫漫，归期无尽。
无尽有期，风送落日又黄昏。
两命相系情难报，似我无心。
无心有心，甘愿一死慰芳魂。

须知，这些诗作并非李西安的个人矫情，而是中国广大知识分子当时的群体哀歌。刚过而立之年的李西安深知，论学术，他仅有27岁时与军驰合作出版的一本小册子《民族曲式与作品分析》（1964年）[1]，论贡献，他尚寸功未建，可是和众多的知识分子一样，他“报国无门空自怨，济时有策从谁吐”。

所幸，1973年5月7日，李西安、张鸿懿弄瓦征祥，喜得一女，夫妇俩爱若掌上明珠，故将其唤作珠珠。同年10月14日，李西安和

图1–3 1964年《民族曲式与作品分析》出版（与军驰合著）

[1] 按：该著1985年修订再版时更名为《中国民族曲式》，由人民音乐出版社出版。

中国音乐学院师生得以从天津军粮城返回北京。只不过，他们回京的原因并不是劳动改造已经合格达标，而是中央音乐学院、中国音乐学院，以及在京的9所艺术院校被合并成了中央五七艺术大学。

其实，早在1970年1月，中央五七艺术学校就已经开始在北京市昌平区沙河镇朱辛庄筹建。所谓“五七”，即与1966年5月7日的“最高指示”直接相关。只不过，当时的教学单位不叫系，而是被称为音乐队、舞剧队、京剧队、电影队。直至1972年10月5日“队”才被改为了“系”。1973年8月13日，经国务院文化组[1]批准，中央五七艺术学校正式更名为中央五七艺术大学，并下设音乐学院、戏剧学院、美术学院和戏曲学校、舞蹈学校、电影学校。江青任名誉校长，于会泳、钱浩亮、刘庆棠、王曼恬任副校长。音乐学院以原中央音乐学院和原中国音乐学院合并后的原中央五七艺术学校音乐系为基础。同年10月17日，中央五七艺术大学音乐学院的校本部正式从昌平区沙河镇朱辛庄迁至西城区鲍家街43号原中央音乐学院院内。10月20日，国务院文化组讨论通过了以陈播为组长、罗青为副组长的音乐学院领导小组名单。

10月23日，李西安和音乐学院全院教职工参加了中央五七艺术大学音乐学院隆重的建院大会。[2]但值得注意的是，国务院文化组成员、主持中央五七艺术大学电影工作的副校长吴印咸在大会的报告里强调“中央五七艺术大学音乐学院是重建，不是恢复”[3]，透露出了中央五七艺术大学音乐学院欲与旧的教学思想、旧的教材编写、旧的课程设置，以及旧的人才培养目标彻底决裂的决心。

但什么样的教材才符合中央五七艺术大学音乐学院的办学方针呢？

---

[1] 按：从1970年6月22日起，文化部改称国务院文化组，直至1975年1月17日国务院文化组才恢复原称文化部。

[2] 中央教育科学研究所编：《中华人民共和国教育大事记（1949 ~ 1982）》，北京：教育科学出版社，1984年，第454页。

[3] 汪毓和、王凤岐：《中央音乐学院院史（1950 ~ 1990）》，北京：中央音乐学院图书馆馆藏，1990年，第119页。

事实上,《拜厄》《哈农》以及车尔尼系列钢琴教材和小提琴教材《霍曼》《开塞》《克莱采尔》都已经被视为不可用的“封、资、修”产物。

1974年2月,李西安被调到中央五七艺术大学音乐学院钢琴教材编写小组,与作曲系王震亚、黎英海,钢琴系周广仁、李其芳等为零基础的工农兵学员编写基础教材。从那时起至1975年8月,李西安先后创作和编写了《打夯歌》《愉快的劳动》《小民兵》《小鼓手》等程度较浅的钢琴小品。程度稍深的G大调钢琴小奏鸣曲《祖国的花朵》和钢琴故事组曲《半夜鸡叫》则由周广仁为工农兵学员示范演奏(杨峻在周广仁演奏钢琴故事组曲《半夜鸡叫》时负责朗诵)。

2018年初夏,我曾就他的这段经历在北京市顺义区东方太阳城特意访问过李西安。他告诉我,新教材的编写难度和压力主要来自三个方面。第一,按照当时的编写要求,不能照搬西方的钢琴教材,必须要有中国人自己的创造发明。但在拜厄、哈农、车尔尼,甚至巴托克都不能用的前提下,新教材的音阶、琶音、和弦、手指练习,以及乐曲究竟该如何体现,便成了非常具有挑战性的问题,即使这些问题实际上都是“为体”“为用”的老问题,并不是什么新问题。第二,如果完全杜绝西方作品的非标题化,并且冠以鲜明的革命化标题,但狭隘地摒弃七声音阶和三度叠置的和声关系,一味突出五声性和“琵琶和弦”的民族性也并不可取。周先生(注:周广仁)对此很反对。第三,工农兵学员的问题并不是简单的零基础,而是他们究竟对音乐有没有兴趣……

稍顿,李西安话锋一转:1976年我和司徒华城等在昆明办作曲学习班和小提琴学习班时,曾经接触过一些很有音乐才华的年轻人,他们有很好的音乐基础,而且都很刻苦。问题是,他们可能因为家庭出身问题和政审问题进不了音乐学院,上不了大学。我不知道你是不是还记得张铁生?我那会儿在军粮城,印象很深啊。

李西安显然有些无奈。但提起张铁生,凡是经历过“文革”的人,谁又会印象不深?《辽宁日报》当年在《一份发人深省的答卷》一文的编者按里说,张铁生同志是1968年的下乡知识青年,共青团员,现任兴城县白塔公社枣山大队第四生产队队长。他对物理化学这门课的考试，似乎交了“白卷”，然而对整个大学招生的路线问题，却交了一份颇有见解、发人深省的答卷。《人民日报》随后的“编者按”甚至说，张铁生的信提出了教育战线上两条路线、两种思想斗争中的一个重要问题，确实发人深思。

我回答李西安，张铁生我当然记得，而且还记得黄帅和“马尾巴的功能”[1]。李西安开怀大笑了起来。他说，自从“马尾巴的功能”电影上映以后，我们上和声课、作品分析课提到“功能”二字时都会有些胆战心惊。

1974年10月，电影《闪闪的红星》甫一上映，插曲《映山红》便在全国广为传唱，这绝非偶然。不仅是因为亲切、清新的民歌旋律与“高、快、响”的亢奋曲调形成了巨大的反差，“夜半三更（哟）盼天明，寒冬腊月（哟）盼春风”的歌词更是深刻地引发了天下苍生对国家和民族、社会与个人前途，以及未来和希望的强烈共鸣。

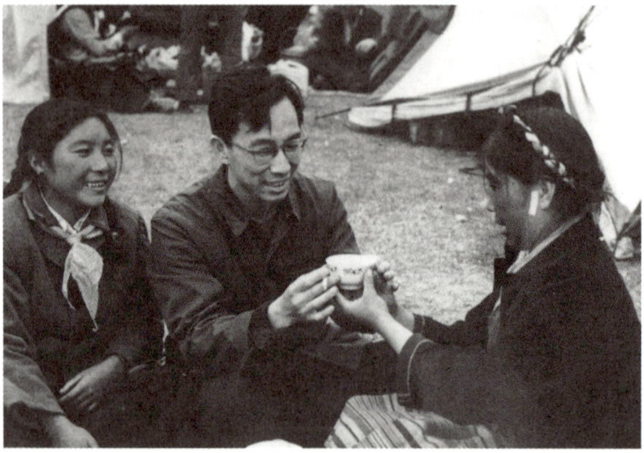

图1–4　李西安赴西藏采风（1976年，摄影者不详）

[1]　按：这是1975年公映的电影《决裂》中的一段情节，这个经典桥段讲的是知识分子孙教授（葛存壮饰）在给学生授课过程中不谈实际问题，而大讲特讲马尾巴的功能。影片讽刺的是所谓资产阶级教育思想的烦琐和不切实际，一时间许多学校的黑板上出现了马尾巴的图像，老师也成为学生们嘲笑的对象。

二、拥抱春天

漫长的十年“文革”结束了。

1977年，令千家万户劫后余生振奋不已的喜讯频频传来。其中，关乎一代青年前途的“恢复高考”和1978年关乎国家未来的“实践是检验真理的唯一标准”大讨论，便是20世纪70年代末80年代初中国人最深刻、最难忘的民族记忆。

为落实1977年8月邓小平在“科学和教育工作座谈会”上关于恢复高考的指示，1977年10月22日，国务院批转了教育部《关于一九七七年高等学校招生工作的意见》，并决定从1977年11月起，高等学校招生采取“自愿报名、统一考试、全面考查、择优录取”的办法，恢复“文革”期间被废弃的高考制度。

霎时间，无论工厂、军营，还是远在边陲上山下乡接受贫下中农再教育的知识青年，无不如沐春风，奔走相告，跃跃欲试。全国各地大大小小的新华书店门口，随即出现了全家排队抢购《数理化自学丛书》和许国璋《英语》的罕见场面。很多印刷厂也为了避免供不应求，不分昼夜地加班加印，唯恐耽误了一代青年好不容易盼来的命运转机。

从此，中国高等教育结束了1966 ~ 1969年停止招生、知识青年上山下乡、大学教师下放“五七干校”，以及1970 ~ 1976年“自愿报名、群众推荐、领导批准、学校复审”的“工农兵上大学”的历史。

1978年1月，全国各大报纸、杂志、广播电台纷纷转载诗人、评论家徐迟在《人民文学》上发表的报告文学《哥德巴赫猜想》。一夜之间，数学家陈景润的名字家喻户晓，妇孺皆知。虽然文章开篇“命Px（1，2）为适合下列条件的素数p的个数：$x-p=p1$或$x-p=p2p3$，其中p1，p2，p3都是素数……$p \leq x$，$p+h=p1$或$h+p=p2p3$，对于任意给定的偶数h及充分大的X……”并没有几个人能真正看懂，但它却向世界准确无误地表明：

一个民族在经历了长久的冬蛰之后已经苏醒，一个尊重知识、崇尚知识的时代已经到来！

1978年3月18日至31日，全国科学大会在北京隆重召开。来自全国高等院校、科研院所、医院、工厂、农村、部队的科技人员和党政军代表6000余人出席，盛况空前。中共中央副主席、国务院副总理邓小平发表了重要讲话。他指出“科学技术是生产力”，同时强调知识分子是工人阶级的一部分，并号召大家向科学技术现代化进军。华国锋也作了《提高整个中华民族的科学文化水平》的专题报告。《1978—1985年全国科学技术发展规划纲要（草案）》得到了全体代表的一致通过。会议在由时任中国科学院院长的郭沫若起草的书面讲话《科学的春天》中圆满闭幕。

不到两个月，《光明日报》头版头条刊发了特约评论员文章《实践是检验真理的唯一标准》。

这是回肠荡气，激动人心的一年。如同江河破冰，倍道而进，中国社会思想解放的巨大热情借由这篇文章的刊发如日东升，喷薄而出。

作为拨乱反正、改革开放的哲学宣言，“实践是检验真理的唯一标准”的大讨论，犹如“思想的闪电”“真正射入这块没有触动过的人民园地”，[1]不但为十一届三中全会的召开凝聚了思想共识，而且确立了中国改革进程中的理论原则和思维模式。“这场讨论，推动了马克思主义中国化的进一步深入，既成为改革开放的前奏，也成为中国特色社会主义的前奏，使中国在道路探索上实现了理论创新与实践检验的良性互动。”[2]“40年来，中国人民始终与时俱进、一往无前，充分显示了中国力量。中国人民坚持解放思想、实事求是，实现解放思想和改革开放相互激荡、观念创新和实践探索相互促进，充分显示了思想引领的强大力量。中国人民勇于自我革命、自我革新，不断完善中国特色社会主义制度，不断革除

[1] 马克思：《〈黑格尔法哲学批判〉导言》，《马克思恩格斯选集》第一卷，北京：人民出版社，1972年，第15页。

[2] 关铭闻：《坚定改革开放再出发的信念——纪念〈实践是检验真理的唯一标准〉刊发四十周年》，《光明日报》2018年5月11日。

阻碍发展的各方面体制机制弊端，充分显示了制度保障的强大力量。中国人民敢闯敢试、敢为人先，积极性、主动性、创造性空前高涨，充分显示了13亿多人民作为国家主人和真正英雄推动历史前进的强大力量。”[1]

但毫无疑问，马克思所说的“理论在一个国家实现的程度，总是取决于理论满足这个国家需要的程度”[2]依然是最好的总结。

1979年元旦，意气风发、时不我待的李西安便在日记里写道：

> 新的一年开始了，这对我是非常关键的一年，应该振奋精神，有一个新的开始，并如期完成任务。
>
> 我的时间只有八个月了。在这八个月中要完成《民族旋律学》的初稿，包括：
>
> 1. 文字部分（3月开始写，7月完成主要部分）；
>
> 2. 谱例部分（记谱、校对、□□[3]、新印）。
>
> 此外，要完成的有：
>
> 1. 戏曲类浏览；
>
> 2. 潮州音乐、广东音乐；
>
> 3. 部分器乐。
>
> 同时要进行的有俄文和英语、钢琴。
>
> 为了完成这些繁重的任务，要排除一切干扰，抓紧每一天，每一个小时。愿乃诚[4]送我的这本小册子作为督促我并和我一起完成任务的伙伴。

---

[1] 引自习近平在博鳌亚洲论坛2018年年会开幕式上的主旨演讲《开放共创繁荣 创新引领未来》，《人民日报》2018年4月11日载。

[2] 《马克思恩格斯选集》第一卷，北京：人民出版社，1995年，第11页。

[3] 按：由于此处两字难以辨认，故以方框□□表示。

[4] 按：“乃诚”即总政歌舞团作曲家张乃诚，亦即从1979年开始风靡全国、传唱至今的歌曲《再见吧，妈妈》的曲作者。李张二人相识相交近半个世纪，情谊甚笃，乃为挚友。

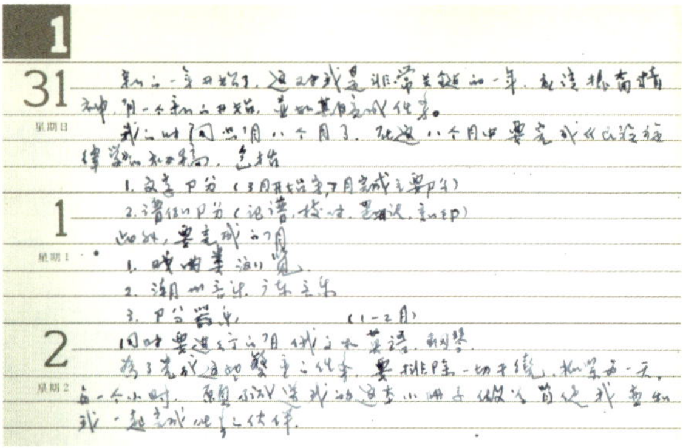

图 1-5　李西安 1979 年元旦日记手稿

皆因“文革”前，在姚锦新[1]、蓝玉崧的启发下，李西安就已在开设“民族曲式与作品分析”课程时开始搜集、研究中国传统音乐《八板》及其变体。“文革”结束后，他又在姚锦新近三年持续不断的口译和辅导下，对英文版、德文版的旋律学著作进行了系统学习，并首次对“旋律是不可能研究的”说法提出了自己的异议：

1977 年 11 月 18 日钟子林转达李春光对研究旋律的意见说：“研究旋律只有两种出路。一种结果是烦琐哲学，没有用；一种结果是认为旋律是不能研究的。”

有人说“旋律是不能研究的”。小到微观世界的原子、中子、质子……大到宏观世界的宇宙，复杂到变幻莫测的宇宙万物，无不总结了自己的科学，反过来又指导人们对未知的探索。为什么单单旋律——素称音乐的灵魂——却是不能认识的呢？不能一步步地由必然王国走向自然王国的呢？

中国是一个富于旋律传统的国家，几千年来创造了自己独特的与西欧多声音乐并行的光辉灿烂的旋律艺术。这是中国传统音乐的

[1]　关于姚锦新，请参阅拙作《姚锦新与〈花鼓及其他中国歌曲〉》，《音乐研究》2020 年第 4 期，第 133 ～ 145 页。

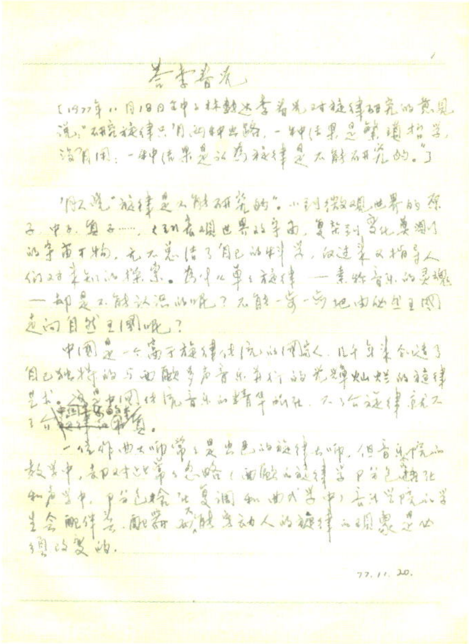

答李春光

〔1977年11月18日[illegible]述李春光对旋律研究的意见说："研究旋律只有两种出路，一种结果是钻进[illegible]，没有用；一种结果是认为旋律是不能研究的。"〕

"假设"旋律是不能研究的"。小到微观世界的原子、中子、质子……，大到宏观世界的宇宙，复杂到变化莫测的宇宙万物，无不总结了自己的科学，从这来又指导人们对未知的探索。为什么单单旋律——素称音乐的灵魂——却是不能认识的呢？不能一步一步地由必然王国走向自由王国呢？

中国是一个富于旋律传统的国家，几千年来创造了自己独特的不同于欧洲多声音乐并行的光辉灿烂的旋律艺术。旋律是中国传统音乐的精华所在，不了解旋律就不了解中国音乐的本质。

一位作曲大师常常是出色的旋律大师，但音乐院的教学中，却对此常常忽略（西欧的旋律学部分包含在和声学中，部分包含在复调和曲式学中）音乐学院的学生会配伴奏、配器，而不能写动人的旋律的现象是必须改变的。

77.11.20.

图1-6　李西安1977年1月20日《答李春光》手稿

精华所在，不了解旋律就不了解中国传统音乐的本质。

一位作曲大师常常是出色的旋律大师，但音乐院的教学中，却对此常常忽略（西欧的旋律学部分包含在和声学中，部分包含在复调和曲式学中）。音乐学院的学生会配伴奏、配器，而不能写动人的旋律的现象是必须改变的。

1977年11月20日

三、鲍家街

由恢复高考开启的新时代不仅是一个尊重知识、崇尚知识的新时代，更是激情四射、笃学不倦的年轻人追星的时代。只不过，那个时候年轻人追的不是影星和歌星，而是诗人、作家、学者、思想家、理论家。就连普通人在征婚启事里写上"爱好文学""爱好音乐"都能赢得青睐。

1977年11月9日，文化部下发了附有《中央五七艺术大学音乐学院一九七七年招生简章》的《关于中央五七艺术大学招生问题的通知》（注：当时中央音乐学院仍在沿用“文革”时期的“中央五七艺术大学音乐学院”名称），同时向全社会公布了“自愿报名、全面考查、综合平衡、择优录取”的招生办法和招生计划。

1977年初冬，刚过不惑之年的李西安和作曲系另一位教配器的老师被中央音乐学院派往设在上海音乐学院院内的上海考点，负责作曲系的招生工作。让李西安既惊讶又兴奋的是，整个上海地区竟有5132人报考（仅次于北京的6517人），而且报考作曲系的考生也高达400余人（按照中央音乐学院当年的招生计划，作曲系在全国只招10人）。

考试分笔试和复试（面试）两轮进行。笔试包括作曲，即按指定的音乐片段写出完整乐段和为指定的歌词谱曲。经过几天的考试和连续三天三夜废寝忘食的判卷，李西安和另一位老师精心挑选出了谭盾、叶小纲、陈其钢、胡咏言、金月苓、林德虹等10位考生：叶小纲，典型的上海知识分子家庭出身的小伙子，仪表清秀，气质浪漫，并且具有钢琴“童子功”基础，能流畅地演奏钢琴协奏曲《黄河》和拉赫玛尼诺夫（Sergei Vassilievitch Rachmaninoff，1873 ~ 1943）的《前奏曲》，其父是著名音乐家叶纯之；陈其钢，中央音乐学院附中毕业，音乐基础扎实、均衡、全面；胡咏言，虽然年仅21岁，但已创作过悼念周恩来总理的大型交响乐《安魂曲》；金月苓，家喻户晓的《我爱北京天安门》曲作者；林德虹，一个来自东北生产建设兵团的小伙子，辗转汽车、火车一路颠簸赶到上海，随身携带的大提琴都被摔破了，但在初试时竟能把乐段写成一部包括主题、副题、展开、再现、结束，同时又将管弦乐配器标记得清清楚楚的奏鸣曲，甚至在为歌词谱曲时，竟能写出四部合唱（并带转调）……相比之下，当时的谭盾，虽然还没有写过什么知名的作品，但他对中国民歌的喜爱与执着给李西安留下了深刻的印象。李西安清楚地记得，复试当天，谭盾带着一把破旧的小提琴走进考场。当李西安问他拉没拉过《开塞》《克莱采尔》或其他的小提琴练习曲时，谭盾却用浓重的湖南口音回答说：拉过民歌。之后他演奏了自己创作的中国音乐韵味十分浓郁的作品《铁牛进山》。

面对这样一群才华横溢的考生，李西安既欣慰又忧虑。一方面，他把他们当成心目中作曲系的“梦之队”。他深信，假以时日，他们一定能成为大才；但另一方面，他又十分清楚，由于作曲系在全国一共只招10人，因此他在上海考点精挑细选出的10位考生极有可能最终会被淘汰掉一半（甚至还会更多）。他无论如何不能接受这样的现实，他必须为每一个优秀考生尽力创造和争取机会。于是，他毫不犹豫地向中央音乐学院上海考点的负责人反映，并建议中央音乐学院尽快向文化部申请增加名额，以确保每一位优秀考生都能上大学。当上海考点负责人问李西安怎么向院里描述考生的程度时，李西安毫不犹豫地回答：“你就说，我们班[1]入学水平非常整齐，被认为是‘空前绝后’的一个班，而今年上海的考生水平比我们当年的入学水平要高得多！”

无独有偶。北京考点也出现了人才“井喷”的现象。就年龄而言，成绩优异的考生中，既有超龄的考生（当时规定年龄不能超过25周岁），也有年仅10岁的孩子。因此，李西安的反映和建议很快得到了学院领导的重视和同事们的积极响应。不久，中央音乐学院院方就和惜才、爱才的老师们从不同渠道展开了一场“不拘一格降人才”的非凡行动。

当时国务院政治研究室负责人邓力群的侄子邓启元，毕业于中央音乐学院声乐系，虽然被分派到了中国铁路文工团工作，但工作之余也时常往来于叔父邓力群家和中央音乐学院的昔日同窗好友之间。当邓启元把中央音乐学院正在考试的新闻趣事告诉叔父邓力群之后，没想到邓力群十分重视，并且他还郑重其事地对邓启元说：你尽快找人把你说的这些情况写成材料，除反映情况外还可以提出一些具体要求和解决办法，并以写信的方式直接反映给邓小平同志。

得到了邓力群的指点之后，邓启元迅速赶到了中央音乐学院，与他

---

[1] 按：意指中央音乐学院作曲系1955级学生。

的好友储望华、杨峻、左因、潘一飞商量这封具有特殊意义的信究竟该如何起草。经过一番考虑，他们决定，杨峻负责执笔起草信件，左因负责收集各个专业的材料（作曲专业的情况由李西安提供），潘一飞负责修改和定稿后的最后誊抄。

起草过程中，邓力群再次提议：考虑到李春光当时在文艺界的影响力，应该邀请他共同参与信件起草，并且署名在写信人的第一位。

1977年12月9日，经过李春光和钢琴系教师杨峻、储望华、崔静媛、潘一飞、左因等来来回回的反复讨论、逐字逐句的细心修改、一笔一画的认真誊清后，这封不同寻常的信终于写完：

敬爱的邓副主席：

我们怀着激动的心情向您报告……我院今年的招生工作出现了前所未有的大好局面。

我院是今年全国高考最早的院校之一。在发出报名通知的短短的几天内，来自祖国各地的一万七千余名考生踊跃报名，是建国以来历年报名人数最多的一年。一些兄弟民族的青少年，由父母带领，穿着节日盛装赶来应试；有的公社社员卖掉自养的小猪作为路费前来报考。在北京、上海、广州、成都设立的四个考区，这些天都像过节一样，热闹极了……

几天的初试、复试，已经充分显示了这次高考改革的巨大优越性，人才之多，水平之高，是建国以来历届招考所不可比拟的。素质好、有音乐才能、有培养前途的青少年成批涌现，喜不胜收，从他们身上看到了我国音乐事业即将和其他各条战线一样蓬勃发展的动人情景。

下面我们举一些最突出的例子：

在小提琴考生中……来自东北的小提琴考生刘畅，年龄16岁，但他所掌握的某些高难度技巧，据主考教师们反映，不仅在国内未见，在国际上也是少有的。

不少作曲考生，水平很高，有丰富的实践经验，在考试中显示了突出的才华。如上海的胡咏言（21岁），曾成功地创作了悼念敬爱的周总理的大型交响乐《安魂曲》，具有相当高的水平。如锦州曹家韵（23岁），入学考试的作品是已经公演的一部舞蹈音乐。如天津邵恩（23岁），曾创作过小提琴协奏曲《南海儿女心向北京》。而刘索拉（23岁，刘志丹同志的孙女）则已是创作过几十首群众歌曲和钢琴曲的有一定实践经验的创作人员了。正像主考作曲的教师们说的，如果让今年从我院毕业的作曲系学生来参加这次考试，他们恐怕一个也考不上。

在这次报考长笛的考生中，有四名是相当出色的，虽然今年录取名额只有一个，但主考教师至今一个也舍不得刷掉。

报考钢琴专业的考生中，有好几个年龄刚过10岁而具有一定演奏水平和培养前途。有不少才十几岁，但比目前在校生和“文化大革命”前的一般大学生的水平都要高得多。有一个从内蒙牧区来的鄂温克族的小女孩，名叫纳克特·伊嘎，今年才10岁，她的学习条件极为艰苦，每天晚上往返步行三个小时，到一个文艺单位的排练厅去练琴，风雪无阻。在这次考试中，她的很好的音乐素质和朴素、生动的音乐表现力给主考教师们留下了深刻的印象。

在声乐考生中，专业条件好、演唱水平高的人很多。有不少声乐考生，今年才十七八岁，但已能较好地演唱那些难度较大，内容深刻的声乐作品。

报考民乐的情况也很好。有一个从河南来的12岁的小孩，名叫刘月宁，报考扬琴专业，她考试时全场鸦雀无声，考完后主考教师们一片赞叹。杭州的吴蛮（14岁）来考琵琶专业，她的演奏是那样的引人入胜，教师们几乎忘记是在考场，听了之后还想再听下去。

……

但是，由于这次招生名额的限制，最后能被录取的将非常之少！

按我院招生简章规定，今年招考的28个不同专业总计招收135名（占报考人数的0.8％），其中钢琴专业全国只收6名。管乐的十个不同专业只收9名，就是说一个专业还不到一名！十天来，经过初试、复试，从一万七千名考生中留下了四百余名（约占考生的2.6%）。可以肯定地说，这四百余名考生的业务水平，大部分都是比较好的。不用说这四百人，就连初试被刷掉的许多考生的水平，也有些超过目前我院在校学生。可是，由于名额太少，不但他们早已被刷掉，而且就连通过了复试的四百人当中的多数人，也不可能被录取。

从多年的工作中，我们深知，音乐专门人才的发现和培养是不容易的。像今年这样众多的音乐人才的涌现，真是难得啊！他们年轻，有很好的音乐素质，应该对他们进行及时培养。对这些有才能的青少年来讲，不能被录取，无疑对他们是一个沉重的打击。他们当中的不少人很可能再也没有学习音乐的机会或失去继续学音乐的信心而改行，这对今后音乐事业的发展将会带来不可弥补的损失。想到这一点，我们感到十分惋惜和痛心！

……

鉴于以上情况，我们有以下建议，热切期望邓副主席能在百忙中予以研究、批示：

1. 能否不受目前名额限制，将确有培养前途、有才能而又符合入学标准的青少年留下入学，以便为国家更多更快更好地培养艺术人才。琴房紧张，我们再尽量克服，挤了再挤，并进一步提高教室、琴房使用率。同时建议能否采取本市学生走读的办法。

2. 一些考生已有相当水平，能否考虑将他们留下成立学校附属管弦乐团、附属民族乐团、附属合唱团。目前声乐考生中有不少比入学年龄略大一两岁的，但各方面条件都很好，如能把他们组成合唱团，加以训练，完全可以成为国内第一流的合唱团。建立上述三个附属团，是我院师生盼望多年的事，它对于促进教学、创作、表演等，将发挥巨大作用。

3. 能否尽快地解决我院扩建校舍的问题。

4. 建议批准在新生入学后，立即组织新生音乐会，它定将以活生生的事实证明今年高考改革的正确，它定将大大激发现在在校学生的学习积极性；校内外各方面同志们也定将从这个音乐会上高兴地看到我国社会主义音乐事业的光明未来。我们热切地期望邓副主席和其他中央首长能亲临我院观听。

以上意见妥否，切盼邓副主席给予支持和批示。

此致革命敬礼

中央五七艺术大学音乐学院教师

李春光　杨峻　储望华　崔静媛　潘一飞　左因

1977年12月9日[1]

当他们每一个人都把自己的名字认真地签写在信的落款处后，又小心翼翼地将信装入了一个大信封。最后，杨峻代表大家郑重地写道：邓副主席亲启。

此时此刻，已是深夜。但象征着光明与重生的火炬开始传递——储望华骑自行车火速将信送到了邓启元家。紧接着，邓启元又马不停蹄地将信直接送达邓力群的宅邸。

两天后（即1977年12月11日），邓小平便给出了批示：

看了这封信反映的情况，很高兴，建议予以支持。……

邓小平

1977年12月11日[2]

这一年，中央音乐学院实际录取了213人，作曲系实际录取36人，

[1] 详见邓启元：《还历史真貌——邓小平1977年批示支持中央音乐学院扩招事件真相》，http://www.aisixiang.com/data/15959.html，登录时间：2018年9月21日，有删节。又见杨峻：《我的亲历：小平同志支持大学扩招》，http://cpc.people.com.cn/GB/64093/64387/8299020.html，登录时间：2019年7月16日。

[2] 中国共产党新闻网，http://cpc.people.com.cn/GB/64162/82819/122016/122021/7202674.html，登录时间：2019年7月18日。

比原定计划录取10人超了26人，成为整个音乐学院扩招比例最高的一个系。李西安从上海考点精挑细选出来的谭盾、叶小纲、陈其钢、胡咏言、金月苓、林德虹等10人也都全部被录取！

然而，李西安和谭盾的故事才刚刚开始。

从上海回到湖南老家后不久，谭盾就收到了中央音乐学院招生办公室寄来的通知书。但让谭盾始料不及的是，这份通知书并不是"录取通知书"，而是一份"不录取通知书"。然而，在他当时所处的环境中，几乎无人可以对他施以援手、指点迷津。更何况，对于一位基层剧团的业余小提琴演奏员来说，中央音乐学院又是那么令人敬畏，那么遥不可及。

无助之下，上海考场上李西安的鼓励和微笑浮现在了谭盾的脑海里，于是，他鼓足勇气，给李西安打电话说他未被录取，原因是体检时尿常规化验单里有一个"+"号。他已经去长沙的医院做了同样的检查，并没有发现什么问题，上海体检时的那个"+"号可能是体检前喝了一杯牛奶所致。李西安告诉谭盾，去长沙检查没有意义，应该赶快到上海高考时指定的医院复检。不久，谭盾在上海复检的结果出来了：一切正常。李西安知道后，让谭盾带着复检结果尽快赶到中央音乐学院，争取把不录取改为录取。在谭盾赶到北京后，李西安又让他立即去中央音乐学院招生部门说明情况。令人没想到的是，作曲系和教务处把责任全部推给了医务室，而医务室则坚决不予考虑。尽管李西安多次去医务室替谭盾说情，但谭盾究竟能不能被录取，仍然悬而未决。

医务室领导："你知道什么是慢性肾炎吗？如果他是陈景润，我可以天天陪他去医院，可惜他不是！"

李西安："陈景润是陈景润，谭盾是谭盾！如果他的身体没有问题就应该被录取，你不能轻易抹杀一个人才！"

争执、僵持……无奈之下，李西安只能以写信的方式直接向中央音乐学院领导反映情况。

赵沨院长看完李西安的信，随即把李西安叫到了他的办公室。他问：

你认为这件事应该怎么办？李西安回答道：让谭盾在医务室负责人的监督下去学院指定的医院重新检查。如果的确没有问题，就暂时把谭盾录取为试读生，试读期一年。一年中，如果发现谭盾的身体的确有问题，可随时令其退学。但如没有，则可转为正式生。李西安的建议被赵沨采纳了。不久，幸运的谭盾便以试读生的身份走进了中央音乐学院神圣的音乐殿堂。更令人欣慰的是，作为试读生的谭盾，在第一个学年中，不仅身体状况良好，而且各门功课的学习成绩也十分突出，于是顺利地结束了试读期并转为了正式生。

关于李西安和谭盾的这段故事早已在各种著述中被频频记载，互联网上则有更多“加油添醋”的描述。但事实上，得李西安青睐的青年才俊远不止谭盾一人。作为一种“名人效应”，谭盾的故事只是其中一例而已。毫不夸张地说，直至2020年6月李西安逝世前，他始终都在不遗余力地帮助很多与他一无亲、二无故的青年音乐家，并用他自己的学术思考和研究给众多青年作曲家、理论家以及表演艺术家以强有力的支持。因为，他特殊的身世让他懂得知恩图报的深义；他的经历和成长也让他对生命中遇见的每一位贵人念念不忘，心存感激。

在中国音乐界，或许很多人对以下这段话并不陌生：

> 我愿在八千公尺设下自己的帐篷，为最后攀登到顶峰的人，铺下几块小小的石子。

但很少有人知道这段话背后的故事。

那是1955年冬天的一个夜晚，李西安和作曲系同班同学施万春如同往常一样，在琴房开始了他们每天在钢琴上的“对话”。经过一番简短的相互“问候”和听辩之后，他们先由一人弹出主调主题，另一人则在属调上应答对题，然后再在各自的声部中予以展开……

突然，施万春有些灰心地感叹道：唉，我都19岁了，还没写出一部像样的交响乐，成不了贝多芬了！

图 1-7 1955 年李西安考入中央音乐学院作曲系（摄影者不详）

李西安却冷静地对施万春说：那就成为未来贝多芬的垫脚石吧。

谁也没有想到，正是这番对话，竟然成为他们大学毕业后各自的人生写照——施万春被分派到了中央乐团，成为一名出色的作曲家。李西安则留在了中央音乐学院作曲系任教，成为一块名副其实的“垫脚石”。不过，这块“垫脚石”在他半个多世纪的教学生涯中，成就了一批又一批的青年作曲家和音乐教育家、音乐作品分析家。而“我愿在八千公尺设下自己的帐篷，为最后攀登到顶峰的人，铺下几块小小的石子”的励志箴言也成为李西安矢志不渝的人生信条。

不可否认，李西安的成长和后来取得的成就都离不开很多甘愿为他做“垫脚石”的前辈。光阴荏苒，每当提起恩师姚锦新，李西安总会有“落其实者思其树，饮其流者怀其源”的感激与感慨。海桑陵谷，斗转星移，他始终珍藏着姚锦新当年给他上课的笔记。其中最为珍贵的莫过于那些英文原著的口译笔记：1953 年美国诺顿出版社（W. W. Norton & Company）出版的美籍德裔民族音乐学家库尔特·萨克斯（Curt Sachs,

1881 ~ 1959）著《节奏与速度——音乐史研究》（*Rhythm and Tempo: A Study in Music History*），1955年美国音乐学研究所（American Institute of Musicology）出版的荷兰音乐学家斯密茨·冯·瓦西贝哈（Joseph Smits van Waesberghe，生卒不详）著《旋律教科书——美国音乐学研究所功能性旋律分析课程》（*A Textbook of Melody: A course in functional melodic analysis, American Institute of Musicology*），以及1965年美国圣马丁出版社（St. Martin's Press）出版的匈牙利民族音乐学家本采·萨波齐（Bence Szabolsi，1856 ~ 1973）题献给匈牙利作曲家、民族音乐家柯达伊（Kodaly Zoltan，1882 ~ 1967）的《旋律史》（*A History of Melody*）[1]等。在笔记本里，李西安隽秀的笔迹清楚地记录着听姚锦新讲课的日期：1978年10月9日至11月8日、1978年11月22日、1979年7月9日。不仅如此，李西安甚至还一直保存着1956年11月9日听杨荫浏《民族音乐曲式讲座》的笔记，以及厚厚一本经过他认真装订的姚锦新1956 ~ 1957年讲课的《作品分析笔记》。这些都是他蒙前辈恩师教诲的文献档案，同时也是他倾毕生心血潜心钻研中国传统曲式和《八板》变体的历史证明。

四、重返中国音乐学院

由于李西安在中国音乐界的广泛影响，三十多年来，关于李西安的各种专访报道和研究著述并不少见。但李西安究竟是中央音乐学院的教授，还是中国音乐学院曾经的院长，很多报道却语焉不详。特别是他1961年从中央音乐学院作曲系毕业并留在中央音乐学院任教后，为什么1964年去了中国音乐学院？而1978年高考恢复的时候，他却又是以中央

---

[1] 按：该书原著为匈牙利文，书名为A Melódia Története，1950年由匈牙利布达佩斯柯尔维纳出版社（Corvina Press）出版。1965年美国出版的*A History of Melody*由辛西纳·乔力（Cynthia Jolly）和萨拉·卡里格（Sára Karig）根据匈牙利文英译。另，中文版《旋律史》由司徒幼文根据英文版翻译，人民音乐出版社1983年出版。

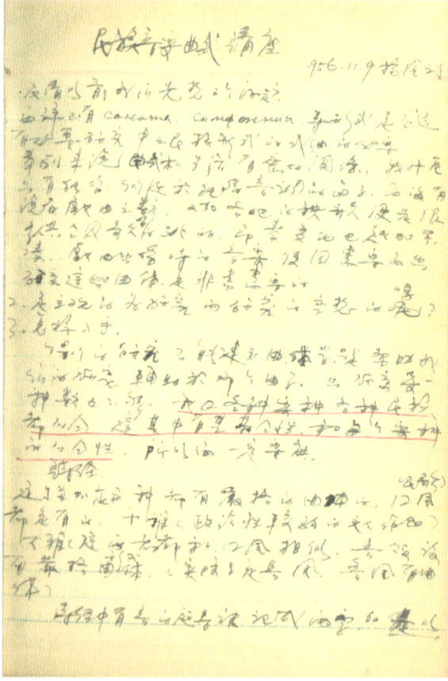

图1-8 李西安1956年11月9日听杨荫浏“民族音乐曲式讲座”笔记

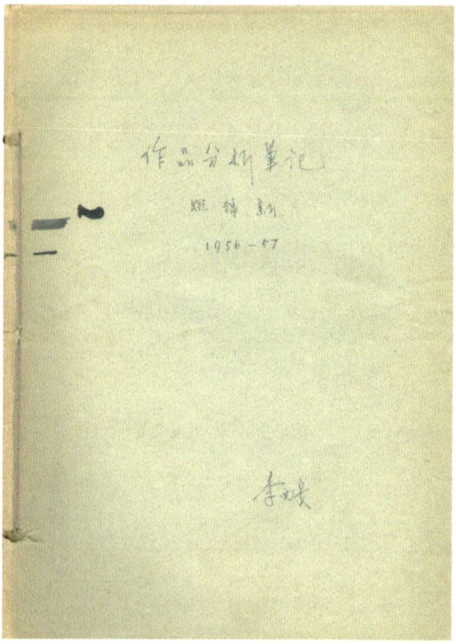

图1-9 李西安1956～1957年听姚锦新讲课的《作品分析笔记》

毕业文凭

学生李西安是山东省荣城县人，一九三七年四月日生，在本院作曲系本科作曲专业学习六年期满，成绩合格，准予毕业。

中央音乐学院院长
副院长

1961年7月日

作本字第7号

图1-10 1961年李西安中央音乐学院作曲系本科毕业文凭

音乐学院作曲系老师的身份到上海为中央音乐学院作曲系招生，并发现和录取了谭盾、叶小纲、陈其钢、胡咏言、金月苓、林德虹等一批青年才俊；为什么1980年后他又成了中国音乐学院的教师？

这其实与中央音乐学院和中国音乐学院的办学历史有关，同时也是李西安学术生涯的重要转折。

根据中央音乐学院官方对外公布的资料，中央音乐学院的前身为1940年在重庆青木关成立、抗战胜利后迁至南京的国立音乐院。1949年在天津由国立音乐院（含幼年班）、东北鲁迅文艺学校音工团、华北大学文艺学校音乐系、国立北平艺术专科学校音乐系，以及分设于上海、香港两地的中华音乐院等音乐教育机构合并组建而成。同年底，校名正式定为中央音乐学院。校址设在天津。1952年，全国高校院系调整，燕京大学音乐系并入。1958年，从天津迁至北京复兴门内的清代醇王府旧址，即今之鲍家街43号。

李西安从1955年考入中央音乐学院（天津），1958年随中央音乐学院从天津迁到北京，1961年毕业留校工作，直至1964年调到中国音乐学院前的整整九年，一直在中央音乐学院学习、工作。

根据中国音乐学院官方对外公布的信息与相关文献，根据1963年8月周恩来总理的倡导[1]、同年11月14日文化部根据周恩来总理讲话精神起草并向国务院呈报的《关于建立中国音乐学院与中国舞蹈学院的请示报告》（以下简称“报告”），以及12月26日文化部副部长徐光霄传达的周恩来总理批示“原则同意”，并“以培养从事民族音乐研究、创作和表演的专门人才为主，同时培养面向农村的中学音乐师资和基层文化单位的群众音乐干部[2]”为己任，该院成立。

---

[1] 李雁宾、王照乾：《周恩来关于建立中国音乐学院的倡议》，载樊祖荫主编、张天彤副主编：《中国音乐学院建校50周年纪念文集 · 学校建设卷》，北京：中国青年出版社，2014年，第3页。

[2] 李雁宾、王照乾：《文化部向国务院上报的〈关于建立中国音乐学院与中国舞蹈学院的请示报告〉》，载樊祖荫主编、张天彤副主编：《中国音乐学院建校50周年纪念文集 · 学校建设卷》，北京：中国青年出版社，2014年，第4 ~ 5页。

在文化部当时的这份“报告”里，我们可以清楚地看到，中苏关系破裂后，不仅音乐学院有“一西一中”的总体布局，舞蹈学院和歌剧舞剧院也同样如此。

> 由于我国音乐舞蹈长期以来深受欧洲传统艺术的影响，要彻底扭转“重洋轻中”的错误观念，真正树立以民族音乐舞蹈为主体的思想，还需要做大量工作。
>
> 现将在中央音乐学院和北京艺术学院统一调配，分别成立两所音乐学院：一所设置民族音乐专业，拟定名为中国音乐学院……
>
> 中国音乐学院的任务以培养从事民族音乐研究、创作和表演的专门人才为主，同时培养面向农村的中学音乐师资和基层文化单位的群众音乐干部。
>
> 中国音乐学院设置四个专业，计：音乐理论专业，作曲（包括指挥）专业，声乐专业，器乐专业，并附设一所音乐中学。学院的声乐专业和附中的声乐学科应增设民族舞蹈和戏剧表演专业，以便使一部分毕业生成为能歌能舞的表演演员。
>
> 为了加强中国民族音乐的整理和研究工作，将中央音乐学院附属的中国音乐研究所改由中国音乐学院领导。
>
> 为了把中国音乐学院和中国舞蹈学院更快地建设起来，使之成为培养民族音乐舞蹈人才的重要基地，促进中国音乐舞蹈艺术的发展，应该从戏曲、音乐、舞蹈表演团体和其他艺术院校抽调一些对民族音乐舞蹈有较高修养的艺术家专业干部或教师来中国音乐学院或中国舞蹈学院任教。同时，仿照西医学中医的办法，在中央音乐学院和北京艺术学院教师中，根据可能与自愿的原则，动员一部分思想好、专业好的欧洲传统音乐专业的教师，来中国音乐学院从事中国民族音乐研究工作和教学工作。
>
> 中国音乐学院和中国舞蹈学院应以最大努力争取在较短时期内编选出各专业（学科）的基础训练教材、教学曲目和教学参考资料，

这两所学校应由与此任务相适应的人员编制。[1]

根据上述《报告》，中国音乐学院成立之初，教师来源主要分为以下两部分。

一部分来自北京艺术学院——该院由1956年成立的北京师范大学音乐系、美术系，东北师范大学、华东师范大学音乐系于1960年合并而成的北京艺术师范学院与北京艺术学院于1961年合并而成，校址设在北京李广桥南街1号（即今之地安门内前海西街17号）。

另一部分则是中央音乐学院研究和教授中国传统音乐和民族民间音乐的教师。这实际上是把中央音乐学院教师“一分为二”——研究和教授中国传统音乐的教师原则上调到中国音乐学院，研究和教授外国音乐的教师原则上留在中央音乐学院。当时的中央音乐学院院长赵沨面对自己十几年辛辛苦苦建设起来的民族音乐队伍几乎全部被调走，虽对这一决定坚决执行，但内心深处却感到无限惋惜和不舍。[2]

正是在这样特殊的历史背景下，李西安及很多原中央音乐学院研究和教授中国传统音乐的教师才于1964年正式调到了中国音乐学院，并和一部分从北京其他单位或外地调入的老师（如王范地、刘明源、曹正、黎英海等）一起成为中国音乐学院的建院元老。与此同时，由周恩来总理拍板，文化部又把民族音乐作曲家安波（1915 ~ 1965）从辽宁省委宣传部副部长的职位上调至中国音乐学院任院长兼党委书记，他从30年代起即开始音乐创作活动，延安时期即谱写出表演唱《拥军花鼓》，秧歌剧《兄妹开荒》，同时还有《秦腔音乐》《东盟民歌选》等音乐理论著述；还有民族音乐作曲家马可（1918 ~ 1976），虽然出生在中国徐州

[1] 李雁宾、王照乾：《文化部向国务院上报的〈关于建立中国音乐学院与中国舞蹈学院的请示报告〉》，载樊祖荫主编、张天彤副主编：《中国音乐学院建校50周年纪念文集·学校建设卷》，北京：中国青年出版社，2014年，第4 ~ 5页。

[2] 转引自王珏：《李西安：创办中国艺术大学构想并非偶然》，《艺术教育》2017年（Z3），第30页。

的一个基督教家庭，名字也是从福音书上借用来的，但在冼星海等前辈音乐家的感召下奔赴延安，并先后创作出《南泥湾》《夫妻识字》《白毛女》《小二黑结婚》等大量中国民众喜闻乐见且耳熟能详的作品，他也从中国戏曲研究院音乐研究室主任职位上调至中国音乐学院任副院长、院长（代），兼任中国歌剧舞剧院院长。中央音乐学院院长赵沨则兼任中央歌剧舞剧院院长。

1964年2月，中国音乐学院首任院长兼党委书记安波正式走马上任。同年3月2日，在他及副院长马可（教学）、关鹤童（行政）、专职副书记叶茵等组成的首届领导班子的领导下，中国音乐学院正式开学。

1964年3月27日，中国音乐学院党委会在安波书记（院长）的主持下，通过了委托副院长马可执笔的《关于中国音乐学院的设想（草案）》，并上报中宣部、文化部转报国务院。

关于中国音乐学院的设想（草案）

中国音乐学院

一、方针

以毛泽东思想为指导，贯彻党的教育方针和文艺方针，坚持音乐的革命化、群众化、民族化，继承、发扬我国革命音乐和民族音乐优良传统，努力建立民族音乐体系，培养又红又专的音乐战士。

二、三个基本精神

1.在整个教育计划中，贯彻三结合的精神：工农兵相结合，与生产劳动相结合，与政治斗争相结合。

2.对学生的培养，注意德、智、体三育并重，而以德为帅。既着重政治思想的教育、劳动品德的教育，同时又抓紧业务教育与体魄的锻炼。

3.在全部教学活动中，正确处理三个关系：

一是教学与实践的关系。教学内容要与群众的阶级斗争和生产斗争密切配合，坚决执行毛主席“小鲁艺和大鲁艺相结合”的指示，不做高高在上的老爷式的艺术家。

二是古今关系。要贯彻厚今薄古，古为今用的精神；避免脱离政治，固步自封。

三是中外关系。以我为主，但不拒绝借鉴外国；继承遗产和借鉴外国都必须要经过批判，反对盲目崇拜西洋，也反对国粹主义。

三、学生培养目标与招生

本院以培养从事民族音乐研究、创作和表演的专门人才为主，同时培养面向农村的中学音乐师资和基层文化单位的群众音乐工作干部。不论哪种干部，他们均应能密切联系工农兵群众。

为此，本院除招收附中与普通中学的毕业生外，还应特别注意招收工农兵群众音乐活动中涌现出来的优秀分子，以及在专业团体中有实际经验与培养前途的人员，对兄弟民族的学员入学应给予格外方便。

四、学制与学校规模

现有学制是附中六年，大学五年（准备抽出一年到群众中实习）。改革方案是：附中四年，大学分两阶段，前一阶段四年（学习三年，最后一年到群众中实习），毕业后即可以从事音乐普及工作任中学音乐师资；部分需要深造的学员可再升入第二阶段学习二年，毕业后从事专门工作。

经过这样改革，再加上普通小学如改为五年制，6岁入学，那么学生可于19岁或21岁毕业，正是开始工作的好年龄。

学校规模，目前有学生330余人（附中140余人，大学190余人），第一步设想拟扩充为700人（中学300人，大学400人）。

附属机构如研究所、实验乐团等另计（详后）。

五、专业设置

目前有理论、作曲、声乐、器乐四系，作曲系设指挥专业。

未来（七年内）设想（第二步设想）：

理论系内增加亚非拉民族音乐研究专业及音乐组织工作专业。

此外拟新成立两个系。一是歌剧系，培养新歌剧和新戏曲的表演和导演人才。一是音乐文学系，培养歌词、歌剧剧本等音乐文学体裁的创作人才。以上两种人才，是目前工作中迫切需要的，但在专业教育上是个空白点，严重影响革命歌曲与新歌剧的发展，因此急需增设此种专业。如能在其他艺术院校内设置这些专业，中国音乐学院亦可不办此二系。

六、教学内容与教学方法

1.根据又红又专，以红为纲的原则，本院将认真搞好政治思想教育。以学习主席著作与到群众中、劳动中的实际锻炼列为重要课程内容，并配合以“四个第一”的日常政治思想教育，同时严格要求音乐知识与技能的学习训练。

2.根据薄古厚今、古为今用的原则，重视我国现代革命音乐与民间音乐的教材，适当规定古今教材的比例，举凡讲授古代教材，均须有选择或有批判地进行。

3.根据不拒绝借鉴外国，而又以我为主的原则，适当利用外国教材，并亦加以选择批判。

4.根据少而精的原则，将裁减一些次要课程与教材内容，务使学生能得到最必要的音乐知识与技能。

5.在教学方法上，努力贯彻理论联系实际、学以致用的原则，以课堂讲授与艺术实践并重，以书本教材与活教材并重，重视讨论与练习，务期达到活学活用、真懂真会的目的。

七、全院作风

首先要求院领导与全体骨干认真贯彻“三八作风”，密切联系群众，深入教学实际，埋头苦干，亲密团结，以期形成“严肃、紧张、刻苦、虚心”的全院作风。

八、附中

由于音乐专业的技术性较强，需要从少年时起增加必要的音乐课程，以期为培养专门人才打下巩固的基础，因而附中设音乐中学。

附中的教育原则，虽然要注意对儿童素质的选拔，反对片面强调所谓“先天才能”，而着重后天教育。为此，不采取以学生无发展前途为由，而令其退学的办法。

附中初中部要求达到普通中学的文化水平，其中文科课目可较偏重。初中毕业后如不能升入本院高中，亦可做普通劳动者或升入普通高中。

附中高中部分理论作曲、声乐、器乐三学科，学生毕业后，如不能考入本院大学部亦可担负群众音乐工作或参加劳动。

附中保持教学行政上的独立性，但大学部各系对高中部各相应学科有指导关系。

拟试办音乐附小，两年内做好准备工作。

九、中国音乐研究所

本院附属的中国音乐研究所即前中央音乐学院民族音乐研究所，已创办多年，对外是一个独立的机关。它有面向全国的繁重任务，但也从多方面配合教学工作。

中国音乐研究所过去在调查、研究、整理民族音乐遗产并组织国内音乐院校力量编写教材方面做了许多工作，今后除继续做这些工作外并加强对音乐运动的研究及评论工作，同时扩充过去缺乏的一些研究部门，如声乐及戏曲音乐等方面。为此，现有的中国音乐研究所的工作要加强，编制要做必要的扩充。

中国音乐研究所下附设乐器改革研究室，并在轻工业部所属乐器工厂内设实验车间，从事民族乐器的改革与制作实验。

十、创作室和实验乐团

我国民族音乐体系尚在探索阶段，新的音乐教育也无完全成熟的经验，在这种情况下，要办好这种新型的音乐学院，单靠教学机构是无法完成的，必须有研究机构，以及创作与实验演出机构予以配合。因此，学院急需成立以服务教学为中心的创作室及实验乐团。

创作室拟定10～15人，包括作曲家与音乐文学家；实验乐团拟50人左右，包括声乐和器乐两部分。它们与教学紧密结合，协助提高教学质量，实践新的尝试。它们的作用犹如理工学院的实验车间，它们也为有创作和演出才能的教师提供社会实践的方便条件。

创作室拟即开始物色人才。实验乐团拟在两年内初备规模，成员拟从本院学生或其他方面选纳。

1964年3月27日

尽管如此，学院党委当时仍然做出决定："推迟向社会宣布中国音乐学院建院，把1964年3月（春季）学期当作过渡期，踏踏实实做好充分准备，包括思想、教学、设施各方面的准备……""同年9月21日，安波才在建院典礼上郑重地向国内外宣布了中国音乐学院正式建立。"[1]

1964至1966虽然只有短短两年，但在中国音乐学院很多建院元老的心目中，这两年却是中国音乐学院的黄金时期。毕竟，中国音乐学院是我国第一所以"建立民族音乐体系""建立民族音乐学派"为宗旨的高等音乐院校。在那个特定的年代和特定的大环境里，她的诞生对中国音乐教育界产生了极大的震荡，犹如一个呱呱坠地的婴儿，虽说弱小，却蕴含着未来发展的无限可能和巨大潜力。[2]然而，由于1966年"文革"的全面爆发和高等院校的停课，尚在襁褓中的中国音乐学院已近名存实亡。直至1978年，"中央五七艺术大学"在中国艺术教育史上彻底消失之后，"中国音乐学院"的名称才得以恢复。1980年5月22日，由文化部呈报的《关于恢复中国音乐学院的请示报告》得到了国务院的批准之后，中国音乐学院才得以复建。校址仍在前海西街17号，1987年以后，才逐渐迁至健翔桥畔新址，即今之朝阳区安翔路1号。

---

[1] 王照乾、李雁宾、张力：《功丰绩伟 志远品高——安波在中国音乐学院》，载樊祖荫主编、张天彤副主编：《中国音乐学院建校50周年纪念文集·学校建设卷》，北京：中国青年出版社，2014年，第35页。

[2] 李西安：《马可等人在音乐教育领域的超前意识》，《中国音乐》2005年第10期，第23～25页。

文化部关于恢复中国音乐学院的请示报告

（80）文党字第78号

任重同志并报国务院：

中国音乐学院是在周总理生前亲自决定和关怀下，于1964年建立起来的。当时该院设有民族器乐、声乐、歌剧、理论、作曲五个系，一个创作室，还附有中专部和民族音乐研究所。自建院至停止招生历时两年，在培养民族音乐人才和开展民族音乐研究工作及创作方面，都取得了不少成绩，在国际上也有一定影响。但是，由于林彪、“四人帮”的干扰、破坏，学院被撤销，校舍被占用，人员、设备合并到中央音乐学院。

粉碎“四人帮”以来，音乐界人士和原中国音乐学院的部分同志多次要求恢复该院，去年第四次文代会上，又有五十多位音乐界代表，呼吁恢复中国音乐学院。我们同意他们的意见。我国传统的民族音乐有着悠久的历史和丰富的遗产，急需加以整理、提高和发扬，并创造新的具有民族特色的音乐。为此必须通过多种途径，更有成效地培养又红又专的民族音乐人才，以更好地适应社会主义文化建设的需要。经我们反复研究，建议迅速恢复中国音乐学院。

关于复院工作，我们提出如下具体意见，报请审批：

一、立即成立恢复中国音乐学院筹备小组。原学院院长安波同志、副院长马可同志均已去世，其余几位副院长也已调离，为此，需要新物色、调配院领导，并请批准从外地调进两位对民族音乐有研究的同志加强院的领导，参加筹备小组工作。

二、恢复中国音乐学院原有的器乐、声乐、歌剧、作曲、理论五个专业，修业年限四年或五年。本科在校生最大规模为400人。为使教学与科研、艺术实践更好的结合，逐步恢复和筹建创作室、研究室及实验乐团等机构。是否成立中专部问题，以后再考虑。

三、原中国音乐学院的教职员工，经过思想动员，在自愿的基础上，尽可能回中国音乐学院工作。由于原有的一些专家教师，有的已经去世，有的年老体衰，除了从文化部直属的文艺单位中选调一批文艺干部任教外，尚需从外地调进10名左右水平较高的专业教师（包括民间艺人）。

四、中国音乐学院的原有设备、器材和图书资料等，仍归中国音乐学院。并校后添置的，由两校协商合理分配。今后需要添置必要的设备和器材，本着节约的原则，从文化部经费中逐步解决。

五、中国音乐学院原校舍15309平方米（在什刹海前海西街十七号），现大部分归我部文学艺术研究院所用（产权仍属中国音乐学院），我部已决定将文学艺术研究院迁出另建，在未迁出前，由两院协商共同使用。

中国音乐学院的恢复工作，我部所属的音乐院校和音乐演出单位将积极予以支持，加强协作，使我国的社会主义民族音乐事业得以迅速发展和提高。

以上报告，妥否，请批示。

1980年5月22日[1]

这便是新中国成立以后“中央”“中国”两所音乐学院分分合合的历史。值得注意的是，无论是1964年中央音乐学院院长赵沨忍痛割爱，将中央音乐学院从事民族音乐教学的教师全部支援给新成立的中国音乐学院，还是1980年中国音乐学院复建时，赵沨让老师们在中央音乐学院和中国音乐学院之间“自愿选择”[2]，李西安都是在“自愿选择”的条件下义无反顾地选择了中国音乐学院，并且从此与中国音乐学院及中国传统音乐、中国现代音乐的理论研究与教学实践结下了不解之缘。何况李西安执着的学术追求和办学思想总有一层抹不去的理想主义色彩。

[1] 转引自樊祖荫主编、张天彤副主编：《中国音乐学院建校50周年纪念文集·学校建设卷》，北京：中国青年出版社，2014年，第6～7页。

[2] 李西安：《李凌同志对中国音乐学院复建的历史性贡献——在纪念李凌诞辰百年学术研讨会上的发言》，《中国音乐》2014年第1期，第1～2页转第7页。

五、谏言

1980年春节刚过，李西安被确诊患肾结核并于同年3月切除了右肾，但犹如孟子所言：天将降大任于斯人也，必先苦其心志，劳其筋骨，饿其体肤。

这是李西安手术出院后给自己制定的作息时间表：

一、锻炼

二、早睡早起缩短午睡（晚上不多看电视，不多看书报）

三、戒烟

四、加强营养

五、提高效率

1. 抓重点、排干扰、去非重点

2. 实行ABC作（做）法

3. 不事必躬亲

4. 注意信息的选择性

6：30起床、锻炼、吃饭、卫生

8：00～12：00工作（A为主，做饭除外）

12：00～14：30午饭、午休

14：30～18：00工作（B、C为主）

18：00～19：00晚饭

19：00～22：00或A、B、

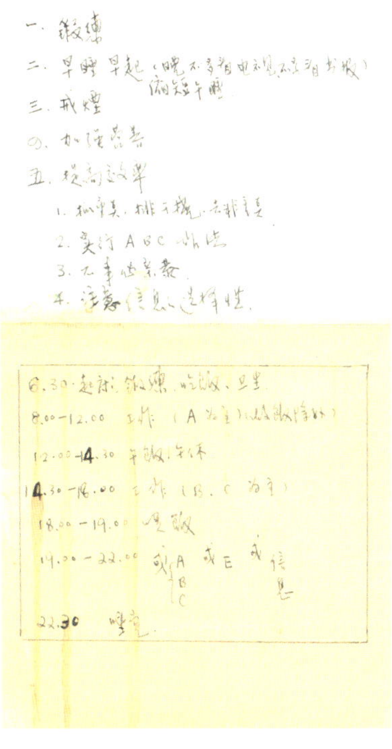

图1–11　李西安1980年出院后制定的作息时间表手稿

C或E或信息

22：30睡觉。

1980年5月，尚在康复中的李西安得知，中国音乐学院已获得国务院批准，将恢复建制和正式招生，他激动不已。作为中国音乐学院的一名普通教师[1]，他在为学生讲授“民族旋律与曲式”课程的同时，公开发表了他与同窗好友施万春合作的电影音乐《药》（根据鲁迅同名小说改编）和热情洋溢支持青年作曲家创作新作品的论文《未来属于年轻一代——从黄安伦的几首新作谈起》。另一方面，他又深深地陷入了对中国音乐学院复建后办学思路的思考。几经修改后，李西安于1980年8月5日，向中国音乐学院复建筹备领导小组正式提交了由他起草的《关于建设中国音乐学院的十点建议》（以下简称《十点建议》）。

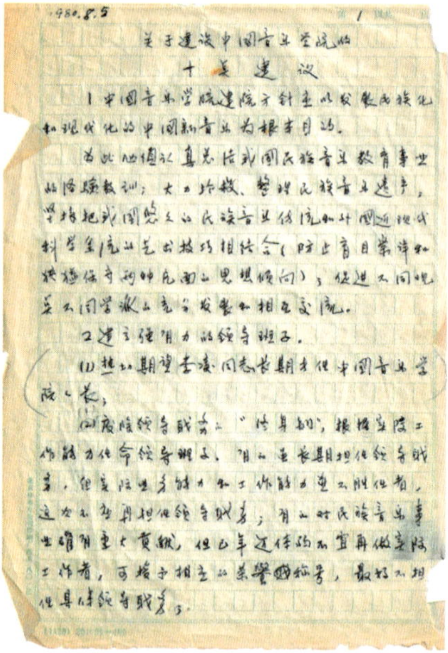
1980.8.5 1

关于建设中国音乐学院的

十点建议

1 中国音乐学院建院方针应以发展民族化和现代化的中国新音乐为根本目的。

为此必须认真总结我国民族音乐教育事业的经验教训；大力挖掘、整理民族音乐遗产，坚持把我国悠久的民族音乐传统和外国近现代科学系统的艺术技巧相结合（防止盲目崇洋和狭隘保守两种片面的思想倾向）；促进不同观点不同学派的充分发展和相互交流。

2 建立强有力的领导班子。

(1) 热切期望李凌同志长期担任中国音乐学院院长；

(2) 废除领导职务的“终身制”，根据实际工作能力任命领导班子。有的虽长期担任领导职务，但实际上由于缺乏工作能力而不胜任者，这些不应再担任领导职务；有的对民族音乐事业确有重大贡献，但已年迈体弱不宜再做实际工作者，可授予相应的荣誉职称，最好不担任具体领导职务。

图1-12　李西安《关于建设中国音乐学院的十点建议》手稿

[1] 按：1980年李西安仅为中国音乐学院作曲系讲师。他晋升为副教授的时间是1982年5月。

虽然四十多年过去了，李西安当时提出《十点建议》的历史背景和《十点建议》本身的内容、诉求、目的却值得我们将其当作一份当代音乐史的史料加以审视和研究。客观地说，1980年中国音乐学院复建时，上自中央，下至师生，均存在热情有余、方向不足的普遍现象。

关于建设中国音乐学院的十点建议[1]

1. 中国音乐学院建院方针应以发展民族化和现代化的中国新音乐为根本目的。

为此必须认真总结我国民族音乐教育事业的经验教训；大力抢救、整理民族音乐遗产；坚持把我国悠久的民族音乐传统和外国近现代科学系统的艺术技巧相结合（防止盲目崇洋和狭隘保守两种片面的思想倾向）；促进不同观点不同学派的充分发展和相互交流。

2. 建立强有力的领导班子。

（1）热切期望李凌同志长期担任中国音乐学院院长。

（2）废除领导职务“终身制”，根据实际工作能力任命领导班子。有的虽长期担任领导职务，但实际业务能力和工作能力并不胜任者，这次不应再担任领导职务；有的对民族音乐事业确有重大贡献，但已年迈体弱不宜再做实际工作者，可授予相应的荣誉称号，最好不担任具体领导职务。

（3）大胆提拔一批年富力强、业务优秀、有远见、有魄力，能团结人的中年教学骨干担任院系、教研室各级领导。

我个人建议黎英海（作曲理论）、刘德海（民族器乐）、叶佩英

[1] 按：2018年4月，李西安把这份《十点建议》连同他所有的文论、提案、演讲、意见和建议、文案、简报、实物等珍贵的艺术档案资料捐给了中国音乐学院图书馆。中国音乐学院图书馆也于同年4月23日，即第23个“世界读书日”暨图书馆读书月活动之际，举办了“馆藏李西安先生艺术档案展”（详见本书《附录：李西安音乐学术活动大事年表》）。2021年，中国音乐学院图书馆又将李西安捐赠的艺术档案进行了数字化处理。

（声乐）可以担任院级领导兼任系主要领导。

3.团结一切可以团结的力量，培养和建设一支高水平的教师队伍。为此，除充分调动老教师的积极性，争取在他们的晚年把毕生的艺术成果贡献给民族音乐事业和培养接班人外，当务之急，是要打破社会上旧的习惯势力的束缚，从原中国音院、中央音院和从外单位调进的教师中，大胆提拔一批优秀的中年教学骨干，授予副教授、教授职称。

我个人建议可首批提升副教授的人有：

民乐系：刘德海、王国潼

声乐系：叶佩英

作曲系：施万春、王酩

4.建立大胆、严格、合理的考核制度，对优秀的教学人员、教辅人员、行政人员大胆晋升和提高工资待遇；对不称职的人员调配适当工作；抽调有实践能力的人专职或轮换参加学院的演出、创作、科研组织，专职人员三年之内无公认成果者，回教学部门。

5.为确保教师质量，外调教师或毕业生留校任教一律由群众酝酿，系主任提名，经过严格的业务考核（演奏、演唱专业开音乐会，作曲理论专业呈交作品、论文、教材），系里三分之二教师通过，最后报院领导批准方可调入。补充教师是个长期的任务，而且特别要着重从本院毕业生和研究生中吸收。外调教师的过程中，严禁任何人以任何形式“走后门”；防止任何人以任何理由把中国音乐学院变为“收容所”；注意不要“突击名额”，为真正合格的后来者留下位置。

6.鉴于民族音乐实践本身及其教学体系均不完备，因此从长远的观点考虑，应首先加强艺术实践和科学研究，然后逐步将实践和科研成果纳入教学。为此建议：

（1）除民乐系和声乐系继续招生外，作曲系和理论系2～3年不招本科生，教师进行艺术实践和教材编写；

（2）提前设立研究生部和进修班，招收作曲理论、民族器乐、声乐研究生和进修生，培养人才（包括本院师资），积累经验；

（3）建立具有国家水平的师生联合的中国民族管弦乐团，进行实验和公演；

（4）建立创作室和研究室，组织专职创作人员、作曲理论系教师、研究生及有写作能力的演奏演唱专业教师进行创作，为民族管弦乐团提供曲目；组织专职研究人员、各系教师和研究生进行民族音乐理论的科研，编写教材。

（5）选派留学生出国学习比较音乐学。

7. 出版“民族音乐”（包括理论和乐曲）和“轻音乐”（以乐曲为主，配合少量文字）两种刊物。

8. 为提高教职工经济待遇，奖励创作、演出、科研成果，补充教育经费的不足，必须广开财路（上述各演出组织和发行“轻音乐”刊物将有大量收入。此外，还须调动一切部门的积极因素，为此做出努力）。

9. 为了更好地探讨如何办好中国音乐学院，可由专业人员组成几个专门考察小组：

（1）赴国内兄弟院校、艺术团体征集意见和发现人才；

（2）赴美国、日本等国家考察音乐院校民族音乐教学情况和民族音乐学的成就；

（3）赴国外考察最新型的音乐学院建筑，以为新建校舍的参考。

10. 除可制定规划，在近年内实现上述各项建设外，还可从长远考虑，逐步实现下列设想：

（1）实行真正按劳取酬的招聘制度；

（2）建立中国民族音乐教学–科研–创作演出联合体制；

（3）在适当的时候（1985年左右）创办“北京之秋——中国民族音乐节”，进行民族音乐作品和演奏演唱比赛，除国内音乐团体和个人参加外，邀请海外华侨、世界各国代表和演出团体参加；

（4）在适当的时候（1985年左右）举办世界性的“中国民族音乐学学术会议”，邀请海外华侨和世界各国的中国民族音乐学者参加。

上述十项建议中最关键的是能否建立以中年人为主体的各级领导班子和大胆提拔、外聘优秀中年教师，建立教学骨干队伍两项。现在的中年一代是被延误和受压抑的一代，“文化大革命”夺去了他们正该大有作为的十几年。尽管如此，他们仍是教学、创作、演出实际上的主要力量（现在才给以应有的地位，虽是“亡羊补牢”，但还“犹未为晚”）。如果这次不能做实质性（而非象征性）的改变，那这一代将被彻底埋没。等十年、八年之后，非“排”他们不可的时候，恐怕也就心有余而力不足了，那对中国民族音乐的损失将是不可估量的。

如果上述建议中之合理可行的部分能够实现，那么在若干年内，把中国音乐学院建设成为中国和世界上别具特色的一流音乐学府将是大有希望的！

李西安

1980年8月5日

我第一次看到《十点建议》是2017年7月15日（周六）早上10点半在李西安居住的东方太阳城寓所中[1]。虽然我当时顾着和李西安说话，来不及细读和思考，但大致浏览之后，一番对话让我至今记忆犹新：

“您当时除了教书，还担任什么行政职务？”

“没有。就是作曲系的一名普通教师。”

“但这份‘建议’涉及院系领导班子、干部提拔、教师职称、薪酬待遇、教学科研、考核、招生等方方面面的问题。您作为普通教师，人微言轻，这样‘建议’院领导是不是有‘指点江山’之嫌？”

[1] 按：除特殊情况外，我每次去李西安家的时间都是早上10点，和他交谈并与他共进午餐之后便离去，以便他午休。

李西安微笑着说："我没有想过'指点江山'。我只是认为由于历史的原因，中国音乐学院几经周折，好不容易获得了'复建'的机遇，就应该从长远发展的眼光多考虑一些问题。"

"可您的'建议'不是'复建'，而是'重建'啊。"

"说'重建'也对。毕竟改革开放以后的80年代和改革开放以前的60年代相比，很多方面都发生了巨大的变化。中国音乐学院1964年成立时的办学目标是以中国传统音乐、民族民间音乐为科研、教学宗旨，以弘扬中国传统音乐文化为己任。但80年代我们需要有更加开放的办学胸怀和学术视野。如果还像当年的规划（北京舞蹈学院以芭蕾舞为主，中国舞蹈学院以中国舞为主；中央音乐学院以西洋音乐为主，我们以中国音乐为主。甚至连表演院团也是中央歌剧舞剧院以西洋歌剧舞剧为主，中国歌剧舞剧院以中国歌剧舞剧为主），那就太过于简单化了。这样的规划只会无形中促使我们更片面、更狭隘，甚至还会使中国音乐、中国歌剧、中国舞剧和西方音乐、西方歌剧、西方舞剧更加对立。这是不利于改革开放以后中国音乐院校的教学科研和人才培养的。要照这样的话，中国音乐学院是不是不应该有钢琴系、管弦系和美声唱法的教师与教学？中央音乐学院是不是也不应该有民乐系和民族声乐专业呢？"

"您说得对。我曾经看过您的一篇文章。您在文章里说，1980年中央音乐学院再次要被一分为二的时候，赵沨院长坚持'自愿选择'，目的是不能让中央音乐学院再次成为一个'只有西洋没有民族'的音乐学院。那么，新复建的中国音乐学院能够彻底回到1964年的'只有民族没有西洋'的音乐学院吗？中央院坚决不同意用'减法'，而中国院迟早也必须用加法，或者是加减乘除一起来。否则，即或上级领导批准了复建，时代的发展也很难允许它生存下去。"[1] 紧接着，我补充道，"院里对

[1] 李西安：《李凌同志对中国音乐学院复建的历史性贡献——在纪念李凌诞辰百年学术研讨会上的发言》，《中国音乐》，2014年第1期，第1 ~ 2页转第7页。

您的‘建议’有何反应？”

“我当时把‘建议’呈递给了李凌院长。”

“他说什么了吗？”

“当时倒是没说什么，他只说，谢谢你对学院的关心。等我好好看看再找你具体谈。”

……

事实上，自从1980年5月国务院批准中国音乐学院恢复建制以后，学院就遇到了校舍、教学设备、师资，以及经费等一系列棘手问题。何况首任院长安波、副院长马可相继去世，关鹤童另赴他任。谁可做中国音乐学院复建后的掌门人，更是上上下下关心的问题。正在“众里寻他千百度”之际，人们不约而同地想到了长期在国家文艺院团工作，经验丰富，对民族音乐事业亦十分执着，而且有知人善任、爱才惜才美誉的李凌。虽然他当时已经67岁，但依然精力过人，作风泼辣。因此中国音乐学院复建后的领导班子很快组成：院长李凌，党委书记王元方，副书记陈玉生，副院长杜利、张肖虎、蒋风之、严正、张权。短短4年（1980 ~ 1983），已经在“文革”中消失了的中国音乐学院又重新站立了起来。

李凌很快就把李西安的《十点建议》交给了中国音乐学院复建筹备领导小组成员传阅。一周后，又通知李西安参加中国音乐学院复建筹备领导小组扩大会议，并安排李西安就《十点建议》向会议做专题发言。不久，中国音乐学院创作研究部（以下简称“创研部”）下设的研究室和创作室两个部门得以成立。黎英海任创研部主任，董维松任研究室主任，李西安任创作室主任。

然而，1980年的中国，虽然改革开放已经作为“国策”在全国轰轰烈烈地展开，但改革的重点还仅限于经济领域。在人事制度方面，一方面，体制内的干部职工可以到体制外经商，但另一方面，体制内（尤其是大专院校、政府机关等事业单位）的干部制度、人事制度，乃至薪酬制度的改革还未真正开始。因此，对于李西安《十点建议》里关于干部提拔、教师职称、按劳取酬，以及公派出国学习的一系列超前建议，院领导最终只采纳了“第六点”之1、2、3条。对于第4条“建立创作室和研究室，组织专职创作人员、作曲理论系教师、研究生及有写作能力的演奏演唱专业教师进行创作，为民族管弦乐团提供曲目；组织

1981.6

关于建立“中国音乐学院民族音乐创作研究中心”的

建　　议

李西林（签）1981.6

学院领导：

早在79年我们就提出了要建立“民族音乐研究中心”的建议（见《艺术教育》1979年第4期），受到文化部教育司、音协和中央音乐学院一些领导同志和许多热心民族音乐事业的专业人员的重视和支持。中国音乐学院复建后，建立“民族音乐研究中心”的任务，就责无旁贷地落到了中国音乐学院的肩上。因此，我们再一次郑重地向学院领导和全院同志们提出建立包括创作室、研究室、中国音乐社、资料室和编译室的“中国音乐学院民族音乐创作、研究中心”。理由是：

一、从中国音乐学院的建设来说，我们是以“民族”为旗帜的。虽然我国有悠久的音乐传统和丰富的遗产，但近二百年来远远地落后了。尽管“五四”以来，特别是解放后，有了很大的发展，但至今还没有建立现代的科学的理论体系，成功的作品也不多，甚至连系统、科学地收集、整理民族民间音乐的工作都还没有完成。因此，我们和中央音乐学院等兄弟院校的处境完全不同。从目前的分工来说，他们以借鉴西欧音乐为主，即或少将一些民族的，也仍有大量现成的曲目和教材可以采用；而我们用连最低限度的曲目和教材都没有。因此，我们认为，在如此艰难的条件下，要办好中国音乐学院，就比任何其它兄弟院校更需要建立创作科研、教学和实验乐团三大体制。其中，教学是主体，创作科研是先行，实验乐团是必不可少的艺术实践。只有下大功夫搞好后两者，教学才能稳步前进，否则，教学就成了无源之水，很难开出五年的课程，更谈不上建立科学的民族音乐教学体系和为社会所承认了。因此，建立我院的创作研究中心，不仅是当务之急，迫在眉睫的事，也是具有深远战略意义的百年大计。

二、从社会需要来说，我国民族音乐具有广泛的社会基础，但和学西洋音乐的人相比，广大民族音乐工作者基本上仍处在被歧视、被压抑的地位，他们不但迫切地需要提高创作和研究的水平，而且需要团结和组织起来，互相鼓舞，互相支持。中国音乐学院复建后，广大民族音乐工作者寄以重望，他们不但希望我院在教学上做出成绩，而且希望在创作和科研上，能成为联系和团结全国广大民族音乐工作者的核心机构。

三、从国际音乐文化交流来说，世界各民族的音乐文化是相互吸收，共同发展的。特别是近半个世纪以来，世界各国对民族音乐学（即比较音乐学）的研究有突飞猛进的发展，对中国民族音乐的研究也取得了不少新的成果。可是过去若干年由于闭关自守的政策，使我们对此所知甚少，现在迫切需要把这一课补上，以为发展中国民族音乐的借鉴。与此同时，随着文化革命的结束和对外实行较开放的政策，世界各国了解、研究中国传统音乐的兴趣日益浓厚，因此迫切需要加强国内外音乐文化的交流。现在很多先进的国家都成立了“民族音乐研究中心”，我们建立相应的组织，更有利于这种交流。

四、创作、科研、出版、资料和编译等工作，都是直接或间接为教学和演出服务的，它们之间性质相近，关系极为密切。因此，把这五个部门有机地结合在一起，组成我院完整的创作科研体制——“创作研究中心”，便于加强领导，统筹规划，合理布局，密切合作和提高工作效率。。此外，还可自筹部分经费，促进科研和创作的繁荣。

为此，我们拟订了“中国音乐学院民族音乐创作研究中心规划（草案）”，供领导研究和审定。

目前“创研中心”所属创作室、研究室和中国音乐社三个主要部门的建制已经确定，并开始筹建和进行工作，但资料室和编译室还迟迟没有提到日程上来。对此我们做以下简要的说明。

一、资料是科研、创作重要的前提和基础，而且科研和创作与其它专业不同，在资料上有自己特殊的要求，可以说它的每一项工作都与占有丰富、准确、科学的音响、文献资料分不开。但由于中国音乐学院建院时，主要是接管原北艺的图书资料，音乐专业图书资料甚少；②原中国音乐学院所属民族音乐研究所划归其它单位；③文化革命至中国音乐学院复建的十五年中，图书资料建设完全空白；④目前图书馆和学院资料室的领导和工作人员中，熟悉音乐业务的很少，在不少方面与使用单位严重脱节，这种状况在若干年内是很难解决的。因此，“创研中心”迫切需要建立自己的资料室。

考虑到创研中心与作曲系、音乐学系专业上的共同点，和当前条件的困难，资料室可由三个单位联合办，设在创研中心，并可向全院开放。目前学院的资料室可面向演奏、演唱专业和实验乐团。

（有关三单位联合办资料室的建议，请同时参阅作曲系和音乐学系的报告）

二、无论借鉴西欧传统音乐，研究各国民族音乐（特别是建立我院的世界民族音乐学专业）和进行中外文化交流，都需要一支相当规模的编译队伍。但原中国音乐学院仅有的4名音乐翻译人员，因对我院复建后的方针不了解，全部留在中央音乐学院了。因此，迫切地需要重建编译室。

最后，我们还有一点要解释的是，“创研中心”的名称问题，以免因为不习惯，造成误解。所谓“中心”是国外传入已被广为采用的新名词，就是集中搞某项专门事业的部门的意思，并非“全国只能有一个中心”的“中心”，更不是“以我为中心”的“中心”，而恰恰是“多中心论”的“中心”。我国凡有条件的院校和机构都可建立各种各样的“民族音乐中心”，只有建立许多名符其实的中心和有关专业的学会，把全国的民族音乐工作者组织在一起，团结在一起，形成一支浩浩荡荡的队伍，振兴中华民族音乐才大有希望。

俗话说：“名不正言不顺，言不顺事不成”。复建以来的许多事实说明，创作科研的重要性和迫切性，尚未得到有关同志应有的重视和支持。我们再次向院领导呼吁，尽快对上述积极建议做出重大决策。事在人为，尽管目前我院人力、物力都十分困难，但只要领导支持，大家齐心协力，采取由小到大，在五年、十年或更长一点的时间里逐步完善的方针，一定会把中国音乐学院民族音乐创作研究中心办好的。

[redacted]

创作室、研究室、中国音乐社全体

1981年6月

很好。但要一步步实现，一点点来实现。

李凌

图1-13 《关于建立“中国音乐学院民族音乐创作研究中心”的建议》

专职研究人员、各系教师和研究生进行民族音乐理论的科研，编写教材”的建议，院方却迟迟未有实质性的举措。而对于第5条“选派留学生出国学习比较音乐学”，学院也需要上报上级主管部门，经批准后才能具体实施。

于是1981年6月，李西安代表创作室、研究室和中国音乐社[1]起草了一份敦促院方建立“中国音乐学院民族音乐创作研究中心”的建议（注：由于该“建议”为打印稿，兹将原件转载如图）。

事实上，李西安1980年提出的《十点建议》和1981年再次呈报的《关于建立中国音乐学院民族音乐创作研究中心的建议》都已经得到了李凌充分的肯定和重视。但是，他仅为一院之长，即使具有只争朝夕的工作紧迫感和“办学的路子要宽一点，宽一点比窄一点好”的办学思想，仍然需要在院领导班子的集体研究和充分讨论后才能实施重大决定和举措。所幸，在求贤若渴的李凌院长的积极努力和促成下，民族声乐歌唱家王玉珍、万馥香等和美声歌唱家张权、仲伟、李志曙、魏鸣泉，以及原中央乐团的其他几位歌唱家都先后调入了中国音乐学院，郭兰英也被邀请到中国音乐学院讲学，为中国音乐学院后来的继任领导提供了十分重要的启示。

六、承诺

李西安上任创作室主任后，一项更为宏伟的计划便开始在他心中酝酿。为实现这项计划，他不仅需要志同道合的作曲家参与，而且还需要民族音乐学家、音乐史学家的支持与配合。他甚至想成立中国音乐大系出版社、编译室和创办《中国音乐年鉴》以及英文版《中国音乐》等刊物。

---

[1] 按：李西安手稿里的“音乐社”即他梦想创建的“中国音乐大系出版社”简称。详后。

创研部1982 ~ 1984年度学术规划

一、两年内完成综合式民族音乐教学主要教材初稿

第一阶段,《民族音乐概论》(张鸿懿等)

第二阶段,《民族旋律学》(李西安)

《民族音乐学》(董维松、沈洽)

《民族器乐学》(袁静芳)

《民族声乐学》(刘建华等)

第三阶段,《民族音乐专题研究》(全体)

二、二至三年内完成“丝绸之路音乐研究”第一阶段研究任务

长安音乐文化(刘均平等)

丝绸之路陆路部分(周吉、杜亚雄等)

丝绸之路海路部分(费师逊等)

唐传日本雅乐研究(何昌林)

总负责:何昌林

1984年内进行云南□□族和□□[1]族音乐文化综合考察

民族音乐学方面(沈洽)

民族学方面

语言学方面

美术、舞蹈等方面

三、两年内举行四次“华夏之声”音乐会

第二届,音乐考古发表会,1983年1月(吴文光、何昌林、陈应时、吴钊、黄翔鹏、耿生廉)

论文组织,何昌林

第三届,古琴系列音乐会(1983年5月)

论文组织,吴文光

---

[1] 按:李西安的手稿中此处原为空格,故以□□表示。

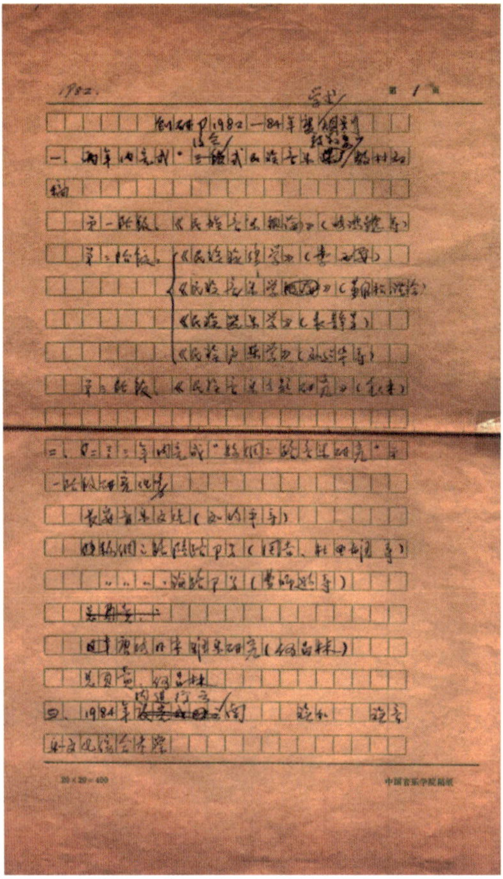

图 1-14 李西安《创研部 1982 ~ 1984 年度学术规划》手稿

第四届，民族声乐音乐会（1983 年 12 月）

论文组织，刘建华

第五届，古代题材音乐会（1984 年 5 月）

作品组织，李西安

四、1. 为第三次民族音乐学年会准备学术论文（个人补充部分）

2.《编钟研究与制作》（蒋定穗）

3.《中国古代乐器考源》（蒋定穗）

4. 英文版《中国音乐》（李西安等）

组织规划

1. 创研部调进秘书、干事各一人；
2. 创作室调进吴大明、邵光琛；
3. 招收作曲、民族音乐学研究生；
4. 加强《中国音乐》编辑部，整顿办刊方针，出版年会专刊；
5. 筹办中国音乐出版公司；
6. 筹办出版中国音乐年鉴；
7. 成立华夏乐团；
8. 促进中国音乐学院□□[1]管理委员会的落实；
9. 促进学院资料管理的落实；
10. 筹办编译室；
11. 促进学院接待旅游演出的落实；
12. 筹办古谱研究座谈会和古谱寻声音乐会（何昌林）；
13. 筹办《民族音乐学学术讨论会》；
14. 准备民族音乐“四大件”教材会议的相关教材（耿生廉）；
15. 筹办“三段式”民族音乐教材编写会议；
16. 建立研究员制；
17. 筹办民族器乐创作征稿音乐会；
18. 建立星期五学术讨论会。

李西安是幸运的。1982年5月30日，李凌做出了如下批示：

急速物色几个作曲家，不管放在哪里，先动起手来，才能有起色。可一面写作，一面抓人才，否则很快半年过去了，不着急不行。

---

[1] 按：因手稿此处两字难以辨认，故以□□表示。

> 要好的，要有才能的，年轻一点也可以，先借来也好。不然先组织进来也可以。总之，要有力量，有动作才行。[1]

李凌的这份批示让李西安如获至宝，欣喜万分。虽然创作室主任一职是他的首个官职，但他出色的组织策划能力和对中国传统音乐深谋远虑的构想和理论诉求，让他在心中酝酿已久的宏大计划——“华夏之声”音乐会即将成为现实。须知，“华夏之声”并不是一场仅仅满足感官愉悦的普通音乐会，而是一次对中国传统音乐的“寻根”，通过研究、考释，让沉寂多年的中国古谱、古诗词发声。

根据李凌的批示，李西安迅速以中国音乐学院创研部创作室主任的名义行动起来。他除了向院内作曲家黎英海、樊祖荫、张筠青发出了创作邀请外，还特意从院外邀请了王震亚、王树、邵光琛、吴大明、金湘、张乃诚、叶小纲，以及古琴家王迪等参与创作。在组织古谱译解时，除院内专家吴文光、何昌林以外，李西安又邀请了院外专家陈应时、黄翔鹏、吴钊等，并邀请他们就六朝琴谱、唐琵琶谱、宋姜白石俗字谱、宋元古谱、明清乐谱的考释与研究发表学术论文，同时组织演员积极参与学术研讨和试唱、试奏。此外，李西安还特别邀请黄翔鹏、邵光琛分别以“音阶论”“音群论”为题到中国音乐学院讲学。他想为“华夏之声”音乐会的成功举办，奠定坚实的学术理论基础。

然而，李西安美好的愿望却必须直面看似与音乐会无关的问题——钱！毕竟，1979年“时间就是金钱，效率就是生命”如同“冲破旧观念的一声春雷”在深圳蛇口被提出之后，在全国产生了巨大影响，按劳取酬已不再是羞于启齿之事，而是获取劳动正当所得的方式。虽然被李西安邀请的众多作曲家、音乐理论家、古琴家、歌唱家都以极大的热情全力以赴，分文不取支持音乐会，其中有的歌唱家主动放

---

[1] 李西安：《李凌同志对中国音乐学院复建的历史性贡献——在纪念李凌诞辰百年学术研讨会上的发言》，《中国音乐》2014年第1期，第1～2页转第7页。

图 1–15　李西安在家中抚琴（1982年，摄影者不详）

弃或推迟了其他演出和录音录像的工作，比如姜嘉锵，为了这场音乐会提前结束了在昆明的录音赶回北京，但作为音乐会的主要发起人和组织者，李西安却不能回避，至少，他认为给每一位专家一个名正言顺的名义并不过分。

1982年6月21日，经过李西安近两年的精心策划和认真准备，同时在众多作曲家、理论家，以及表演艺术家的通力合作下，由中国音乐家协会（注：除历史原文献引用外，以下均简称为“中国音协”）表演艺术委员会和中国音乐学院联合主办的第一届“华夏之声——古诗词歌曲音乐会”在北京复兴门外大街2号，一座70年代的标志性建筑——广播大厦隆重举行。众多作曲家、理论家、古琴家、歌唱家，如王震亚、黎英海、傅雪漪、王迪、邵光琛、金湘、吴大明、顾淡如、张筠青、黄晓飞、樊祖荫、张乃诚、蔡瑶铣、叶佩英、戴学忱、李双江、姜嘉锵、季小琴、时可龙、沈时松、迪里拜尔，以及中央广播合唱团、中央民族乐团合唱队精彩的诠释和表演受到了首都音乐界、文史界及广大音乐爱好者的热烈欢迎。

音乐会开始前，时任中国音乐学院创研部主任的黎英海在记者招待会上说：

在我国浩如烟海的文艺遗产中，古典诗词有着非常显著的重要地位。从第一部见于文字记载的古代诗歌集《诗经》开始，2000多年来产生过无数的光辉诗篇。仅《全唐诗》就收集了2000多位作家的近50000首诗。《全宋词》收有1300多位作家近20000首词。而许多诗词集还没有包括大量的民间口头诗歌。我国的诗歌从古到今，数量之大，题材内容及结构形式、表现手法的丰富多彩，在世

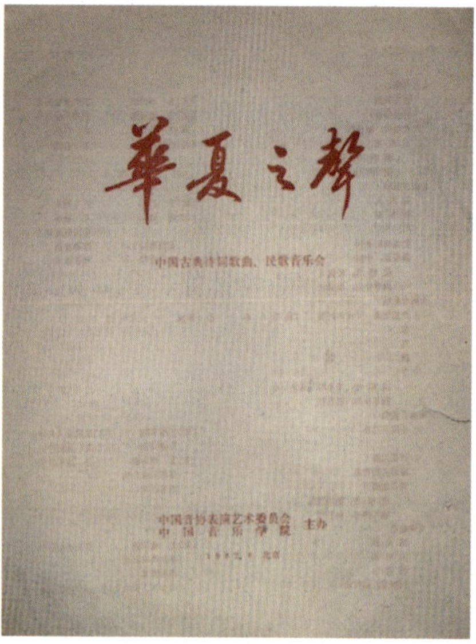

图1-16　第一届“华夏之声——古诗词歌曲音乐会”节目单

图1-17　“华夏之声”音乐会演出剧照[1]

[1] 按：该剧照选自李西安个人影集。摄影者不详。后同。

界上无与伦比。

诗词与音乐的关系自古就非常密切。从鲁迅所说的远古时代的“杭唷派”开始就是可以歌唱的。以后的大部分是为歌唱或是可以歌唱的，就是吟诵、朗诵也不可缺少一定的音乐性。

可惜由于种种条件限制，古代民歌和古典诗歌流传下来的乐谱比起文字记载来要少得很多很多（音响更谈不上）。有曲谱的只有可数的几百种（包括琴歌）。目前所知道的这小部分遗产非常珍贵，但我们要把它们还原为力求接近本来面目的声音却很不容易。首先是译谱、订谱做大量的研究工作。即使就以现有的乐谱为准，还有个演出风格和演出形式的问题。

为曲谱失传的古典诗词重新谱曲，历代都有。“五四”以后，不少作曲家也曾为古典诗词作曲。但有影响的还不够，近30年来，为古典诗词作曲的更少……我们是本着百花齐放、鼓励探索的精神来尝试组织这次音乐会的。将以多种不同风格特点的作品和演唱呈现给观众。我们准备挨批、准备失败，希望大家听了多提意见。

音乐会结束后，当时的广播电视部部长吴冷西专门到后台看望音乐理论家、作曲家、演员，并发表了热情洋溢的即兴演说：这场音乐会开得很好。我国有五千年的文化，这样的音乐会是最形象的爱国主义教育。要搞就要有志气，一不做二不休，大力发扬民族音乐传统。

第一届“华夏之声——古诗词歌曲音乐会”轰动北京，实属不易。须知，70年代末80年代初，最受民众欢迎的音乐形式首先是中国大陆的一些影视歌曲，其次是港台流行歌曲，再次才是西方交响音乐。因此仅就当时的传播和接受程度而言，“古诗词歌曲”既没有影响，更没有市场。何况“古诗词歌曲”之“古”，与“文革”批判的“封、资、修”之“封”还容易被一部分心有余悸的人联系在一起，让人退避三舍。更何况当时没有网络，没有直播，就连最基本的电话也都是寻常百姓很少能够拥有的奢侈品。音乐会上全新的古诗词歌曲以及歌唱家的艺

图1-18 演出结束后，时任广播电视部部长吴冷西看望演职人员

术诠释和演唱竟然能在北京受到热烈欢迎，很多群众强烈要求加演，以满足他们迫切的音乐文化需求，这着实让李西安始料不及。

根据亲历者、资深编辑王炬回忆，中央人民广播电台和《歌曲》杂志社于1979年12月23日至1980年1月23日主办了“群众喜爱的15首歌曲”评选活动，对25万张选票进行了统计，结果显示，当时最受民众欢迎的歌曲是：

1.《妹妹找哥泪花流》(142381票)；
2.《祝酒歌》(140020票)；
3.《我们的生活充满阳光》(133566票)；
4.《再见吧，妈妈》(124226票)；
5.《泉水叮咚响》(117757票)；
6.《边疆的泉水清又纯》(102312票)；
7.《心上人啊，快给我力量》(93610票)；
8.《大海一样的深情》(91397票)；
9.《青春啊，青春》(83969票)；
10.《洁白羽毛寄深情》(79294票)；
11.《太阳岛上》(74985票)；
12.《绒花》(65818票)；
13.《我们的明天比蜜甜》(63805票)；

14.《浪花里飞出欢乐的歌》(63020票);

15.《永远和你在一起》(58028票)。[1]

一个棘手的问题摆在了李西安的面前——可以应观众的要求加演这些曲目，但去哪里演？广播大厦是一个涉密单位，不可能为音乐会提供开放性的公开演出场地，而复建后的中国音乐学院又和中国艺术研究院挤在什刹海西南角的恭王府里。恭王府虽然亭台楼阁、长廊水榭应有尽有，但却没有音乐厅，更没有可以容纳数千观众的礼堂。因此，位于北京月坛北街国家计委大院的红塔礼堂便成了最好的选择。这座礼堂不仅是70～80年代文艺青年心目中的地标性建筑，拥有一流音响设备、最佳演出效果，与地质礼堂（西四羊肉胡同）、物资礼堂（复兴门外月坛街）、政协礼堂（阜成门内白塔寺）合称北京著名的四大礼堂，更重要的是，1978年6月，中国改革开放后第一位访问中国的美国小提琴家艾萨克·斯特恩（Isaac Stern，1920～2001）就选择了在红塔礼堂举办他的独奏音乐会；1979年3月，美国波士顿交响乐团（Boston Symphony Orchestra）的访华演出也同样选在红塔礼堂举办。

然而，“华夏之声——古诗词歌曲音乐会”如果真要在红塔礼堂加演，那么场租，音乐会节目单和说明书的印制，乐器、道具的搬运，以及所有演职人员的交通费用如何解决？

为此，李西安无奈地尝试了他一生中绝无仅有的一次“商演”——以公开售票的方式补偿急需支付的演出成本，他不得不有些“迎合”地在音乐会原有的古诗词曲目里又增加了一些群众喜爱的影视歌曲。

6月22日早上，当晚的票已全部售罄。下午不到4点，6月23日的票就已售出了大半。更让李西安欣慰的是，所有收入和成本已经基本持平。红塔礼堂的场租和很多老师垫支（包括李西安自己垫支）的音乐会节目单和说明书印制费，以及交通运输费用已不再是问题。

---

[1] 王炬：《“十五首歌曲”评选纪实》，《广播歌选》2010年第8期，第47～49页。

音乐会现场气氛异常火爆。

演唱和演奏古诗词歌曲时，全场聚精会神，鸦雀无声。但当《谁不夸俺家乡好》《洪湖水浪打浪》《达坂城的姑娘》被唱响时，掌声雷动，经久不息。尤其是《姿三四郎》的主题歌唱响时，红塔礼堂似乎瞬间变成了叫“好”声此起彼伏的戏园子。

中场休息和演出结束后，很多人向李西安表示祝贺，王范地则对李西安说：音乐会太棒了！就是不知道为什么要安排一些民歌，甚至《姿三四郎》进去？要是纯粹的古典诗词歌曲就更好了。李西安向王范地解释了个中原由后，王范地才明白了究竟，并连连表示：理解，理解！

1982年6月25日，中国音乐学院邀请了文化部艺术局、中国音协、中央音乐学院、中国艺术研究院音乐研究所、中央人民广播电台、中央民族乐团、中央歌剧舞剧院、中国歌剧舞剧院、中央民族歌舞团、《歌曲》编辑部等单位50多位专家在中国音乐学院第一教室召开了“华夏之声——古诗词歌曲音乐会”座谈会。

会议由黎英海主持，他首先宣读了李凌的贺信：

> 请代向热心“华夏之声”的同志们祝贺！这工作是有前途、有发展，也是正道。大力搞下去很有意义。许多作曲家在探索，歌唱家也在热心探索。在初期，多一点路子、办法、式样、风格是好的。要坚持走下去。音乐的意境、风格、情趣，要和词作者的个性、气质、风格吻合就更好了。有的词的意境多放一点盐就过重，多着一点色就过浓。写曲也要识性别格。

会上，除黄翔鹏、傅雪漪、王迪、茅源等专家对音乐会的进一步改进提出了一些中肯的建议外，大部分与会者都对音乐会交口称誉、赞叹不已。但中央人民广播电台文艺部副主任康普的发言却无意间对“华夏之声”提出了一个重大的挑战：

我也是“华夏之声”的参加者，希望音乐会继续搞。吴冷西部长说录一套像。我们还要录一套音，录一套唱片，出版社搞一套谱子，四者配合就成为一个完整的东西。国内有了资料，国际文化交流也有了材料。如果将来不停地搞，年复一年地积累下来，就是一套完整的宝贵财富。

中央人民广播电台收到国外寄来的材料有《英国音乐九百年》《荷兰音乐四百年》，既有录音，还有录像供我们台播放。我们的文化有五千年，可是我们却什么都不能提供给别人！我们能不能树雄心壮志，搞个《中国音乐五千年》？这件事该由谁来做呢？

李西安未假思索便当即表示：中国音乐学院理应承担这项工作！

然而，李西安心里非常清楚，虽然著名音乐史学家杨荫浏用毕生心血研究和撰写的学术巨著《中国古代音乐史稿》刚于1981年出版，但如何挖掘、再现早已失传的古代音乐，让更多的中国人听到“中国音乐五千年”的“有声”历史却是一个难度非凡的重大课题。在很大程度上，他之所以能斩钉截铁地说“理应承担”，皆因这是中国音乐学院不可推卸的责任与使命，同时也是李西安与众多热爱中国传统音乐并将继承和发扬中国传统音乐视为己任的音乐学家无法回避的历史重任。

可以肯定的是，康普的发言激发和坚定了李西安的决心——“华夏之声”音乐会不仅要坚定不移地接着办下去，而且1983年的第二届“华夏之声”将以海内外学者根据六朝、唐、宋、元、明、清各代遗存古谱的译解为主，音乐会的内容和名称也应该定为“古谱寻声音乐会”。

1982年8月10 ~ 19日，由文化部、中国音协理论创作委员会、中国音乐学院联合主办的“全国民族音乐学第二次年会”在北京召开。来自全国23个省、市、自治区的音乐艺术院校、科研院所与会代表150余人云集中国音乐学院。经过了《十点建议》的深思熟虑和策划组织“华夏之声——古诗词歌曲音乐会”的实践历练，得到广大同行支持的李西

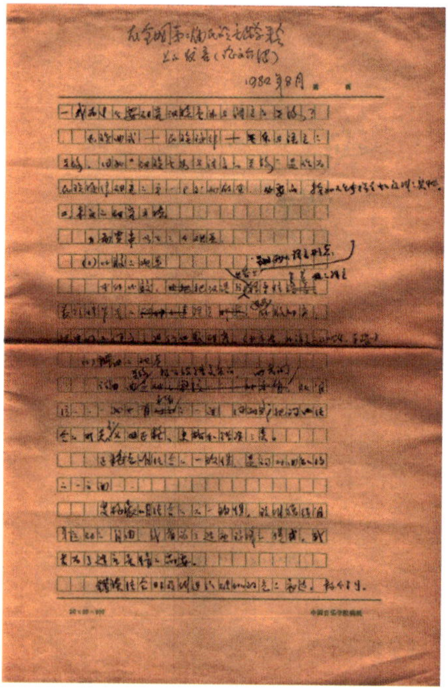

图 1-19 李西安在全国民族音乐学年会上的发言手稿

安，底气十足地向大会提交了他的参会论文《开展宏观的民族音乐研究》。针对汉族语言与汉族旋律的研究，他还做了《我为什么要研究音乐与语言的关系》的专题发言。

在论文的结论里，他更是掷地有声地提出了“关于发展中国民族音乐事业的五项倡议”：

> 1. 建立中国音乐博物馆：收集我国各民族的乐器、乐谱、文献、录音、录像和绘画、图片资料等，对国内外开放；
>
> 2. 恢复中国音乐的历史长廊：收集、挖掘、抢救留存的历代音乐作品，并付诸音响，付诸管弦，搞出《中国音乐五千年》；
>
> 3. 创办中国民族音乐节：演出传统的和新创作的中国音乐作品，举行器乐（如琵琶、二胡等）、声乐和新作品比赛，并邀请港澳台

地区及海外华侨、世界各国代表参加观摩和比赛；

4.建立全国性的和地区性的民族音乐研究中心：组织专业和业余理论队伍，进行民族音乐的收集、整理和研究工作；

5.加强国民音乐教育，特别是中、小学音乐教育中的民族音乐教育：使孩子们从小就种下民族音乐的种子，为发展我国的音乐事业和提高整个中华民族的音乐水平打下坚实的基础。

这五项倡议是关系我国民族音乐事业发展的百年大计，也是在我国建立和发展民族音乐学十分重要的基础建设工程，我们愿为此而努力奋斗，也热切希望有关领导和全体音乐工作者给予热情的关怀和支持，使之早日成为现实。

关于李西安这篇40年前的“倡议”，有人说他是高瞻远瞩的“预言家”“未来学家”，也有人说他是深谋远虑的“战略家”，甚至还有人说李西安是“玩魔方的人”……但在我看来，这“五项倡议”恰恰是李西安未来40年的五大奋斗目标——建立中国音乐博物馆；收集、挖掘、抢救留存的中国历代音乐作品，并付诸音响，付诸管弦，完成《中国音乐五千年》；创办中国民族音乐节，举行器乐、声乐和新作品比赛；建立民族音乐研究中心和加强中小学音乐教育中的民族音乐教育。这些不仅是他的所思所想，更是当时很多人都还没有想到，但他颇有远见的目光却已经清清楚楚看到的未来。恰恰因为这一点，李西安才有了他自己的故事，甚至是被中国当代音乐史铭记的故事。不可否认，古往今来，无论什么美好的愿望和远大的理想，但凡离开了实践，都是一纸空谈。只不过，空谈者虽然一事无成，但却一生万事相安。而真正矢志不渝、排除万难将理想付诸实践的人，多多少少都会因为理想高于现实甚至超越现实而“命途多舛，冯唐易老，李广难封”（王勃《滕王阁序》）。更何况，这个世界本来就不存在什么圆满。月圆则亏，水满则溢。日中则昃，月盈则食。所有的理想，无一不是因为不圆满和有缺陷，才使践行者锲而不舍，持之以恒，直至“念天地

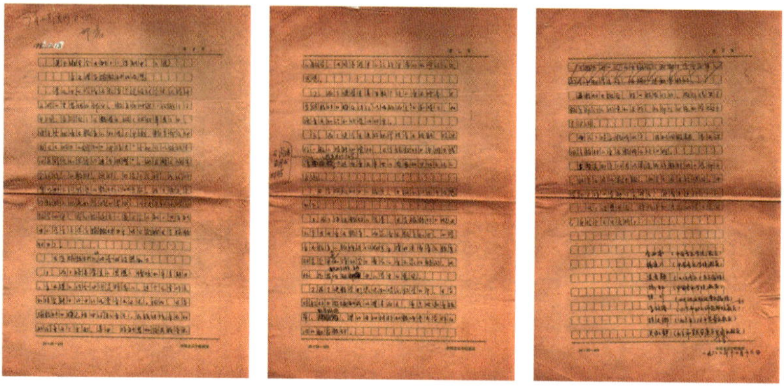

图 1-20 《关于编写全日制十二年制中小学音乐课实验教材的设想》手稿

之悠悠，独怆然而涕下”。

1982年8月19日，“全国民族音乐学第二次年会”结束后，李西安开始着手策划第二届“华夏之声——古谱寻声音乐会”。为了确保音乐会的学术理论性和历代音乐文献的价值，以及现代人对古谱的理解、翻译最终尽可能还原出接近史实的音响，李西安先后组织了四次由译者讲解，歌唱家和演奏家现场演唱、演奏，同时广泛听取各方面专家意见的学术研讨会。紧接着，李西安与黄翔鹏、何昌林等音乐学家做了大量的学术研究，并确定由黄翔鹏负责明代《魏氏乐谱》的译解工作。最终，第二届“华夏之声——古谱寻声音乐会”才确定了以南北朝古琴文字谱，唐五代琵琶谱，宋代燕乐半字谱，元代律吕与工尺对照谱，明代古琴减字谱、工尺谱与带格工尺谱为主的18首乐曲。

之后，李西安又发起了编写中小学音乐课实验教材的倡议，并和中国音乐学院杨通八与孙虹、《人民音乐》吴言韪、四川人民出版社陈川、北京市幼儿师范学校李政浩、北京市176中学孙汉卿、北京市宣武区康乐里小学关淑静等共同起草了《关于编写全日制十二年制中小学音乐课实验教材的设想》。

1983年是李西安繁忙的一年。在他的遗物里，有一本1983年的台历，他在1月1日的页面上写下了这样一段话：

送去旧岁，新的一年开始了！

新的开始总是意味着新的调整，并孕育着新的生机。我愿像孩子一样，珍视每一次的开始。既然上帝没有给我们“重新降生一次”的机会（如果那样该多好啊！），就让我们把每一个新年，每一个新的事业的起点，当作一次新的“降生”吧！

今年要做的：

生活方面：1. 戒烟；

2. 早睡早起；

3. 锻炼。

工作安排：1. 重点移到备课，保证每天上午用于备课；

2. 压缩战线，提高效率；

3. 排除干扰（包括来访——不必要的）。

但实际上在这一年里，李西安的生活、工作并不像他想象和预设的那么单纯。除了他在日记里说的备课外，第二届“华夏之声——古谱寻声音乐会”仍然占去了他大量的时间和精力。与此同时，他还完成了《中国大百科全书·民族曲式》条目的写作，完成了《中国古典诗词歌曲——华夏之声》黑胶唱片、磁带的策划出版，同时连续发表了《汉语声调与汉族旋律》《钢琴曲〈夕阳箫鼓〉音乐分析》《评交响叙事曲〈十面埋伏〉》《阿炳与刘天华的比较研究》《走自己的路——关于建立中国音乐教育体系的构想》等学术论文和音乐作品（作曲、配器）。但显而易见的是，他戒烟和早起早睡的美好愿望都没有实现。事实上，在他1983年1～9月的日记里，每天从起床到睡觉都被安排得满满当当。有备课、写作，也有师友间的频繁交往。如果按照来访者和被访人名字出现的频率排序，那么黄翔鹏、何昌林、沈洽、杨秀明、张洪岛、姚锦新、田丰、王酩、彭修文、张权、李凌、邵光琛、吴钊、冯文慈，以及从中国艺术研究院音乐研究所硕士毕业分派到中国音乐学院工作的蒋定穗等则是出现在他日记里的次数较多的人。

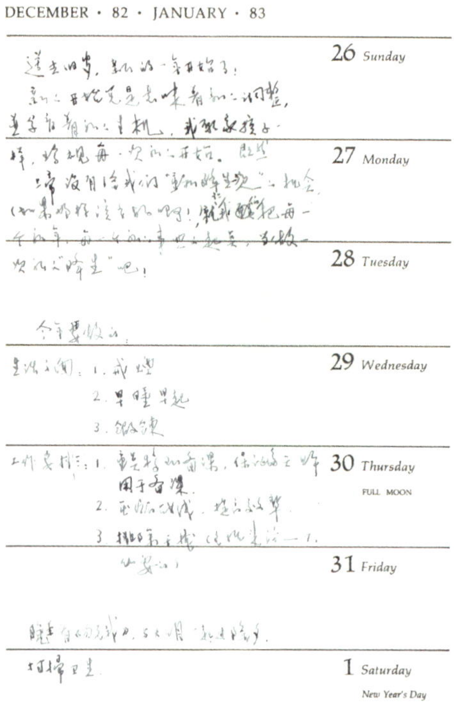

图1-21 李西安1983年元旦日记手稿

1983年6月27日晚7点半，第二届“华夏之声——古谱寻声音乐会”在北京正义路（台基厂）影剧院举行。虽然当晚雷电交加、大雨滂沱，但林默涵、姜椿芳、吕骥、李凌、吴祖强等领导以及音乐界800余位热心中国民族音乐的人士仍然准时出席了音乐会。何昌林是音乐会的主持人。参加演出的有吴俊生、张维良、戴学忱、彭丽媛、姜嘉锵、李元华、迪里拜尔等，伴奏全部由新成立的实验乐团担任。音乐会按历史编年，分别演出了吴文光、何昌林、叶栋、钱仁康、杨荫浏、丘琼荪、赵如兰、陈应时、吴钊、陈长龄、黄翔鹏等中外学者译解的中国古谱。音乐会以幻灯投影古谱原件，主持人作简明讲解，演唱、演奏相结合的方式进行；其演奏（唱）的乐曲，既有《幽兰》《秦王破阵乐》，也有元明清时期的歌曲，而且所有译解的古谱均不加任何改编，尽可能保持译谱的原貌。演出引起了音乐界和文化艺术界强烈的反响。一方面，音乐会为过去被称为“哑巴音乐史”的中国古代音乐史提供了一些可供聆听的音响，在学术界掀起了一场规模不小的“古谱热”；另一方面，李西安和中国音乐学院实验乐团“保存要纯正，发展要大胆”的建团方针与艺术实践也获得了广泛的赞誉。冯文慈撰文写道：“第二届华夏之声音乐会，是一场学术性很强、别有天地的音乐会。它的主题‘古谱寻声’，贯穿始终，使得聆听者享受到古朴典雅的音乐情趣，又获得了丰富精微的音乐史学知识。距今1400余年以来的各种古谱，发出音响，回荡耳际，怎能不令人心旷神怡，又怎能不令人激起为中华新声而奋斗的心愿。”[1]黄翔鹏甚至认为这场音乐会具有“将振兴中华民族音乐的火苗点燃了起来”[2]的划时代意义。

不可否认，两届“华夏之声”音乐会均具有中国“文革”之后最早的“非物质文化遗产保护”先驱的意义。20世纪80年代初，对外界知之甚少的绝大多数中国人并没有听说过“非物质文化遗产”，尽管联合国教科文组织早在中国还在轰轰烈烈搞“文革”的时候就已经向全世界提出了“保护自然和文化遗产”的概念并制定了《世界遗产公约》（*Convention Concerning The Protection of The World Cultural and Natural Heritage*），但一直到2005年国务院发布《关于加强文化遗产保护的通知》，“非物质文化遗产保护”才慢慢成为中国人熟悉的字眼，并逐渐成为全社会的共识。然而，它作为21世纪我国最重要的文化事项之一，保护的实际效果却常常因地而异，因人而异。一方面，现代化的进程仍然在一如既往地蚕食着传统文化的生存空间，许多以保护为目的的行为逐渐演变成具有破坏性的因子。其结果是，“保护性破坏”的现象随处可见。另一方面，以发展为由的所谓“促进性保护”也加速了传统文化的变异和消亡。

---

[1] 冯文慈：《“古谱寻声”的重大成果》，《人民音乐》1983年第8期，第41 ~ 43页。

[2] 黄翔鹏：《听“华夏之声”音乐会随想》，《人民音乐》1983年第8期，第13 ~ 16页。

七、毛遂自荐

1982年第一届“华夏之声——古诗词歌曲音乐会”和1983年第二届“华夏之声——古谱寻声音乐会”获得了出乎意料的成功。1982年6月27日，第一届“华夏之声”演出结束后，李西安当晚便写下了一篇题为《点燃振兴中华民族音乐的火把——“华夏之声”的构想与实践》的短文。而到了1983年6月26日，李西安在当天的日记里只写了20余字：“‘华夏’进入了白热化，连坐下来记大事记的时间也没有了！”

点燃振兴中华民族音乐的火把——“华夏之声”的构想与实践

今年六月，第一期“华夏之声”公演以后，在音乐界引起了很大的震动。黄翔鹏同志说：这一举把振兴中华民族音乐的火把点燃

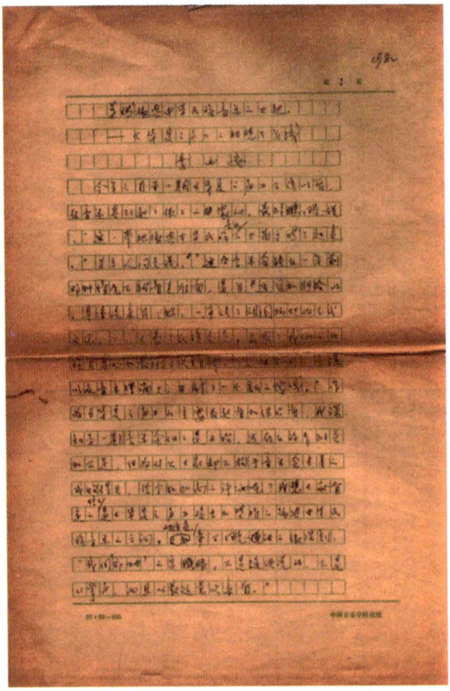

图1-22 李西安《点燃振兴中华民族音乐的火把——“华夏之声”的构想与实践》手稿

了起来。关立人同志说：这次音乐会能在一年前那种情况下就着手准备，是有远见和胆略的。具体说来有三好。一、宣传了祖国灿烂的古代文化；二，大长了民族志气，启发了我们的民族自尊心和爱国主义精神；三，抓创作、表演以及音乐理论，开辟了一个新的领域。作为“华夏之声”的主要发起者和组织者，我深知第一期音乐会仅仅是开始，还存在着许多缺点和不足，但为什么大家会不拘于音乐会的成败得失，给予如此高的评价呢？我想大家肯定的恰恰是从“华夏之声”提出和坚持的振兴中华民族音乐的方向。对这点，麦丁同志讲得很深刻：我用“成功”的字眼，不是随便说的，不是从掌声，而是从长远意义来看。

……

然而，没过几天，李西安就受到了中国音乐学院相关领导的训诫：

今后“华夏之声”要加强党委的领导，像前两届这样自下而上的搞法，在美国是可以的，但在社会主义国家不可以！“组织者”只能是单位，不能是个人。

但这位新来的领导有所不知，所谓“组织者”仅仅只是李西安在音乐会节目单里写的一段题为《组织者的话》，而且当时都已经在中国音乐学院学报《中国音乐》上公开发表。[1]

在中国音协和中国音乐学院的主持下，第二届华夏之声——古谱寻声音乐会，经过历时一年的准备，终于和大家见面了。

我们举办这次音乐会的宗旨是：

[1] 黎英海、李西安、赵沨、吴文光、何昌林、赵如兰、陈应时、吴钊、黄翔鹏：《音乐会特刊文论选·我们的想法》，《中国音乐》1983年第3期，第2～3页。

華夏之聲

中国音乐学院1983年6月第二期

组织者的话

李西安

在中国音协和中国音乐学院的主持下，第二届华夏之声——古谱寻声音乐会，经过历时一年的准备，终于和大家见面了。

我们举办这次音乐会的宗旨是：

一、集中介绍四十年来，国内外各家各派译解中国古谱的成果，特别是近几年的新成果。

二、节目顺序依目前发现的最早的古谱抄本、版本，按编年排列（同类译谱按论文发表时间先后排列），以窥见中国音乐历史长河的一个小小的剪影。

三、译解的古谱，除部分重新拟定节奏外，一律不加任何改编，以尽量保留古谱的原貌。

我们期望海内外的中国古谱学专家和热心此道的朋友，对音乐会发表的译谱，进行讨论和争鸣；欢迎作曲家和表演艺术家，对这些古谱进行加工、改编；或以古谱为据去追寻古代音乐的风貌，或以今日的精神进行新的创造。

最后，我们谨向热情支持这次音乐会的中国音乐研究所、中央音乐学院、上海音乐学院、中央民族乐团、中央歌剧院、人民音乐编辑部、美国哈佛大学及中央人民广播电台文艺部，向为促成这次音乐会的诞生而辛勤奔波的高泽顺、李玫娜、吴言路、魏学忱、刘建华等工作人员，向全体古谱译解者、演员和每位任会者致以最真挚的谢意！

图 1-23 《“华夏之声”组织者的话》（李西安剪报）

一、集中介绍四十年来，国内外各家各派译解中国古谱的成果，特别是近几年的新成果。

二、节目顺序依目前发现的最早的古谱抄本、版本，按编年排列（同类译谱按论文发表时间先后排列），以窥见中国音乐历史长河的一个小小的剪影。

三、译解的古谱除部分重新拟定节奏外，一律不加任何改编，以尽量保留古乐的原貌。

我们期望海内外的中国古谱学专家和热心此道的朋友，对音乐会发表的译谱进行讨论和争鸣；欢迎作曲家和表演艺术家，对这些古谱进行加工、改编；或以古谱为据去追寻古代音乐的风貌，或以今日的精神进行新的创造。

最后，我们谨向支持这次音乐会的中国音乐研究所、中央音乐学院、上海音乐学院、中央民族乐团、中央歌剧院、人民音乐编辑部、美国哈佛大学及中央人民广播电台文艺部，向为促成这次音乐会的诞生而辛勤奔波的高泽顺、李妲娜、吴言韪、戴学忱、刘建华等工作人员，向全体古谱译解者、演员和每位莅会者致以最真挚的谢意！

然而，“大知闲闲，小知间间。大言炎炎，小言詹詹”（庄子《齐物论》）。李西安对这位领导的训诫并没有做任何辩解，更没有权衡他个人未来的利弊得失，而是毅然决然地退出了“华夏之声”。沉浸在成功喜悦中的理想主义者李西安深知，为了他1982年6月25日在第一届“华夏之声——古诗词歌曲音乐会”结束后的座谈会上对“中国音乐五千年”的承诺和1982年8月在“全国民族音乐学第二次年会”上发出“关于发展中国民族音乐事业的五项倡议”的执念，他迫切需要的只是一个阿基米德式的“支点”，而绝不是在所谓的政治问题上与他人做无谓的争论。

李西安一生中遇到过多位贵人。从为他提供优质教育的养父养母开始，他命中的贵人总会出现在他最迷茫无助的时候——中央音乐学院时期，姚锦新以她独特而宏观的国际视野和丰富的学识，毫无保留地在李西安的学术研究方面给予了莫大的帮助[1]；调到中国音乐学院以后，识才爱才的马可、李凌等老领导，同样是他一生念兹在兹，没齿难忘的良师益友。

明者因时而变，知者随事而制。

李西安退出“华夏之声”后，考虑到中国音乐学院实验乐团虽然早在1964年3月27日由马可副院长执笔的《关于中国音乐学院的设想（草案）》中就已被列入了学院的发展计划，但由于种种历史原因，始终没

[1] 按：正当“华夏之声”音乐会为李西安带来诸多褒奖和赞誉时，姚锦新却持不同意见。对此，我们可从李西安1983年6月18日的日记里得知：“下午，访姚先生。姚先生：上天相信你一定能够搞好，但你的专业将一去不返。”

能兑现，于是在1983年7月，他开始谋划中国音乐学院实验乐团的工作。如同1980年8月他深思熟虑后向中国音乐学院提出《十点建议》一样，一周后，李西安正式向李凌毛遂自荐担任中国音乐学院实验乐团团长一职，并将他在中国音乐学院实验乐团展开工作的具体想法和工作计划向李凌做了详细汇报。没想到，当他才说完“保存要纯正，发展要大胆”的建团方针，李凌当即同意了李西安担任中国音乐学院实验乐团团长的请求。李凌说：你通过两届“华夏之声”音乐会的策划组织和演出，取得了一定的工作经验。现在重新把实验乐团提到学院的议事日程上来也正是时候，你就大胆地去“实验”吧。对了，你现在身体恢复得怎么样？肾切除后没留下什么后遗症吧？李西安回答道：没问题，我还年轻，您才是要保重身体啊……

事实上，李凌当时已是70岁高龄的古稀老人，虽然他依然每天都在为中国音乐学院复建后的新校舍基建、人才引进，以及经费筹措等诸多棘手的事务殚精竭虑，但身体健康状况已经大不如前，且每况愈下。为此，全院上上下下集思广益，开始为中国音乐学院急寻一位如同李凌一样，能继续支持和引领中国音乐学院快速发展的新院长。1983年3月8日，张权、李西安、李文珍等教师联名给林默涵、朱穆之、周巍峙等领导人写了一份“关于推荐张洪岛教授任中国音乐学院院长的建议”（李西安起草）。

在推荐理由中，张权、李西安、李文珍等写道：

> 一、张洪岛同志是我国著名的小提琴家、音乐理论家和音乐教育家。现任中央音乐学院音乐学系主任、音协理事。他学识渊博，视野广阔。除开过多种音乐课程，有近50年的教学经验外，通晓英、俄、法、德、意等多种外文，有大量著述和译本出版。在音乐界和社会上享有很高的威望和广泛的影响。
>
> 在政治上，张洪岛同志一贯思想进步。热爱祖国，热爱社会主义。1979年入党。

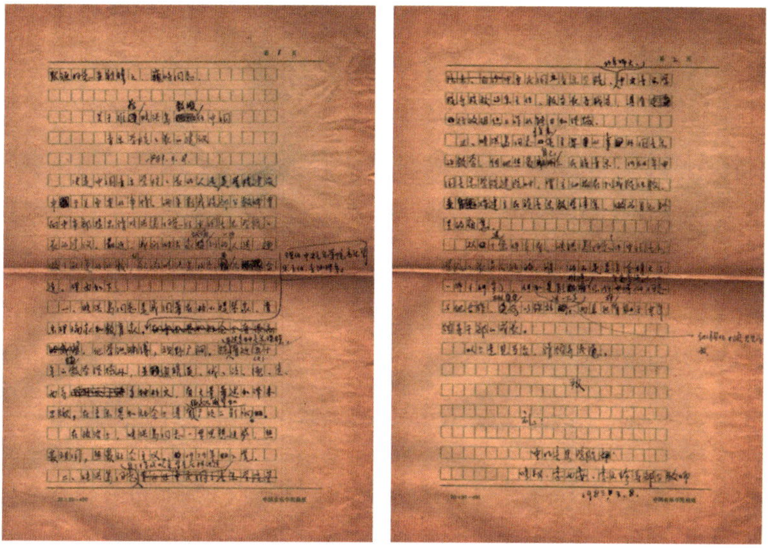

图1–24 《关于推荐张洪岛教授任中国音乐学院院长的建议》手稿

二、张洪岛同志自30年代以来，曾先后担任过重庆国立音乐学院、北京师大、中央音乐学院等院校的系主任、教务处长等职务，具有行政组织工作的经验。

三、张洪岛同志虽然多年来主要从事外国音乐史的教学，但他热爱自己的民族音乐。1964年中国音乐学院建院时，曾主动报名到我院任教，并将建立民族音乐体系作为自己的夙愿。

从上述条件来看，张洪岛同志担任中国音乐学院院长是合适的。唯一的不足的是年龄稍大了一些（69岁），但他胸怀开阔，思想解放。如果能推选几位年富力强的同志与他合作，不仅可以弥补这一不足，而且也将有助于中年领导干部的成长。

……

虽然由于种种原因，张权、李西安、李文珍等人推荐张洪岛接替老院长李凌任中国音乐学院院长一职的建议并没有被上级采纳，但同年5～6月，李西安又多次拜访黄翔鹏并执意请他出任中国音乐学院院

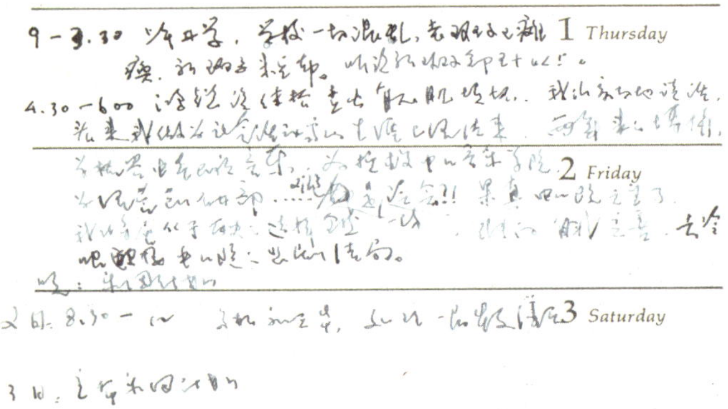

图1–25　李西安1983年9月1日日记手稿

长[1]。然而，1983年12月上级依然宣布，中国音乐学院院长由杜利副院长代理，1984年6月，又宣布厉声任中国音乐学院党委书记，1985年9月起兼任院长。

李西安1983年9月1日的日记里有这样一段文字：

> 上午开学……新班子未宣布。听说新班子全部五十以上。4：30～6：00鸿懿说体检查出有心肌损坏。我们亲切地谈话。看来我作为社会活动家的生涯已经结束，两年来的搏拼，为复兴中华民族音乐，为挽救中国音乐学院，为经营创研部……
>
> 晚：乐团计划。

但缘来缘去，缘聚缘散都是天意。

1983年8月，李西安退出“华夏之声”并正式担任中国音乐学院实验乐团团长时，恢复高考后入学的78级、79级器乐系优秀毕业生张维

[1] 按：1983年5月24日，李西安的同窗挚友施万春在广州出差时曾经给李西安写过一封信。施万春在信中写道：“……对中国院的事，我也很想和你谈谈……但是转念一想，对你的身体和鸿懿的身体又很担忧，加上你的气量也不够大，怕真的毁了你……你在思想上我总感到还有理想主义和过于单纯的地方，总之还没有看破红尘，事事还带着学生气……”

良、刘顺、赵承伟、李光六、左继成、李景侠等刚好毕业留校。仿佛张爱玲所说的那样："于千万年之中，时间的无涯的荒野里，没有早一步，也没有晚一步。"虽然他们现在一个个都是蜚声海内外的民族乐器演奏大师，但在当时，他们仍然需要继续学习中国传统音乐文化，尤其需要在李西安这样的导师带领下深入持久地向民间艺人学习。而李西安主持的实验乐团也正好需要这样一批既有生活阅历，也有扎实的演奏功底，并且志同道合的年轻人。须知，在李西安"保存要纯正，发展要大胆"的建团方针中，所谓"原汁原味"向传统音乐和民间艺人学习的具体方法，即不允许实验乐团的演奏员用"学院派"先记谱后演奏的方式，而是深入基层直接拜民间艺人为师，并且完全靠口传心授的传统方式向民间艺人学习演奏传统曲目。他甚至要求每个团员暂时放下自己熟悉的乐器再学一件南音或潮州音乐特有的乐器，比如原来吹笛子的团员改学洞箫，原来弹琵琶的团员改学南音横卧式琵琶，原来拉二胡的团员改学二弦。而且，必须在两个月里精学两至三首乐曲，直至演奏技巧和乐曲的艺术表现力能达到"以假乱真"的程度。

1983年12月末，实验乐团在李西安的带领下，兵分两路奔赴福建泉州和广东汕头向民间艺术家学习南音和潮州音乐。1984年2月14日，"南音采风组"在泉州举行了汇报音乐会演出。

演出受到了当地艺人和广大民众的高度认可，何昌林则以更为独特的方式记录下了音乐会演出的盛况：万、王[1]二位，在泉州演唱南音，每唱一句，或每吐数字，即掌声雷动，群情激奋。此情此景，十分动人；每唱一段，掌声竟数十次之多！

两个月后，亦即1984年4月23日，他们在中国音乐学院面向全院师生举行了汇报音乐会。李西安主持了音乐会并亲自撰写了音乐会的曲目介绍，汇报了在闽粤两地的采风情况。

中国音乐学院提前一周向在京的音乐界专家、学者发出了邀请函和

[1] 按："万、王"即万馥香、王苏芬。

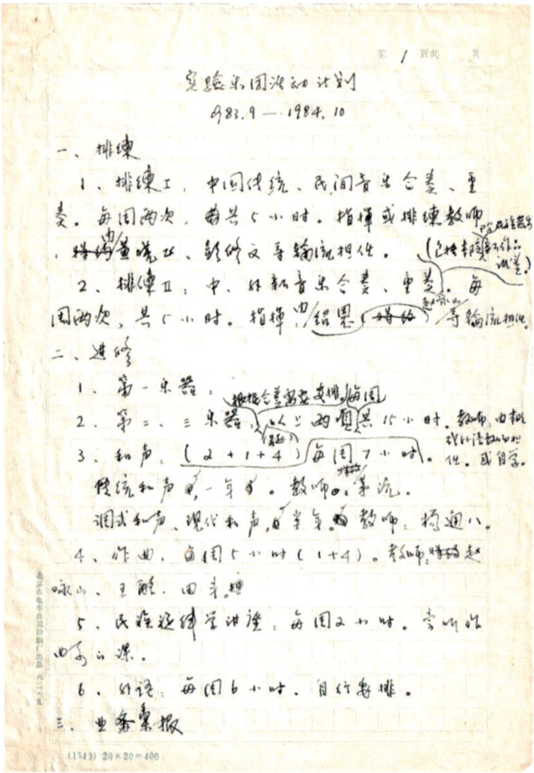

图 1-26 李西安《实验乐团活动计划》手稿

节目单。

汇报音乐会获得了巨大的成功。演出当晚，很多专家、学者对音乐会给予了充分的肯定和赞扬。

曹正：来中国院20年，第一次听到这样纯正的中国民族音乐。建议到中南海演出，向首长汇报……

吴厚元：我们是来学习的，希望这样的音乐会多举办。现在的空谈很多，你们这样的实干是难能可贵的。

刘长福：看了演出很受启发。有机会希望你们到中央院演出。你们先走了一步，中央院得赶上。

老院长李凌甚至说：这应该是中国音乐学院的办学方向。

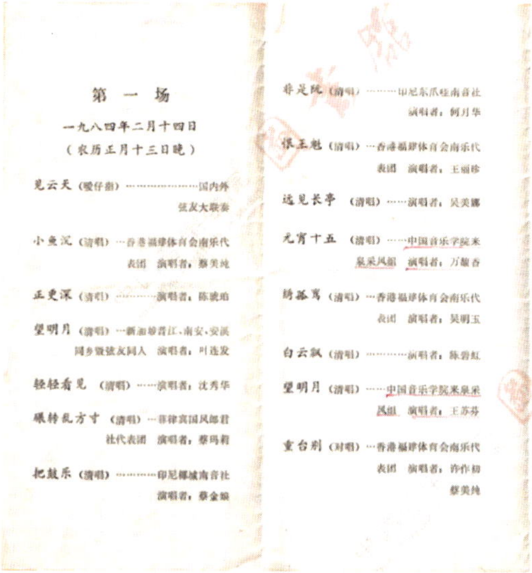

第　一　场

一九八四年二月十四日

（农历正月十三日晚）

见云天（噯仔曲）…………………国内外弦友大联奏

小鱼沉（清唱）…香港福肆体育会南乐代表团　演唱者：蔡美纯

正更深（清唱）…………演唱者：陈琥珀

望明月（清唱）…新加坡晋江、南安、安溪同乡暨弦友同人　演唱者：叶连发

轻轻看见（清唱）……演唱者：沈秀华

辗转乱方寸（清唱）…菲律宾国风郎君社代表团　演唱者：蔡玛莉

把鼓乐（清唱）…………印尼椰城南音社　演唱者：蔡金娘

非是阮（清唱）………印尼东爪哇南音社　演唱者：何月华

恨王魁（清唱）…香港福肆体育会南乐代表团　演唱者：王丽珍

远见长亭（清唱）……演唱者：吴美娜

元宵十五（清唱）……中国音乐学院采泉采风组　演唱者：万馥香

鹧鸪啼（清唱）…香港福肆体育会南乐代表团　演唱者：吴明玉

白云飘（清唱）…………演唱者：陈碧虹

望明月（清唱）……中国音乐学院采泉采风组　演唱者：王苏芬

重台别（对唱）…香港福肆体育会南乐代表团　演唱者：许作韧　蔡美纯

厦门市南乐团演出

故乡情（表演唱）………演唱者：黄锦华　黄秀珠等

年久月深（男声清唱）…演唱者：谢树禄

风抽梨（琵琶弹唱）……演唱者：段安娜　欧丽华

告大人（对唱）…………演唱者：黄碧芬　黄锦华

雪梅教子（座唱）……演唱者：王小珠　王秀怡　黄锦华

幽头爷（表演唱）………演唱者：谢国义　黄秀珠

梅花操（器乐合奏）…演奏者：本团乐队

图 1-27　南音采风组演出节目单

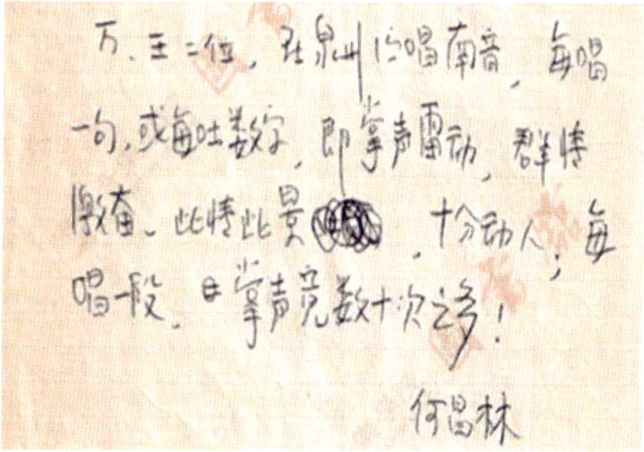

万、王二位，在泉州少唱南音，每唱一句，或每吐数字，即掌声雷动，群情激奋。此情此景，十分动人；每唱一段，掌声竟数十次之多！

何昌林

图 1-28　何昌林手稿

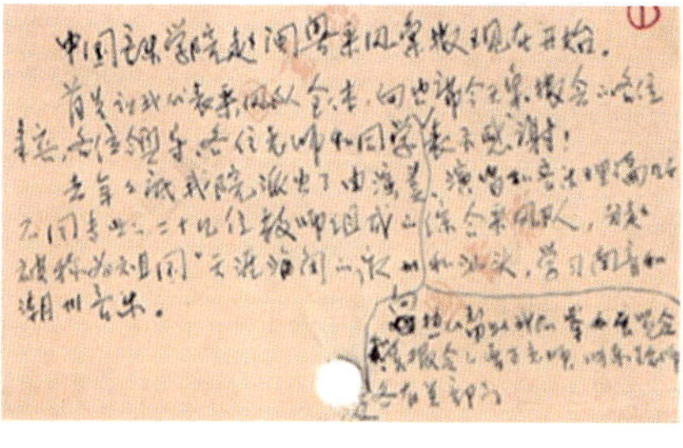

中国音乐学院赴闽粤采风组汇报音乐会现在开始。

图 1-29　李西安主持的音乐会的讲解词手稿

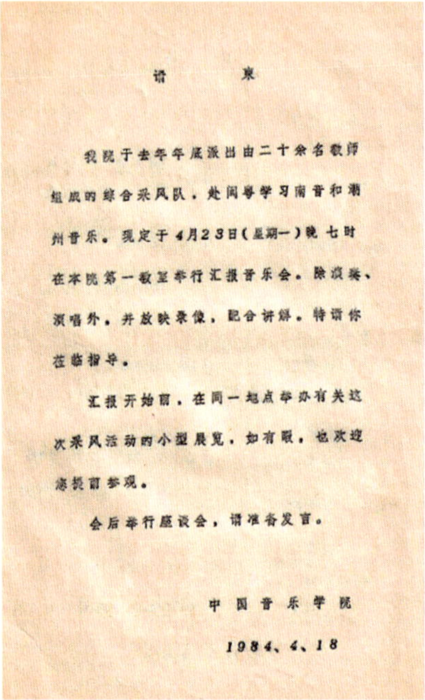

请　　柬

我院于去年年底派出由二十余名教师组成的综合采风队，赴闽粤学习南音和潮州音乐。现定于4月23日（星期一）晚七时在本院第一教室举行汇报音乐会。除演奏、演唱外，并放映录像，配合讲解。特请你莅临指导。

汇报开始前，在同一地点举办有关这次采风活动的小型展览，如有暇，也欢迎您提前参观。

会后举行座谈会，请准备发言。

中国音乐学院

1984、4、18

图 1-30　汇报音乐会请柬

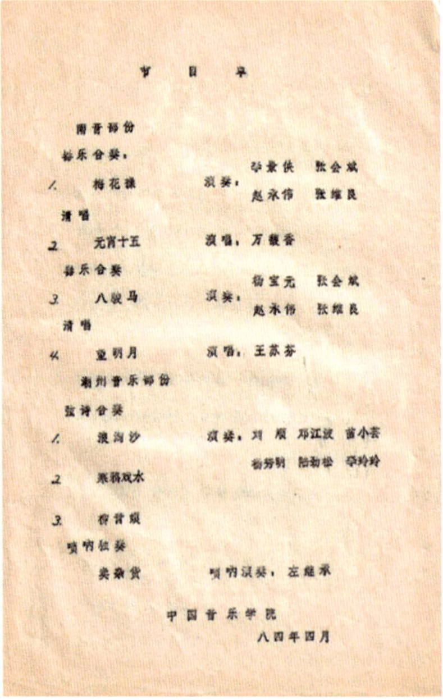

节　目　单

南音部份

丝乐合奏：

1.　梅花操　　演奏：李景侠　张会斌　赵永伟　张维良

清唱

2.　元宵十五　　演唱：万馥香

丝乐合奏

3.　八骏马　　演奏：杨宝元　张会斌　赵永伟　张维良

清唱

4.　望明月　　演唱：王苏芬

潮州音乐部份

弦诗合奏

1.　浪淘沙　　演奏：刘顺　邓江波　雷小芸　杨秀明　陆劲松　李玲玲

2.　寒鸦戏水

3.　柳青娘

唢呐独奏

卖杂货　　唢呐演奏：左继承

中国音乐学院

八四年四月

图 1-31　汇报音乐会节目单

中国音乐学院办公室也以《简报》的形式向全院师生通报了实验乐团赴粤、闽采风学习的情况。

虽说李西安是一位痴迷、执着的民族音乐保护者和研究者，但他并不是狭隘、保守、激进的民族主义者，他绝不会满足于眼前的成功。闽粤之行，只是部分实现了他心中“保存要纯正”的预期。实验乐团还必须具有演奏现代音乐作品的能力，才能在“发展要大胆”的基础上更好地适应中国现代音乐作品的演奏。为此，李西安聘请谭盾为乐团创作作品，同时又按作曲系的教学模式聘请了茅沅为乐团开设和声课，聘请黄晓飞、王酩、田丰等作曲家为每一位团员开设作曲个别课。他迫切地希望把乐团的每一位演奏员培养成既有扎实、过硬的演奏技巧，同时又具有开阔的国际视野和深厚的文化修养，并且能够真正胜任传承与弘扬中国传统音乐和创造中国现代音乐的一代音乐家。

1984年8月，在全国第五届民族音乐学年会上，李西安以《振兴中国音乐的道路与方法》为题做了发言。

李西安告诉我：

1955年我考上中央音乐学院作曲系后，当时实际主持学院工作的吕骥副院长找我们几个从普通中学考来的应届毕业生谈话。他说：要想当一个合格的作曲家，必须有很好的民族音乐根底，你们班其他人都是从文工团考来的，年纪大了，只有你们四个最年轻，院里决定对你们进行特殊培养。先派你们学两年民族乐器作为主科，然后再回系里学五年作曲，学制一共七年。听了领导的讲话，我们几个高高兴兴地去管弦系报到（当时民乐系还没成立，学民乐的学生附设在管弦系下面的民乐组）。说是让我们自己选乐器，最后还是老师选了我们。赵春峰老师选了施万春学唢呐，陈振铎老师选了袁燕妮学二胡，王振先老师选了我和常敬仪学三弦。除了主科，我们还用了一年的时间学打京剧锣鼓和河北吵子锣鼓，跟刘改鱼学唱山西民歌，跟秦咏年学唱二人台，还听学校开的所有有关民族音乐的课和全部讲座。

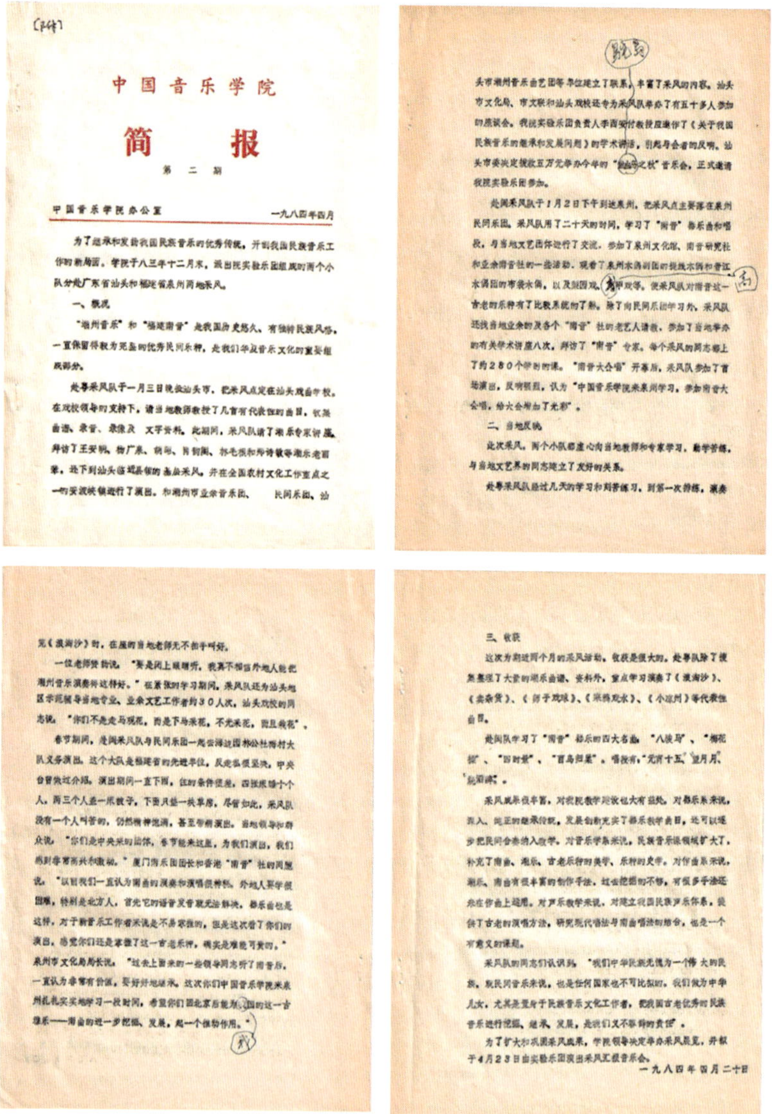

中国音乐学院

简 报

第二期

中国音乐学院办公室 一九八四年四月

为了继承和发扬我国民族音乐的优秀传统，开创我国民族音乐工作的新局面。学院于八三年十二月末，派出院实验乐团组成的两个小队分赴广东省汕头和福建省泉州两地采风。

一、概况

"潮州音乐"和"福建南音"是我国历史悠久、有独特民族风格，一直保留得较为完整的优秀民间乐种，是我们华夏音乐文化的重要组成部分。

赴粤采风队于一月三日晚抵汕头市，把采风点定在汕头戏曲学校。在戏校领导的支持下，请当地教师教授了几首有代表性的曲目，收集曲谱、录音、录像及文字资料。此期间，采风队请了潮乐专家讲座，拜访了王安明、杨广泉、胡昭、肖韶闻、林毛根和郑诗敏等潮乐老前辈。还下到汕头澄海县镇的基层采风。并在全国农村文化工作重点之一的安波峡镇进行了演出。和潮州市业余音乐团、 民间乐团、汕头市潮州音乐曲艺团等单位建立了联系，丰富了采风的内容。汕头市文化局、市文联和汕头戏校还专为采风队举办了有五十多人参加的座谈会。我院实验乐团负责人李西安付教授应邀作了《关于我国民族音乐的继承和发展问题》的学术讲话，引起与会者的反响。汕头市委决定拨款五万元举办今年的"韩江之秋"音乐会，正式邀请我院实验乐团参加。

赴闽采风队于1月2日下午到达泉州，把采风点主要落在泉州民间乐团。采风队用了二十天的时间，学习了"南音"器乐曲和唱段，与当地文艺团体进行了交流。参加了泉州文化馆、南音研究社和业余南音社的一些活动。观看了泉州木偶剧团的提线木偶和晋江木偶团的布袋木偶，以及梨园戏、高甲戏等。使采风队对南音这一古老的乐种有了比较系统的了解。除了向民间乐团学习外，采风队还找当地业余的及各个"南音"社的老艺人请教，参加了当地举办的有关学术讲座八次，拜访了"南音"专家。每个采风的同志都上了约280个学时的课。"南音大会唱"开幕后，采风队参加了首场演出，反响强烈，认为"中国音乐学院来泉州学习，参加南音大会唱，给大会增加了光彩"。

二、当地反映

此次采风，两个小队都虚心向当地教师和专家学习，勤学苦练，与当地文艺界的同志建立了友好的关系。

赴粤采风队经过几天的学习和刻苦练习，到第一次排练，演奏完《浪淘沙》时，在座的当地老师无不拍手叫好。

一位老师赞扬说："要是闭上眼睛听，我真不相信外地人能把潮州音乐演奏得这样好。"在紧张的学习期间，采风队还为汕头地区示范辅导当地专业、业余文艺工作者约30人次，汕头戏校的同志说："你们不是走马观花，而是下马采花，不光采花，而且栽花"。

春节期间，赴闽采风队与民间乐团一起去海边园林公社西村大队义务演出。这个大队是福建省的先进单位，民兵很坚决，中央台曾做过介绍。演出期间一直下雨，住的条件很差，四张床睡十个人，两三个人盖一床被子，下面只垫一块草席，尽管如此，采风队没有一个人叫苦的，仍然精神饱满，甚至带病演出。当地领导和群众说："你们是中央来的团体，春节能来这里，为我们演出，我们感到非常高兴和激动。"厦门南乐团团长和香港"南音"社的同胞说："以前我们一直认为南曲的演奏和演唱很特殊，外地人要学很困难，特别是北方人，首先它的语音发音就无法解决，器乐曲也是这样，对于新音乐工作者来说是不易掌握的，但是这次看了你们的演出，感觉你们还是掌握了这一古老乐种，确实是难能可贵的。"泉州市文化局局长说："过去上面来的一些领导同志听了南音后，一直认为非常有价值，要好好地继承。这次你们中国音乐学院来泉州扎扎实实地学习一段时间，希望你们回北京后能对我国的这一古雅乐——南曲的进一步挖掘、发展，起一个推动作用。"

三、收获

这次为期近两个月的采风活动，收获是很大的。赴粤队除了搜集整理了大量的潮乐曲谱、资料外，重点学习演奏了《浪淘沙》、《卖杂货》、《狮子戏球》、《寒鸦戏水》、《小凉州》等代表性曲目。

赴闽队学习了"南音"器乐的四大名曲："八骏马"、"梅花操"、"四时景"、"百鸟归巢"。唱段有："元宵十五"、"望明月"、"[illegible]"。

采风成果很丰富，对我院教学建设也大有益处。对器乐系来说，深入、纯正的继承传统，发展创新充实了器乐教学曲目，还可以逐步把民间合奏纳入教学。对音乐学系来说，民族音乐课领域扩大了，补充了南曲、潮乐、古老乐种的美学、乐种的史学。对作曲系来说，潮乐、南曲有很丰富的创作手法，过去挖掘的不够，有很多手法还未在作曲上运用。对声乐教学来说，对建立我国民族声乐体系，提供了古老的演唱方法，研究现代唱法与南曲唱法的结合，也是一个有意义的课题。

采风队的同志们认识到："我们中华民族无愧为一个伟大的民族，就民间音乐来说，也是任何国家也不可比拟的。我们做为中华儿女，尤其是置身于民族音乐文化工作者，把我国古老优秀的民族音乐进行挖掘、继承、发展，是我们义不容辞的责任"。

为了扩大和巩固采风成果，学院领导决定举办采风展览，并拟于4月23日由实验乐团演出采风汇报音乐会。

一九八四年四月二十日

图1-32 中国音乐学院1984年4月《简报》

图1-33　李西安与谭盾（1986年，摄影者不详）

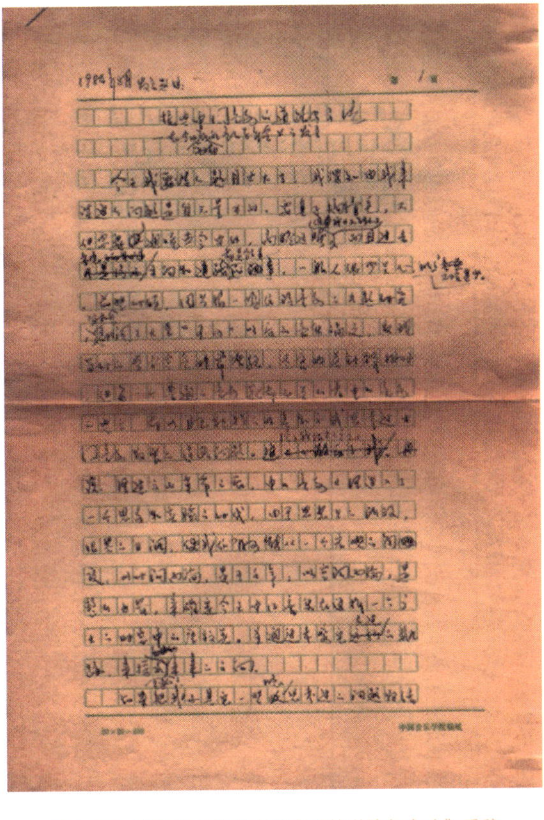

图1-34　李西安《振兴中国音乐的道路与方法》手稿

> 在我们认认真真地学了一年主科乐器后，民乐组的领导向我们传达吕骥副院长的新的决定，从下个学年开始，每个人都要加学第二乐器，而且特别强调说，古琴对学作曲的最重要，四个人的第二乐器一律学古琴。还说，在学校新聘的古琴老师来校之前，先由王迪老师代课。在和王迪老师学了一个多月后，我们终于见到了温文尔雅、和蔼可亲的老师——吴景略先生。
>
> 现在回想起五十多年前刚刚踏进音乐学院的大门，就从民族乐器开始起步，特别是学了最能代表中华文化精粹的古琴，哪怕只学了短短一年，都让我受益匪浅。一来，古琴和别的乐器不一样，学与不学大不相同，只有学了才能领悟它的奥妙。二来，古琴不仅具有很高的美学品位和情操，也蕴含了几乎所有构成中国传统音乐形态的各种基因，学习古琴是迈入传统音乐大门的一把钥匙。
>
> 本科毕业时，作曲系宣布我留在系里教复调，可后来民乐系作曲专业（新成立的相当于上音的“民理作”——民族音乐理论作曲专业）硬是把我要去研究和开设当时我连听都没听说过的“民族曲式”课，原因只有一条，我学作曲前学过两年民乐。这个决定改变了我后来专业发展的道路。

事实上，李西安专业道路的改变并不仅仅是他所说的留校教“民族曲式”这么简单。“文革”后期姚锦新给予他的“旋律学”启发，蓝玉崧无意间的一句话“中国的民族器乐曲实际上大多来源于《八板》和《六板》”，甚至改革开放初期，美国未来学家托夫勒（Alvin Toffler, 1928 ~ 2016）的《第三次浪潮》（*The Third Wave*）和四川人民出版社出版的《走向未来》丛书无疑都对他的视野、思想、专业，包括对中国传统音乐的认识及其未来发展产生了深远的影响。在他的心目中，民族乐器、民族器乐，乃至民族乐器演奏家“仿照欧洲交响乐队创建的大型民族乐队以行政手段推广或自愿效仿，使它成为全球华人的‘大一统’模式”“白白地牺牲了乐器的个性，却落了个‘扬短避长’的结果”的时代该结束了，中国人该走自己的路。但这又将会是一条什么样的路呢？是60年代初上海音乐学院胡登跳尝试的“丝弦五重奏”，还是让谭盾、周龙、陈怡等人当年每晚着迷聆听的香港作曲家林乐培70年代末创作的《秋决》《昆虫世界》，抑或是他本人对两届“华夏之声”音乐会的实践与探索？

早在1980年3月，李西安在《光明日报》上发表的文章《未来属于年轻一代——从黄安伦的几首新作谈起》中就已经提出：“时代前进了，内容突破了，艺术形式必然随之变化。我深信，中国新音乐的形式将是民族的和现代的。”而从那个时候开始，“新音乐”和“现代音乐”便频频出现在他的言谈和著述当中，以至他与“新潮音乐”“新潮作曲家”的故事被后人津津乐道。尤其是1982年，美籍华人音乐家沈星扬在《联合音乐》上发表的《中国音乐界对人类应负的责任》一文和文中“中国音乐在经过了几十年西方音乐洗礼之后，应该坐下来做一番回顾与前瞻”的话语，始终在他的脑海里挥之不去。

但不得不说，李西安很幸运。中国音乐学院实验乐团在他的手里如此这般地“实验”不仅得到了李凌的首肯，并且还获得了全院师生，乃至中国音乐界的热情支持。作为“试验品”的张维良、刘顺、赵承伟、李光六、左继成、李景侠等人也是那样的出类拔萃，卓尔不群。2021年3月27日晚7点30分，“张维良从艺50周年系列巡演音乐会”在国家大剧院音乐厅启航。承蒙维良兄相邀，我有幸到现场再次耳闻目睹他的风采。偌大个富丽堂皇的国家大剧院音乐厅和一千多名观众，居然能被他一个人的箫独奏吹得安安静静，鸦雀无声。我不禁思忖，表演艺术家的艺术道路究竟有多长，他们究竟能行多远？毕竟，在现实生活中，已有太多的神童落寞成了普通人，那些用民族乐器演奏《野蜂飞舞》《流浪者之歌》《恰尔达什》，靠“杂技”（傅聪语）式的炫技博得一时掌声的伪大师，充其量也不过是有手没脑的音乐匠人。[1]恰如周文中所言：“西

---

[1] 参见拙作：《又见维良——张维良与中国竹笛乐团音乐会〈大地的呼唤〉印象》，《人民音乐》2019年第11期，第38～41页。

方真正的艺术大师，并不看重你对他的文化的表面模仿和追随，他们看重的是你不同于他们的东西——属于你自己的文化和语言。”[1]但张维良持续不断的演奏竟然长达半个世纪，且宝刀始终不老，风采依旧不减当年。更何况，那晚音乐会的曲目里有一大半都是他自己作曲的作品。显然，李西安和实验乐团当年为他奠定的坚实基础功不可没。

李西安1983年发表的论文《走自己的路——关于建立中国音乐教育体系的构想》，实际上是他通过两届“华夏之声”音乐会的实践与探索，以及毛遂自荐担任中国音乐学院实验乐团团长并带领乐团在福建、广东向民间艺人学习南音和潮州音乐时开始的构思。

> 从中国新音乐的民族性来看：近几十年世界民族音乐学的研究结果，已经否定了欧洲音乐即世界音乐的欧洲音乐中心论。事实上，世界各国音乐都是民族音乐，都是特定民族生活的反映及其整个民族文化的组成部分。因此，中国的社会主义新音乐必须是、也只能是中国传统音乐文化的延续和发展。只有继承和发扬民族音乐的优秀传统，并深刻地表现我们伟大的时代，中国音乐才有光明的前途，才能真正走向世界。音乐教育是整个音乐事业的基石，对它的性质和方向有着重要影响。中国音乐要为振兴中华做出贡献，并促进东方音乐的复兴，就必须建立以民族音乐为基础的中国音乐教育体系，走自己的路……培养熟悉、热爱民族音乐传统，具备熟练的音乐技能和广泛修养的高等音乐人才，就要打破欧洲音乐中心论，建立新型的中国音乐教育体系。构成该体系的核心，是旨在培养学生具有中国音乐观念，具有中国音乐基础与技能的民族音乐教育。开设介绍民族音乐遗产，总结我国民族音乐作曲、理论和表演艺术的规律，使之科学化、系统化、理论化的民族音乐系列课，是建设中国音乐教育体系的基础工

[1] 周楷模：《关于跨世纪的音乐讨论——周文中教授的忧虑和期待》，《中国音乐》1998年第2期，第13～15页。

程，也是中国音乐学院有别于其他音乐院校的主要特色。[1]

2018年10月国庆长假，我到李西安家吃饭，在享受他亲自烹饪的罗宋汤、糖醋小排、土豆沙拉时，我曾对他说，您这篇文章我认为是对实验乐团“保存要纯正，发展要大胆”建团方针的全面诠释。没想到他竟开怀地大笑了起来（我认为这是张鸿懿逝世半年后他最开心的一次笑）：哈哈，是的。你是第一个看出来的人。“保存要纯正，发展要大胆”是“动机”，这篇文章也只能算是一个“乐章”。要和《阿炳与刘天华之比较研究》[2]，还有我当时以笔名“萧荻”准备在《人民音乐》上发表的

走中国自己的路

——关于建立中国音乐教育体系的构想

李西安

图1–35　李西安《走自己的路——关于建立中国音乐教育体系的构想》手稿

[1] 李西安：《走自己的路——关于建立中国音乐教育体系的构想》，《中国音乐》1983年第7期，第86 ~ 88页。

[2] 李西安：《阿炳与刘天华之比较研究》，《中国音乐》1983年第4期，第30 ~ 31页。

《关于中乐创新的对话》那一篇连在一起才能算是“作品”。只是那篇文章投给《人民音乐》后没被采用。[1]所以，这部“作品”还只能算是“未完成”。

事实上，李西安一生中有很多“未完成”。有的“未完成”客观上虽然看似已经完成，但在他理想主义、完美主义的内心依旧还是未完成；有的“未完成”是客观上已经不再允许他去完成，即便他已经为之付出了很多努力，有很多遗憾留在心里。

1962年他开始研究中国传统曲式，但在他漫长的分析过程中，“完成”和“未完成”总是相互替换，彼此更迭。

> 四十八年里，我对《阳春》的分析经历了三个阶段：一、1963年，我以一般作品分析的方法包括动机（核心）发展的方法分析，根本行不通；二、1978年至2006年，我改为按《八板》通行模式（八句加四板、“合^1”“合^2”）分析，还有很多错，不断修改；三、2010年4月16日，我终于在分析平湖派《阳春古曲》时发现原来纠缠不清的【道院琴声】该怎么分析了，找到了4个落宫音的“合^2”（而不是原来分析的落徵音的“合”）以及倒装第一、二句与《八板》的关系，忽然感到一下都顺了。
>
> XA，2010年4月16日[2]

继1982年8月李西安在“全国民族音乐学第二次年会”上发出“五项倡议”之后，建立中国音乐博物馆的愿望便在他心里日益迫切。当时中国古代音乐舞蹈的舞台艺术表演和学术研究成果南北呼应，此起

---

[1] 按：李西安1983年6月16日的日记里有这样的一段文字：《关于中乐创新的对话》完稿。下午与于庆新谈。于传达了李业道的意见：1.民族化、理论化谈得不明确；2.“一代有一代的审美”不确；3.师生身份不太好。我决定不发。

[2] 按：“XA”即“西安”的汉语拼音缩写，同时也是李西安日记、笔记、阅读、批注，以及帮助学生修改作业和论文时常用的一种落款。后同。

彼伏，直令中国，乃至世界高潮迭起——甘肃省歌舞团根据敦煌壁画编排的《丝路花雨》，1979年底一上演便红遍全球；紧接着，上海音乐学院叶栋发表了他的学术成果《敦煌曲谱研究》，得以让“一千多年前的曲谱破译成功”[1]，而且其中的25首由叶栋破译的乐曲一经演奏和录音迅即引起了海内外强烈的反响；1978 ~ 1983年黄翔鹏连续发表的重要学术论文《新石器和青铜时代的已知音响资料与我国音阶发展史问题》《曾侯乙钟磬铭文乐学体系初探》《中国古代律学—— 一种具有民族文化特点的科学遗产》，以及“一钟双音”的重大发现让海内外学术界为之振奋；而1983年湖北省歌舞团直接把复制的曾侯乙编钟作为道具搬上舞台，在大型舞剧《编钟乐舞》中的演出让人拍手叫好，赞不绝口……作为作曲家出身的音乐理论家，李西安萌发了复制和研发编钟并让古代编钟在现代音乐会舞台上重新焕发昔日风采的宏大计划。没想到，1983年第二届“华夏之声——古谱寻声音乐会”筹备期间，李西安第一次把这个计划告诉黄翔鹏后，他们二人竟一拍即合。

为此，第二届“华夏之声——古谱寻声音乐会”结束后，李西安、黄翔鹏曾一度频繁地书信往来和电话沟通。随后，李西安参照曾侯乙编钟的数量、编列、律制、音高，以及一钟双音的特性，制定出了同样具有“保存要纯正，发展要大胆”意义的音乐会用“华夏钟”研制方案：

1. 去掉曾侯乙编钟大量重复的音，以最少的编钟数量和最轻的重量达到与曾侯乙编钟同样宽广的音域；

2. 为了更好地与现代交响乐队、民族管弦乐队相融合，调音主体采用十二平均律；

3. 在能够演奏十二平均律的同时，还要兼顾到方便演奏我国传统音乐中最常用的调；

[1] 按：当时的中央人民广播电台、《光明日报》等媒体均如此报道。

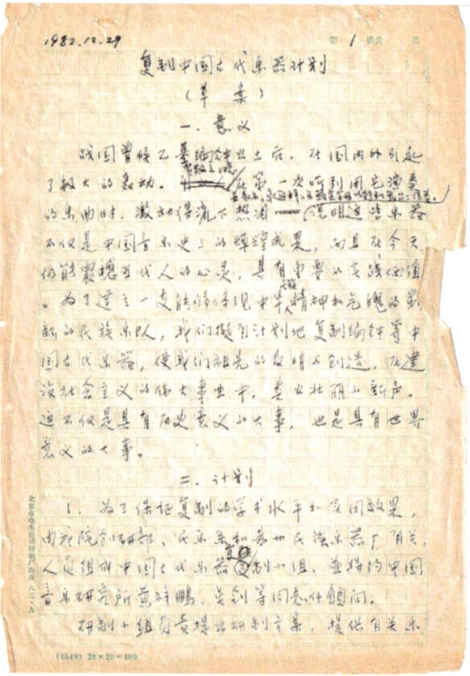

1982.12.29　第 1 页共 页

复制中国古代乐器计划

（草案）

一、意义

战国曾侯乙墓编钟出土后，在国内外引起了极大的轰动。当第一次听到用它演奏的乐曲时，激动得流下热泪——说明这些乐器不仅是中国音乐史上的辉煌成果，而且在今天仍能震撼当代人的心灵，具有重要的实践价值。为了建立一支能够体现中华民族精神和气魄的崭新的民族乐队，我们拟订计划把复制编钟等中国古代乐器，使我们祖先的发明和创造，在建设社会主义的伟大事业中，发出壮丽的新声。这不仅是具有历史意义的大事，也是具有世界意义的大事。

二、计划

1. 为了保证复制的学术水平和实用效果，由我院创作部、民乐系和苏州民族乐器厂有关人员组成中国古代乐器复制小组，并聘请中国音乐研究所黄翔鹏、吴钊等同志任顾问。

研制小组负责提出研制方案，提供有关乐

(1549) 20×20=400

图 1–36　李西安《复制中国古代乐器计划》手稿

4. 为了实现以上三项要求，要对每个钟的双音结构进行重新设计；

5. 在以十二平均律调制的钟之外，特别制作几枚我国传统音乐常用调的“二变”之音；

6.将新研制的编钟命名为“音乐会用华夏编钟”，并将“华夏钟”三个字铸在每个钟正鼓面的中央。

不久，由中国音乐学院李西安、中国艺术研究院音乐研究所黄翔鹏、湖北省博物馆冯光生，以及曾经为湖北省歌舞团《编钟乐舞》复制编钟的工程师黄可复组成的“编钟设计小组”宣告成立并开始了他们长达4年的研制工作。

李西安虽然比黄翔鹏年轻10岁，但在第一届、第二届“华夏之声”

音乐会的学术交流和演出筹备，以及研制“华夏钟”的过程中，他们却因共同的事业追求惺惺相惜。

1982年，当李西安正在组织第一届“华夏之声”音乐会的时候，突然传来了中国古代音乐史学泰斗杨荫浏尖锐的批评：“华夏”代表大汉族主义，需要改名。否则演出之后他将写文章对其进行批判。李西安顿时束手无策，不知所措，是黄翔鹏的一个电话让李西安重拾信心。黄翔鹏在电话里对李西安说：根据章太炎对“中华民国”的“中华”的解释，“华夏”并不是大汉族主义，而是中华各民族的融合。与此同时，黄翔鹏还向李西安明确表示，如果杨先生真要批判的话，他也会写文章对杨先生的观点进行商榷和反驳。不久，黄翔鹏又专门为此事亲笔给李西安写了一封长信。在这封信中，黄翔鹏十分详细地引用了范文澜在《中国通史简编》里阐述的一个重要观点：“华夏”是一个“不断发展着的概念”“到春秋末期，居住于诸夏境内的各族几乎全部融合在华族里面”（注：这封信的主要内容后来被黄翔鹏用在了《听“华夏之声”音乐会随想》一文的注释中）。对此，李西安一直铭记在心，念念不忘。2017年8月，在中国艺术研究院音乐研究所主办的纪念黄翔鹏先生诞辰90周年暨逝世20周年学术研讨会上，80岁高龄的李西安满怀深情地写下了一篇题为《永远的怀念，深深的敬意——忆黄翔鹏先生对“华夏之声”音乐会的重要贡献》的文章，以寄托他对学术挚友黄翔鹏的敬意与缅怀之情。

1987年，在以李西安为首的编钟设计小组与湖北省博物馆、湖北省冶金工艺研究所的共同努力下，36件音乐会用“华夏钟”以其恢宏、精美的面貌展现在世人面前。就外观而言，仍然分三层悬挂的“华夏钟”和甬钟、钮钟的形体与曾侯乙编钟几乎毫无二致。虽然“华夏钟”的数量比曾侯乙编钟少了28枚，但其音域仍与曾侯乙编钟相同。甚至，“华夏钟”的音质比曾侯乙编钟的音质更加醇厚。加上“华夏钟”完全按照十二平均律调音和制作，同时还增加了中国传统音乐中常见的高“fa”、低“si”的“二变”之音，更便于与现代交响乐队、民族管弦乐

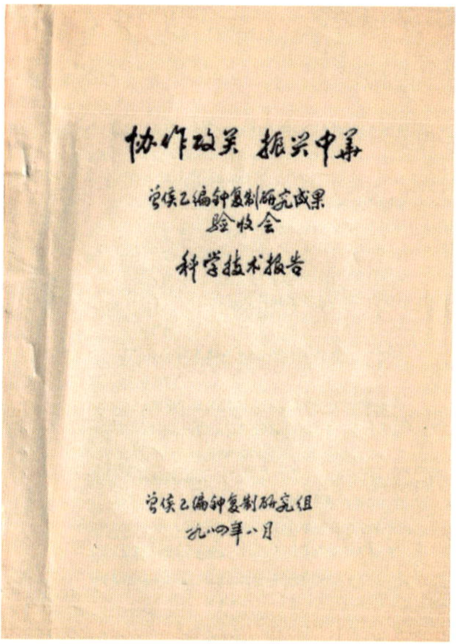

协作攻关 振兴中华

曾侯乙编钟复制研究成果
验收会

科学技术报告

曾侯乙编钟复制研究组
一九八四年八月

图 1–37 “华夏钟”《验收会 · 科学技术报告》

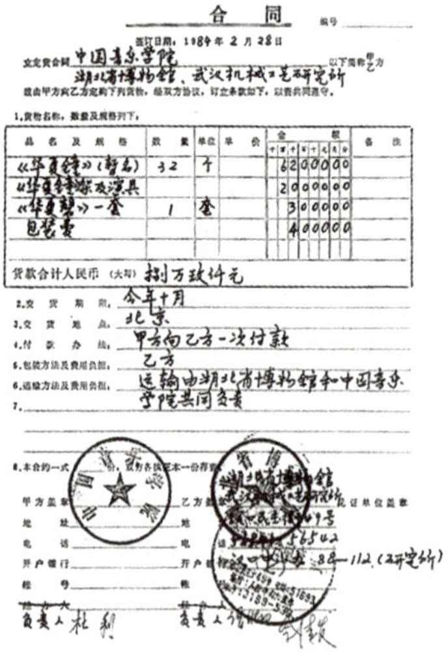

合同 编号

签订日期：1984 年 2 月 28 日

立定货合同 中国音乐学院 以下简称甲方
湖北省博物馆、武汉机械工艺研究所 以下简称乙方

兹由甲方向乙方定购下列货物，经双方协议，订立条款如下，以资共同遵守。

1.货物名称，数量及规格列下：

品名及规格	数量	单位	单价	金额	备注
《华夏钟》（暂名）	32	个		6200000	
《华夏钟》钟架及演具				2000000	
《华夏钟》一套	1	套		300000	
包装费				400000	

货款合计人民币（大写） 捌万玖仟元

2.交货期限：今年十月
3.交货地点：北京
4.付款办法：甲方向乙方一次付款
5.包装方法及费用负担：乙方
6.运输方法及费用负担：运输由湖北省博物馆和中国音乐学院共同负责
7.

8.本合约一式 份，双方各执正本一份存查。

甲方盖章 乙方盖章 鉴证单位盖章
地址 地址 武汉民主路 9 号
电话 电话 565 42
开户银行 开户银行 88—112（研究所）
帐号 帐号

负责人 杜莉 负责人 刘钺

图 1–38 “华夏钟”验收合同

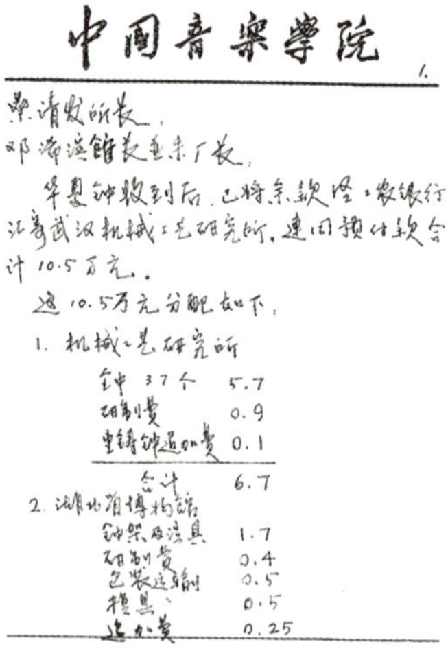

中國音樂學院 1.

谭清 所长，
邓 馆长、 厂长，

华夏钟收到后，已将余款经工农银行汇寄武汉机械工艺研究所，连同预付款合计 10.5 万元。

这 10.5 万元分配如下：

1. 机械工艺研究所

钟 37 个	5.7
研制费	0.9
重铸钟追加费	0.1
合计	6.7

2. 湖北省博物馆

钟架及演具	1.7
研制费	0.4
包装运输	0.5
模具	0.5
追加费	0.25

图 1–39 李西安致湖北省博物馆、武汉机械工艺研究所的信函手稿

队融合。许多目睹过“华夏钟”的业内人士，无不期待着早日听到和看到用“华夏钟”创作、演奏的音乐会。但让李西安喜忧参半的是，他最有力的盟友和支持者黄翔鹏，1985年被民主选举为中国艺术研究院音乐研究所所长[1]。而他，也从1985年5月至1992年3月完全陷入了中国音协书记处和《人民音乐》编辑部以及中国音乐学院繁杂、琐碎的日常事务之中。表面上，“书记处书记”“主编”“院长”的头衔和光环似乎让他变得有权有势，殊不知“祸兮福所倚，福兮祸所伏”。中国音乐学院当时全年的经费包括人头费在内一共只有160万元。院系班子的组建、教师聘任和职称评定、分房、苇子坑新院的建设，以及日常的教学管理等早已让他无精力、无经费聘请专家对“华夏钟”作成果鉴定，更不可能再去组织作曲家和演奏家把“华夏钟”搬上音乐会舞台演奏他朝思暮想的古编钟新音乐和中国现代音乐。无奈之下，这件“未完成”的“作品”只能默默地静卧在中国音乐学院国音堂的中国乐器陈列室里。虽说是供人参观，但实际上宾客罕至，门可罗雀。好不容易三三两两来几位参观者，充其量也不过是拍照合影。既没有真正懂行的专业人士讲解，参观者也根本分不清“华夏钟”和其他编钟究竟有什么区别。就连挂在旁边的展牌说明也行文含混，不得要义。至于深藏在“华夏钟”里的十二平均律和中国传统音乐中高“fa”、低“si”的“二变”之音，以及李西安、黄翔鹏等人当年的精心设计更是无人理会。

八、大趋势

凡“思”非皆能成“潮”，能成潮者，则其思必有相当之价值，而

---

[1] 张振涛:《千寻铁锁沉江底——黄翔鹏与吕骥的一生纠葛》,《交响》(西安音乐学院学报)2019年第4期，第26页。

图1-40　华夏钟钲部“华夏钟”铭文（摄影：赵仲明）

图1-41　华夏钟局部（摄影：赵仲明）

又适合于其时代之要求者也。凡“时代”非皆有“思潮”，有思潮之时代，必文化昂进之时代也。[1]

1984年3月，李西安被中国音乐学院任命为作曲系副主任。[2]上任伊始，他即起草了《作曲系办系规划（草案）》，之后不久又主办了对后世影响颇大的“当代音乐系列讲座”。

李西安分别邀请了李曦微、罗忠镕、杨通八、樊祖荫、周勤如、于京军、唐其竞、金湘、黎英海、王安国、魏廷格等，围绕“西方现代音乐发展概况”“‘自由’无调性与十二音序列创作”“二十世纪和声”“现代和声中的平行进行”“二十世纪音乐分析方法初探”“当代

---

[1] 梁启超：《中国近三百年学术史》（新校本），北京：商务印书馆，2011年，第13页。

[2] 按：据中国音乐学院图书馆前副馆长唐锐相告，1984年中国音乐学院原本对李西安的任命是作曲系主任。但李西安坚持认为，中国音乐学院作曲系主任应该由施万春担任，他自己只能担任系副主任协助主任工作。因此，“中国音乐学院作曲系副主任”便是李西安履历中一个鲜为人知的故事。

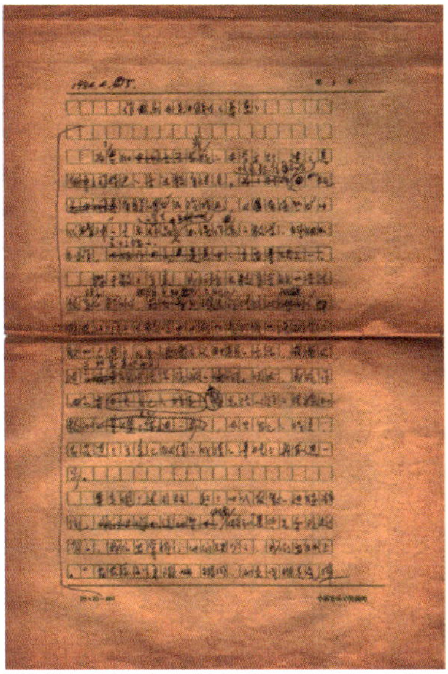

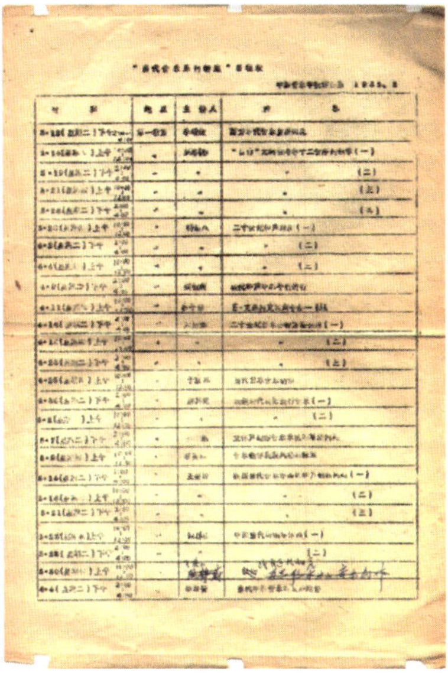

图1-42　李西安《作曲系办系规划（草案）》手稿　图1-43　“当代音乐系列讲座”日程表

日本音乐创作”“浅谈现代美国流行音乐”“立体声通俗音乐乐队的写法”“音乐创作民族风格探索”“我国当代音乐作品的和声问题”“中国当代的钢琴作品”等专题进行了历时3个月的讲座。1985年6月4日，在系列讲座的闭幕式上，李西安发表了他著名的即兴演讲《当代中国音乐的大趋势》：

> 当前，中国正处在一个大转折的时代，一个思索、变革和创造的时代。我们一只脚留在旧体制、旧观念里，另一只脚却已经迈进了新时代的门槛。
>
> 在历史的急转弯处，我们每个人必须严肃思考，并回答一个问题：
>
> 就是——
>
> 我们从哪里来？现在哪里？将向何处去？
>
> 在五千年的时间和全球的空间里，找到我们的时空坐标点。
>
> 每一个音乐工作者、每一个关心中国音乐命运的人，不能不分

析和总结中国音乐已经发生的种种趋势，努力适应并最终驾驭这一趋势，以确立我们未来的目标和我们达到这一目标所应采取的对策。

……

拿破仑在1816年曾讲过一句话：

“中国一旦觉醒，世界就要震动。”

宋庆龄女士在70年前曾引用过这句话，预言了中国革命的成功。70年后的今天，中国正在进行着一场比夺取政权更深刻的革命，敢于向一切旧观念、旧体制决裂，敢于面向现代化，面向世界，面向未来，这不正是一次新的觉醒吗？

在走向未来的竞赛中，中国和世界上所有的先进国家站在同一条起跑线上。这是一次历史的契机，也是一场长期艰苦拼搏的新起点。

我深信：中国的音乐家们有信心、有智慧在挑战中赢得胜利，迎来东方音乐的复兴。

我们的祖先创造过灿烂的过去，我们也一定能够创造光辉的未来！

中国在期待着我们，世界在期待着我们！[1]

他1980年身为“布衣”时向中国音乐学院提出《十点建议》，1983年才当上小小实验乐团团长便提出“保存要纯正，发展要大胆”的建团方针，之后为研制“华夏钟”又撰写了《复制中国古代乐器计划》等纲领性文件，上任作曲系副主任后不久，李西安又亲自起草了《作曲系办系规划（1985～1995）》。在人才培养和办学方针方面，他指出，作曲系要让中国传统音乐和西方古典主义时期、浪漫主义时期的音乐与现代音乐并举（注：从1949年开始，“西方现代音乐”一直是我国音乐院校教学和科研的禁区）；在教学内容和课程设置方面，除了增设

[1] 李西安：《中国音乐的大趋势——1985年6月4日在“当代音乐系列讲座”上的演讲》，载李西安音乐文集《走出大峡谷》，合肥：安徽文艺出版社，2002年，第4～18页。

西方现代作曲技法外，他还要求西洋“四大件”必须与中国传统旋律、多声、曲式、配器相结合，并要求作曲系的每一个学生都必须学习中国京剧锣鼓经和民间打击乐，并且学会演奏一件民族乐器；在艺术实践和新作品演出方面，“东方地平线”则是他对作曲系学生作品音乐会寄予厚望和最深情的命名——呼唤和期盼中国年轻一代作曲新星从东方冉冉升起。

与此同时，李西安连续发表了《民族音乐课新方案的总体构想》《汨罗悠悠千古流——漫话〈汨罗江幻想曲〉的艺术创造》《中国民族音乐美学三题》《回答世界的挑战——从黄安伦的〈交响乐音乐会〉谈起》等文章。从表面上看，似乎它们都是些为学术而学术的论文，正如有些年轻人试图对他旁征博引阐述中国音乐“和的精神”“线的形态”和“虚的意境”进行解读一样。但事实上，李西安并不是为学术而学术的学究。在我的印象里，他似乎从来没有写过脱离实际的理论空谈。在我看来，这些文章恰恰是他在1984 ~ 1985年深度思考的产物。从近的方面说，他试图通过这些文章进一步为《作曲系办系规划（1985 ~ 1995）》和人才培养、办学方针方面找到更为坚实的理论基础。长远而言，他的这些文章（包括前引他在“当代音乐系列讲座”上的演讲）又何尝不是他面对市场经济对中国音乐、中国音乐家，乃至中国人的音乐审美和价值观念造成冲击和影响后的一种理论自觉与历史担当？

1985年，他在由中国艺术研究院音乐研究所鼎盛时期创办的《中国音乐学》上，发表了一篇题为《一石激起千层浪——“谭盾民族器乐作品音乐会”简述》的编辑部记者综述[1]，这份刊物既有中国古代音乐、传统音乐、民族民间音乐，乃至西方音乐等方面的高质量学术论文，同时又对当下抱以热情学术关怀和强烈问题意识。然而，由谭盾作品引发的

[1] 《中国音乐学》编辑部记者：《一石激起千层浪——“谭盾民族器乐作品音乐会”简述》，《中国音乐学》1985年第1期，第134 ~ 136页。该“简述”实际出自《中国音乐学》编辑部当时副主编居其宏的手笔。

“千层浪”却非“一石”激起。

早在1982年，由中国音协创作委员会、中央人民广播电台文艺部和中央音乐学院作曲系联合主办的中央音乐学院作曲系四年级学生作品音乐会[1]就引起了一些褒贬不一的议论：

褒方指出：像这样具有研究价值的音乐会，或者有风格更新一些的作品音乐会，希望以后能继续举行，借以繁荣创作，活跃思想。[2]

贬方认为：近来，随着中外文化交流的不断扩大，有些人又眼花缭乱地认定那里全是一片香花，面对着西方音乐文化的窗口而顾影自怜，觉得身边的一切都原始落后。一部分学生中流行着一种轻视传统的观点，甚至排斥和反对民族音乐传统；对欧洲古典、浪漫派的典范作品及其作曲技术理论，也认为是明日黄花……当然，在教学中总会出现种种问题，关键在于学校的领导和教师应该正确地引导学生，使他们脚踏实地地前进。[3]

1983年，谭盾创作的弦乐四重奏《风·雅·颂》获德意志民主共和国在德累斯顿举办的威柏室内乐作品国际比赛二等奖后，一些人深感忧虑并开始上纲上线指名道姓地批评谭盾的创作“带有倾向性、方向性的问题”：

谭盾的这个作品基本上是无调性的，从中几乎听不到什么调

[1] 按：该场音乐会的作品有为缅怀在对越自卫反击战中牺牲烈士而作的女高音独唱《我站在高高的山岗上》（鲍晋书曲），有怀念台湾同胞的女中音独唱《凤凰花啊，我心中的花》（汪镇平曲），有刻画劳动人民精神风貌及劳动生活场景的《第一弦乐四重奏》（瞿小松曲）、女高音独唱《放筏》（叶小纲曲）、《b小调弦乐四重奏》（郭文景曲），有表现青少年情感与生活的双簧管组曲《童年印象》（张小夫曲）、《小提琴小奏鸣曲》（陈怡曲），有对故乡的礼赞与沉思的单簧管《随想曲》（陈其钢曲）、《冥想曲》（艾李群曲），还有以少数民族人民的生活为题材创作的钢琴独奏《“阿瓦日古里”变奏曲》（陈怡曲）、女高音独唱《猎村雪夜》（张丽达曲），还有以古琴曲改编的竖琴独奏《酒狂》（叶小纲曲）、钢琴变奏曲《寒山钟声》（刘索拉曲）等。

[2] 史求是：《中央音乐学院学生作品音乐会听后》，《人民音乐》1982年第5期，第32页。

[3] 求索：《也谈中央音乐学院学生作品音乐会》，《人民音乐》1982年第7期，第19～20页。

> 性清晰的旋律及和声，这与所要表达的内容几乎无必然的联系。作者把民族传统旋律（如《梅花三弄》等）纳入到现代派无调性的写作技法中，给民族音乐的发展来了一个人为的“大跃进”，这是中国听众感到格格不入的一个相当重要的原因……谭盾的这个作品代表着国内器乐创作的一种新的倾向，反映了谭盾本人以及其他一些青年作曲者在创作上是具有想象力的，对现代以及传统作曲技法也有一定程度的掌握，近年来他们不断写出一些“创新”的作品，数量越来越多。这些作品有一个共同的特点，就是现代派的影响越来越重，而中国民族音乐传统、中国现时代的生活背景等越来越模糊……不要搞一些自欺欺人的东西……在民族音乐的学习上，在时代精神的表现上不断下功夫。唯有思想、方法对头了，自己的聪明才智才能更有效地发挥出来，才能创作出真正优秀的作品。[1]

幸运的是，王安国在《中央音乐学院学报》1984年第2期发表《评谭盾第一弦乐四重奏〈风・雅・颂〉》，文章热情洋溢地对谭盾的作品给予充分肯定：“音乐内容既描绘了中国式古典美，又表现了当代人的思考，它把含蓄、节制与文明、开化融为一体，表达了作者对民族精神的赞颂。”[2]之后不久，《人民音乐》也发表了思锐与麓生针锋相对的文章《现代派倾向性的结论从何而来？——与麓生同志商榷》[3]。但与此同时，李西安开始研究和构思一篇以叶小纲为例的新一代作曲家分析文章——《他从迷惘和求探中走来——叶小纲创作道路述评》。

---

[1] 麓生：《听谭盾弦乐四重奏〈风・雅・颂〉》，《人民音乐》1984年第1期，第7 ~ 9页。

[2] 王安国：《评谭盾第一弦乐四重奏〈风・雅・颂〉》，《中央音乐学院学报》1984年第2期，第26页。

[3] 思锐：《现代派倾向性的结论从何而来？——与麓生同志商榷》，《人民音乐》1984年第9期，第29 ~ 31页转第45页。

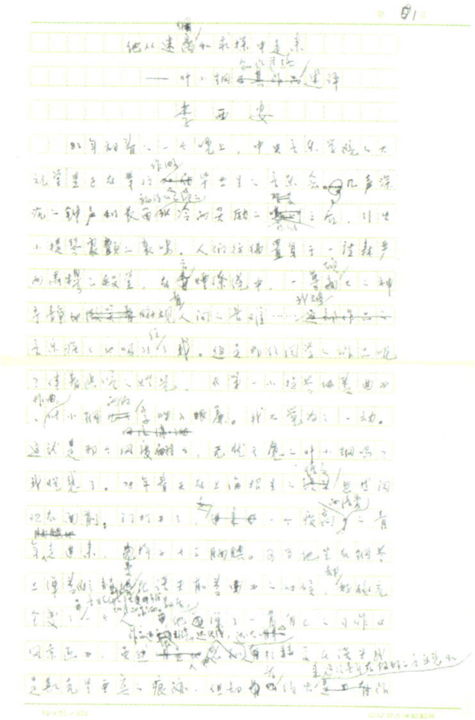
他从迷惘和求探中走来
——叶小纲创作道路述评
李西安

图 1–44 李西安《他从迷惘和求探中走来——叶小纲创作道路述评》手稿[1]

1985年4月“谭盾民族器乐作品音乐会”和12月“叶小纲交响作品音乐会”，以及1986年陈怡、瞿小松，1987年郭文景等人的交响作品音乐会举办时，“千层浪”还是来了：

“好得很！”

“不得了啦！作曲系有学生用十二音体系作曲！”

“这写的是一群精神病！”

“我去听就上当了，今后决不再上当！”

“我头疼了三天，就是谭盾的音乐闹的！”

---

[1] 按：李西安这篇文章的手稿标题为《他从迷惘和求探中走来——叶小纲创作道路述评》，《人民音乐》1985年第10期发表时将其更改为《他从迷惘和求索中走来——叶小纲创作道路述评》。

“要记住1985年4月22日这一天，这一天一定要写入音乐史！”

……

图1–45 “叶小纲交响作品音乐会”节目单

图1–46 叶小纲送李西安、张鸿懿的签名节目单

但李西安在当时足以让人立场摇摆的“千层浪”面前态度依然十分明确：

> 我认为这些青年作曲家与中年一代、老年一代不同的是：有他们观察生活、观察社会的特定角度，大胆地写自己要写的东西，写这一代人对生活、对社会的真实感受；有敢于否定旧传统的创新精神，大胆采用现代音乐的观念和技法；能够从美学、从民族心理素质这个更高的层次上去吸收中国音乐、文化传统进行新的尝试（包括他们特别关注过去被作曲家们忽略了的民族器乐领域）；在一定程度上注意了音乐的可解性，与西方现代音乐相比，有些作品（如瞿小松的《Meng Dong》、叶小纲的《小提琴协奏曲》、谭盾的《中国拉弦乐组曲》等）距离感较小，听起来很亲切。

尽管这一切或许还不成熟，但他们以前所未有的活力出现在今天的音乐舞台，引起了人们极大的震动和思考。有人深有感慨地说："这是向我们中年作曲家的挑战，我们再不改变老一套，就要被时代抛弃了！"

可以预言，正是以他们为代表的青年一代，将决定今后中国音乐的命运。

并且，他通过深入浅出、旁征博引的归纳和总结，对中国音乐未来发展的"十大趋势"表达了信心：

1. 音乐观念的转变；

2. 音乐生活的总体结构由单一层次向多种层次转化；

3. 创作题材与形式由狭隘向广阔转化；

4. 音乐思维由线性思维与简单的立体思维并存向立体思维与新的线性思维相结合转变；

5. 组合形式由单一类型向多种组合方式转化；

6. 音乐风格由同一化向个性化、多样化转化；

7. 音乐声源由常规性向常规性、非常规性及其与现代科技相结合转化；

8. 音乐理论由单科化、技术化向综合化、信息化转化；

9. 艺术团体体制由国家统管、国家供给向多种形式共存转化；

10. 音乐队伍结构的变化——中国青年作曲家群体的崛起。[1]

时光流逝，历史变迁。虽然后来很多人把李西安当年提出的"十大趋势"称为预言家、未来学家的真知灼见，但我却认为，如果说38年

[1] 李西安著：《中国音乐的大趋势——1985年6月4日在"当代音乐系列讲座"上的演讲》，载李西安音乐文集《走出大峡谷》，合肥：安徽文艺出版社，2002年，第4～18页。

前，李西安的“十大趋势”让我们从全新的角度看待中国音乐的未来，那么38年后的今天，当我们从中国音乐的当下，重新审视李西安时，他当年灼然可感的理想主义情怀才能被我们真正理解。毕竟，他既不是唯心主义的先知，更不是精通卜筮的术士。“真知”也好“灼见”也罢，都基于他对西方作曲技术理论及其作品的全面了解和对中国传统音乐长期深入的本体分析与历史研究，积极鼓励和倡导“敢于否定旧传统的创新精神”，对“大胆采用现代音乐的观念和技法”创造中国未来新音乐的信念与憧憬。

订报、读报、剪报、贴报和批注，是李西安那一代知识分子的生活日常，如同他们一定要学会做卡片，甚至还要有足够的卡片才能做学问一样。在李西安的遗物里，有很多他生前从报纸、杂志上剪贴的文章和新闻报道。虽然有的剪贴注明了报纸杂志的名称、日期，有的只有他或长或短的批注，但却让我从另一个侧面更加清晰地看到了他对现实的关切。须知，真正理性的理想主义者，绝不是对现实漠不关心的空想主义幻想家。只不过，理性的理想主义者总能在理想可能蜕变为幻想时始终保持着清醒的意识，即使是在面对当时夸夸其谈的各种新闻报道时。

《农民吹起洋唢呐》：湖南澧县农民近年来自筹资金15万元，购买了100套西洋管弦乐乐器，750名握惯了锄柄和镰刀的农民，喜气洋洋地拿起“洋唢呐”。

剪自《光明日报》1984年10月15日

苏州各评弹团纷纷接到书场关门退合同的通知。大的各个搞舞厅，小的放录像或从商……

剪自《舞台与观众》1985年2月8日

广州市有音乐茶座76间，轻音乐队17个，每晚观众10000多人。迪斯科在边远地区、少数民族地区广为流行。

流行音乐与京剧拼贴，出现了“南腔北调大汇唱”。二人转《包公与秦香莲》也改弹吉他，跳迪斯科。

剪自《光明日报》1985年3月6日

我国农村正在出现一个农民自己兴办文化事业的新势头。今河北、湖北、安徽、辽宁、山东五省，就有文化专业户十一万三千多户。农民富起来有十大需要，其中之一是要电子琴。

剪自《光明日报》1985年5月5日

《中国音乐走向世界》：1980年至1985年，五年间，中国有58人次在第26届国际比赛中获奖，其中9人获首奖。

剪自《光明日报》

XA：获奖当然是件好事。但这不是中国音乐走向世界，而是世界音乐走向中国。到目前为止，中国音乐作品基本上没有走进世界音乐舞台（有也仅限于礼仪性、友好性的“加演”节目），所有的国际比赛比的都是外国作品。中国人学西方学了70年，在表演上达到有时比西方人还好的程度，但在世界音乐舞台上，在国际比赛中，却极少外国人演奏中国作品。甚至有些中国演奏家也很少看得上中国自己的作品。这难道不是一种更深刻的挑战吗？

作为中国知识分子中的理想主义者，李西安是一个既乐观又悲观的人。在“博学而笃志，切问而近思”的理想追求中，他充满信心，乐观开朗，永不言败；但在诸多“知其不可而为之”的现实面前，他却又无奈而悲观。然而，强烈的社会责任感和对传统文化的忧患意识又总让他“以天下为己任”的救世之心跃跃欲试。

第二部 夏

北京的夏天说来就来，毫不掩饰，热情大方。漫天飞舞的柳絮和杨絮还没完全散尽，树上的知了就迫不及待地争相鸣唱。清晨4点多钟，热情的太阳已驱走黑暗，并毫无保留地让苍生万物尽情享受一年中最长的白昼时光。虽说盛夏酷暑难耐，但却热得干脆、坦荡。幸运的话，傍晚一场潇洒的大雨就能让人顿感惬意、舒爽。斗移星转，日复一日，一直要等到夏至，北行的太阳才会缓缓向南。

一、遇见贵人

1985年5月11日～17日，中国音协第四次会员代表大会在北京京丰宾馆召开。来自中央直属机关、部队，以及各省、市、自治区的中国音协会员代表673人出席了大会。

11日下午，会议隆重开幕。

在主席台前排就座的有：中共中央政治局委员宋任穷，中国音协主席吕骥，文化部副部长、中国音协副主席周巍峙，中国文学艺术联合会（以下简称“中国文联”）副主席林默涵，中国文联书记处书记延泽民，中国音协副主席李焕之、李凌、赵沨、丁善德、孙慎、时乐濛、周小燕、才旦卓玛，以及中国曲协副主席罗扬，香港歌唱家费明仪。

开幕式由吕骥主持。他说：“这次大会是在党中央决定进行经济体制改革，我国社会主义现代化建设深入发展的历史条件下召开的。”“为了实现历史赋予我们的使命，我们要继续清除‘左’的错误思想的影响，反对资本主义腐朽思想和封建主义的遗毒，使社会主义音乐文化建设，沿着正确的道路前进。”[1]

中共中央政治局委员宋任穷代表中共中央、国务院出席会议并发表了讲话。周扬、夏衍向大会发来了贺电、贺信。中国音协副主席贺绿汀虽然因病没能到北京出席会议，但特意委托丁善德在大会上宣读了他的书面发言：“音乐界对我国几十年来音乐文化建设事业，应作如何估计，

---

[1] 祖振声：《记中国音协第四次会员代表大会》，《人民音乐》1985年第6期，第20～23页。

有些什么错误，应该在这次大会上作出实事求是的探讨，使今后社会主义音乐文化建设事业能走上健康发展的道路。”“1956年毛主席对音乐工作者的谈话，澄清了音乐界一些混乱思想。”“党中央号召干部年轻化、知识化、专业化、革命化的今天，我认为我们老一辈同志们，已经完成了任务，应该可以光荣地交班了。让此次全国音代会的代表自己选出真正懂行的，作风正派，没有派性而又有事业心的中青年音乐工作者进入领导班子，使全国音协真正成为全国音乐工作者自己的协会。”[1]此外，贺绿汀还针对经济建设与精神文明建设的问题、音乐文化遗产继承的问题等提出了他的看法。

12日，吕骥做工作报告。他回顾和肯定了自上届代表大会以来的5年中，音乐创作、音乐表演艺术、音乐理论研究、音乐教育、出版、整理民族音乐遗产、群众音乐活动等的发展情况及取得的可喜成绩。论述了如何正确贯彻“双百”方针和正确理解创作自由的关系。此外，他还根据创作实践中的情况，谈了音乐创作与生活的关系，内容与形式的关系，音乐艺术的社会作用以及继承和发展、中西关系等方面的问题。

13 ~ 16日，大会先后分组对宋任穷的讲话、吕骥的报告，以及贺绿汀的书面发言进行了热烈的讨论。之后讨论通过了协会章程。最后，通过民主选举，选出了中国音协第四届领导班子。李焕之当选为第四届中国音协主席；丁善德、才旦卓玛、孙慎、李凌、李德伦、时乐濛、沈亚威、严良堃、吴祖强、周小燕、赵沨、施光南、瞿维、瞿希贤等当选为副主席；吕骥、贺绿汀当选名誉主席；周巍峙、喻宜萱被聘为中国音协顾问。

17日下午，新当选的第四届中国音协主席李焕之致闭幕词《音乐艺术要紧跟时代前进的步伐》。意味深长的是，在中国音协副主席、中央乐团副团长李德伦的指挥下，全体代表高唱《团结就是力量》之后，会

---

[1] 贺绿汀:《在中国音协第四次会员代表大会开幕式上的致词》,《人民音乐》1985年第9期，第6 ~ 7页。

议才宣布闭幕。

1985年6月4日，中国音乐学院作曲系“中外当代音乐系列讲座”结束后，李西安在蒋力的积极倡议下，立即着手策划和瞿小松、叶小纲、谭盾就中国新一代作曲家的崛起所引发的思想观念问题、理论问题、美学问题，以及创作手法问题进行对话与恳谈。很多参加“中外当代音乐系列讲座”的人仍然沉浸在兴奋情绪之中，尤其是李西安《中国音乐的大趋势》的即席演说及其所描述的未来更让年轻的一代作曲家对国家、民族，乃至自己的前途充满希望，也有一些作曲家和青年学生用写信的方式继续向李西安请教和探讨，崔炳元便是其中的一位。30多年里，他一直珍藏着李西安1985年6月7日给他的赠言手稿。因为，他们的确是幸运的一代，幸福的一代，他们绝不会辜负改革开放赋予他们的大好时光，而且他们还立志用自己的才华为国家的“四化”建设添砖加瓦，不负韶华。正如他们在歌中自豪、自信演唱的：

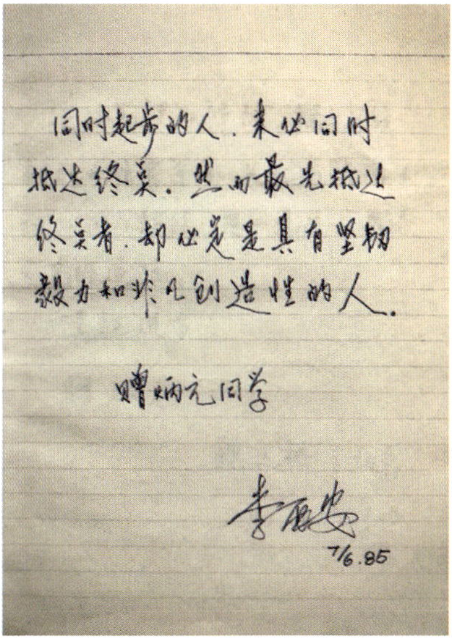
同时起步的人.未必同时抵达终点.然而最先抵达终点者.都必定是具有坚韧毅力和非凡创造性的人.

赠炳元同学

李西安

7/6.85

图2-1 李西安给崔炳元的赠言手稿[1]

[1] 按：此手稿承蒙崔炳元教授提供并授权本人在本书中使用。

花儿香，鸟儿鸣，

春光惹人醉，

欢声笑语绕着彩云飞。

啊，年轻的朋友们，美妙的春光属于谁？

属于我，属于你，属于我们八十年代的新一辈！

1985年6月15日，李西安接到了一封中国文联的来信。正是这封信，让李西安的命运发生了由“士”而“仕”的重要转变。因为，写信的人就是刚刚当选第四届中国音协主席的著名作曲家李焕之。

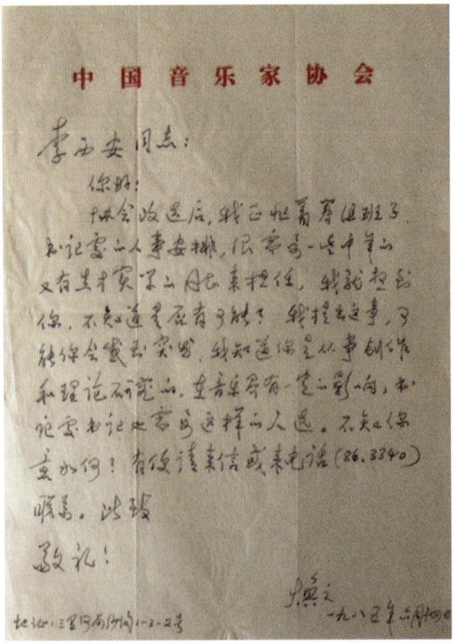
中国音乐家协会

李西安同志：

你好！

协会改选后，我正忙着筹组班子。书记处的人事安排，很需要一些中年的又有真才实学的同志来担任，我就想到你。不知道是否有可能？我提出这事，可能你会感到突然。我知道你是从事创作和理论研究的，在音乐界有一定的影响，而书记处需要这样的人选。不知你意如何？有便请来信或来电话（86.3340）联系。此致

敬礼！

焕之

一九八五年六月四日

图2-2　李焕之给李西安的信

李西安同志：

你好！

协会改造后，我正忙着筹组班子。书记处的人事安排，很需要一些中年的又有真才实学的同志来担任。我就想到你。不知道

是否有可能？我提出此事，你可能会感到突然，我知道你是从事创作和理论研究的，在音乐界有一定影响，书记处书记也需要这样的人选，不知你意如何？有便请来信或来电话联系。此致

敬礼！

地址：三里河南沙沟1–3–2号

焕之

1985年6月14日

没有人知道李西安接到这封信时的真实心情（注：在他当天的日记里，只有轻描淡写的八个字“接到焕之同志来信”）。但可以肯定的是，李焕之是李西安景仰的前辈。他十分清楚这封信的意义与分量。李焕之1936年就考入上海国立音乐专科学校，师从萧友梅学习和声。1938年到延安后，又在鲁迅艺术学院（以下简称“鲁艺”）音乐系师从冼星海学习作曲和指挥，并光荣地加入了中国共产党。毕业后又留在了鲁艺音乐系任教。1949年中华人民共和国成立后，他先后担任了中央音乐学院音乐工作团团长、中央歌舞艺术团指导，以及中央民族乐团团长等行政领导职务，在音乐创作、作曲技术理论，以及民族音乐理论研究方面的造诣和成果都让李西安深感敬佩。

出于礼貌，李西安看完信后未及多想，当天下午就按照信中留下的电话号码给李焕之打了电话。

2018年冬天，在东方太阳城我就当年通电话的内容问过李西安。

他告诉我：焕之是“三八式干部”[1]，说话很有分寸。他只说，你这几年在中国院做的工作我们都看到了。第四届中国音协正在组建，很需要像你这样有责任心、有才干的年轻同志来充实，所以我才给你写了信。但是我不知道你愿不愿意来。

[1] 按：“三八式干部”通常指在1937年7月7日至1938年12月期间参加革命并加入中国共产党的高级知识分子。

我追问道：那您当时是怎么考虑的？

他说：我当时首先是谢谢焕之对我工作的肯定。但我也问他，我到音协能做什么？焕之告诉我，主要是来参加音协的一些会议。去年我们和聂耳、星海学会的同志在武汉召开了纪念聂耳逝世50周年、星海诞辰80周年和逝世40周年的一些会议，今年大家准备再开一个围绕聂耳、星海创作道路、思想方法和作品研究的会议。你如果能来的话，到时候我们通知你。

我再次追问：您是怎么回答焕之的？

他说：我没怎么多想。只是回答焕之，我服从组织安排。

事实上，李焕之说新一届音协"需要年轻同志"绝非戏言。须知，虽然宋任穷在中国音协第四次会员代表大会开幕式上说："我到这里来参加大会，非常高兴。因为在这里看到在座的人中间黑头发的人多，不像有的团体中白头发的人多。"[1]当时的主席团主席、副主席的确已不年轻。除了施光南年仅45岁，大部分都是年逾花甲的老人，而丁善德、李凌、时乐濛等更是年逾古稀。

李西安和李焕之通完电话后的第三天就开始参加和参与中国音协计划于10月14日在民族文化宫举办"聂耳、星海纪念大会"和"聂耳、星海交响音乐会"，声乐作品演唱比赛部分获奖演员独唱音乐会，以及歌剧、合唱专场音乐会的各种筹备会议和事务性工作。之后，他又随李焕之等人前往武汉参加"中国聂耳、星海音乐创作学术讨论会"。让李西安最难忘的是，11月27日上午，星海的骨灰由女儿冼妮娜和严良堃专程从北京护送到广州，火车途经武昌时，他和所有参加学术研讨会的人，以及武汉的部分音乐工作者在火车站列队迎灵的肃穆场面。只不过，当时的李西安，已经被正式任命为中国音协书记处书记兼理论委员会副主任。

这一年，李西安48岁。

---

[1] 宋任穷：《在中国音协第四次代表大会开幕式上的讲话》，《人民音乐》1985年第6期，第3页。

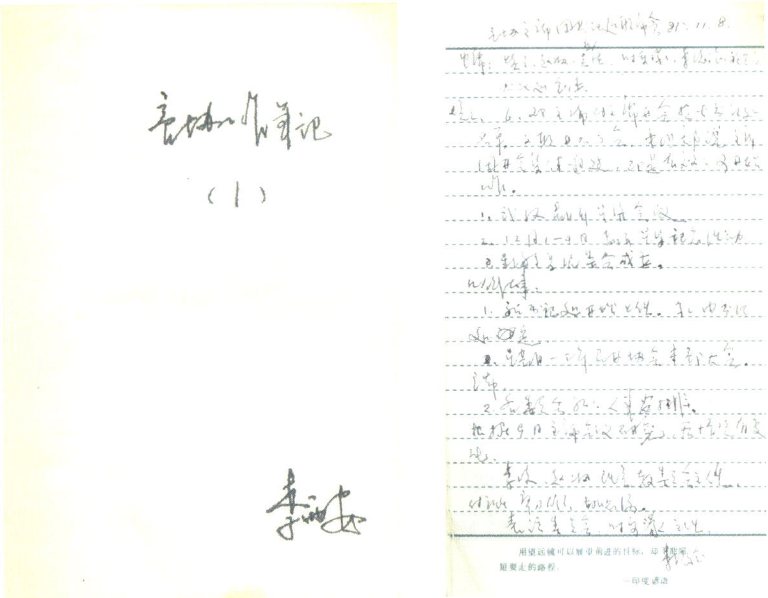

图2–3 李西安的中国音协工作笔记

事实上，中国音协当时的书记处只是主席团属下处理机关日常事务的一个办事机构。它在组织上服从于主席团并对主席团负责。职能上又和秘书处、办公室有些相似。[1]因此，书记处书记也就是办事机构里的一个办事员而已。所不同的或许是，内内外外上传下达的大事小事都得先通过书记处，待书记处讨论并草拟出处理意见或方案后再向主席团汇报。通常情况下，书记处内部实行分工负责制，即每一名书记负责一个或多个方面的事务，并通过听取汇报，审批工作报告、工作计划，参与人事任命等方式，对分管领导负责。但对于某些关涉全局的重大问题，分工负责的书记必须将处理意见提交书记处和主席团讨论决定。

但于李西安而言，中国音协的所有工作均关涉全国。何况与在学校教书相比，他更能获得和享受“弄潮儿向涛头立”的挑战感与成就感。

[1] 按：中国音协书记处于1958年12月在音协原有秘书长和工作委员会的基础上增设，直至1990年11月四届三次理事（扩大）会议之后才在机构、职能、称谓方面有所调整。

在李西安的遗物中，除了大量的书籍、乐谱、手稿、剪报、信件、录音带、录像带、唱片、CD以外，还有若干本中国音协工作笔记、中国音乐学院工作笔记、日记，以及一本记录着他借别人书和别人借他书的“借书登记本”。而且每一本的封面上都有李西安自己的编号。在编为“音协工作笔记（1）”的第一页里，我们至今仍能清楚地看到，他以中国音协书记处书记兼理论委员会副主任身份参加中国音协主席团、书记处联席会议的时间是1985年11月8日。参加会议的有主席团李焕之、赵沨、吴祖强、时乐濛、李德伦、施光南，以及书记处书记兼秘书长张非，书记处常务书记晨耕、冯光钰。

这次联席会议研究和讨论了各专业委员会、办公室，以及《音乐创作》《歌曲》《词刊》《儿童音乐》《人民音乐》《音乐研究》[1]等6个刊物编辑部的人事调整和办刊工作。但对于《音乐研究》和《人民音乐》，李焕之主席和其他几位副主席认为，在没有切实可行的能让《音乐研究》和《人民音乐》办得更好的办法前，可以暂时不动，等书记处拿出具体的工作计划和方案后再报主席团研究。

1980至1990年是李西安生命中辉煌的10年。尤其1985年以后，更是他不停地在中国音乐学院和中国音协之间辗转、奔波的5年。

中国音协主席团和书记处联席会议之后，起草《人民音乐》改版计划的重任落到了李西安的手里，并需要尽快提交主席团审阅。而中国音乐学院作曲系自“中外当代音乐系列讲座”结束后，在蒋力的发起和积极组织下，李西安和瞿小松、叶小纲、谭盾就中国新一代作曲家的崛起所引发的思想观念问题、理论问题、美学问题，以及创作手法问题的对话也急需整理。在李西安心里，这两件事情实际上是一个问题的两面。音协主席团之所以想改造《人民音乐》，是希望这份与新中国同龄，并

[1] 按：《音乐研究》自1958年创刊起一直属于中国音协（1961年至1978年停刊），1979年复刊后在人民音乐出版社时任社长黎章民的提议下，该刊编辑部才转至人民音乐出版社。详见黄大岗：《〈音乐研究〉坚守的十三年》，《音乐研究》2008年第1期，第8页。

在中国音乐界具有重要影响的权威刊物能和改革开放以来实事求是、拨乱反正、思想解放、观念更新的新形势与时俱进，开拓创新；而他和瞿小松、叶小纲、谭盾的对话，恰恰是起草改版计划的部分依据。何况当时还有很多朋友立场坚定地支持李西安倡导和发展中国当代音乐的积极主张。

1985年6月26日，刚从北京回到湖南不久，王安国就给李西安写了一封信。王安国在信中说：

> ……使我收获最大的是听了您对发展当代中国音乐的严肃的思考。在这方面，我们有很多共同的语言。您所做的工作值得我好好学习。您在工作中表现出来的献身精神对我是巨大的促进力量。我完全相信，在这个工作和学术领域，我们将携起手来，密切合作，成为最亲密的知音，为发展我们的音乐文化共同做些力所能及的工作，直至奉献我们自己。

李西安清楚地记得1985年7月那个热烈、激动人心的夏夜。

傍晚，他在街边的副食店买了一箱双合盛五星啤酒，回到家后又做了一大盆沙拉，以迎接瞿小松、谭盾、叶小纲、蒋力的到来。

作为这次历史性对话的倡议者、发起人、主持人，同时也负责当晚对话录音的蒋力首先说：当前各个门类的艺术观念更新很热烈，《文艺研究》编辑部先后组织了文学、美术、摄影、电影，甚至话剧界的一批年轻人就艺术观念更新的话题展开深入讨论，引起了较为广泛的社会关注。今天请李老师和几位青年作曲家在一起以对话的方式谈一谈，也就是想听听大家在音乐理论研究和音乐创作实践中对艺术观念更新的看法。

蒋力简短的开场白一说完，大家便争先恐后地畅所欲言，各抒己见。

瞿小松：我们用得多的是“传统”这个提法，其实“民族文化”或

“中国文化”这样的提法更好。它可以包括过去、现在和将来的概念，是持续不断的意思。传统是已经过去了的东西，民族文化是一个往前走的、不断生长的、有生命的东西，总是谈传统，就容易把中国文化理解为已经僵死的东西。我所建议的提法并不是要抛弃传统，而是想表明这块地方还要生长更新的东西。

谭盾：我听外国现代音乐文献，觉得最主要的意义就是学一种思维、修养、方式。另外，它写得最精彩的手法与最差的手法都不能借用，这是我最注意的。这种做法本身说明，我要创造的音乐，既不是中国固有的概念，也不是外国固有的概念，而是要从其中寻找一种可能属于我也可能属于我们民族音乐的未来的东西。

叶小纲：现代世界音乐潮流不是为音乐而音乐，从信息论角度说，文化是把自然科学、人文科学、文学艺术三者融为一体的大系统，音乐——我们的这个系统不过是大系统中一个子系统。目前有人把音乐功能看得太狭窄，以至于对我们产生一种不理解，受前一段时间狭隘地谈什么民族性、社会性，为某一个政治观念服务这种思潮的影响……尤其是某些理论家们，最基本的音乐美学问题都没有弄清楚。过分强调音乐的社会内容，就把音乐给人的定型的联想限制住了。

谭盾：我觉得音乐给人的感染力像颜色给人的最初的感染力，不具象，但很强烈，没有任何具体的指向。

叶小纲：我每次写完作品，在标题上、内容的解释上要费半天脑子，要大做文章，我觉得很吃力。其实音乐本身没有视觉形象，它首先产生的是一种生理效果，在此基础上去联想、去延伸，把外延进一步扩大，用模糊思维等扩大延伸，由表及里，才有可能联想到社会效果。

谭盾：社会效果是人为的。

瞿小松：社会效果在音乐效果中完全可以不提，因为不同社会是由若干人组成的，各种人产生的心理效果有时是不同的，有时也会是共同的，自然而然就成为一种社会效果。

叶小纲：我不否认音乐有很多功能。而我们这一代青年人的音乐有一个比较明显的特征，就是开放性。我希望我们的音乐能引起人们的联想、思考，对由此产生的审美效果不应加以限制。

瞿小松：作为民族的文化，不光有一种内涵。有些人需要做这种事情，有些人要做另外的事情。欧洲文化在大战时就有多种样子。如勋伯格，他在战时住过集中营，但他也有很多别的作品，仍然对世界文化有贡献。

叶小纲：现在一谈勋伯格的进步意义，就是说他写过《华沙的幸存者》。

瞿小松：对。其实这部作品艺术上的意义也大于政治上的意义。所以我有个观点，就是艺术家不能跟时代同步，而应该走在时代的前面。越同步你的局限就越大。如有的歌曲、群众歌曲就是这样。星海、聂耳非常伟大，黄自也是个伟大的艺术家。从当时情况看，一般人都要唱几句、喊几句，但要求所有有良心的艺术家都这样干，仍然是功利主义看待艺术的方法。

李西安：为什么形成现在的结果？两个原因。一个是历史原因，儒家思想强调教育功能；另一个是由于战时处于特殊历史阶段，这种东西更复杂了。1949年之后，应改变这种观念。30年代形成三种流派，一是聂耳、冼星海的革命音乐道路，一是黄自、青主[1]的艺术道路，一是刘天华的民族音乐道路。对这三种路，过去褒一贬二，不承认后二者存在的合理性。这是错误的。当时这三种流派的形成，都有其原因、价值和合理性。在特定环境下，不管是艺术派、民族派，大家都要关心这个不得不关心的现实，所有的艺术都要为之服务，不得不去“功利”。但1949年后仍沿用传统的儒家观点和战时观点，并且恶性膨胀，这就自食其果了。

瞿小松：在保证政治前提的条件下，应当尽量追求艺术上的完满。

---

[1] 按：著名音乐理论家廖尚果的别称。

现在听《黄河大合唱》，获得更多的还是艺术上的成就，能够流传下来的还是这类作品。

叶小纲：这一点也给功利主义者钻了空子，他们会说《黄河大合唱》之所以好，是因为结合了什么表现了什么。

李西安：科学的表述应当这样说，大家批判的是一种狭隘的社会功能论，一种直接的、教育性唯一的社会功能论。反过来又可以说，任何艺术，好的艺术都应超越时代，不应该与时代同步，应是广义的、开放的社会功能论，音乐的社会功能是不能否认的。如你们被误解，是因为你与社会的沟通发生了障碍。你还希望社会能理解你，这本身就是社会了，但被理解不一定是简单地为政治服务，跟社会同步。作为艺术来讲，你的命题——真正的艺术家要超越时代，我完全同意。罗曼·罗兰评价贝多芬时，就说他站在时代的前列，引导时代前进。这样伟大的艺术家应该超越时代，但我觉得应该首先属于时代，然后才能超越时代。什么是时代呢？你们有的经历、感受与时代、特定的环境、文化背景，是无法脱离开的。你不能仅仅与之同步，简单地描写其中某些东西，还要站在它之外，站在比它更高的角度去表现它，才能不是狭隘的、封闭型的。《黄河大合唱》是特定的时代与星海的艺术造诣结合的产物，它的艺术成就与局限都不能脱离那个时代对他的制约。《梁祝》也一样。若想把错误的东西去掉，必须以科学的态度、概念代替它，否则你就会被别人重新否定。简单地否定音乐的社会功能是不对的。用广义的社会功能代替狭隘的社会功能，这比较科学。人作为整个人类中短暂的一瞬间，能超越到哪里去呢？

瞿小松：莎士比亚写的事确实是那个年代的事，而且很具体，关键是他所悟到的东西是人类都要考虑的问题，如人性、爱与恨，我说不与时代同步就是这个意思。我们三个人的不同经历可以代表一部分人，但我们所悟到的东西，仅仅如此的话，就不可能创造一种属于人类的东西。

李西安：过去我们把着眼点放在欧洲古典、浪漫时期的音乐上，这一部分实际上距离我们最远，后来西方向东方靠拢，两者接近，现代音乐为我们所吸收的主要原因在这儿，不仅仅因为它是现代的，而且因为它离我们更近。东西方文化在交流中走近，这就叫趋同性。整个世界趋同，因为信息发达。现在世界两个最大的潮流，一个是趋同，一个是求异，两者并存。高度的求异性，就包括个性、民族性，包括不同地区、各种特点的充分发展。趋同性（指音乐的）也有它的道理。西方音乐吸收了东方的精神或形态，就与东方接近。过去我们排斥音乐语言的吸收，仅仅吸收人家的技法，实际上怎么能这样呢？不仅包括语言，还包括观念、思想，这样我们才能获得新鲜血液。在求异中两个最重要的表现，一个是个性，另一个就是民族性。

瞿小松：我们下意识地去创作“民族化”的东西，是因为我们觉得这个作品好，而不是简单地认为它是中国的。西方有些作品形式好，我们也用。比如说：管弦乐队的形式。因为它本身是一种音乐会的形式，音响幅度很大。中国乐器就不是音乐会的形式，音响幅度相对来讲要小，但它又有自己很有意思的东西，如音色，这是管弦乐队绝对做不出来的，合成器有时可以模仿，但也不行。

叶小纲：我觉得这是一种民族欣赏习惯，东方人的审美很有意思，里面有各种微妙的、细小的东西，几乎是无穷尽的微妙差别。

瞿小松：中国音乐，从心理时间上说是一种静态的东西，这种境界很超脱，很深邃。这是西方音乐那种动态的东西所达不到的。为什么看大山，看星空，有时并不是它的运动产生神秘感，而是它的静态让人产生这种感觉。

谭盾：中国人看交响乐队和外国人不同，外国人可以感受到各种手法的运用，而东方人能从庞大的交响乐队中发现“安静”。上百人的乐队，就一个木鱼在敲的时候，“当——当——”，东方人容易察觉到这一点。

瞿小松：说得太好了。中国的艺术很注意留白。齐白石的画，画面上只有一只小鸡，其余全都是空白，空白的威力太大了。音乐中的安静，只有一个木鱼在敲，这就是留白。

叶小纲：所以有人说中国的音乐是一种人的意识与空间的交流，西方的艺术是与社会的交流。

李西安：现在世界的发展是多元化、个性化的，各个作品都不同。这样发展下去，什么地方会形成一个新的文化发展的中心和高峰呢？这个高峰形成的标志当然是高度个性化，充分发挥每一个人的聪明才智和创造性，但总还是要形成一个整体。如果仅仅是个性，全世界都分散下去，那么很难讲东方文化的复兴。中国文化要形成一个高峰，总要有某些东西沟通一下，成为一个整体。

谭盾：我以前写东西经常只满意一个段落，以后可以在构思上加强各方面的完整性，这是第一点；第二点是考虑通俗性。现在我已经在做了，要更多地考虑观众。我还有一个想法，就是要回到中原来。我们写的东西里，少数民族、边远地区的元素影响比较大，个性在平常的环境中很难找到。相比之下，用少数民族的素材写，容易一些。写中原的东西，可以说是一个新课题。

叶小纲：问题是现在我们并没有什么少数民族性很强的东西。

谭盾：很多局部的音调、音色的选择还是深受少数民族影响的。

瞿小松：有选择问题。我写《Meng Dong》时感到，少数民族与汉族相比，与自然接近得多。中原文化如陕西、甘肃一带，也有很多精彩的东西，但被忽略好久了。

李西安：谭盾讲的“回到中原”很有意思，实际上他说的是回到“汉文化”。中国文化的核心是华夏文化，长安、甘肃、荆楚、齐鲁、燕赵文化等都包括在内。

谭盾：回到汉文化并非指回到我们现在所理解的汉文化上。我们要找到这个区域文化的精髓。

瞿小松：中原地区是中国文化的源头，最富有中国气的东西在那里。

谭盾：我们基本上没有写过直接的少数民族题材的作品。比如说，与其去考古楚文化，不如直接从那里去感受。我们不直接描写少数民族，但音乐思维、素材是受到影响的。《黄土地》中打腰鼓一段体现出的那种气质，我们追求得不够。叶小纲的作品中虽然中原文化的东西多，但受江南音乐的影响也不小。

叶小纲：所以我现在在写北方的东西，却不知写出来如何。

李西安：这涉及一个本质问题，一个文化发展到不能再发展时，就要去寻求空间和时间上更遥远的东西来刺激它，比如空间遥远的欧洲（或者边远地区），时间遥远的远古。现在可能介入到比较成熟的中原文化、华夏文化就比刚才说的那个东西进了一步。它对东方文化、中国文化的复兴将起到更进一步的实质性作用。

叶小纲：以后还会全部都回来。从空间、时间找离我们较远的东西，这个阶段过去后还会全回来。

李西安：回来之后与原来就不一样了，人们在否定的时候，今天否定的是昨天，而不是前天，要从前天去找灵感。第三次浪潮否定的是第二次浪潮，更接近第一次浪潮，这是一个奇妙的过程。

……

不知不觉，时间已近11点，80年代尚无夜生活的北京，街头已经行人稀少，渐入梦乡。四位意犹未尽的热血青年为了能赶上各自回家的公交末班车，只好匆匆离去。

7月26日，谭盾便又给李西安写了一封信，他在信里说：

> 上次从您那儿回来，思想触动很大，脑子里清醒了一大块。看来这几年“形式美”的追求多了起来，尽管“形式美”是每一个艺术家所追求的东西的一个重要部分，但我还是喜欢音乐要“打人”，“打心”。那天晚上我总觉得还有很多话要谈，只是时间太晚，怕没有车了。过一段时间我再来您处好吗？

然而，谁也没有想到，他们这晚在李西安家里的谈话，竟然成为中国当代音乐史上著名的“四人谈”。而更让李西安和音乐界众多同行始料未及的是，日后他将要为这次的“四人谈”付出沉重的代价。

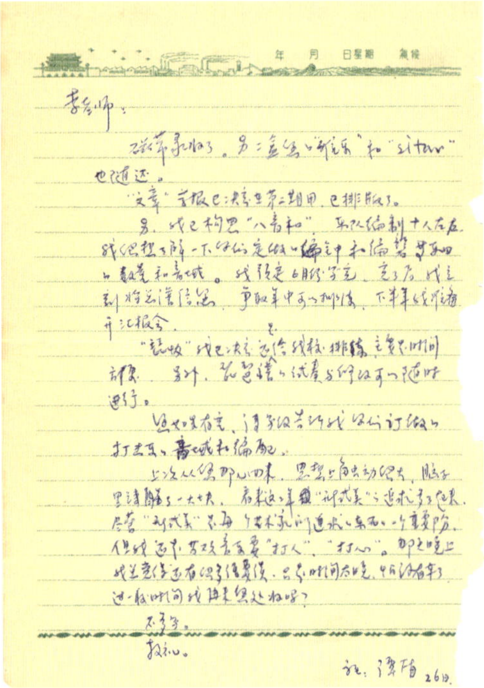

李老师：

磁带录好了。另二盒给"新乐"和"sitar"也随送。

"文章"学报已决定在第二期用，已排版了。

另，我已构思"八音和"，乐队编制十人左右。我很想了解一下你们定做的编钟和编磬等乐器的数量和音域。我预定6月份写完，完了后我立刻将总谱[illegible]，争取年中可以排演，下半年我准备开汇报会。

"[illegible]"我已决定送给我校排练，主要是时间方便。另外，[illegible]试奏与修改可以随时进行。

你如果有空，请写信告诉我你们订做的打击乐的音域和编配。

上次从你那儿回来，[illegible]，脑子里清醒了一大块。[illegible]"新形式"[illegible]。尽管"新形式"[illegible]，但我还[illegible]要"打人"、"打心"。那天晚上我总觉得还有很多话要谈，只是时间太晚。[illegible]过一段时间我再来你处[illegible]？

不多写。

敬礼。

弟：谭盾 26日。

图2-4 谭盾给李西安的信

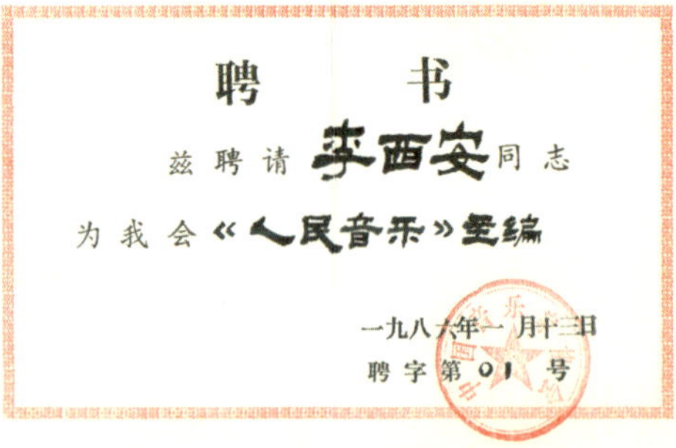

聘 书

兹聘请李西安同志

为我会《人民音乐》主编

一九八六年一月十三日

聘字第01号

图2-5 中国音协向李西安颁发的聘书

1986年1月13日，李西安被中国音协正式聘为《人民音乐》主编。3月中旬，李西安在忙完中国音协四届二次常务理事会扩大会议之后，终于得空把他和瞿小松、叶小纲、谭盾的对话录音整理成文章，并以

《现代音乐思潮对话录》为题，发表在《人民音乐》1986年第6期上[1]。

在按语里，李西安以他一贯的行文风格和包容、大度的胸襟写道：

> 一代青年作曲家正在崛起。为了让更多的人理解他们，知道他们怎么说怎样想的，怎样看待自己和周围的世界的，在《文艺研究》编辑蒋力的倡议下，去年夏天，由我邀集了瞿小松、叶小纲、谭盾，进行了一次长时间的恳谈。下面发表的是谈话的部分内容。
>
> 崛起的一代也是探索的一代，怎样对待他们在崛起中迸发出来的巨大冲击力和在探索中出现的不可避免的曲折和失误呢？我想借用德国启蒙运动思想家莱辛的一段名言来回答："如果上帝在他的右手握着全部真理，在他的左手握着无与伦比的永远的追求真理的动力（即使再加上永远不断使我出错这一点），而对我说：挑选吧！——我就会谦恭地握住他的左手……"

毋庸讳言，文章发表后在音乐界引起了巨大的反响。虽然那时没有网络，但这份"四人谈"仍被人们争相传阅。毕竟，他们谈话涉及的很多问题并不仅仅是改革开放以来有时代担当的中国第五代作曲家需要思考的问题，也同样是中国电影、话剧、美术、舞蹈等艺术家都在积极探讨的问题。他们相互借鉴、相互启发，共同探索、共同交流。尽管很多第五代艺术家在少年时代都不同程度地卷入了中国社会大动荡的历史旋涡，有过不平凡的人生经历和磨难，直至恢复高考，才得以踏进大学的校门并接受严格的专业训练。毕业后，他们几乎都怀揣着锐意创新的艺术激情走向社会。他们对新的思想、新的艺术手法异常敏锐，皆因他们都渴望通过自己的艺术创作深层探讨中国和中国文化，构建真正属于中国和中国人的艺术思想。

---

[1] 李西安、瞿小松、叶小纲、谭盾：《现代音乐思潮对话录》，《人民音乐》1986年第6期，第12～18页。

四个月后，李西安接到了李凌老院长的一封来信。

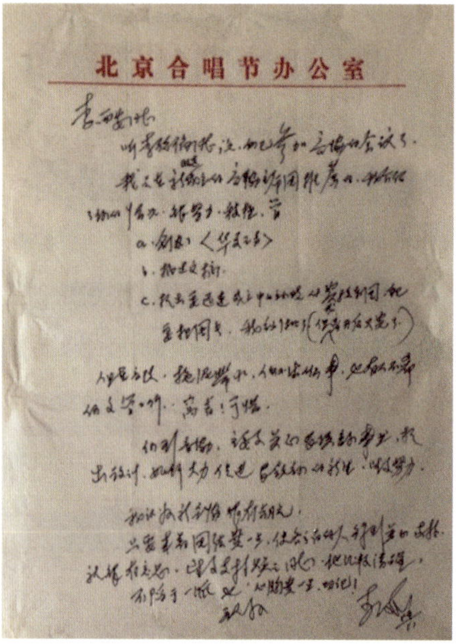

北京合唱节办公室

图2-6　李凌给李西安的信

李西安同志：

听李德伦同志说，你已参加音协的会议了。

我是在新改选成立的音协主席团推荐的，我介绍了你的情况，很努力，积极……

你到音协，主要是关心民族音乐事业，提出设计，如何大力促进民族音乐的新生，望多努力。

我认为新音协很有朝气。

只要本着团结宽一点，使各方面的人得到关心和支持，就很有意思。望多支持焕之同志……

敬礼

李凌

11月19日

无疑，李凌的这封信给正在酝酿和起草《人民音乐》“改版计划”的李西安以巨大的支持和信心，尤其是信中所说的“你到音协，主要是关心民族音乐事业，提出设计，如何大力促进民族音乐的新生，望多努力”，更让李西安明确和坚定了自己的使命。

从鲍家街、十字坡、和平里、军粮城、丝竹园，再到东方太阳城，李西安搬过很多次家。但李焕之、李凌给他的亲笔信他一直小心翼翼地珍藏着。甚至几十年过去了，每当提起这些信，他还会热泪盈眶。

中文里的“贵人”一词多义。有人说，提拔你并给你机会施展才华的人就是你的贵人。但在人生的漫长道路上，不断提醒你的人，愿意和你唠叨的人，和你分担和分享的人，无条件荐你、挺你、欣赏你并且还始终在背后默默为你付出的人，又何尝不是贵人？然而，贵人并不是对谁都能倾情相助的人。能得到贵人帮助的，必须是那些首先懂得“自贵”和“自重”的人。他们脚踏实地，既不指责别人才疏学浅，也不抱怨自己怀才不遇。一旦机遇来临，他们便能以青衿之志，履践致远，行而不辍，未来可期。

二、《人民音乐》改版

从1976年10月至整个80年代，“拨乱反正”“回顾与反思”以及“意气风发”“展望未来”始终是频频出现在各大报刊和广播电视上最具时代特征的关键词。中国随之出现的一系列翻天覆地的变化无一不是在对过去“反思”和对未来“展望”的双重主题变奏中展开。

与此同时，各大报刊为积极配合新时期日新月异的变化，也纷纷开始改版、扩版。中国音乐界的老字号理论期刊《人民音乐》便是其中之一。

理论界对于《人民音乐》杂志的研究，通常认为该刊创办于1950年。但最新的文献史料研究似乎又将其历史向前推进了4年：“《人民音乐》杂志在历史上曾经三次创刊，1946年12月首次创刊是在黑龙江佳木斯，出版三期后于1947年4月停刊；1948年10月重新以‘新一卷第一期’的名义在哈尔滨创刊，出版四期后于1949年7月停刊；1950年9月在北京再度创刊。虽然在1966年5月至1976年3月期间再次停刊，但在1976年3月复刊后的第一期上并没有‘一卷’的卷次顺序号。”[1]

事实上，中国任何一本人文社科理论杂志的创刊、停刊、复刊，以及改版、扩版的历史，都是一个学科的发展、变化缩影。《人民音乐》在悠久的办刊历史中，也有过多次创刊、停刊、复刊、改版。李西安草拟的《〈人民音乐〉改版计划》是音协主席团、书记处联席会议1985年11月8日对他的授权和委托，绝非他的个人行为。

在李西安的“音协工作笔记（1）”里，我们至今仍然可以清楚地看到，音协主席团、书记处、各专业委员会，以及行政办公室、组织联络办公室、外事办公室等为《人民音乐》改版一事先后至少在5次会议上进行过讨论。会议的日期分别为1985年11月11日、11月18日、12月14日、12月17日、12月19日。皆因众人对办刊观念与改版思想各持己见，众口难调。有人说，《人民音乐》作为中国音协的机关刊物，政策性、导向性的办刊立场不能改变；也有人说，《人民音乐》既没“人民”，也没“音乐”——群众喜欢什么，《人民音乐》就反对什么的做法必须改（比如李谷一、郑绪岚、苏小明、王酩等）；还有人建议，《人民音乐》改版的重点在于加强理论性评论文章；但持不同意见者则指出，《人民音乐》的理论办不过《文艺报》和《文学评论》，何须扬短避长……

1985年12月20日，作为改版方案的起草执笔人，李西安在博取各家之长后，向李焕之主席呈报了他草拟的改版栏目设计方案——音乐体制改革讨论、华夏论坛、创作研究、当代音乐家、青年音乐家、表

[1] 顾伟泉：《不能忘却的文物史料：〈人民音乐〉1948年新卷创刊号》，《星海音乐学院学报》2021年第1期，第37页。

演艺术、纪念与启迪、美学探索、路与桥、专访、文化纵横、通俗音乐、文化交流、音乐鉴赏家、音响世界、海外来鸿、港台之页、音乐信息、书评、国外乐讯。两天后，李焕之告诉李西安：栏目可以这样，但关键还要看稿子。你们抓紧向作者约稿吧，试发一两期后，有问题还可以再改。

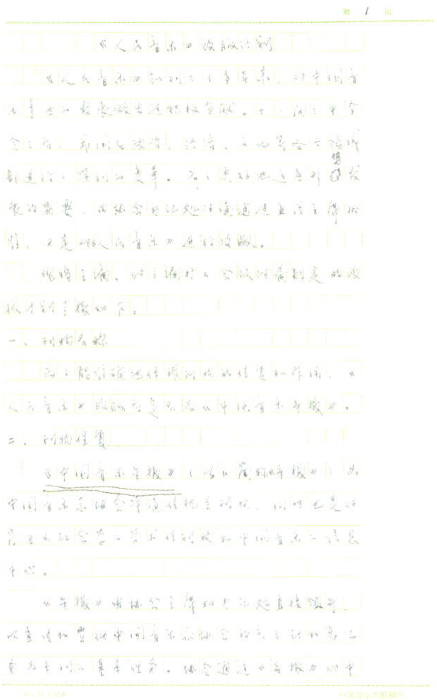
《人民音乐》改版计划

一、刊物名称

二、刊物性质

图2–7　李西安《〈人民音乐〉改版计划》手稿[1]

1986年1月13日，李西安被正式聘为《人民音乐》主编，2月接替了原主编李业道的工作（张弦、舒泽池接替了原副主编伍雍谊的工作）。或许是出于当时工作的某些特殊需要，《人民音乐》1986年第3期的版权页格外简单，仅有编辑者、出版者、印刷者、发行者、零售代销处、

[1]　按：该“计划”同时在中国音协内部刊物《中国音乐通讯》1986年第1期发表。

国外总发行，以及国内外刊号、定价，而没有主编、副主编及编委的名单。但在这一期的倒数第四页的下半部分中，“本刊自今年第四期起进行全面改版”的“改版预告”和“第四期要目”的字样清晰可见。一个月后，主编李西安，副主编张弦、舒泽池，顾问李焕之、孙慎、李凌、吴祖强、桑桐、李泽厚（特约），以及编委（按姓氏笔画为序）王宁一、王安国、叶纯之、刘诗嵘、刘念劬、李西安、李陀（特约）、张弦、何乾三、吴大明、杨通八、费师逊、唐白坦、高为杰、舒泽池、廖乃雄、谭冰若、瞿小松等人的名字才出现在了《人民音乐》1986年第4期的版权页上。新一期的栏目文章分别有：

【华夏论坛】吴祖强《历史是不会重复的》；

【当代音乐家】何昌林《音响颗粒中的华夏魂魄与东方文明——与刘德海的两次畅谈》、肖兴华《“五朵金花”——中国弹拨乐合奏团》；

【青年音乐家·叶小纲专辑】舒泽池《一览众山小——〈地平线〉漫议》、思萌《听〈老人的故事〉》、叶纯之《给叶小纲的一封信》；

【表演艺术】梁茂春《鲍蕙荞钢琴音乐会后的对话》；

【美学探索】王宁一《朦胧的反思——产生在第二届音乐美学会议之后的“意识流”》；

【专访】毕勤《张非、晨耕访问记》、蒋力《她是一座桥——记北京市少年宫辅导员邵紫绶》、于文浩《甘做“铺路石”的人》；

【国际乐坛】陈铭道、宋今为《失去了灵魂的民间艺人——美国乡村音乐的沿革》；

【文化纵横】金兆钧《哲学与音乐》；

【通俗音乐】沈承宙《美国音乐剧大师罗杰斯和海默斯坦因》；

【文化交流】余中《罗忠熔作品音乐会轰动西柏林》、金经言《音乐幽默画三幅》；

【音乐鉴赏家】郑小瑛《怎样欣赏指挥艺术》；

【海外来鸿】胡坤、黄安伦、谭盾、蒋一民、李莺；

此外还有一些音乐信息。

为此，李西安第一次作为主编为改版后新一期《人民音乐》专门撰写了一篇《致读者》：

《人民音乐》创刊以来，已经度过了35个年头。这三十几年可谓风风雨雨，崎岖坎坷。我们的刊物办得如何呢？无论是成绩，是贡献，是过失，是曲折，所有这一切，我们的读者是最清楚的了。

党的十一届三中全会以来，社会的巨大变革像潮水冲击着一切领域。面对现实，我们必须做出新的选择。正由于这个缘故，中国音乐家协会决定本刊改版。

本刊为中国音乐家协会主办的评论性机关刊物，是研究音乐社会学的学术性刊物和中国音乐的信息中心。

强调评论性。通过评论贯彻党的文艺政策，发挥理论对实践的指导作用。

研究音乐社会学。旨在以当今社会和未来社会、中国社会和全球社会为广阔的背景，研究音乐与社会的关系。

音乐信息中心。则指广泛收集和迅速传递音乐信息，为我们的决策和行动提供充分的依据。

改版后，本刊将着重对大家迫切关心的现实音乐生活中的重大问题进行探讨；鼓励发表各种不同的学术见解，并展开自由的讨论。

《人民音乐》是属于每一位音乐家和音乐爱好者的。愿大家关心它、支持它、爱护它。

朋友们！让我们一起——

为中国音乐的航船鼓起时代的风帆

驶向世界

驶向未来！[1]

---

[1] 李西安：《致读者》，《人民音乐》1986年第4期，第1页。

显而易见，改版是成功的。而且，在之后的很长一段时间里，编辑部还不断收到全国各地读者的来信：[1]

廖家骅（安徽金寨师范）：作为一个《人民音乐》的老通讯员，看到改版很高兴。感到改版后的《人民音乐》敢于靠近时代，而对现实音乐生活中的两个重大问题，即通俗音乐和现代技法问题，建议1加强评论性；2加强中小学音乐教育的内容。

王次炤（中央音乐学院）：改版后的《人民音乐》官样文章少了，宣传面广了。比如宣传了钢琴共同课和视唱练耳的老师，就很可贵，感到亲切。

赵晓生（上海音乐学院）：我代表改版后的忠实读者。现在的《人民音乐》给人以崭新的感觉，接触到了音乐脉搏。从整体内容到排版都在改进。如果在文风上能再扎实些、少些辞藻堆砌会更好。

魏廷格（中国艺术研究院音乐研究所）：改版后的《人民音乐》和中央更加保持一致了，气氛也更宽松了。希望继续保持，最好每期有批评，有争论。文章切忌有不实之词。

王晡（天津音乐学院）：版面设计体现了活力，但标题字死板。此外，希望加强各地通讯员的工作。

周吉（新疆乌鲁木齐文化厅艺术研究所）：希望重视少数民族音乐问题，开展对中国民间音乐的介绍，对一些封闭性强的地区更要下功夫宣传和介绍。另外，希望多宣传音乐理论家。

王纯炎（贵州《春之声》编辑部）：我们编辑部的同志看到改版后的《人民音乐》都欢呼起来，非常高兴。看到从内容到形式都焕然一新，很受鼓舞。希望能发争鸣文章，多讨论现实生活中的问题。还希望和全国各地的刊物加强联系，互通信息。

寒溪（辽宁文联）：1.改版是成功的，这来自对《人民音乐》的历史

---

[1] 《人民音乐》编辑部：《对改版后〈人民音乐〉的反映》，《人民音乐》1986年第9期，第43～44页。

总结；2.改版切近当代音乐家的生活、反映当代音乐家的思想状况。两点不足：1.应更关注音乐批评；2.信息量增强很好，但从学术上的意义来讲目的性还不够明确。

方萌（辽宁《音乐生活》编辑部）：改版之后刊物充满了活力，应增强争鸣，成为评论的中心。音乐教育，特别是中小学幼儿音乐教育要占一定的比重。

丁鸣（辽宁音协）：经过几个月的实践，证明改版是成功的。感到：1.活了；2.年轻了；3.笑了。希望增加争鸣文章。文字要短、精彩，形式活泼。

黄腾鹏（兰州西北师院音乐系）：《人民音乐》改版是音协一大改革，顺潮流而上，颇令人鼓舞。改版后的版面活泼、清新，有一股时代的潮息之感。作为建国后第一批忠实的订阅者，为《人民音乐》的发展兴旺而高兴。

倪瑞霖（上海音乐学院）：从谭冰若同志处见到贵刊的第五期，无论如何面目是不同以往了。大家是欢迎的，望《人民音乐》越办越好。

高为杰（四川音乐学院）：改版后的两期《人民音乐》全部读过了。总的印象是不错的。我听到的最普遍的反映是“活泼多了”。我个人的希望是刊物对我国音乐生活的描述，还应更突出全方位性，包括地域的及领域的。北京是中心。这是无疑的客观事实，但不能冷落了地方。这里恐怕也有一个“多元化”观念的问题。美国的情况是这样，音乐生活的地域中心概念似乎是不存在的。

薛布（香港）：昨天从外面上完课回来，看见了一份寄来的《人民音乐》，随手拿来翻了一下……破例地被吸引住了，一口气就坐在那里看了半个多钟头。这杂志确实是好看多了，特别是里面包含了一种朝气，但愿它能保持下来。

罗念一（西藏军区政治部文工团）：近日收读改版后第四期《人民音乐》甚为兴奋。真是耳目一新。我用一口气大半天读完后，感到颇有所得。祝愿《人民音乐》越办越好！并望能对边远少数民族音乐也有所关注。

项阳（山东潍坊昌潍师专艺术系）：作为远离都市的音乐工作者，非常希望了解音乐信息，但目前的音乐期刊所载多为事后报道，很少有预告，以致一些音乐工作者得到消息后恨之已晚，非常遗憾。希望《人民音乐》编辑部能将每年重要的理论、学术、艺术团体的交流，以及各方面会议的议题、日期、地点、主持单位等提前作出预告，使各地的音乐工作者根据所得信息指导自己的工作学习和理论研究。

金建民（上海音乐学院）：我最感兴趣的是新辟的“专栏作家”中的叶纯之先生的“开场白”。“文化纵横”栏，两期分别发表了金兆钧和赵鑫珊的文章，第四期封底还登了一幅油画，扩大了刊物的容量。第四期上的“刘德海专辑”和“叶小纲专辑”使人能多侧面地了解这两位音乐家的情况。但愿以后能时常见到这样的专辑。“民族音乐”虽然是个传统的专栏，但萧梅的《我与自我的寻觅》却以独特的笔触给它注入了新的血液。

……

作为期刊杂志，能与读者如此融洽地交流并得到充分的肯定，无论对于主编还是编辑部，都是一种安慰和鼓励。因此，李西安对《人民音乐》的未来，乃至中国音乐的理论建设踌躇满志，信心百倍。一方面，他对读者提出的建议高度重视，立即改进。另一方面，又和一些读者开始了书信往来，以便更加深入地对某些建议进行沟通和探讨。

浙江一位名叫韩映红的读者的一封来信，恳切、辛辣、深刻，既为李西安提供了当时中小学音乐教育的情况，同时也成为他进一步在新版《人民音乐》中加强对基层中小学音乐教育重视程度的依据。

来信写道：

音乐教育是否包括在整个教育的范畴之内，音乐教育该由什么部门来管，这似乎不应该是个糊涂观念，然而身为音乐教师的我，却搞不清楚。因为有关音乐教育方面的有关活动是音协通知我。工作中遇到了问题我也是到音协请示。查阅有关音乐教育方面的资料在各地出版的教育期刊上很少找到。而在音乐刊物上却琳琅满目，连《中小学音乐教育》这全国唯一的音乐教育期刊也是浙江音协创办的。于是我便认为：音乐教育大概不属于教育的范畴，不然为什么归音协管呢？如此看来，教育局的全名应该叫作“数理文史科教学管理局”比较合适。

在学校里，如果语文教师不去上课当然不行，数学教师把数学课改上音乐就更不行。但把音乐课改上语文、数学却不要紧。至于领导随便砍掉音乐课更是无人问津，倘若音协出面过问的话，肯定会被认为是“狗拿耗子多管闲事”。

不知那些轻视、鄙视或漠视中小学音乐教育的人想没想过：一个艺术落后的国家能不能屹立于世界民族之林？或者更具体点说，如果你的小孩所上的幼儿园里不开设音乐课，你同意不同意？直到今日，一提起音乐人们便想到欧洲，一提起音乐家人们便想起莫扎特、贝多芬，难道我们中国命中注定就不该有莫扎特、贝多芬吗？建议有关部门少来点呼吁，还是多来点措施吧！[1]

从此之后，李西安开始向李凌、赵宋光、曾田力、卜锡文、李妲娜等从事音乐教育的专家、教师主动约稿，并在“音乐教育”栏目里陆续刊登了一批音乐教育文章。

对于周吉提出加强对边远地区和少数民族地区音乐的重视程度的建议，李西安特别策划了一期《西北专号》（1987年第1期），并把周吉的

[1] 《人民音乐》编辑部：《对改版后〈人民音乐〉的反映》，《人民音乐》1986年第9期，第44页。

文章《开发中国西部音乐，振兴中国西部音乐》放在头版头条发表。而在《西北专号》中崭露头角的周菁葆、李梅香、党永庵、霍旭初、席臻贯等逐渐成为西北音乐最有发言权和颇具权威性的理论家、教育家、作曲家。就连当时还是在读学生的萧梅[1]、韩锺恩，也通过他们合写的《“西部音乐”及有关文化之审度——读李梅香文章有感》，在民族音乐学和音乐哲学的思辨研究中初露锋芒。

李西安更是以浪漫诗人的气质，热情地在《西北专号》的编者按中写道：

冬去春来……
八六年去了，
带着累累硕果；
八七年来了，
带着希望与活力。
在新年开始的时候，
我们愿向每位读者，寄上诚挚的谢意和美好的祝愿；
在新的一年里，
我们愿呈献给每位读者，一个更加多彩的音乐世界。
西部是古老的，
它曾为中国和世界做出过伟大的奉献；
西部是沉寂的，
当丝路驼铃消失在大漠荒沙之后，
它曾放慢过自己的脚步；
然而，
西部也是充满希望的。
时代正在叩响西部的大门！

---

[1] 按：萧梅20世纪80 ~ 90年代发表文章时的作者署名通常为肖梅。特此说明。

“开发大西北!”

西部将怎样的音乐文化奉献给今日的中国和世界呢?

为此——

我们编辑了“西北专号”,

作为讨论的发端。

愿大家关注西部音乐,并期望有识之士投身于振兴西部音乐的行列!

1986年3月2日,李西安起草了《关于“七五计划”期间音协工作的若干设想》(以下简称《七五计划》)。

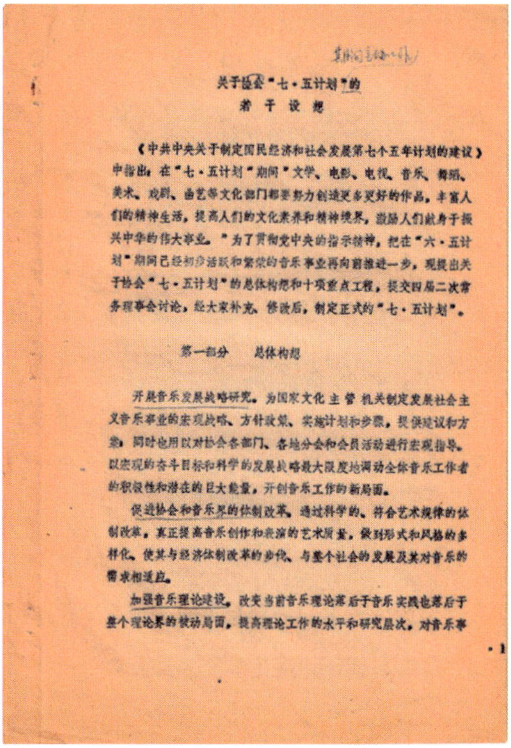

关于协会“七·五计划”的

若干设想

《中共中央关于制定国民经济和社会发展第七个五年计划的建议》中指出:在“七·五计划”期间“文学、电影、电视、音乐、舞蹈、美术、戏剧、曲艺等文化部门都要努力创造更多更好的作品,丰富人们的精神生活,提高人们的文化素养和精神境界,激励人们献身于振兴中华的伟大事业。”为了贯彻党中央的指示精神,把在“六·五计划”期间已经初步活跃和繁荣的音乐事业再向前推进一步,现提出关于协会“七·五计划”的总体构想和十项重点工程,提交四届二次常务理事会讨论,经大家补充、修改后,制定正式的“七·五计划”。

第一部分　总体构想

开展音乐发展战略研究。为国家文化主管机关制定发展社会主义音乐事业的宏观战略、方针政策、实施计划和步骤,提供建议和方案;同时也用以对协会各部门、各地分会和会员活动进行宏观指导。以宏观的奋斗目标和科学的发展战略最大限度地调动全体音乐工作者的积极性和潜在的巨大能量,开创音乐工作的新局面。

促进协会和音乐界的体制改革。通过科学的、符合艺术规律的体制改革,真正提高音乐创作和表演的艺术质量,做到形式和风格的多样化,使其与经济体制改革的步伐、与整个社会的发展及其对音乐的需求相适应。

加强音乐理论建设。改变当前音乐理论落后于音乐实践也落后于整个理论界的被动局面,提高理论工作的水平和研究层次,对音乐事

·1

图2-8 《关于“七五计划”期间音协工作的若干设想》

在《七五计划》中，李西安明确提出了音协“七五”期间的“十项重点工程”：

一、拟与政府有关部门联合创办中国民族音乐节；

二、继续办好展示和发扬民族音乐文化优秀传统的各种专题音乐会（如“华夏之声系列音乐会”“丝绸之路乐舞系列”等）和探讨民族音乐传统的各种专题学术讨论会（如“民族音乐学年会”等）；

三、在继续编辑、出版《中国民间音乐集成》的同时，与有关单位联合编辑、出版包括中国音乐历史长河、存见民族音乐和民族新音乐三个方面的代表作品的，声、像、书、谱配套的《中国音乐大系》；

四、积极呼吁并促成建立“中国音乐教育学会”并协助有关部门在全国建立若干大、中、小学及学龄前儿童音乐教育的实验基地；

五、编辑、出版《聂耳全集》《星海全集》《星海选集》和《星海手稿》；

六、与有关单位联合举办“五四”以来重要作品的《中国交响乐作品回顾展》；

七、建立中国音乐信息中心，通过全国和世界性的信息网，收集中外当代音乐资料，收集、处理、传递和交换音乐信息；

八、积极呼吁并协助政府有关部门制定保障音乐家权益的音乐立法和版权法；

九、设立中国音乐家协会的国家级音乐大奖，鼓励和表彰音乐创作、表演、理论和社会活动等方面的重大成果；

十、筹集并设立“中国音乐发展基金”，以为振兴和发展中华民族音乐事业的物质基础和坚实后盾。

李焕之和主席团以及书记处的大多数人对李西安提出的“十项重点工程”评价甚高，尤其是其中第九项“设立中国音乐家协会的国家级音乐大奖”的建议，以及李西安补充起草的“奖励办法”引起了李焕之等音协四届高层领导人的关注。李凌、李德伦、吴祖强等甚至还对李焕之说：李西安真不错，考虑得很全面，你找对人了。[1]

然而，中国音协正式设立国家级音乐大奖“金钟奖”的时间是2001年（即第一届金钟奖），但李西安在《七五计划》中提出“设立中国音乐家协会的国家级音乐大奖”的设想是1986年。如果说二者的性质都是国家级音乐大奖，那么为什么是15年后，而不是1986年当年或次年就创办呢？15年间究竟发生了什么？

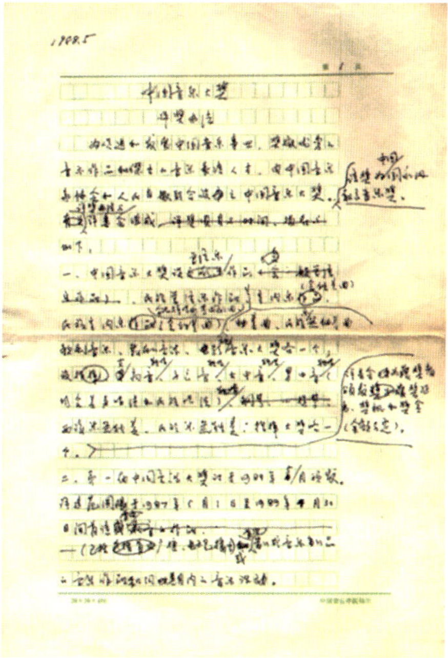

图2-9　李西安《中国音乐大奖评奖办法》手稿

[1]　按：李西安在1986年3月12日的日记里写道：听焕之说，李凌、李德伦、吴祖强等人对《七五计划》还比较满意，并原话转告我：“李西安真不错，考虑得很全面。你找对人了。”总算没辜负焕之的重托……

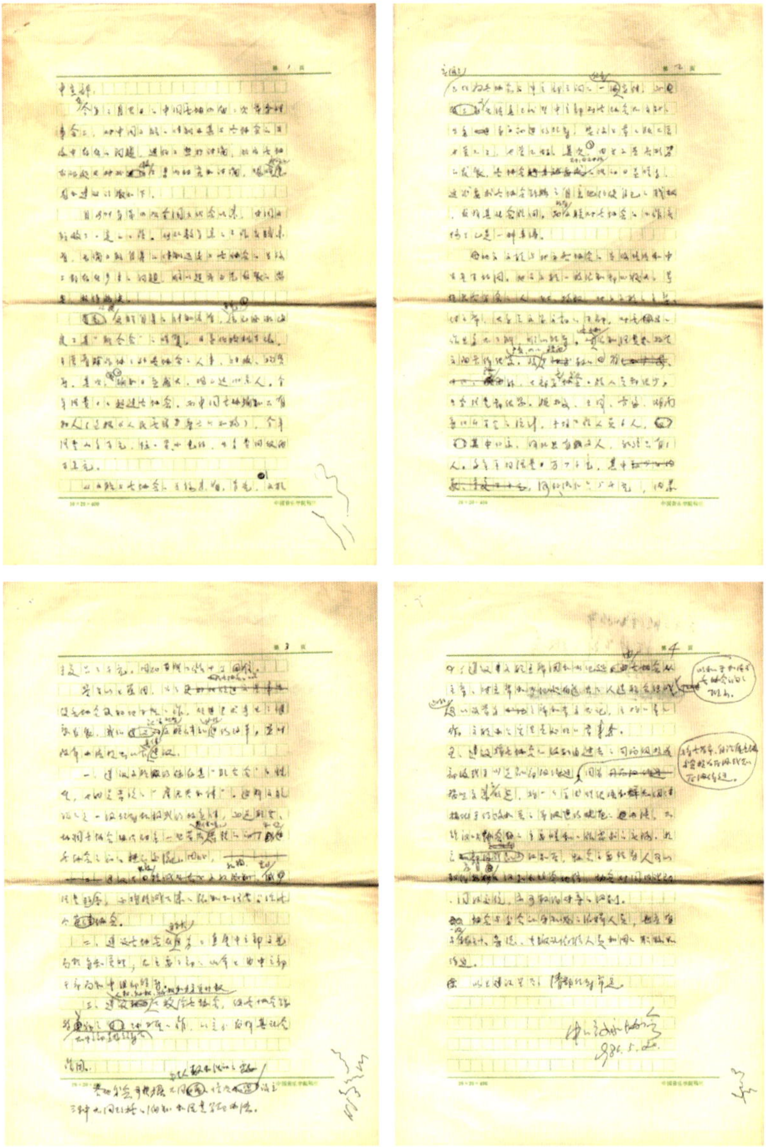

图2-10　李西安代表中国音协起草《致中宣部关于“文联体制改革”的建议》手稿

1986年5月9日，李西安光荣地加入了中国共产党。[1]同月，受李焕之委托，李西安代表中国音协起草了一份《致中宣部关于“文联体制改革”的建议》(以下简称《建议》)。

在今年3月召开的中国音协四届二次常务理事会上，对中国文联的体制及其与各协会的关系中存在的问题，进行了热烈讨论。此后音协书记处又对此进行了多次研究和讨论。现将我们的意见和建议汇报如下。

自1979年全国第四次文代会以来，中国文联做了一定的工作。但从数年来的工作实践来看，首先，它已逐渐改变了“联合会”的性质，日益行政机关化，主管着除作协之外各协会的人事、财政、物资等。其次，编制日益庞大，现已达150余人，全年经费大大超过各协会。而中国音协编制只有80人(包括《人民音乐》等六个刊物)，全年经费20余万元，除工资、水电外，业务费用仅两万余元。

从文联与各协会的关系来看，首先，文联实际上已成为各协会与中宣部之间的一级领导实体，而又无法真正代替中宣部对各协会的方针、业务等方面进行领导，实际上常常是既不管也管不了，管不好。其次，由于文艺界形势的发展，各协会对内对外的活动日益增多。这就要求各协会能独立自主地行使自己的职权，发挥其社会作用。而现有文联对各协会的工作实际上已是一种束缚……

《建议》中提出：

一、建议文联仍保持其“联合会”的性质，也就是常说的“虚

[1] 按：李西安此前曾写过入党申请书两次。第一次是1961年10月1日，第二次是1985年3月16日。

君共和体”。这样文联就不是一级领导机构或行政实体，而是配合、协调各协会组织、研究一些带有整体性、共性的问题和促进各协会之间的横向交流。因此，建议大幅度精简文联机构，削减经费预算，而将精简下来的编制和经费分给各协会。

二、建议各协会在方针、业务上直属中宣部文艺局领导和管理；在主要干部的任命上由中宣部干部局或中组部领导。

三、建议人权、财权、物权和业务管理权下放给各协会，使各协会能够在中宣部的直接领导下开展工作，以充分发挥各协会的社会作用。各地分会可根据不同会员人数和活动的需要，设立三种不同规格的编制和经费分配办法。

四、建议文联主席团和书记处由各协会从主席、副主席和书记处选出的人选联合组成，以利于加强各协会之间的联系。此外，可以设常务主席和常务书记，主持日常工作。文联办公室负责处理日常事务。

五、建议将各协会的级别由过去的司局级提为部级或至少是副部级待遇，将各省、市、自治区音协分会提为厅级或副厅级待遇。按照原来的规定，将一个学术性很强的群众团体按低于行政机关的等级进行规范的办法，不能反映协会的重要性和工作需要的实际。提高级别后，协会主要领导人可以取得应有的级别和社会地位，协会对国内活动、国外交流，亦可取得对等的级别。

协会与分会所属刊物的编辑人员，也应有与一般报刊、杂志、出版社编辑人员相同的职称和待遇。

以上建议当否，请部领导审定。

中国音乐家协会

1986年5月20日

然而，如同中国的改革开放一样，《人民音乐》的改版并非一帆风顺。风光的表面背后，来自各方面的暗流仍在涌动。尽管如此，1986年

3月中国音协四届二次常务理事（扩大）会议还是开得“民主、团结、生动、热烈、虎虎有生气”。亦如瞿希贤所说：这次会议松开了我们的臂膀，开始了新的航程。吴祖强在会上以《历史从来不会重复》为题的发言，更是引起了与会代表的强烈共鸣。[1]

1985年10月～1986年2月，贺绿汀曾经给《人民音乐》编辑部写过三篇稿子。但由于稿子都是直接批评某些领导“长期以来”的“极左思潮”，因而一直被李西安压着未公开发表。为此，李西安多次请示过李焕之。皆因他们深知《人民音乐》作为中国音协在中国音乐界具有广泛影响的机关刊物，无论如何都不能让旷日持久的“吕贺之争”公开化。尽管李焕之和李西安都十分清楚，“文革”结束后，各行各业彻底肃清“四人帮”影响是党的大政方针。只有拨乱反正才能统一思想，才能更好地投身到“四化”建设和改革开放的时代大潮当中。毕竟，由于十年“文革”的极左思潮，中国音乐界当时在音乐创作、理论研究、音乐教育，乃至社会音乐生活等领域仍然明显地存在着严重而尖锐的观念对立与话语分歧。但当贺绿汀见他的稿子迟迟未被《人民音乐》发表，1986年3月5日便直接给李焕之及音协第四届常务理事会写了一封公开信（注：该信用复写纸同时誊写了多份）。贺绿汀在信中对中国音协的工作作风和尽快加入国际音理会《世界音乐史》巨著，编写中国音乐史的工作充满了殷切期望。兹选录如下[2]：

李焕之同志并转音协常务理事同志们：

我在湛江接到音协来信已是三月三号，不可能来京，十分遗憾。这次会议十分重要，必须清除多年来的积弊，使音协真正成为

[1] 陆盛：《新的航程——中国音协四届二次常务理事（扩大）会议述评》，《人民音乐》1986年第4期，第4～5页。

[2] 按：此选录除贺老信中涉人涉事较为具体、敏感、激烈的文字不宜转引外，其余观点、内容和文字均如实录入。

全体音乐工作者的学术团体，目的是团结全国音乐工作者，促进音乐文化发展，维护保障音乐工作者应有的权益……

……

邓小平同志提倡做老实人，说老实话，办老实事。我们音乐界的同志如果真正能够做到这一点，事情就会好办得多。音乐界之所以还有一定的成绩，就是有些人不声不响埋头苦干干出来的……两千年前的老子就说过："良贾深藏若虚，大智若愚"，"子路闻过则喜"，"敏而好学，不耻下问"[1]。……

陈云同志提倡爱真理，不爱面子。我们的同志如果真正能够做到这点，少谈空话，多做实事，我们协会就会大有希望。我说这些话，好像也是些空话，但实际上是音协的根本问题。如果这些问题不解决……什么事情也办不好。

……

去年十月我从欧洲国际音理会回来后，曾就音理会所筹划的《世界音乐史》有关中国音乐史的问题在京与音乐界同志交换了意见，建议由艺术研究院音乐研究所同志具体负责，组织一个编委会，包括全国各地音乐史研究者，由音研所作出具体规划，交全国音协理事会讨论作出决定，列入"七五"计划……

《世界音乐史》是一部空前的音乐史巨著，由上届国际音理会主席□□[2]负责……准备用英、法、德、日四种语言出版。其内容大致分给日本1100页，中国1300页……中国的1300页估计有250万字。过去英国格罗夫音乐辞典及其他国家的辞典大都从港台方

---

[1] 按：贺老亲笔书写这封信时已是83岁高龄的耄耋老人，将"良贾深藏若虚，大智若愚""子路闻过则喜""敏而好学，不耻下问"三句话的出处都归为"老子"可能是贺老的笔误。根据上下文理校，贺老的本意应该指"先哲们"（复数），而不仅指老子一人。因"良贾深藏若虚，大智若愚"出自《史记·老子韩非列传》，"子路闻过则喜"出自《孟子·公孙丑上》，"敏而好学，不耻下问"出自孔子《论语》。

[2] 此处由于贺老手稿中英文人名原文难以辨认，故以□□表示。

面得到材料，少得可怜。这次由中国自己来编辑250万字的中国音乐史，意义十分重大，可以使全世界真正了解中国数千年的音乐文化。

……

音协是全国音乐工作者的共同的协会，为全国音乐工作者服务，这是音协理事会和音协主要负责人不可推卸的责任……要把第五次文代会开好，这次音理会是个关键。只有在这次会上大家推心置腹展开同志式的批评与自我批评，讲清是非，团结同志，才能真正团结起来，为共同的事业奋斗。

一个人要改变自己的思想方法、工作作风是不那么容易的，这也是一个痛苦的过程。陈云同志“爱真理，不爱面子”的话很有道理。历史是公正的，也是无情的。如果为了面子，不但坚持不改，还要进一步闹派性，后代人就会骂我们的。我是在几千里路以外提出这些意见，可能说不到点子上，不对的地方请同志们批评指正。

就此

敬礼！

贺绿汀　1986年3月5日

湛江志满农垦干部疗养院

我第一次看到这封信是2019年5月8日上午在李西安家中，当时匆匆浏览之后，我便问李西安音协对这封信的态度和意见。他告诉我，常务理事会并没有专门开会讨论这封信，但这封信对李焕之的触动不小。他说，焕之一方面很想找适当的机会针对贺绿汀信中提出的问题和主席团沟通，另一方面也想尽快通过改版把《人民音乐》办活，能真正从思想上、理论上来一场类似当年“实践是检验真理的唯一标准”一样的大讨论。正是在这样的情况下，才有了《人民音乐》“回顾与反思”栏目的诞生。当然，还有一个原因，即同年7月3日贺绿汀又给李西安写了一封信，信中除了再次提到音乐史编写问题和音协的“极左”“官僚”等问题外，还提出了对作曲家陆华柏的历史评价不公的问题。

李西安同志：

看到你在常务理事会上对《人民音乐》的说明，我认为是好的，新编的两期比以前的好，但也存在不足之处，对音协过去存在的问题根本没有人提起。我给焕之同志的信，特别是有关250万字音乐史编辑问题，委员提出要打印出来给每个常委的，焕之同志也答应了，但事实上没有打印出来给各理事。……

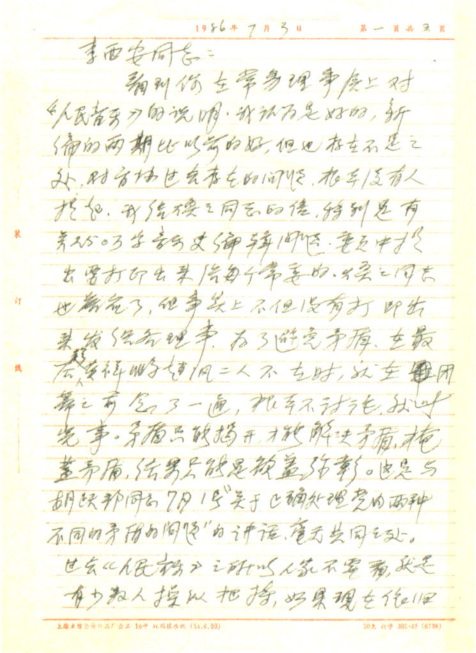
1986年7月3日 第一頁共五頁

李西安同志：

看到你在常务理事会上对《人民音乐》的说明，我认为是好的，新编的两期比以前的好，但也存在不足之处，对音协过去存在的问题，根本没有人提起。我给焕之同志的信，特别是有关250万字音乐史编辑问题，委员中提出要打印出来给每个常委的，焕之同志也答应了，但事实上不但没有打印出来发给各理事，为了避免矛盾，在最后[illegible]二人不在时，就在闭幕之前念了一遍，根本不讨论，敷衍了事。矛盾只能揭开，才能解决矛盾，掩盖矛盾，结果只能是欲盖弥彰。这是与胡耀邦同志7月1号“关于正确处理党内两种不同的矛盾的问题”的讲话，意思共同之处。

也会《人民音乐》之所以人家不需看，就是有少数人操纵把持，如果现在你们[illegible]

图2-11 贺绿汀给李西安的信

毋庸讳言，关于国际音理会编写的《世界音乐史》的中国音乐史部分，贺绿汀提出并敦促中国音乐史学界尽快将其落实的问题，一些人并不赞同。就连1987年为落实中共中央书记处关于编写出版《当代中国》

大型系列丛书的决定，由李焕之任主编，郭乃安任常务副主编的《当代中国音乐》也严重受阻。直至受“重写文学史”的鼓舞和启发，戴鹏海才在与赵沨商榷的一封公开信中首次公开提出了“重写音乐史”。[1]

公正地说，由于音协的种种原因，在中国众多音乐理论学术刊物（包括音乐学院学报、艺术学院学报以及由各级艺术科研院所主办的音乐期刊杂志）中，《人民音乐》并非最早和唯一增设“回顾与反思”栏目的一家。事实上，早在1985年初（亦即李西安被中国音协聘为《人民音乐》主编前一年），在由中国艺术研究院音乐研究所创办的《中国音乐学》第1期（亦即《中国音乐学》创刊号）中“回顾与思考”栏目就已经存在，而《人民音乐》的“回顾与反思”栏目1988年第2期才出现。在时间上，二者前后相差了整整3年（如果再把《中国音乐学》正式创刊前一年申请刊号、等待审批、办理相关手续和刊物顶层设计、组稿、发稿、编校等工作也算进去的话，那么二者相差的时间就是4年）。更重要的是，《中国音乐学》创刊后的3年中，在“回顾与思考”栏目里已经刊发了一大批具有较大影响的文章，如陈聆群、王西麟、宋扬、乔建中、梁茂春、居其宏、戴嘉枋等关于“中国近现代音乐发展道路”，高云、杨琦、吴毓清等关于“音乐阶级性”，田青、魏廷格、杨琦等关于“音乐形象”，于润洋、张静蔚、居其宏等关于“音乐理论与音乐评论”等问题展开的回顾与反思，以及居其宏、寒溪、戴鹏海等就“音乐风格”问题与成于乐、陈婴等展开的热烈辩论。

回顾与反思实则自审，其终极意义在于前瞻和进取。但能否进行真正的回顾与反思，则取决于回顾者与反思者是否具备实事求是的态度和敢于承认错误和纠正错误的勇气。在我看来，《中国音乐学》的“回顾与思考”之所以比《人民音乐》的“回顾与反思”早了整整3年，皆因《中国音乐学》创刊之初就秉承了中国艺术研究院音乐研究所优良的治学传统和严谨学风，而这种传统和学风恰恰是《中国音乐学》特有的品

[1] 详见冯长春主编：《“重写音乐史”争鸣集》，北京：文化艺术出版社，2015年，第4页。

质。虽然《中国音乐学》“回顾与思考”的编者按[1]和李西安为《人民音乐》“回顾与反思”撰写的编者按[2]看似并行不悖，大同小异，虽然《人民音乐》认为“举办‘回顾与反思’讨论会，尽管是迟到的反思，但‘亡羊补牢，犹未为晚’。毛泽东文艺理论是一门科学。学术探讨无禁区，设置禁区，意味着思想的僵化，理论的贫乏”[3]，但二者的结果却判若云泥。

1988年3月31日，李西安代表《人民音乐》编辑部邀请在京的部分专家、学者举行了一次“回顾与反思”专题座谈会，赵沨、王震亚、汪毓和、徐士家、于润洋、梁茂春、王西麟、乔建中、居其宏、周荫昌、毛继增、李正忠、晨耕、卢肃、张静蔚、黎英海、修海林、管建华、韩锺恩等出席了会议。虽然当天的会议仍由李西安主持，但自从1987年2月28日李西安被文化部任命为中国音乐学院院长后，他有限的精力不得不开始向中国音乐学院倾斜。

晨耕首先指出：“回顾与反思”不是算哪一个人的账，而是要从文艺思想、方针、路线上加以总结。

从政协会议赶来的赵沨在谈到1949年以来的教训时说，政治上的“左”倾路线使我们受到了不可避免的影响，从而造成了许多失误。许多同志回顾了近39年，特别是近17年的历史，无不感慨实为“阶级斗争史”“革命运动史”——批判贺绿汀、责难马思聪、反右派、拔白旗，等等，不一而足。

卢肃说，1949年以后在歌剧院工作时，两三年搞一次运动。也就是说，几乎有一半的时间在搞运动，对音乐业务的影响极大。

黎英海指出，总结历史经验应该有周扬、夏衍那样的思想境界，把自己摆进去，不能直到今天还认为自己一贯正确。

---

[1] 《中国音乐学》编辑部：《“回顾与思考”编者按》，《中国音乐学》1985年第1期，第7页。

[2] 《人民音乐》编辑部：《“回顾与反思”编者按》，《人民音乐》1988年第2期，第7页。

[3] 于庆新：《毛泽东文艺理论研讨会在京举行》，《人民音乐》1988年第8期，第11页。

于润洋认为我们在理论上是贫困的。音乐理论比其他领域更多地受到政治的牵制。打棍子，首先也是搞理论的人打的。从事音乐理论，却没有真正坐下来研究理论。政治风头一起，就立即冲锋陷阵，像对外来的艺术，包括对外国音乐理论的盲目排斥和批判就是后患无穷的举动。多年来，理论工作贫乏、薄弱，缺乏建树。他还说，理论工作者是迷惘的。在近几年国内出现的“新潮音乐”和“流行音乐”面前，缺乏思考和研究；对于外国理论的研究也是同样的状况。还有一种现象是，现在谁一谈马克思主义理论就遭嘲笑，这也是一种迷惘。

张静蔚对于润洋的观点十分赞同。他说，1949年以来的理论工作，与表演、教育等方面相比，问题最大，影响也很大……他认为，在中国近现代音乐史上能称得上有理论的，只有青主和王光祈。我们从30年代起就受苏联文艺理论的影响，言必称日丹诺夫。像苏联这样一个有着深厚的古典音乐传统的国家，都挡不住当时政治的压力，何况我们的新音乐传统是那样薄弱！

梁茂春指出，我们的音乐理论具有“多视性”的特点，即风派理论。今天刮东风，理论就是东风派，明天刮西风，理论就是西风派。回过头来看一看，一些值得尊敬的音乐前辈写的文章都是反右派、拔白旗，要出文集就比较困难。都是风派的文章，没有理论的根基。现在需要大张旗鼓地反对风派，要有理论的眼光，要有自己的观点，要讲真心话。

王西麟呼吁，没有对于世界优秀文化的借鉴和吸收，我们的文艺就会停滞以致衰亡。毛主席曾说过，要学习和继承一切优秀的文化。但我们对于“优秀”的理解却非常狭隘。到了1964年，“帝王将相，牛鬼蛇神，才子佳人”12个字，几乎把一切文化都扫光了。所以“四人帮”“从《国际歌》到现在，一百多年是空白”的理论就是必然的，是有其理论基础做后盾的。多少优秀的音乐人才就牺牲在这种错误指导思想之下，并付出了多么惨重的代价！

居其宏认为，《人民音乐》及其他刊物要有容纳各种不同意见的胸怀，增强透明度。对新中国成立以来近40年的这段历史，有些意见分歧，甚至非常尖锐，这是客观存在。今天我们的会上也有各种意见，但观点还不够鲜明。这就是透明度的问题。去年“5·15”座谈会上的一系列发言是很厉害的[1]，应该披露出来。要敢于亮出自己的观点。吕骥同志在这一点上很可敬。他在《文艺理论与批评》上发表的文章很重要，牵涉到当代史上一系列重大的问题，发表了出来，就有了透明度。要有理论家的勇气，真理越辩越明嘛！《中国音乐学》今年第二期发表了乔建中和吕骥商榷的文章，准备将讨论继续下去。每个刊物都应该有这样的风度，只有发表不同意见，理论才能前进。

座谈会结束时，许多人都说这样的会议应该接着开下去，应该分专题总结经验、讨论问题，特别是一些重大的理论问题。李西安也表示，《人民音乐》将不负众望，除了继续组织座谈会，还将约请诸位专家撰文发表意见和建议。《人民音乐》热忱希望，所有关心我国音乐事业的同志，都能发表真知灼见。

然而，“与其他文艺领域相比，中国音乐界当时拨乱反正、清除‘左’的影响并不彻底”。而“将‘四人帮’的思想本质归结为‘假左真右’即是典型的一例；这一时期音乐界的主流意识形态话语，将‘文革’十年与中华人民共和国成立后17年‘左’的倾向断然割裂开来，甚至出现了粉饰历史、掩盖错误的企图”，“引起了广大音乐家的强烈不满……此后不久，流行音乐于70年代末、新潮音乐于80年代初崛起于中国乐坛。但中国音协及其掌控下的舆论阵地，依据长期沿袭下来的阶级斗争理论和音乐观念，对这两股音乐潮流采取了严厉批评乃至打压态

[1] 按：此处的“5·15”即1987年5月15日，中国音协书记处邀请部分在京音乐界人士召开的纪念毛泽东同志《在延安文艺座谈会上的讲话》发表45周年座谈会。关于该会议的消息性简要报道，详见《人民音乐》1987年第6期，第2～3页。但关于居其宏所说“很厉害的”，详见晓星：《音乐领域必须坚持社会主义文艺方向》（1987年5月15日，在纪念《讲话》发表45周年座谈会上的发言），《人民音乐》1989年第8期。

度，从而在音乐界引发激烈争论”。[1]“与其说‘吕贺之争’是两位老人关于‘学院派’与‘救亡派’的学术之争，不如确切地说，是中国音乐界马克思主义音乐观的‘异化’与反‘异化’之争，甚至是在如何理解和运用马克思主义世界观、方法论看待和处理中国新音乐史上若干重大理论与实践命题上的思想之争。”[2]

事实上，“吕贺之争”始终困扰着中国音乐理论界。只不过1976年以前，人们碍于种种原因无法直言不讳各抒己见。但粉碎“四人帮”之后，就曾有好心人用善良的个人方式试图调解、缓和吕贺之间旷日持久的矛盾：

> 1977年9月，贺绿汀接到文化部通知来到北京。他是我的老院长，我在上海音乐学院学习时常去他家，那时上海音乐学院在上海郊区漕河泾，他家就在学院院里，他平易、爽直、亲切，很让人尊重；我听说他来京，就去看他，他说你怎么也来了？我说我被借调到《人民音乐》编辑部，他“啊”了一声，然后严肃而又认真地说，我现在还是反革命修正主义分子。我马上说，我在“文革”中也当过“黑帮”，你是音乐界的领导，能不受冲击吗？交谈中我告诉他，前些天我去看望吕骥同志了，他刚被“解除”猪倌（儿）从干校回来，你愿不愿意见见他？他说，我是反革命修正主义分子，不能乱说乱动，你问他好吧！因为我知道，他们二位过去虽然都是中国音乐界的主要领导，但对许多问题的看法并不完全一致。建国后的“土洋”之争，“崇洋媚外”“复古”“资产阶级自由化”等的争论和批判，背后都有他们的身影。我晚上又到吕骥同志家里，吕

[1] 居其宏、杨燕迪：《改革开放语境下的历史反思与责任担当》，《音乐艺术》2017年第1期，第9～19页。

[2] 居其宏：《马克思主义音乐观在我国的异化与反异化——论“吕贺之争”的理论内核》，《艺术百家》2017年第1期，第2页。

骥同志是我的老领导，我在鲁艺文工团时他是总团团长，鲁艺复校后我到音乐系学习时他是院长，所以也比较熟。我告诉他贺绿汀同志来啦，我去看过他，身体还不错，你想不想见见他？吕骥同志问，他住在什么地方？我告诉他在文化部招待所二楼，他说，那好，我去看看他。第二天上午我陪吕骥同志坐公共汽车到了和平里文化部招待所，二人相见开始有些拘谨，后来逐渐交谈甚欢。中午我才把吕骥同志送回家。

我心怀喜悦，对中国音乐界未来的团结充满憧憬和希望。[1]

千禧年初，吕骥、贺绿汀、赵沨等一批为中国音乐的理想、信仰、主义做出重要历史贡献的老一辈领导人仿佛约定好了一般相继离世。此后，中国音乐理论界的新世纪才逐渐开启。10年后，虽然韩锺恩说，“吕贺这两位历经沧桑的历史老人”对中国音乐近一个世纪的垄断本身“就是中国特色的人文生态，一种神奇的依托，谁也离不开谁，谁也吃不掉谁，足以体现中国历史进程的人文机制……就像汽车油门和刹车一样，耦合相同，互动制衡。历史的矛盾如此集中地覆盖并倾泻于两个人的身上，与其说是一种误会或者不幸，还不如说是情有独钟……”[2]但在我看来，李西安当年为《人民音乐》而来，之后又为“回顾与反思”而去，恐难用“情有独钟”一言以蔽之。

[1] 按：此文引自音乐教育家、作曲家竹风《回忆录》，由竹风之子竹岗提供并授权本人在本书中引用。竹风（1931 ~ 2020）1945年参加革命并加入中国共产党，1947年进入鲁艺三团，曾任沈阳音乐学院作曲系副主任、沈阳音乐学院副院长。1977 ~ 1978年借调《人民音乐》编辑部，1978年后任中央民族乐团副团长、中国歌舞团副团长（主持工作）。著有《歌曲作法教程》（与丁鸣合著）、《谈歌曲创作》等。

[2] 韩锺恩：《人事·事情·情感·感孕——对话当代中国音乐文化当事人的叙事与修辞》，《音乐艺术》2010年第1期，第73页。

三、“大峡谷”

1986年8月7日至13日，由中国艺术研究院音乐研究所《中国音乐学》编辑部发起，《音乐研究》《人民音乐》编辑部积极响应，同时得到了中国音乐界一大批积极拥护改革的理论家热烈响应和支持的“中青年音乐理论家座谈会”在辽宁省兴城县召开。

那一年，风，是金风；云，是瑞云；海，是人化的海；人，是海化的人。一群怀着强烈时代使命感、历史责任感和公民感的中青年音乐理论家，对中国音乐的过去、现在和将来，思虑深长、情愫久蓄，而今适逢兴城之会，终于一发而不可收。一股股狂狷之气汇成狂狷之飙，为中国音乐走向世界、走向未来而鼓起风帆。[1]从此，“兴城会议”便成为了中国当代音乐史中最值得铭记和最值得怀念的一次历史性盛会。

李西安作为中国音协书记处书记、《人民音乐》主编，郭乃安作为中国音协理论委员会副主任和《中国音乐学》主编，赵沨作为中央音乐学院名誉院长和《音乐研究》主编，张非作为中国音协秘书长和理论委员会常务副主任，与辽宁省音乐家协会主席丁鸣、辽宁省文学艺术联合会研究室副主任寒溪6人组成了会议的领导机构。会议秘书处由5家主办单位指派专人组成，秘书长由居其宏担任，秘书处成员有刘亚力、缪也、张弦、于庆新、刘新之、杨善朴、刘珊珊等。参会代表中，除了当时在理论、教学、评论、创作诸领域较为活跃的中青年音乐理论家外，也有作为特邀代表出席会议的文艺理论家赵鑫珊，作曲家瞿小松、赵晓生、彭志敏，以及《人民日报》陈原、《光明日报》单三娅，以及上海《文汇报》周玉明等新闻媒体代表。他们当中年龄最大的是自嘲“35公岁”的赵沨，而最小的则是年仅23岁的杨燕迪。

大家紧紧围绕时代的紧迫性问题、理论与实践的相互关系问题，以

[1] 居其宏、缪也：《风云际会抒狂狷——“中青年音乐理论家座谈会”述评》，《中国音乐学》1986年第4期，第4～15页。

及当代意识与主体意识问题、音乐批评问题展开了“紧张、热烈、民主、诚挚”的讨论，比如音乐批评关于“自我意识”[1]和“实事求是的学风和文风”[2]，中国音乐史“关于二十世纪中国音乐的研究构想”[3]，西方音乐史研究关于“文化他者”和“翻译”[4]，作曲技术理论关于“二十一世纪音乐与新浪漫主义的崛起”[5]，民族音乐学关于“音乐价值的相对观”[6]“田野作业的方法论”[7]，音乐美学关于“音乐美学研究的立足点”[8]，以及音乐社会学关于建立“中国特色音乐社会学”[9]的倡议……

8月11日，李西安围绕中国音乐“古与今”“中与外”“个体意识与群体意识”三个方面的问题发表了他的著名演说《走出大峡谷》。

众所周知，“峡谷”（Valley）本来是地理学特指由河流长时间侵蚀而形成深度大于宽度并呈“V”形的一种谷坡陡峻地段。艺术史上，将“峡谷”作为题材进行创作的艺术家不乏其人。比如擅长在美术作品中“暗藏玄机”的荷兰画家梵·高晚年创作的油画名作《峡谷》；1924年曾为格什温（George Gershwin，1898 ~ 1937）《蓝色狂想曲》（*Rhapsody in Blue*）配器而一举成名的美国作曲家格罗菲（Ferde Grofe，1892 ~ 1972）以科罗拉多大峡谷的“日出”“五光十色的荒漠”“羊肠小道”“日落”“暴风雨”等素材内容而创作的交响组曲《大峡谷》（*The Grand Canyon*）等。但作为逻辑思维严谨、思想内涵深刻的音乐理论家，

---

[1] 居其宏：《更新观念及其自我意识》，《音乐研究》1986年第3期，第2 ~ 6页；《归来兮，批评之魂——中青年音乐理论家对音乐批评的反思与呼唤》，《人民音乐》1986年第10期，第4 ~ 6页。

[2] 张弦：《批评家，勇敢地挑起历史所赋予的重任》，《中国音乐学》1986年第3期。

[3] 张静蔚：《关于二十世纪中国音乐的研究构想》，《中国音乐学》1986年第3期。下同，不再赘注。

[4] 蔡良玉：《中国需要认识世界，世界需要认识中国》。

[5] 赵晓生：《二十一世纪音乐与新浪漫主义的崛起》。

[6] 沈洽：《一个民族音乐学家的音乐观》。

[7] 伍国栋：《田野作业的方法论思考》。

[8] 王次炤：《音乐美学研究的立足点》。

[9] 李曦微：《加强音乐社会学的研究》。

李西安的“大峡谷”却另有深意。

他说：

传统音乐和音乐传统要分开，不能混为一谈。

历史上流传下来的以乐谱为载体的和流传于民间以口传心授为载体的乐曲，统称为传统音乐。

从西方音乐传入中国，从社会生活开始现代化的那一天起，我们固有的民族传统音乐就开始不断地衰落、消亡和转化，渐渐地失去了原本的性质——这是一个很长、但显而易见的过程。欧洲音乐已经完成了这个过程，我们正在经历这个过程。

因此，抢救其中少数确有价值的有代表性的并保存起来（以“博物馆式”或活的方式），留给世界，留给后人，是当务之急。否则，在我们这一代或下一代将全部消失。

那么什么是音乐传统？又该怎样对待音乐传统呢？

音乐传统是一条长流不息的大河，而不是一湾静止的死水。今天这条大河正流经历史的急转弯处，西方的大河正在汇入，音乐传统正在发生巨变。必然要保留一部分，改造一部分，吸收一部分，抛弃一部分。

无疑，再造中华民族的新文化，必须以传统文化中优秀的东西为基础，但传统必须进行一次根本的改造，才能进入新时代，成为新时代的文化。为此，我们这一代——对传统缺乏真知、缺乏深知因而对它难以把握和驾驭的一代，必须以当代人的观念对中国的传统音乐和音乐传统进行再学习，再认识，才能分清精华与糟粕，才能更好地继承和扬弃。必须从表层结构进入深层结构的剖析，从文化学、人类学、美学、形态学等角度，特别是还要从创作的角度去研究，才能发现其真谛，才能从整体从深层去把握，以作为创造民族新文化的基石。

对被时代列车抛弃的传统音乐和音乐传统，可以惋惜，但不必过分悲哀。这是历史的必然，而历史是无情的。

我们应该像凤凰一样，五百年涅槃一次。自己叼来树枝，自己点燃熊熊烈火，再投身到火堆中，焚烧自己的躯体，在烈火中求得新生。

在谈到东西方音乐文化相互冲突、碰撞、渗透的关系和结果时，李西安指出：

东西方文化交汇是一个艰难而痛苦的过程。从表层看，是音乐思维的冲突和融合，旋律与和声的冲突与融合；而从深层看，则是两种文化意识的冲突与融合。

当东西方文化交汇已经进行了八十多个年头的时候，有必要检讨我们走过的路。

……

中国在“五四”之后的中西文化的大辩论中，有人主张全盘西化，有人主张保存国粹，还有人主张中西结合……但后来主张全盘西化和保存国粹的都统一到中西结合上来。

中西结合当然有它的好处，为东西文化的融合积累了丰富的甚至是相当系统的经验。但受当时的历史条件所限，既没有很好地继承和保存传统音乐，也没有全面地学习和认识西方音乐，在这两者都没有学到家的时候就过早结合，只能是在一个较低的层次上的结合，天地十分狭窄。这不能不说是影响中国音乐发展进程的重要原因之一。

就这一点来说，日本的先全面保持传统和全面学习西洋而后再进行结合的策略，有值得我们借鉴的地方。真正意识到这点，是80年代之后的事情。我之所以提出“传统音乐要保存，音乐传统要变革”和“保存要纯正，创造要大胆”，就是基于对这种历史的反思。

之后，李西安又从哲学角度辩证地提到了“个体意识与群体意识”

的问题：

古人的再好是昨天的，洋人的再好是人家的。

继承和扬弃传统文化，吸收和扬弃外来文化，是为了了解过去，面对现实。其终极目的，是为了走向未来，为了发现自我和创造自我。这个自我是你、我、他，是将立于世界之林的中华民族。

当代意识之一是人性的复归。发现自我首先是发现自我的人性，发现自我的个性，展示自我的价值。而不是像过去某些时期那样，用自己的嘴说别人的话。年轻一代的作曲家们已经这样做了，而且成为一种共识，一种共同的理想和追求。正因为如此，我倒想着重强调一下群体意识。因为在过去那些过分强调共性的年代里，个性常常被限制甚至被扼杀，导致今天的年轻一代崇尚个性，追求个性的解放，却往往有意无意地忽视了群体意识。

人，从来都不是孤立的。每个人都生活在特定的社会、特定的民族和特定的文化背景当中。中国音乐要走向世界，产生大师，当然要充分发展个性，但只靠这点是不够的，还要充分发展和强化群体意识。

……谭盾这一班，之所以能出一大群有个性、有才华的青年作曲家，而不是一两个，其中一个重要的原因就是他们是一个群体，形成了一个可以相互学习、相互激励的“场”，造成了一种能够共同生存和发展的“势”。正像有人开玩笑时说的：“要不是他们是一个集体，早就被各个歼灭了。”

（关于）民族的群体。我先举一个生活中的例子。有一次，陈其钢出国途经第三国机场时，几乎所有的乘客都被允许到候机室等候，却不允许陈其钢下飞机，理由是中国是穷国，有移民嫌疑。无独有偶，中国台湾的作家三毛也碰到过同样的尴尬情况。这件事不得不让人深思……如果中国人不能成为一个强大的民族，不可想象能像德国一样夺得世界音乐的王冠；也同样不可想象，如果中国仍然是“一片现代音乐的沙漠”，又怎么能够造就当代的贝多芬呢？因此，既要鼓励和支持发展每个作曲家的个性，更要重铸整个中华民族的精神。

中国音乐的各个学科、各个侧面，诸如理论、表演、教育、管理等等，是一个系统的、有机的、彼此不可分割的网状结构的整体。如果不是从实用主义的眼光，而是从长远的战略眼光来看，我们必须建造中国音乐的大金字塔。金字塔建成之时，就是中国音乐真正走向世界之时，而站在金字塔顶端上的，就是中国的世界大师。否则，就算有个别人成为世界大师，也只是个别人走向世界，而不是中国音乐走向世界。

李西安最后激动地说：

我在一条漫长的峡谷里久久地徘徊。左面是一座高高的山，右面也是一座高高的山。在迷茫中我失去了路向。

李西安讲话录音二维码

我期待着一支理念的火炬，照亮我的脚下，引导我走出这大峡谷。

当我们走出这峡谷的时候，迎接我们的就是中国的世界高峰，就是东方音乐的复兴。而引导我们走出大峡谷的就是理念的，悟性的火炬。

点燃这火炬，高举这火炬。

这就是我们每个中国音乐理论家的历史使命。[1]

李西安浪漫、激情、诗意的演讲，总能给人以力量和鼓舞，就像1982年他向改革开放后中国音乐学院录取的第一批硕士研究生说“我愿在八千公尺设下自己的帐篷，为最后攀登到顶峰的人，铺下几块小小的

[1] 按：此录音为1985年8月11日李西安在“兴城会议”上发言的原声录音。该发言的纸质出版物详见《李西安音乐文集——走出大峡谷》，合肥：安徽文艺出版社，2002年，第36～41页。

石子”一样，“走出大峡谷”也同样唤起了中国80年代崛起的一代青年作曲家、理论家、乐评家，以及表演艺术家强烈的使命感。虽然他的演讲充满了浓厚的理想主义色彩，但却是对改革开放大时代的一种积极响应和高度认同。他坚信，“作为确定的人，现实的人，你就有规定，就有使命，就有任务，至于你是否意识到这一点，那是无所谓的。这个使命是由于你的需要及其与现存世界的联系而产生的”[1]。更何况古训有云：行己有耻，使于四方，不辱君命，可谓士矣。

事实上，李西安从1955年考入中央音乐学院作曲系后，在姚锦新言传身教的学术训练和悉心培养下，于1964年与人合作撰写出中国第一部《民族曲式与作品分析》即是使命感的第一次体现；“文革”十年，万马齐喑，他纵有“千般志向，万般宏愿”也不得发挥，但1977年恢复高考后，他不遗余力地为谭盾、叶小纲、陈其钢、胡咏言、金月苓、林德虹等一批青年才俊争取上大学的机会而上下努力、四处奔忙；1980年中国音乐学院复建后，他以普通教师的身份大胆向院方谏言并提出《十点建议》；1982年、1983年亲自策划组织第一届、第二届“华夏之声”系列音乐会，毛遂自荐担任中国音乐学院实验乐团团长并与黄翔鹏等人一起研制音乐会用“华夏钟”；1985年，兼任中国音协书记处书记和《人民音乐》主编之后，积极倡导改革并与时俱进地对《人民音乐》大胆改版；对新中国崛起的第五代作曲家予以大力支持；对中国民族音乐报以深切的学术理论关怀等。李西安在实现理想和践行抱负的过程中同样也得到了完善和升华。

李西安深知，是改革开放给了他体现使命感的机遇；李西安感恩，是他的老师、领导和志同道合的同事们成全了他的梦想。他将义无反顾、只争朝夕地努力工作。无论前方等待着他的是鲜花，还是荆棘……

---

[1] 中共中央马克思恩格斯列宁斯大林著作编译局编：《马克思恩格斯全集》第3卷，北京：人民出版社，1960年，第329页。

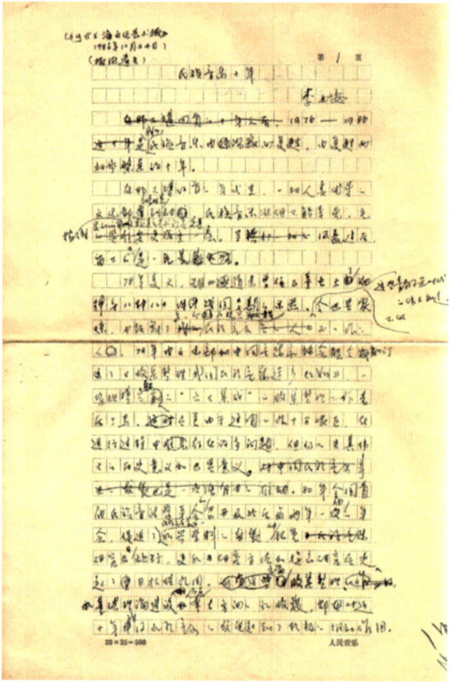

图2-12 李西安《民族音乐十年》手稿[1]

四、履新

1987年1月16日，在文化部的支持下，干部司和教育局调整领导班子调查研究小组相关领导来到中国音乐学院，参加中国音乐学院院级领导班子的民主投票选举。在由文化部干部司、教育局调整领导班子调查研究小组制定的“民主推荐院领导班子成员”的名单里，李西安名列院长候选人和教学副院长候选人之中。

投票结束后，唱票人宣布获得院长、教学副院长、行政副院长的人依次为李西安、刘德海、李华瑛。

---

[1] 按：该稿发表于《上海文化艺术报》1986年10月24日。

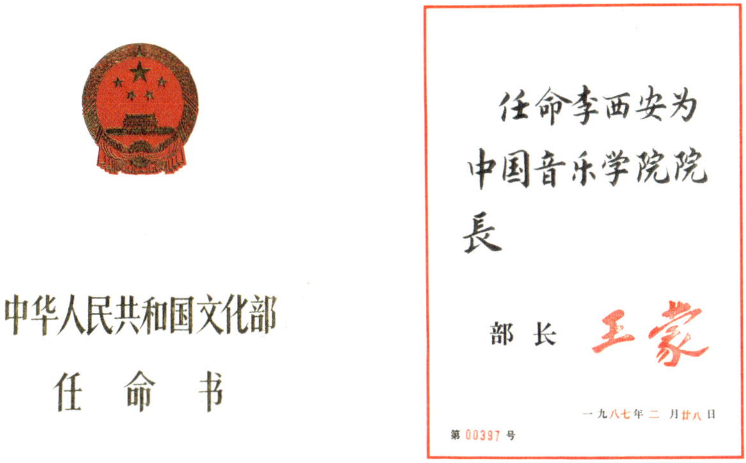
中华人民共和国文化部
任命书

任命李西安为中国音乐学院院長

部长 王蒙

一九八七年二月廿八日

第00397号

图2-13 文化部任命书

2月28日，文化部部长王蒙正式签署了任命李西安为中国音乐学院院长的任命书。

在李西安的遗物里，有一份《关于中国音乐学院办学的若干设想》的手稿（以下简称《若干设想》），写作日期是1987年3月3日，也就是被文化部正式任命为中国音乐学院院长后的第三天。《若干设想》虽然写得提纲挈领，但他决心大刀阔斧积极改革的办学思想清晰可见。

关于中国音乐学院办学的若干设想

1. 声、歌古典诗词到“五四”的艺术歌曲演唱会，精选后出版教材

2. 民乐

3. 每两周一次演唱演奏（或加研讨）会

4. 作曲、音乐学出版一批教材：

中国旋律学，李西安

民间多声，樊祖荫

邵氏和声[1]

（中国当代音乐）

中国视唱练耳（孙、范[2]）

中国乐理（李重光）

中国民族音乐（张、杜[3]）

中国古代音乐史

中国近代史论（张[4]）

民族音乐学（沈[5]）

5. 清河二中中师音乐班

6. 中国音乐学院华夏大奖

教学奖、创作奖、教材奖、科研奖、艺术实践奖

7. 财源：中国国际□□艺术公司

学院办企业：录音棚、副食店

8. 新专业

音乐文学、戏曲音乐、钢琴专业、社会音乐（教育、管理）、音乐工程

9. 中国音乐学院管弦乐队

中国音乐学院合唱队

10. 修建演奏厅

搞好食堂（学生参加管理）

整顿后勤

11. 学生参加学校管理

[1] 按："邵氏和声"即邵光琛及其和声方法。

[2] 按："孙、范"疑指孙虹、范建明。

[3] 按："张、杜"疑指张鸿懿、杜亚雄。

[4] 按："张"疑指张静蔚。

[5] 按："沈"疑指沈洽。

12. 调整学术委员会

评审委员会

13. 整顿教学秩序、宿舍环境

14. 学生勤工俭学

15. 行政处人选

教材科人选

★学院各种规章

人员、各种机构、组织名单

四天后（亦即1987年3月7日），文化部教科司司长方仟和人事司副司长阎振堂到中国音乐学院与党政班子座谈。方仟通报完中央音乐学院试行学年学分制的情况后，意味深长地说："中国院领导班子增加了力量，但党委领导下怎样实行院长负责制，院长的行政职能是什么要认真考虑。我建议党委讨论行政的重大问题时吸收李西安参加，这样便于贯彻、申诉。最后还是党委决定，院长执行。李西安无表决权。民主党派也可以参加。关键是人和。人不和，哪个制度也要闹矛盾。大家齐心合力，少数服从多数，不要闹成个人纠纷。为避免纠纷，搞个条文比较好。以后可以调整。尽快定个工作计划，我们再来一次。"阎振堂也说："我代表人事司谈几点希望：新领导班子要在中央强调'两个坚持'[1]的前提下把学院办好。要有新气象，开创新局面。领导班子要搞好团结。党委内、行政一二把手、党政领导与中层、与所有人都要搞好团结。希望每个领导同志都克服自己的短处，发扬长处。老同志要帮助新同志，新同志要向老同志学习。互相补台，互相帮助，共同把工作搞好。李西安要把部领导的意见向李焕之转达，不能再过

[1] 按：当时的"两个坚持"即坚持改革开放，拿出更大勇气破除深层次体制机制障碍，拿出更多举措推进更高水平对外开放；坚持高质量发展，实现更高质量、更有效率、更加公平、更可持续、更为安全的发展。

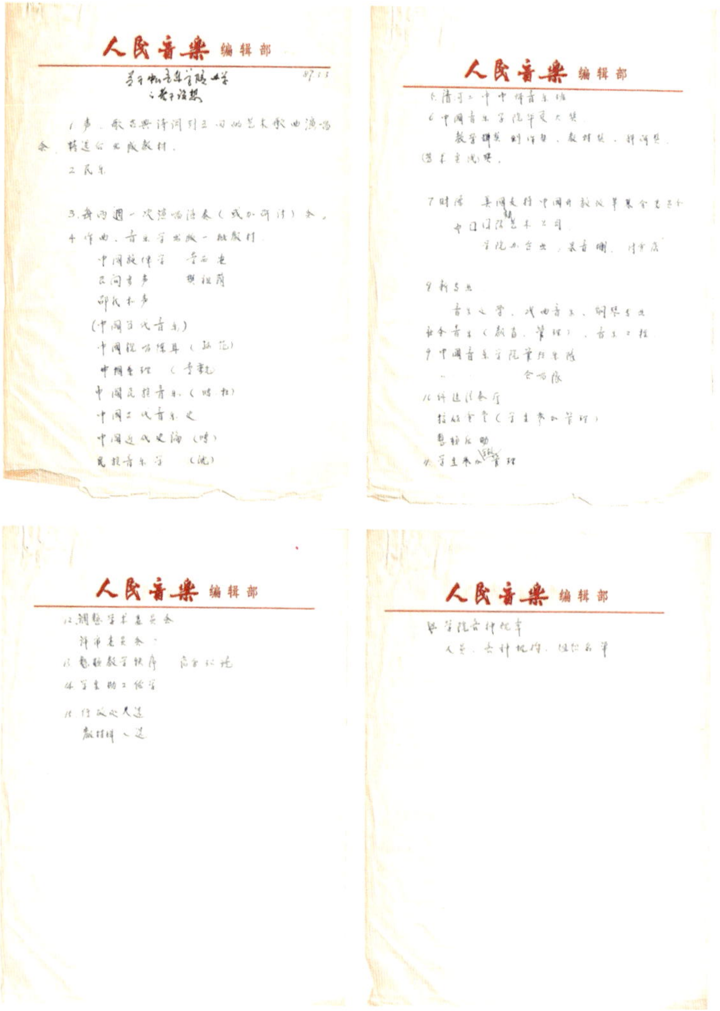

图2-14 《关于中国音乐学院办学的若干设想》手稿

去了。可以推荐一些人去。”[1]之后，方仟、阎振堂听取了党委书记厉声，副院长杜利、李华瑛简要的工作汇报。

1987年3月11日（星期三），中国音乐学院全院师生参加了春季新学

[1] 按：阎振堂副司长此处说的“不能再过去了。可以推荐一些人去”即指《人民音乐》编辑部。

期的开学典礼。党委书记厉声向全院师生宣读了文化部任命李西安为中国音乐学院院长的任命书并发表了简短的讲话。他说：新班子不仅人数增加了，力量也充实了，而且是中国音乐学院现有条件下最理想的班子。支持新班子就是支持中国的民族音乐事业。我们要团结，团结，再团结。

之后，李西安发表了他的就职演说。

全院的师生员工、同志们：

在我就任院长职务的时候，请允许我向中国音乐学院的开拓者安波、马可同志表示深深的怀念；向马可、李凌、杜利、厉声等历届院长以及在他们领导下为中国音乐学院的发展和建设付出辛勤劳动的同志和取得的各项成就表示敬意。

我今天先表个态，讲三点。具体的工作设想，以后再和大家汇报。

第一点，本届院领导班子要做的工作是历届领导班子所做工作的延续与发展。中国音乐学院是在极端困难的条件下复建的，在李凌、杜利、厉声等同志领导下，全院师生经过了从无到有的开拓性工作，使学校在机构建设、教学建设和队伍建设方面初具规模，并在某些方面取得了显著成绩。过去的成绩我们应该充分肯定，它是我们走向未来的起点。我们势必在总结过去经验教训的基础上把工作做得更好。

第二点，中国音乐学院要搞好，必须举院上下团结。首先是党政的团结。中国音乐学院实行党委领导下的院长负责制，学院行政领导必须积极依靠党委领导，实现党委对学校工作的监督作用。还有，院长之间的团结、院领导与中层干部之间的团结，以及领导与全体师生之间的团结，等等。其中最重要的，也是大家最关心的是学院领导班子之间的团结。

我个人愿意和党委两位副院长真诚地合作，和全院师生真诚地合作，把中国音乐学院办好。

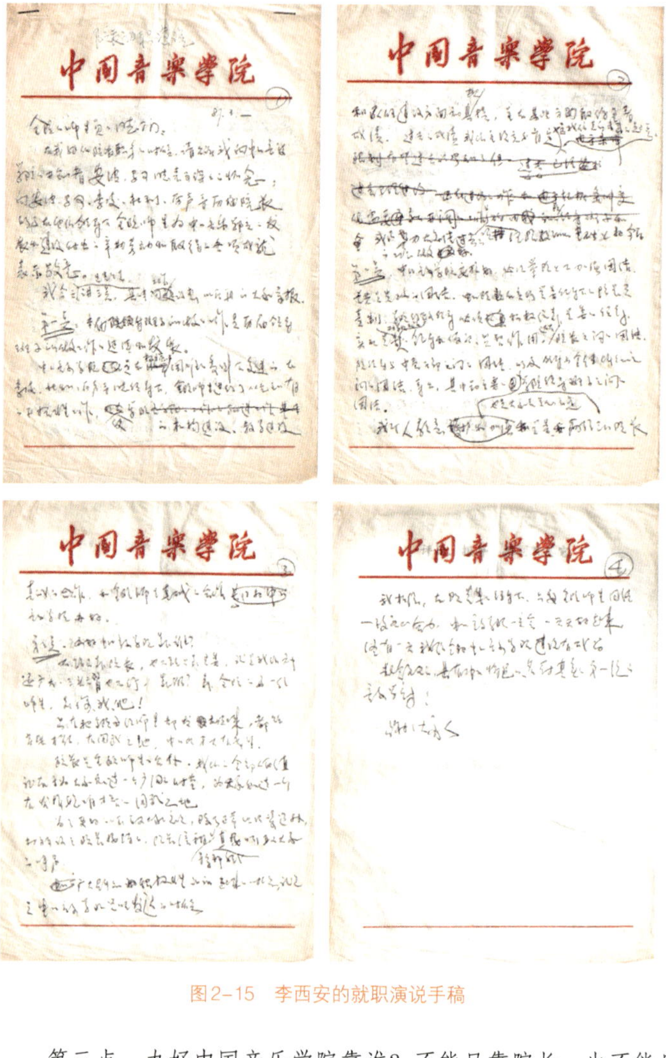
中国音樂學院

中国音樂學院

中国音樂學院

中国音樂學院

图 2-15 李西安的就职演说手稿

第三点，办好中国音乐学院靠谁？不能只靠院长，也不能只靠党委。就算我们神通广大，三头六臂也不行。靠谁？靠全院的每一位师生。靠你、我、他！

只有把全院师生都发动起来，都能施展才能，都有用武之地，中国音乐学院才会有希望。

院长是全院师生的公仆，我们的全部价值就在于为大家创造一个广阔的时空，创造一个能发挥聪明才智的用武之地。

为了更好地听取大家意见，除了正常的组织渠道外，我们打算设立院长接待日、院长信箱等多种形式，直接听取大家的呼声。

广大群众积极性调动起来的时候，就是中国音乐学院兴旺发达的时候。

我相信，在党委的领导下，只要全院师生团结一致，齐心合力，中国音乐学院就会一天天好起来。终有一天，我们会把中国音乐学院建设成社会主义的、具有中国特色的、名副其实第一流的音乐学院。

谢谢大家！

毋庸置疑，厉声和李西安在开学典礼上一再强调的团结，绝非戏言。正如厉声说文化部的任命“是中国音乐学院现有条件下最理想的班子”，李西安也一再表示“中国音乐学院要搞好，必须举院上下团结。首先是党政的团结……院长之间的团结、院领导与中层干部之间的团结，以及领导与全体师生之间的团结”，皆因他们不仅明白“前车之鉴，后事之师”的道理，更清楚唯有团结一致，齐心合力，才能不负上级重托，不负全院师生众望，才能卓有成效地办好中国音乐学院。

图2-16　李西安与厉声（摄影：唐锐[1]）

[1]　按：该照片由中国音乐学院图书馆前副馆长唐锐提供并授权本人在本书中使用。特此说明。

开学典礼之后，李西安开始全力以赴地投入中国音乐学院的管理工作当中。在他10余本工作笔记里，《中国音乐学院工作笔记（一）》密密麻麻地记录着平时和每一次“院长接待日”来自基建、财务、分房、人事、职称、教学等部门和部分学校教职工反映的问题，以及每一次由他主持或参加的各种会议记录。记录中最突出，同时也是最棘手的问题无非三个方面：经费、职称、分房。

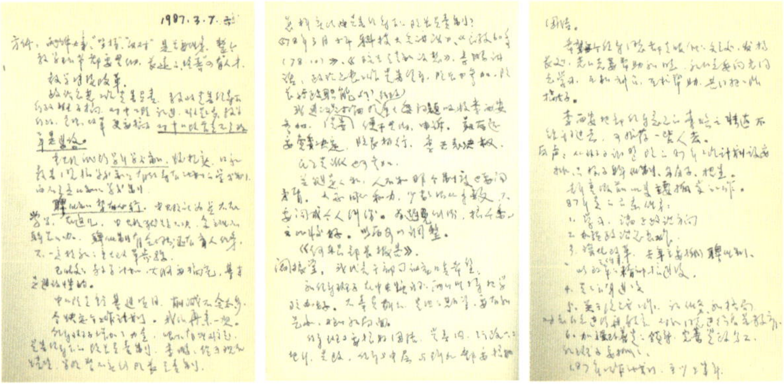

图2-17 李西安《中国音乐学院工作笔记（一）》谈话记录（手稿）

中国音乐学院当时的全年经费是160万/年包干（其中包含大学本部和附中所有教职工的人员工资，以及办公、教学设备、基建、后勤管理、水、电、暖气、交通、差旅、邮政、通讯、图书报刊资料、维修、修缮等公用经费）。虽然当时的经费管理原则是“统筹兼顾、超支不补、节余留用”，但实际捉襟见肘的拮据程度可想而知。比如1987年的经费就比1986年减少了36万（22.4%）；苇子坑新院基建经费预算为512.4万，但实际下拨只有318万，缺194.4万。

人事方面，中国音乐学院当时一方面急缺专业教师，但另一方面全院的教职工人数却又严重超编。更令人不安的是，教师与职工（含工人）的比例、教职工与学生的比例均不符合教育部门关于艺术院校师生比为1:1.4的规定。截止到1987年，中国音乐学院的教职工人数为364人，在校生人数为160人，实际超编250人。而且，在364位教职工中，工人和职工的数量超过了教师。

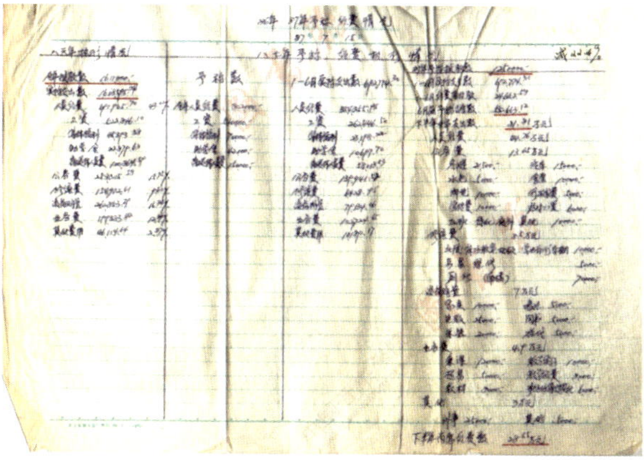

图2-18 《1986年、1987年预算经费情况》

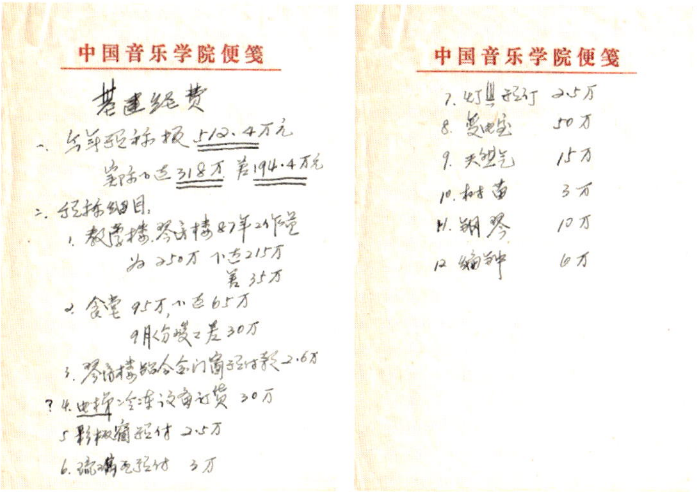

中国音乐学院便笺

基建经费

一、今年招标报 512.4万元
实际下达 318万 差194.4万元

二、经费细目：
1. 教学楼、琴房楼87年24个月 为250万 下达215万 差35万
2. 食堂 95万，下达65万 9月份缓 差30万
3. 琴房楼铝合金门窗经费 2.6万
? 4. 地下室冷冻设备经费 30万
5. 影视窗经付 2.5万
6. 玻璃瓦经付 3万

中国音乐学院便笺

7. 灯具经付 2.5万
8. 党政室 50万
9. 天然气 15万
10. 树苗 3万
11. 钢琴 10万
12. 编钟 6万

图2-19 苇子坑新院基建经费

李西安上任后，正面临全国大专院校、科研院所的职称评定工作在几经周折之后的“正常化”恢复（亦即“职改”）和迫在眉睫的聘任制推行。

但凡经过那个年代的人都应该记得，“文革”结束后，1977年10月4日《人民日报》头版刊登出的一条消息：“中国科学院提升陈景润为研究员，提升杨乐、张广厚为副研究员，并由中央直接批示，给予每人每月50元的津贴。”这一消息说明中国恢复了技术职称评定制度，体现了国家尊重知识和知识分子的决心，并预示着“科学的春天”真正到来。据相关资料报道，截至1983年底，全国获得职称的人员共有595万人。[1] 然而，也就是这一年，全国的职称评定工作却戛然而止，突然告停。个中缘由，无人知晓。直至3年后，人们在中共中央、国务院1986年1月24日《国务院转发〈关于改革职称评定、实行专业技术职务聘任制度的报告〉的通知》（国发［1986］3号）中，似乎才看清3年前突然告停的真正原因：“在职称评定工作中，一是由于职称既具有称号性质，又具有职务因素，两者混在一起；与职责分离，但又作为工资晋级的依据；没有数量限制，一旦授予、终身享有等职称制度本身的缺陷。二是由于多年来工资基本冻结，都希望能通过职称评定解决待遇问题。”[2] 但暂停3年却积压下了数量众多的“待评”“待授”人员，而指标受限，“粥少僧多”则又成为全国各大专院校、科研院所普遍存在的新问题。

为此，李西安不得不开源节流筹措经费（院内实行系处经费包干[3]），同时下决心用3～5年时间综合治理超编问题和经济体制改革——多种形式办学，扩大在校学生人数，比如办大专班，招收代培生、自费生、定向生；到外地创设办学点，比如到大兴、江阴、深圳、海南等地设中国音乐学院办学点；兴办校办企业，比如招待所、餐厅、舞厅（周末）、金刚石工具厂、景泰蓝加工厂，以及星期音乐学校、老年艺术大学；鼓励在编人员提前退休和外调，促进人员流动。对于学院不需要的和确实不具备工作能力的人，学院采取半年内发100%工资、无奖金；

---

[1] 高阳：《让干得好的评得上——职称制度40年改革之路》，《中国组织人事报》2018年12月10日，第1版。

[2] 详见https://baike.baidu.com/item//4225477?fr=Aladdin，国务院转发《关于改革职称评定、实行专业技术职务聘任制度的报告》的通知，登录时间：2020年2月5日。

[3] 按：据中国音乐学院图书馆前副馆长唐锐相告，他当时拍摄和报道中国音乐学院相关新闻的胶卷数量每年限定为50卷包干。

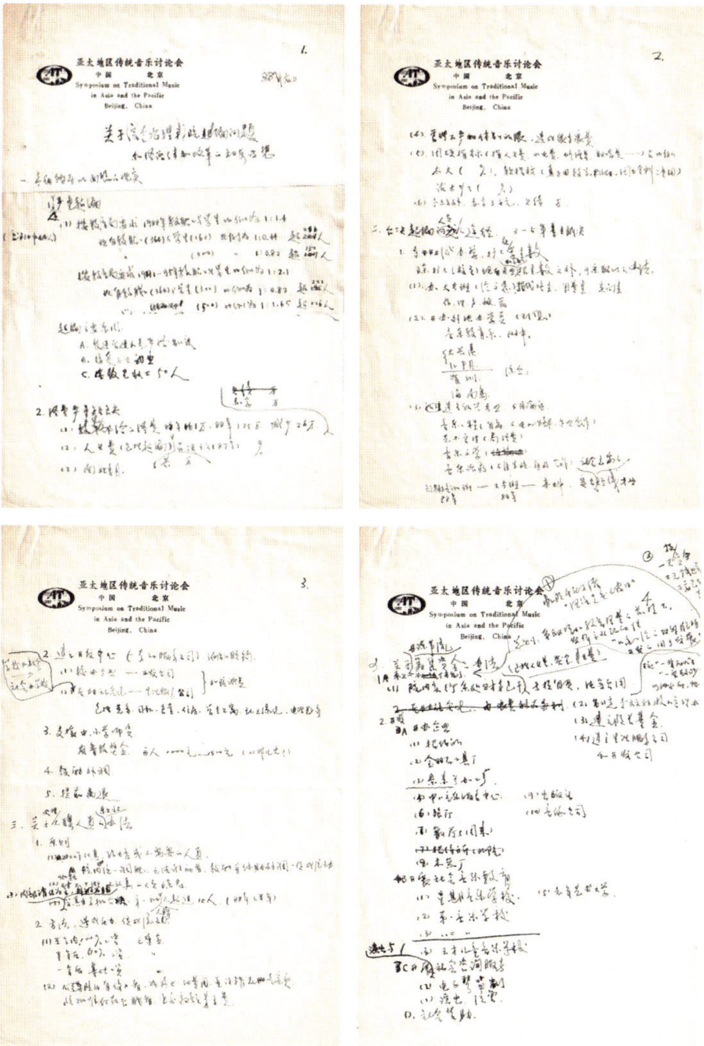

图2-20 李西安《关于综合治理我院超编问题和经济体制改革的初步设想》手稿

半年后，只发60%工资、无奖金；一年后只发基础工资的措施……

但李西安心里十分清楚，这些措施都是治标不治本的无奈之举。办好大学的关键除了办学思想和管理水平外，还在于关心教师以及与其相关的职称问题。职称问题直接关乎学院各系、部、处、室，以及附中教职工的定员定岗，而定员定岗又与学院的机构改革、整体规划，乃至未来发展密切相关。他在经历了1980年中国音乐学院复建之初，从不赞成中央音乐学院和中国音乐学院“二次分家”，到主动要求回到中国音乐学院的思想转变，之后又大胆地向中国音乐学院复建筹备领导小组谏言《十点建议》，主动组织策划“华夏之声”系列音乐会和带领实验乐团赴广东、福建向民间艺人学习等一系列颇具影响的重要活动之后，有信心把改革开放之后的中国音乐学院办成一所和1964年成立时不一样的，而且是真正具有中国特色的音乐学院。他坚信，对于1964年中国音乐学院的建院初衷，既要继承，更要发展。有所为，有所不为，才能更好地融入改革开放的时代大潮。

五、理想主义者的理想

如同1964年中国音乐学院成立时的情形一样，1980年的复建工作同样也面临着人财两缺的诸多困难——虽然经过了一系列动员，最终仍有50人坚持留在中央音乐学院，愿意回到中国音乐学院的只有37人；前海西街17号原来的校舍只剩下了三分之一[1]，所有教学、行政部门的办公室全部都是临时搭建的简易房（当时被称为“木板儿房”）；1973 ~ 1980年的图书及教学科研档案严重断档等。在院领导层方面，建院元老安波、马可相继逝世，复建时的老院长李凌，由于年事已高，仅在位三年，之后继任的代院长杜利，在位时间甚至还不足两年，再之后，院长一职由党委书记厉声兼任。直至文化部1987年2月28日正式任命李西安为中国音乐学院院长之后，厉声才不再兼任院长，只作为党委书记与院长李西安共事。“新班子所面临的是比复院以来历届班子都更为复杂困难的局面”[2]，虽然当时全国高校都处于实行由党委领导下的院校长分工负责制

[1] 李雁宾、王照乾：《中国音乐学院简史》，《中国音乐》1989年第3期，第19页。

[2] 李雁宾、王照乾：《中国音乐学院简史》，《中国音乐》1989年第3期，第20页。

向院校长负责制过渡的重要时期，虽然厉声和李西安在1987年3月的开学典礼上都一再强调团结，但团结的关键前提是志同道合，精诚勠力，进而才能在重大的原则问题上相互包容，取长补短，合力齐心。然而，对于中国传统音乐、现代音乐（亦即当时的“新潮音乐”）的认识与未来发展，乃至在中国音乐学院的办学理念、方针，以及人才培养等方面，李厉二人仍然是那样的方枘圆凿，扞格难通。早在1986年8月“兴城会议”之后，厉声就致信中国传统音乐学会四届年会：

> 现在有人说，中国音乐正处于峡谷之中。这种看法我不想多论，我倒并无此感觉。我认为从打倒“四人帮”，尤其是三中全会后，我们的整个文艺事业已经从峡谷中冲出来了。广阔天地，活跃的场面早已展开在我们的眼前，这个事实恐怕是否定不了的……

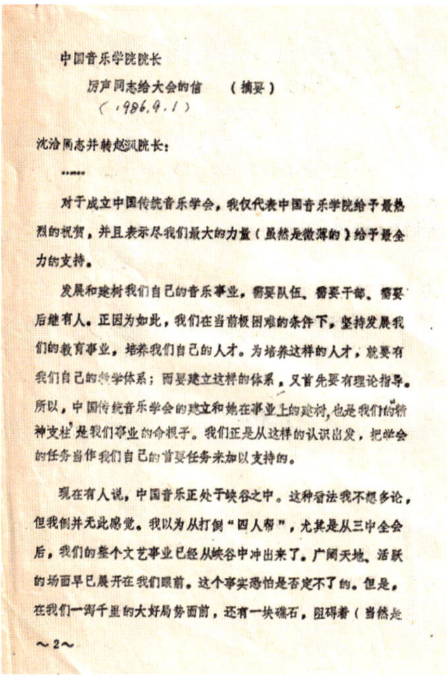

中国音乐学院院长

厉声同志给大会的信 （摘要）

（1986.9.1）

沈洽同志并转赵沨院长：

……

对于成立中国传统音乐学会，我仅代表中国音乐学院给予最热烈的祝贺，并且表示尽我们最大的力量（虽然是微薄的）给予最全力的支持。

发展和建树我们自己的音乐事业，需要队伍、需要干部、需要后继有人。正因为如此，我们在当前极困难的条件下，坚持发展我们的教育事业，培养我们自己的人才。为培养这样的人才，就要有我们自己的教学体系；而要建立这样的体系，又首先要有理论指导。所以，中国传统音乐学会的建立和她在事业上的建树，也是我们的精神支柱，是我们事业的命根子。我们正是从这样的认识出发，把学会的任务当作我们自己的首要任务来加以支持的。

现在有人说，中国音乐正处于峡谷之中。这种看法我不想多论，但我倒并无此感觉。我以为从打倒“四人帮”，尤其是从三中全会后，我们的整个文艺事业已经从峡谷中冲出来了。广阔天地、活跃的场面早已展开在我们眼前。这个事实恐怕是否定不了的。但是，在我们一泻千里的大好局势面前，还有一块礁石，阻碍着（当然是

～2～

图2-21　厉声给中国传统音乐学会四届年会的信

但话又说回来，如同当时的很多知识分子一样，李西安在政治上并不成熟，而且他也的确把现实想象得太过美好，把中国音乐学院的改革想象得太过简单。事实上，80年代全国艺术院校在领导体制改革、人事制度改革、教学体制改革、后勤制度改革，以及经济体制改革等方面，虽然耗费了大量的时间和精力，但依然收效甚微。原来高调地以聘任制为核心的人事体制改革实际上也只是一个过场。很多高校的原班人马和教师结构基本上都没有什么实质性的改变，管理机构臃肿、人浮于事、工作效率低下的状况几乎都没有得到真正的改观。已经实行了院校长负责制并且初见成效的一些院校（如中央音乐学院），在90年代初又重新回到了原来的体制……

可这就是李西安的命。

1987年2月28日，李西安出任中国音乐学院院长时，中国音乐学院还没有完全搬出恭王府，但经过中国音乐学院基建财务处处长林中林对北京周边历时3个月的实地勘察，并通过全院对初步选定的建院新址异常激烈的投票表决后，占地100亩[1]的新院基建和搬迁工作已经在北四环苇子坑进行[2]。所谓“苇子坑”，其实就是地质勘测所说的芦苇丛生的低洼湿地。20世纪60年代以前的北京周边，类似的苇子坑共有三处。一处位于丰台区，人称丰台苇子坑（南四环）。另外两处都在朝阳区，分别称为东苇子坑（东四环）和北苇子坑（北四环）。但事实上，北苇子坑也就是德胜门外苇子坑，亦即《红楼梦》第四十七回中薛蟠被柳湘莲骗到北门外挨了一顿暴打的德胜门外关厢苇塘。所谓“关厢”其实就是城门外大街及其附近由当地居民和商铺构成的地区。马可·波罗在《马可·波罗游记》中也对元大都关厢的总体面貌和具体规模、建筑

[1] 按：100亩包括中国音乐学院本部60亩，宿舍（即丝竹园）40亩。

[2] 按：根据林中林处长回忆，在中国音乐学院新院的建设过程中，他曾为不招人喜欢的“苇子坑”老地名问题专门找过时任北京市副市长兼北京市建委主任张百发，于是后来才有了充满音乐气息的“丝竹园”新地名。详见中国音乐学院图书馆采访、编辑的《国音故事——从苇子坑到丝竹园》。

等有过相关描述。从元代兴建大都起至民国时期，关厢便是老北京人最熟悉的地方。但不同的关厢位置却决定着老百姓不同的心态，比如朝阳门外关厢和德胜门外关厢就有“朝外关厢吃香喝辣，德外关厢叫苦连天”的说法。意思是朝外关厢为元明清三代的漕运之道和去南方必经之地，京城的粮食皆从南方经运河运至东便门外大通桥，再经陆路转运到朝阳门内各储藏皇粮、俸米的皇家粮仓（如今之南新仓等），所以朝阳门成了粮食入城之门，朝外关厢也就成为京东最为繁华的地区。但德外关厢却大为不同，其所处的位置在元大都之内。明代大将徐达攻占元大都之后，将元大都的北城墙往南移了五里。于是，北边原本城内的五里地被划到了城外。老百姓一夜之间由城里人变成了乡下人。

时过境迁，虽不能同日而语，但中国人“城里城外”的观念由来已久，根深蒂固。中国音乐学院从皇城中轴线上亭台楼阁、长廊水榭的古建恭王府搬到德外关厢甚至马甸以外的苇子坑，很多教职工的心里或多或少仍然有些不情不愿。毕竟，70年代的北四环苇子坑，还属于北京市朝阳区大屯公社北顶大队第二生产队的一片农田和占地约200亩由村民自己出资建盖的宅基地平房。直至80年代中期，这片宅基地平房才被北京市政府规划为中国音乐学院、北京市社会科学院和信息工程学院的教学用地，之后宅基地平房才被陆续拆除，当地的部分村民在“农转非”后陆续被安排到了中国音乐学院、北京市社会科学院、信息工程学院等三家单位工作。[1]

但无论如何，中国音乐学院终于有了真正属于自己的校园。虽然是一片荒芜，百废待兴，但意气风发、踌躇满志的理想主义者李西安恰好要借此实现他酝酿已久的心中蓝图——寻找中国音乐女神！

在理想主义者李西安的心目中，“寻找中国音乐女神”既包含中国音乐学院的校园规划与景观设计，更重要的还在于体现中国音乐学院不同于中央音乐学院、上海音乐学院等音乐学院的办学特色、办学理念、课程设置，以及人才培养。在他看来，中国的高等教育体系，无论是

---

[1] 按：根据相关资料显示，中国音乐学院当年接收苇子坑“农转非”的村民共50人。

二三十年代的开创时期，还是中华人民共和国成立以后的发展时期，基本上都是根据或参照西方教育体系建立起来的教学方法和教学内容。民族音乐教育，或者广义的民族艺术教育，虽然自刘天华等人进入高等学府以后得到了不同程度的重视，但教育体系并没有真正建立，也谈不上健全。改革开放以后，民族艺术教育在全国艺术院校的教学科研实践中遇到了具有普遍性的新问题。虽然说中国音乐学院1964年成立时的初衷是“以培养从事民族音乐研究、创作和表演的专门人才为主，同时培养面向农村的中学音乐师资和基层文化单位的群众音乐干部”[1]，但1980年复建中国音乐学院，李西安却并不赞同，他甚至还十分反对中央音乐学院和中国音乐学院的“二次分家”。

为此，2018年4月末我去看他并陪他在东方太阳城散步时，他平静地告诉我，改革开放以后，中国的音乐学院如果仍然还要坚持按照60年代“一中一西”的格局来办，十分欠妥。一方面，这与改革开放的国家大局并不吻合。另一方面，“一中一西”必然导致中国音乐与西洋音乐更加对立，不利于我们培养国际化的中国音乐表演人才和理论人才。他甚至激动地重申了他在兴城会议上的观点：

> 再造中华民族的新文化，必须以传统文化中优秀的东西为基础，但传统必须进行一次根本的改造，才能进入新时代，成为新时代的文化。为此，我们这一代——对传统缺乏真知、缺乏深知因而对它难以把握和驾驭的一代，必须以当代人的观念对中国的传统音乐和音乐传统进行再学习，再认识，才能分清精华与糟粕，才能更好地继承和扬弃。必须从表层结构进入深层结构的剖析，从文化学、人类学、美学、形态学等角度，特别是还要从创作的角度去研究，才能发现其真

[1] 李雁宾、王照乾：《文化部向国务院上报的〈关于建立中国音乐学院与中国舞蹈学院的请示报告〉》，参见樊祖荫主编、张天彤副主编：《中国音乐学院建校50周年纪念文集·学校建设卷》，北京：中国青年出版社2014年出版，第4 ~ 5页。

谛，才能从整体从深层去把握，以作为创造民族新文化的基石。

……

古人的再好是昨天的，洋人的再好是人家的。

继承和扬弃传统文化，吸收和扬弃外来文化，是为了了解过去，面对现实。其终极目的，是为了走向未来，为了发现自我和创造自我。这个自我是你、我、他，是将立于世界之林的中华民族。

……

李西安那天的精神不错。我们在东方太阳城里走了很长的路。当我们信步来到琴湖边时，他兴致勃勃地告诉我，东方太阳城原来是70年代末潮白河上游修建水库而形成的一片枯河滩地。“琴湖”因开发商在填埋滩地和夯实地基时特意规划了仿佛一台镶嵌在社区里的钢琴而得名。然而，面对宽阔、平静的湖水，李西安却另有所思。

他说：我当年规划苇子坑时，也特意请建筑设计院设计了具有中国音乐文化历史特色的“高山流水”“竹林七贤”等多处景观……

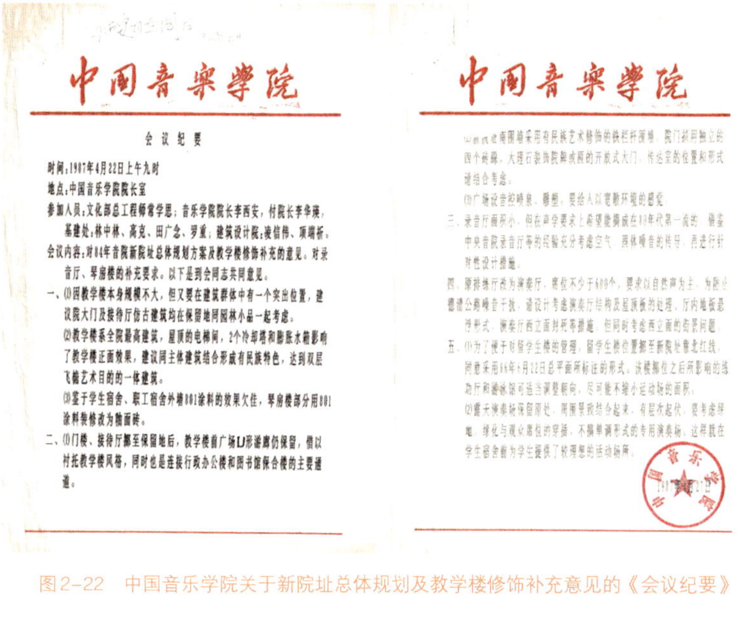

中国音樂學院

会议纪要

时间：1987年4月22日上午九时

地点：中国音乐学院院长室

参加人员：文化部总工程师常学思；音乐学院院长李西安，付院长李华瑛，基建处：林中林、高克、田广念、罗重；建筑设计院：凌信伟、项端祈。

会议内容：对84年音院新院址总体规划方案及教学楼修饰补充的意见。对录音厅、琴房楼的补充要求。以下是到会同志共同意见。

一、(1)因教学楼本身规模不大，但又要在建筑群体中有一个突出位置，建议院大门及接待厅仿古建筑均在保留地同园林小品一起考虑。

(2)教学楼系全院最高建筑，屋顶的电梯间，2个冷却塔和膨胀水箱影响了教学楼正面效果，建议同主体建筑结合形成有民族特色，达到双层飞檐艺术目的的一体建筑。

(3)鉴于学生宿舍、职工宿舍外墙801涂料的效果欠佳，琴房楼部分用801涂料装修改为釉面砖。

二、(1)门楼、接待厅挪至保留地后，教学楼前广场U形游廊仍保留，借以衬托教学楼风格，同时也是连接行政办公楼和图书馆综合楼的主要通道。

中国音樂學院

(4)南围墙采用有民族艺术修饰的铁栏杆围墙。院门拟用独立的四个砖墩，大理石装饰院牌或匾的开放式大门，传达室的位置和形式请结合考虑。

(3)广场设音控喷泉、雕塑，要给人以宽敞环境的感觉。

三、录音厅面积小，但在声学要求上希望能搞成在80年代第一流的，借鉴中央音院录音厅等的经验充分考虑空气、固体噪音的传导，再进行针对性设计措施。

四、原排练厅改为演奏厅，席位不少于600个，要求以自然声为主，为防止钢琴公寓噪音干扰，请设计考虑演奏厅结构及屋顶板的处理，厅内地板悬浮形式，演奏厅西立面封死等措施，但同时考虑西立面的街景问题。

五、(1)为了便于对留学生楼的管理，留学生楼位置挪至新院址靠北红线，同意采用86年6月22日总平面所标注的形式。该楼挪位之后所影响的练功厅和游泳馆可适当调整朝向，尽可能不缩小运动场的面积。

(2)露天演奏场保留原处，同围景致结合起来，有层次起伏，要考虑绿地、绿化与观众席位的穿插，不搞单调形式的专用演奏场。这样就在学生宿舍前为学生提供了较理想的活动场所。

图2-22 中国音乐学院关于新院址总体规划及教学楼修饰补充意见的《会议纪要》

我说：看得出来，您当时是想要营造一所不一样的音乐学院。

他微笑地接着说：

由于“文革”的人为破坏和现代化进程的影响，我们国家民族传统艺术日渐衰落，人才资源也日渐枯竭。我们既不了解自己，同样也不了解国外。比如1949年至70年代的艺术院校，特别是主科教学，原来基本上都聘请民间艺人到大学任教，与学院出身的教师形成双轨制共同教学，让民族艺术原有的传承方式得到了部分保留。但80年代以后，很多优秀的民间艺人相继去世，民间传统艺术在高校的教学工作由学院出身的教师独立担任。完成传承方式的顺利转接，并保证民族传统艺术的精华不在转轨的过程中丢失，就成了当务之急。另外，国家经济与文化的进一步开放，让我们看到了自己与世界先进国家之间的巨大差距，我们需要虚心地全力学习。至于民族传统艺术主科教学中，也同样存在着过分强调主科和专业面越来越窄的倾向，忽视了对民族传统艺术的全面把握，更谈不上对整个民族传统文化的深入了解和全面把握。

我说：您认为您的这些思想和您的前任马可、李凌有联系吗？

李西安不假思索地告诉我：当然有。而且很深。马可、李凌两位老院长的超前意识对中国音乐学院的发展产生了很重要的影响。

先说马可。他是在中国音乐学院首创歌剧系、亚非拉民族音乐专业和中国当代音乐课程的重要奠基人。

马可在主持中国音乐学院歌剧系的工作期间，除开设声乐、表演等课程外，最具特色的是，根据他所倡导的应以戏曲为基础发展民族新歌剧的方针，主张直接向民间学习，以打下深厚的传统功底。为此，他亲自聘请京剧、昆曲、豫剧、河北梆子、单弦、京韵大鼓等戏曲、说唱的著名艺人，到学院以口传心授的方式给歌剧系和声乐系的学生授课。比如经历过这段学习的毕业生、旅法男中音歌唱家时可龙[1]，他在法国电台

[1] 按：关于时可龙，请参见链接：https://www.sohu.com/a/291757672_100236157。

介绍中国京剧音乐时，讲到老生就唱老生，讲到青衣就唱青衣，讲到黑头就唱黑头，令听众大为震惊，不知道为什么一个人能唱出这么多不同的声音。另外，我听过几位不同的中外歌唱家演唱的《水调歌头》——旅法作曲家陈其钢以京剧老生、小生唱法和韵白为基础创作的这部作品，只有时可龙唱得最有味道，别人根本没法比。当有人问他为什么能唱得这么地道时，他毫不犹豫地回答，是在中国音乐学院读书时向老艺人学的。

马可创办亚非拉民族音乐专业的过程非常不容易，虽然当时的理论系系主任由关鹤童兼任，但马可为亚非拉民族音乐专业的建设殚精竭虑。我清楚地记得，我们当时最繁重的任务，就是跑遍很多国家的驻华使馆，去索要他们国家的音乐唱片和书籍，然后一点点翻译，一点点积累。此外，马可还开展院际合作，专门从上海音乐学院请来沈知白教授主讲印度音乐。院内又邀请安波院长以他在担任驻越南使馆文化参赞期间，搜集、研究并出版过的专著为基础，为我们讲授越南民歌。在1964年9月举行建院典礼前，学校编印了《亚非拉美概况及音乐》教材，给亚非拉民族音乐专业学生开课。现在看来，当时的教材或许十分简陋，但不可否认，我们今天各院校开设的“世界音乐”正是从马可当年创办的亚非拉音乐专业起步的。

马可在中国音乐学院首创“中国当代音乐”系列讲座非常了不起。研究音乐史学的知道，我们的“中国近现代音乐史”只讲到1949年。我在50年代上学的时候，学的近现代音乐史也只讲到1949年。可是现在都已经21世纪了，还是只到1949年吗？那么，从1949年到现在这半个多世纪的、也是和我们关系更为密切的中国音乐，该由谁管呢？结果使我们的年轻一代（包括音乐专业学生，也包括社会上的广大听众），对近70年来中国自己的音乐创作，特别是改革开放以来已在国际上产生重要影响的中国当代音乐，所知甚少，甚至一无所知。

但我很幸运。我是这个系列讲座的直接受益者。现在我还很清楚地记得，当时的系列讲座由马可首讲“中国新歌剧20年”。他从《兄妹开荒》《白毛女》，一直讲到《小二黑结婚》《洪湖赤卫队》《江姐》。之后，由曾经担任大歌舞《东方红》音乐创作组组长的安波院长讲《东方红》；紧接着，又是从院外请来的作曲家晨耕，给我们讲轰动中外乐坛的《长征组歌》……

我说：您在很多文章和讲话里都在强调“关注当下”。您当作曲系副主任时，又给陈其钢他们开过“现代音乐”系列讲座，这些是不是受马可院长当年“中国当代音乐”讲座的影响？

他说：肯定是的。这些都是马可院长和李凌院长的超前意识和留给中国音乐学院的珍贵遗产啊！

我相信，李西安的这番话发自肺腑，至真至诚。他对马可、李凌的尊重和敬佩之情在他的一些著述里常常会情不自禁地流露出来，但凡读过这些文章的人都会被他的真情所感染。他在70岁高龄时仍然花了10年时间亲手编辑九卷本《马可选集》的事迹，除了中国音乐学院的部分领导和人民音乐出版社的项目负责人与责任编辑以及马可家属，恐怕在中国音乐界至今少有人知。

六、理想主义者的改革

1987年春季学期，李西安匆匆结束了繁杂的中级职称评定、聘任制章程、分房方案的起草与修改，以及对行政处、教务处、附中等部门班子调整等诸多工作。7月20日零点50分，他在灯下对这一学期完成的和未完成的工作进行了简明扼要的总结，同时对暑假和新学期的工作做了初步的计划。在他的字里行间，有一段文字颇耐人寻味：“院的规划未提出来。总的来说，进展迟缓，除客观原因以外，忙于事务，抓大事不得力。”

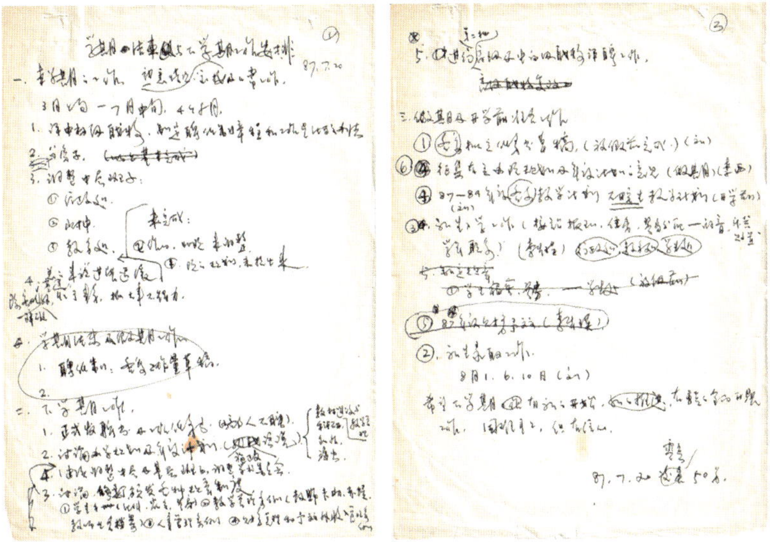

图2-23 李西安《学期结束与下学期工作安排》手稿

在我看来，李西安其实是一位颇为典型的儒雅将才。他有思想、有学识、有人格魅力，同时也具备独当一面、事无巨细地处理工作的超强执行力，但他身上却缺乏运筹帷幄和杀伐决断的帅才特质。作为将才，他可以在李凌手下把一个部门，比如创作室、实验乐团、作曲系搞得风生水起；在李焕之手下把《人民音乐》也办得有声有色。所谓“能领兵者，谓之将也”“能将将者，谓之帅也”。但改革开放之初，中国音乐学院人心涣散、百废待兴，且由于种种历史原因积习难改，他在没有强有力的班子同僚支持的情况下孤军奋战，成大事不易，创伟业更难。何况，他与生俱来的温良恭俭让书卷气和独善其身的理想主义性格还让他对现实，乃至对未来产生了某些误判。

法国社会学家G.德勒泽（Gilles Deleuze，1925 ~ 1995）曾经和哲学家M.福柯（Michel Foucault，1926 ~ 1984）在一次对话里说：“可能我们都在探寻理论和实践的一种新关系。曾有一个时期，实践被认为是理论的应用，理论的结果，而在其他时期，恰好相反，实践被认为是激发理论，实践对于未来理论形式的创建是必不可少的。在这两种情况下，理论和实践的关系都是把二者看作一个整体来理解的。但我们却从另一个角度来看待这一问题。理论和实践的关系其实是相当局部的关系，是不完全的关系。就一个方面来讲，一个理论总是局部的，涉及有限的领域；而它又被应用到多少与之有些不同的其他领域。包含在理论应用中的关系绝不是相似的关系。而且，理论从进入它自己的领域时起，就会碰到种种障碍、壁垒或阻碍，这就需要以其他类型的话语（discourse）为中继（只有通过其他话语该理论才能过渡到新领域）。从一个论点转到另一个论点……从一个实践转到另一个实践……”[1]

或许，李西安缺乏的正是“从一个论点转到另一个论点”和“从一个实践转到另一个实践”的实践。这一转变对于理想有余、但思想准备和知识准备都不足的他来说，何其难也！

1987年的暑假，李西安依然在忙碌中度过。

首先，他遵照文化部阎振堂司长的嘱咐，去三里河南沙沟向李焕之正式递交了辞去《人民音乐》主编的请辞报告。对于文化部领导的意见，李焕之虽然并没有反对，但他内心深处无论如何也不愿意李西安离开。何况，一时半会儿他也确实很难找到像李西安这样合适的继任人选。于是他对李西安说，既然是部领导的意见，我只能服从。但在没有合适的人来接替你的情况下，《人民音乐》的主编仍然还是你……

那一天，李焕之关心地询问了李西安在中国音乐学院的工作，李西安也把他的一些工作设想向李焕之做了汇报和请教。临别前，李焕之应李西安的请求，欣然为即将搬迁到北四环苇子坑新址的中国音乐学院挥毫题写了校名。

[1] 陆炜：《知识分子和权利——法国哲学家M.福柯和G.德勒泽的一次对话》，《哲学译丛》1991年第6期，第45页。

图 2-24　李焕之为中国音乐学院新址题写校名

1987年9月，秋季学期开学，李西安把他在暑假里思考和完成的《我对任期规划的若干设想》向全院师生做了汇报。他说：

中国音乐学院从1964年建院到现在已经23个年头了。在这20多年中，我们历尽沧桑，我们走过的路坎坷不平。

我在就职演说中说过，"办好中国音乐学院靠你，我，他"。我现在就向大家讲一讲，我对办好中国音乐学院的一些基本想法，听取大家的意见。修改、审定后，成为你、我、他的共同想法，成为办好中国音乐学院的共同目标和动力。

为什么现在才讲？

1. 需要了解情况；

2. 需要处理大量难以应付的日常事务工作；

3. 需要做必要的准备（精神、物质）。

另外，主要内容征求了院党政领导和部分同志的意见，收到了很多好的意见。但未经院长办公会和党委正式讨论。今天讲的只是个人设想，听取意见后，再正式制定，由学院实施。

讲三个题目：

1. 我们所面对的现实；

2. 我们的奋斗目标；

3. 达到目标的对策研究与第一个年度计划。

三个题目换句话说：

在纷乱复杂的现实中，我们必须找到我们的坐标点，弄清楚：

我们现在在哪里？我们要向何处去？达到目的的方法、步骤和途径是什么？

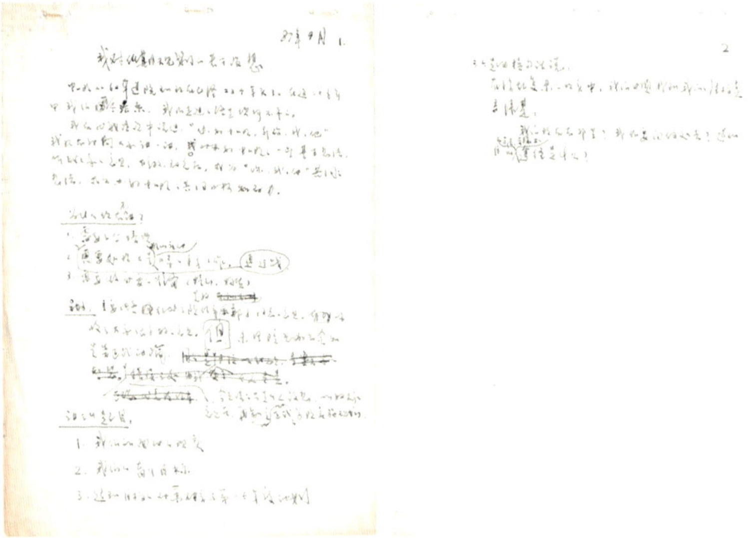

图2-25　李西安《我对任期规划的若干设想》手稿

但紧接着，李西安却如同教授给学生上课一样，引经据典、旁征博引地展开了与其说是工作报告，还不如说更像是学术讲座的话语。

在第一个题目“我们所面对的现实”中他说：

从东西方比较的角度，我把世界音乐的发展概括为三个时期。“前天”是中国封建主义的高峰（先秦–隋唐音乐）领先（梅纽因为中国古代十二半音的青铜编钟惊叹不已，并说古希腊时期西方只有木钟）；“昨天”是欧洲资本主义的高峰（古典主义、浪漫、民族乐派、印象派）领先；“今天”东西文化交汇，西方现代音乐的探索，东方和中国音乐的崛起；“明天”世界将要发生更大的变化，不少西方学者寄希望于东方，于中国。

他甚至一一援引了东西方学者、音乐家、政治家如席勒、斯宾格勒、维维卡南达、汤因比、今道有信、小泽征尔、中曾根等人的言论。他强调：

我讲这些，是表明我的一种信念——东方音乐的复兴和中国音乐的复兴经我们一代和几代人的努力，必定会实现。我将以毕生的精力为之奋斗！

在讲到中国音乐学院时他说：

中国音乐学院是中国音乐的缩影，是振兴中国音乐的基地和希望所在。中国音乐学院是年轻的学院，发展中的学院。我们所遇到的是发展中的困难，但也具有发展中的希望。20多年来我们取得了哪些成就，又存在哪些问题和困难呢？从1964年建院到复建，再到现在，在历届院长的领导下，我们完成了从无到有的艰苦创业过程；从社会上不承认，到确立了中国音乐学院顽强的不可抹杀的存在价值；我院汇集了一批优秀的，愿为振兴、发展中国音乐事业而献身的教职员工；我院培养出了一批为数不少的合格的音乐人才，其中有些是在社会上具有广泛影响的中青年音乐家……和其他兄弟院校相比，我们已经初步具有了以下优势：

1. 民族器乐：公认全国一流（比如刘德海、刘明源、曹正等）。

2. 音乐学：国内领先，国际有一定影响。

3. 作曲：聚集了一批专业出色的教师（尽管有人说，学生少，在教学成果中尚未完全显示出来）。

4. 声乐：去年中央人民广播电台“全国听众喜爱的歌唱演员”评比，15位获奖演员中，我院教师、毕业生、进修生占5名。其中美声唱法，保加利亚专家听了之后大为吃惊。问：为什么……（注：省略号为李西安原稿所有。）

6.[1]基建：由于大家苦干、拼命干，进展顺利。受文化部和学院多次表扬，并使文化部把我院从一般项目列为部里的第二重点项目。

其他还有很多，我不再一一列举。

在“当前存在的主要问题和困难”部分中，李西安接着说：

1. 对办学方针和培养目标还缺乏科学的认识，表现为对“民族化”的理解过于狭窄。对贯彻“三个面向”和“改革、开放精神”不够得力。因此，视野不够开阔，步子不够大。

2. 思想比较涣散。某些个人或局部可能做得很好，但总体来说，缺乏全院团结一致为民族音乐事业，为教学献身的凝聚力，同时，每个人的积极性也未能充分发挥。

3. 教学始终未能作为我院的中心任务来抓。至今未建立起完善的教学管理体制和正常的教学秩序，影响了教学质量的提高。

4. 尚未建立起科学的机构建制和严格的管理体制。现有机构建制有的不够合理，职责不清，运转不灵。

5. 由于缺乏严格的人事管理制度和种种难以克服的客观原因，人员严重超编。按国家教委和文化部规定的比例来看，大学的师生

[1] 按：该手稿原件缺序号“5”，特此说明。

比例应为1:2。但我们现在教师（145人）:学生（152人）=1:1.05，实超70人。教职工和学生的比例应该是1:1.2[1]，实超262人。

6.经费严重不足。1986年全年拨款（包括追加的）为161万。1987年全年预算拨款125万，减少36万。基建费，1987年预算512万，实际下达318万，缺194万。

7.对社会宣传不够，对外交流处于被动局面。

在“我们的奋斗目标”这部分中，李西安对他5年任期（1987 ~ 1992）进行了具体的规划：

1.进一步明确中国音乐学院的办学方针和培养目标，建立社会主义的中国音乐教育体系。相对欧洲音乐教育体系和民族音乐教育体系而言，目前，我国主要音乐院校是引进欧洲音乐教育体系，并在长期的教学过程中实现了不同程度的民族化。我院曾提出过“建立民族音乐的教育体系”，这种提法容易产生概念上的含混和偏狭。因为民族音乐有广义、狭义两种。广义应包括民族传统音乐和民族新音乐。因此，我与厉声同志提出的“民族唱法应正名为中国唱法”一致。“中国音乐教育体系”的提法更科学，也具有更大的包容性和适应性。在“培养目标”方面，建议除了对所有大学生的政治思想和全面发展的共同要求外，还应补充：①热爱中国传统音乐；②具有广泛的文化修养和新型知识结构；③不仅符合当前社会需要，而且适应未来音乐发展。

2.增强师生对发展中国音乐事业的坚定信念和团结一致为之奋斗的凝聚力。全面贯彻开放和改革的精神，解放生产力，使我院成为一个生机勃勃、充满活力的群体。

3.要用几年时间把教学抓上去：①加强教学管理，建立正常的教学秩序。完成教学方案、教学大纲的修订工作；修订和补充制定学籍

[1] 按：李西安手稿里此处的教职工与学生的比例为1:1.2，本书虽然照实录入，但存疑。

管理，如试读、考勤、考试制度、琴房管理等条例；配合聘任制，制定教师考勤、考绩制度，建立教师业务档案；加强研究生工作，试行导师制；做好选修课准备，条件成熟时实行学年学分制。②开展教学评估，提高教学质量：建立教学评估制度，改革评分制度（重要课程由教研室或考试委员会打分）。③抓紧教材建设与教学内容和教学方法的改革，建立中国音乐学院教材体系。自下而上再自上而下制定院、系、个人三级教材编写计划，尤其鼓励具有中国音乐学院特色的教材，并给予时间和经费上的保障，限期完成；制定优秀教材奖励制度；编辑、出版“中国音乐学院系列教材”（民族音乐类、现代音乐类、美学类、教育类、中国乐器史、中国声乐史）。④有计划、有步骤地进行教学内容和教学方法的改革，并逐渐建立新兴的交叉学科（A. 音乐文学专业；B. 音乐管理专业；C. 音乐工程专业）。

4. 加强体制改革与队伍建设：①建立科学的、现代化的、高效率的机构建制与管理体制；②建立职工代表大会制度，行使教职工的民主权利，对学院进行民主管理，吸收学生代表加入学院的管理工作；③完善以教学为中心的教学—科研、创作—艺术实践三结合的体制；④结合聘任制，完成定编工作；⑤后勤和政工队伍逐步解决超编问题，分期分批实现后勤社会化。

5. 改革奖励制度：①改年度平均奖金为考勤奖；②改教师节先进工作者奖为教学与教学后勤单项成果奖；③设立中国音乐学院创作、科研和表演艺术奖，设立学生考试奖。

6. 开展社会音乐教育，开展社会服务：①逐步建立包括幼儿园—小学—中学—大学以及成人在内的社会音乐教育体系，解决社会普及和招生来源问题，扩大影响；②逐步建立我院以音乐活动为主体的，包括企业和咨询服务在内的劳动服务公司等社会服务项目；③学生实行勤工俭学。

7. 完善经济管理体制，开源节流，搞活经济：①加强教育经费的审计和管理，调整分配比例；②修订预算外收入管理制度，保证学院、集体和个人三级的积极性；③设立院长基金，用于各种奖金及事业开发。

8.积极开展对外音乐交流。

9.争取在1992年以前新校舍和一万平方米“高知楼”全部竣工，投入使用。

最后，李西安向全院教职员工通报了1987年上半年完成的几项主要工作：①评职称：教授、一级演员，新增11人（加原有和待批共为17人）；副教授及其他系列30人（加原有和待批共为48人）；讲师及其他系列43人（加原有和待批共为112人）；助教及其他系列初级28人（加原有和待批共为57人）。②分房：北院[1]楼房100户（已迁入），北院平房34户。③行政职务评定：主任科员16人；副主任科员10人；科员24人；办事员2人。④调整部分系、处领导班子（行政处、教务处、附中）。⑤基建：修改学院整体布局及主楼屋顶、演奏厅、行政楼、图书馆楼等设计方案；主楼、琴楼框架施工；食堂年底可用。

关于1987 ~ 1988年度的工作安排，李西安指出，首先是继续完成聘任制工作（任务书、聘书、第二阶段评聘工作、离退休工作、党政干部评聘、行政部门聘任工作）；其二，教学管理（学生琴房、宿舍管理），教师管理（修订教学管理条例，建立教学档案），研究生管理（教学规划、开课）；其三，调整和加强部分机构职能（调整咨询委员会、学术委员会、学位委员会、职称评审委员会、学科评议组，加强院办与北院联系，协调附中与大学的关系、乐团与器乐系的关系）；其四，修订学院基金委员会条例，成立劳动服务公司，加强社会音乐教育（小学—中学）；其五，比赛与音乐会（实验乐团本学期三台全新的音乐会、编钟音乐会及编制鉴定、中国艺术歌曲大赛、中国民歌大赛、张肖虎先生执教50周年纪念活动及音乐会）；其六，分别召开科研、教学管

[1] 按：“北院”即北四环苇子坑新院。

理，以及教材、创作、演出、后勤管理、财务管理、经济开发等专门会议，制定有关计划、条例和实施方案；其七，加强对外宣传与对外交流（MIDI系列讲座、法国现代作曲家玛莱克讲学、日本大阪艺术大学校长来访）；其八，行政评估，促进行政处工作。

……

毋庸讳言，就全面性、完整性、系统性，以及其中局部与整体，微观与宏观之间的关联和逻辑关系而言，李西安的这份设想可谓面面俱到，严谨周全。但不得不说，和在“不拘一格降人才”的80年代及特定历史条件下被提拔起来，甚至是被日新月异的80年代裹挟着懵懵懂懂进入官场的很多知识分子一样，李西安对于从政的知识准备、精神准备并不充分。因此当他乐观、美好的理想主义改革愿景受到了来自现实的严峻挑战时，其潜在的危险性已经隐约可见。尽管80年代初，在《十点建议》和作为组织者策划华夏之声系列学术音乐会、研制编钟、毛遂自荐当实验乐团团长并带领乐团赴福建和广东采风学习等活动中，李西安的参政议政热情已经十分明显，但这些并不足以说明他具备从政的能力。更何况，80年代“几乎每个学者都有明显的公共关怀。独立的思考，强烈的社会责任感，超越学科背景的表述……特别像‘五四’时期的青年，集合在民主、科学、自由、独立等宽泛而模糊的旗帜下，共同从事先辈未竟的启蒙事业”[1]。

七、荆棘满途

1988年春季新学期伊始，李西安仍然信心满满地围绕“中国音乐学院面临的种种挑战和我们的历史使命”和“方针与对策分析”两个方面，在教职工大会上发表热情洋溢的讲话。

[1] 查建英主编：《八十年代：访谈录》，北京：三联书店，2006年，第133页。

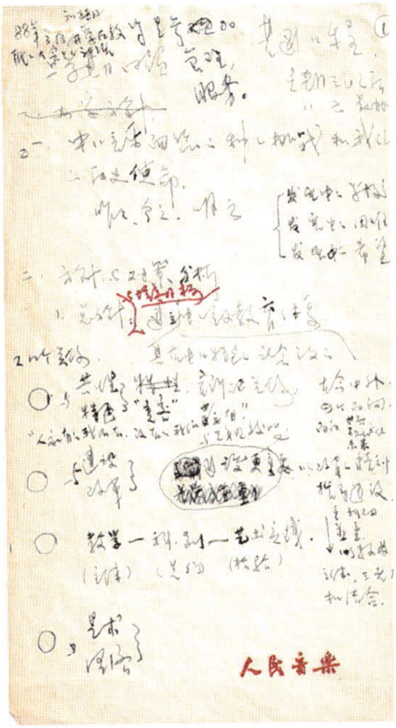

图2-26 李西安《1988年3月在教职工大会上的讲话提纲》手稿

但这一次讲话和以往不同的是，面对经费拮据、严重超编、生源萎缩的严峻现实，他试图通过增设新专业的办法变劣势为优势，带领中国音乐学院走出困境，获得生机。

经过一番精心的准备，中国音乐学院新专业论证工作正式启动。1988年4月18日，李西安亲自起草了《关于进行新专业论证的通知》（以下简称《通知》），由院办印发各系处、附中、音乐研究所、《中国音乐》杂志社（学报）、实验乐团、马克思主义教研室、财务科及各位论证人，并呈报文化部教育局（教学处、规划处）和中国音乐学院党委。李西安同时把新专业论证的提纲、要求，以及申报二级、三级专业及主体论证人名单和论证题目等作为《通知》的附件，也都进行了统筹安排。

李西安在《通知》里写道：

图2-27 《关于进行新专业论证的通知》

> 专业结构调整是教学改革的一个重要关键，也是关系中国音乐学院前途与命运的大事。希望上级领导给予大力支持，也希望我院各系、处领导和全体师生给予足够的重视和必要的协助。请有关论证人员，接此通知后，即刻行动，全面做好有关论证的准备工作。如有问题，请与教务处长林志良同志或李西安同志联系。

6月6日，中国音乐学院向各专业论证委员正式颁发了由李西安用毛笔书写的聘书、请柬、论证专家名单，以及论证会议的日程安排，并请各专业论证委员出席6月9日、10日在中国音乐学院第一教室召开的专业论证会议[1]。

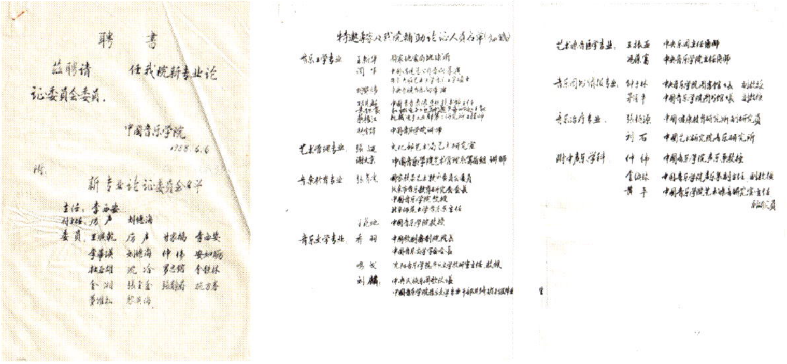
聘　书
兹聘请　　任我院新专业论证委员会委员。
中国音乐学院
1988.6.6
附：
新专业论证委员会名单
主任：李西安

图2-28　新专业论证委员会委员聘书及名单

6月9日，专业论证会如期举行。作为总体论证人，李西安对与会者说：

> 当今的时代是一个充满挑战的时代，也是充满机遇的时代。中国音乐学院正处在过去与未来的十字路口。面对着来自四面八方的种种挑战，最主要是来自社会需求的挑战、现代化的挑战和文艺界体制改革的挑战，我们必须对这些挑战做出回答。

---

[1] 按：中国音乐学院当时既没有像样的会议室，更没有像样的音乐厅。因此大大小小的会议、演出通常都在第一教室里举行。

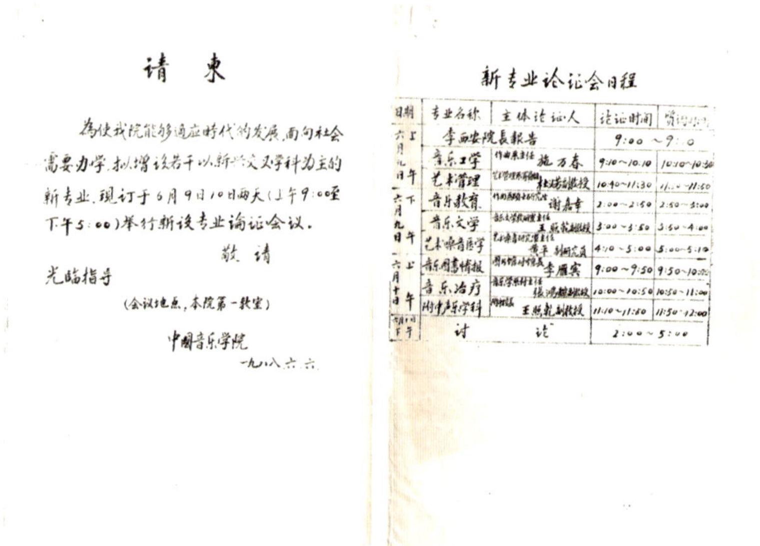

请柬

为使我院能够适应时代的发展，面向社会需要办学，拟增设若干以新兴交叉学科为主的新专业，现订于6月9日10日两天（上午9:00至下午5:00）举行新设专业论证会议。

敬请

光临指导

（会议地点，本院第一教室）

中国音乐学院

一九八六.六

新专业论证会日程

日期	专业名称	主体论证人	论证时间	质[illegible]
六月九日上午	李西安院長報告		9:00～9:[illegible]	
	音乐工学	作曲系主任 施万春	9:10～10:10	10:10～10:30
	艺术管理	[illegible] 杜[illegible]副教授	10:40～11:30	11:[illegible]～11:50
六月九日下午	音乐教育	[illegible] 谢嘉幸	2:00～2:50	2:50～3:00
	音乐文学	音乐文学教研室主任 王[illegible]副教授	3:00～3:50	3:50～4:00
	艺术嗓音医学	[illegible] 黄平 副研究员	4:10～5:00	5:00～5:10
六月十日上午	音乐图书情报	[illegible] 李雁宾	9:00～9:50	9:50～10:[illegible]
	音乐治疗	音乐学系[illegible] 张鸿懿副教授	10:00～10:50	10:50～11:00
	附中声乐学科	[illegible] 王[illegible]副教授	11:10～11:50	11:50～12:00
六月十日下午	讨论		2:00～5:00	

图2-29　请柬及会议日程

一、社会需求的挑战

我院自1981年复建以来，各原有专业得到了不同程度的充实和发展，培养了一大批合格的音乐人才。但不能不承认：就总体来说，存在着不同程度的生源萎缩和毕业生分配困难的问题。而社会急需的一些音乐门类的人才，不但我院不培养，其他音乐院校也不培养。面对这一供需矛盾，我院除调整和发展原有专业外，必须从封闭的音乐殿堂走向社会，迅速建立一批社会急需的短线应用学科，以满足社会的需求。

二、现代化的挑战

今天的社会已进入信息时代，各门学科的相互交叉与渗透产生了一大批边缘学科。作为整个大文化一员的音乐艺术，不论过去和现在，也不论你承认还是反对，都是与整个自然科学与人文科学相互交融同步齐驱的。新的音乐与科学、技术，音乐与管理，音乐与医学，音乐与信息技术相结合的边缘学科，在社会实践中业已产生，并且正在悄悄地改变着音乐声源与传播媒介，改变着音乐的价值观念与审美观念，甚至改变着整个音乐生活的表层与深层结构。可以预测，这一切将会对音乐的未来产生越来越深刻的影响。因此，音乐学院不能再固守延续了数十年乃至上百年的音乐教育的传统结构模式，甘心落后在时代的后面，而应该迎头赶上，敞开大门，大胆地、及时地把这些以音乐为主体的新兴交叉学科引进音乐学院。这不仅适应现代化的需要，而且为这些交叉学科的发展推波助澜，做出应有的贡献。

几年来，有一个问题一直在困扰着我，就是“既然有中央音乐学院，为什么还要办中国音乐学院?”“中国音乐学院与中央音乐学院到底有什么不同?”“中国音乐学院是不是第二中央音乐学院?”经过苦苦思索与探求，我们终于找到了自己的坐标点：中国音乐学院与中央音乐学院除了共性之外，中国音乐学院应该具有两大特色，一个是中国民族传统音乐的保存与发展，一个是新兴的交叉学科。在这相互对峙与相互矛盾、最古老的和最现代的两极之间将形成一个巨大的发展空间和新的发展活力。这就是中国音乐学院的存在价值，也是我对为什么有了历史悠久实力雄厚的中央音乐学院、上海音乐学院，以及各地林立的音乐学院之后，还要建立中国音乐学院的原因所在，以及复建后的中国音乐学院将向何处去的新的认识。

三、文艺界体制改革的挑战

在最近召开的全国文化厅局长会议上，正式确认了文艺界的“双轨制”。这是一个关系每一个文艺团体和每一个从业人员前途的战略决策，一旦在文艺界落实，就必将形成对每一个艺术院校的冲击波。为了在这一冲击波中不被冲垮，而是在这一冲击波中获取动力，现实也要求我院立即作出反应，调整专业结构，除建立适应未来的发展的新专业外，对原有专业的培养目标、知识结构、教学方法等也要做一次必要的全面的调整。

最后，我要回答一个问题。众所周知，当前中国音乐学院面临重重困难：经费严重短缺、人员严重超编，尚不具备起码的校舍、设备和其他办学条件，等等，等等。中国音乐学院能够完成这些即使条件比我们好得多的兄弟音乐院校都难以完成的大胆构想吗？我的回答是：条件差从另一方面看正是我们的优势。正因为我院尚未建造成一座完善无缺的音乐宫殿，没有历史悠久又相对凝固的教学传统，缺少令人留恋的、足以骄傲的资本，因而比较容易接受新事物，在挑战中具有较大的灵活性和适应性，有可能建造成一座新的、与众不同的高楼大厦，这是历史赋予我们的契机。

一方面是严重的贫困、严重的混乱和严重的惰性。一方面是极大的创造、极大的活力和极大的热情。这两者在中国音乐学院并存与撞击，正是中国音乐学院生命力之所在和希望之所在。这次论证的大部分新专业是有一定科学依据和较为充分准备的。我相信这些专业在部、局领导的支持下，经过全院师生的奋力拼搏和社会各界的鼎力支持，是能够建成并发展的。

这次是我院首次专业论证，也是文化部直属艺术院校的首次专业论证。缺少经验，准备仓促，缺点错误在所难免，希望大家不吝指正。

谢谢！

李西安的讲话得到了文化部相关司局领导及与会者的充分理解和广泛支持，论证会及八个论证专业顺利地取得了预期的效果，相关部门甚至把中国音乐学院“变劣势为优势”的这项重大举措当作高校改革的典型予以扶持和宣传，并原则上同意相对成熟的几个专业于1989年秋季正式面向社会招生。[1]作为中国音乐学院这一重大举措的总策划人、总论证人，李西安和中国音乐学院声名鹊起，备受瞩目。在八位专业论证人中，唯一一位以在读研究生身份对音乐教育专业进行论证的年轻人谢嘉幸，凭借着他多年从事中小学音乐教育的丰富的教学实践，以及在李西安知人善任的重要引领下，成为中国音乐学院音乐教育专业的一名重要拓荒者。

---

[1] 张鸿懿：《中国音乐学院进行新专业论证》，详见樊祖荫主编、张天彤副主编：《中国音乐学院建校50周年纪念文集·学校建设卷》，北京：中国青年出版社，2014年，第56～59页。

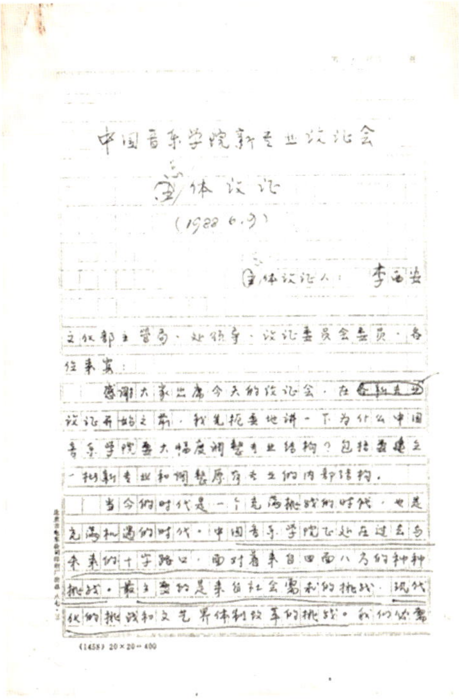

中国音乐学院新专业论证会

总体论证

(1988.6.9)

总体论证人：李西安

文化部主管司、处领导、论证委员会委员、各位来宾：

感谢大家出席今天的论证会。在分科专业论证开始之前，我先扼要地讲一下为什么中国音乐学院要大幅度调整专业结构？包括要建立一批新专业和调整原有专业的内部结构。

当今的时代是一个充满挑战的时代，也是充满机遇的时代。中国音乐学院正处在过去与未来的十字路口，面对着来自四面八方的种种挑战。首要的是来自社会需求的挑战、现代化的挑战和文艺界体制改革的挑战。我们必需

(1458) 20×20=400

图2-30　李西安在中国音乐学院新专业论证会上的讲话（手稿）[1]

图2-31　李西安与谢嘉幸（拍摄者不详）[2]

[1]　按：由于讲话已全文转录，故手稿原件不再一一赘示。

[2]　按：该照片由谢嘉幸提供并授权本人在本书中使用。特此说明。

光影相伴而行，喜忧也总是不离不弃。

6月15日（星期三，亦即专业论证会后一个星期）中午，学生拒绝到食堂就餐。12点15分左右，李西安召开紧急会议，同时与学生代表展开对话。但6月15日的晚餐和16日的中餐，学生仍然未予配合。经过再次对话，16日的晚餐才逐渐恢复了正常。之后，李西安针对学院经费严重拮据导致学生伙食标准急剧下降，菜品单一，学生难以下咽，以及后勤部门工作不力等问题，于6月22日在全院教职工大会上对后勤部门（尤其是食堂管理）进行了严厉批评。与此同时，他要求学院相关部门增强工作透明度，同心协力，共克时艰。

客观地说，80年代除了深圳特区，全国绝大部分地区依然物资匮乏并且使用着计划经济时代的票证。很多大学食堂仅仅只能维持在管饱不管好的低级水平上。食堂打饭小窗口“今日供应”的菜牌上虽然写着“帮子炒肉片”，但打到自己碗里翻来翻去想要找到肉片并不容易；“榨菜肉丝汤”充其量也就是只见榨菜不见肉的一勺清水。况且，当时几乎所有食堂的打饭窗口里都有一位“抖勺功夫”了得的师傅。因此学生厌餐拒食的类似事情在很多大学都时有发生，绝非中国音乐学院一家独有。某些人不恰当地将其称为“罢餐事件”，未免言过其实。

一波未平一波又起。

6月21日，不堪其扰的刘德海正式向李西安、厉声提交了辞去副院长、器乐系主任等职务，并要求调到中央音乐学院任教的“辞职请调书”。他的理由是：“现阶段是我搞业务最好的时机，但目前干扰太大，我不想因一些琐事而影响我的业务。”

6月24日，歌剧系直接上书厉声并得到批示，同意歌剧系解散河北班（即歌剧系河北民族歌剧专修班），同时对李西安策划组织的“中国歌剧之魂”音乐会进行审查。

可喜的是，李西安之前为之努力的新专业论证取得了实质性进展——音乐教育专业获得了上级的批准，附中的声乐学科复建也得到了同意。其他学科待拓宽专业方向后即可面向社会公开招生。1988年8月29日，《光明日报》头版头条报道了此事，并将其作为高校改革的典型。

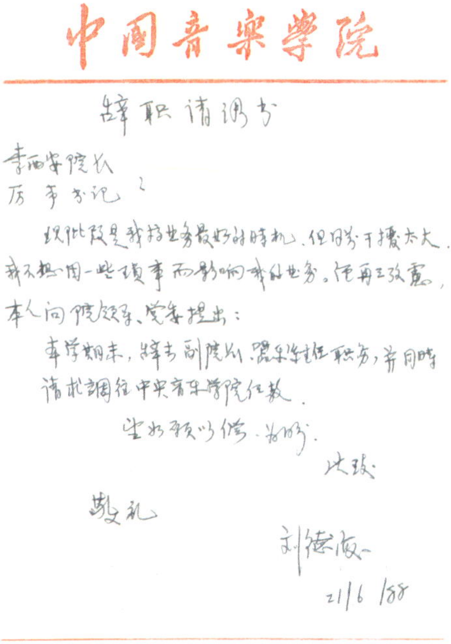
中國音樂學院

辞职请调书

李西安院长
厉声书记：

现阶段是我搞业务最好的时机，但目前干扰太大，我不想因一些琐事而影响我的业务。经再三考虑，本人向院领导、党委提出：

本学期末，辞去副院长、器乐系主任职务，并同时请求调往中央音乐学院任教。

望能予以体谅，为盼。

此致

敬礼

刘德海

21/6/88

图2-32 刘德海辞职请调书

图2-33 河北班《中国歌剧之魂》海报

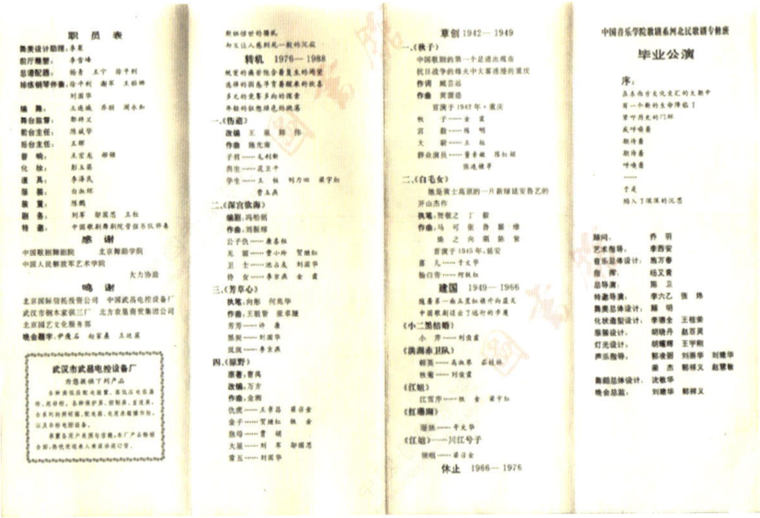

图2-34 河北班“中国歌剧之魂”音乐会节目单

图2-35 1988年8月29日《光明日报》第1版（李西安剪报）

10天后（即1988年9月9日），李西安在中国音乐学院的教师节庆祝大会上做了题为《艰苦拼搏　迎接挑战》的讲话。他说：

首先，我代表全院师生向在教书育人、服务育人上做出突出贡献的老师和单位，向从事音乐工作50年，从事音乐教育工作30年，为祖国音乐事业做出重要贡献的张权老师表示真诚的祝贺。

前面几个同志的讲话令我深深感动。

今天是教师节庆祝大会，也是新学期的开始。我想借此机会做个简短的发言，向大家汇报上半年的工作和对下学年工作的总体构想，我发言的题目是《艰苦拼搏　迎接挑战》。

今年上半年，在全院教职工的共同努力下，做了许多工作，取得了不少的成绩。概括起来，有10件大事。

1.制定《中国音乐学院体制改革计划》及实施细则。其中的大部分都已经得到了局里批准。后勤管理体制部分出台。南院、北院食堂，以及司机班实行承包制。

2.新专业论证及音乐教育、音乐工学、艺术管理、音乐文学、音乐治疗、艺术嗓音医学、音乐图书情报、附中声乐学科等八个专业获得了批准。

3.歌剧《伤逝》演出。受到了王蒙、胡乔木、曹禺等的热情鼓励和赞扬。

4.歌剧《中国歌剧之魂》演出。两个月，10部歌剧、18个主角、170个演职员、各报评论、电视台播出。

5.中国音乐学院首届“中国艺术歌曲比赛”。对我院表演专业教材建设是一项重要的基础工程。

6.邓小俊在意大利“威尔第之声”国际声乐比赛中获得第三名。

7.华北音乐节“海河之声”囊括一、二、三等奖。

8.设立并颁发首届“中国音乐学院奖”。

9.张肖虎教授从事音乐创作55周年，从事教学50周年系列纪念活动。

10.建立三个校办企业（金刚石工具厂、景泰蓝加工厂、华夏音乐音响服务中心）。据说兄弟院校教师很羡慕。

此外，还有多位全国电视歌曲大奖赛获奖者。

下面谈1988—1989学年学院工作的总体构想。

1.《管理体制改革方案》全面出台。

2.大力开展科研、创作、演出，加强对社会的宣传和搞好对外交流。①今年12月举行“全国首届高等院校艺术歌曲比赛”[1]；②明年召开“中国传统音乐文化研讨会”；③积极准备明年第二届中国艺术节的参演节目“编钟音乐会”，为此，建立中国音乐学院民族管弦乐团和合唱团；④积极准备明年4月的“全国部分民族器乐比赛”；⑤积极开展对外交流。

最后讲一点，中国院要生存，要发展，要全面完成管理体制的改革和教学改革计划，办出自己的特色，全院师生必须具有强烈的危机意识和挑战意识。危机意识是前进的动力，日本如此，中国今天也如此，中国音乐学院更要如此。①经济危机：今年预算赤字32万。今年虽然上级给我们补了24万超编人头费，但明年可能减少或不补；②管理危机：《改革》出台，有改善，但仍运转不灵，大量内耗；③教学危机：五千年的中国文化传统与时代发展不适应，数百年欧洲音乐教育模式与中国国情不适应，今天的社会需求与现行的传统音乐教育模式不适应，与文艺界的体制改革不适应（脱节）。而教育永远是面向未来的。

（这）并非耸人听闻，是无情的事实。只是你敢不敢承认，敢不敢正视，敢不敢直面现实迎接挑战。

面对大家都基本相同的条件，我们学院能不能在竞争中生存发展，就在于每个师生有没有强烈的竞争意识、挑战意识和创造意识。

这种挑战意识，不仅存在于中国音乐学院和社会之间，也存在于中国音乐学院的各部门之间，每个人之间。“优胜劣汰”的竞争观念已不可阻拦地冲击着中国，也冲击着大观园。安于现状，死守

[1] 按：该比赛后来得到深圳桑达电子实业公司的赞助，同时以该公司名称命名为“桑达杯首届全国高等艺术院校中国艺术歌曲比赛”，在流行歌曲盛行之时引起了全国广泛关注。

大锅饭的日子已经没有多久了。与其等待被淘汰，莫如主动迎接挑战，在竞争中求得中国音乐学院和每个人的最佳选择。

另外，我要强调的是，竞争中必须具备整体意识。现代竞争绝不同于封建时代，以否定和牺牲他人利益作为自己发展的前提，而是“你好，我比你更好”，而你好也好，我好也好，都离不开中国音乐学院这个整体。中国强大了，中国音乐教育的面貌才能从根本上改观。中国音乐学院办好了，每个人的事业才能得到更好的发展。否则，你个人再有天才，再有影响，你的价值也会受到整体的牵连而失去几分光彩。

总之，我院面临的困难是巨大的，道路也是相当曲折的，但也充满了生气和希望。只要全院师生同心同德，艰苦拼搏，迎接挑战，我们一定能度过今明两年的难关，实现对中国音乐学院的生存与发展具有关键意义的历史性转机。

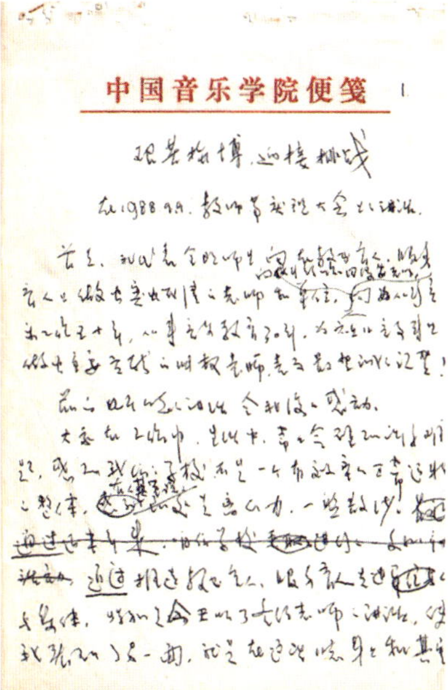
中国音乐学院便笺 1

艰苦拼搏，迎接挑战

图2-36 李西安1988年9月9日《在中国音乐学院教师节庆祝大会上的讲话》手稿[1]

[1] 按：该讲稿原件共5页，不一一赘示。

图2-37 "桑达杯首届全国高等艺术院校中国艺术歌曲比赛"节目单

大面儿上的讲话虽然如此，但在院领导班子里，身为院长的李西安仍然在孤军奋战。厉声批评他"院长不抓教学，一心只想搞经济开发"，其实有一定的道理。可是面对当时捉襟见肘的严重经济危机，李西安焉能无动于衷？须知，虽然是堂堂中国音乐学院，但当时每举办一次稍具规模的音乐会和范围稍大的学术研讨会，院长就得到社会上去化缘拉赞助，甚至不惜低三下四地找人借钱。事实上，80年代国家对高校的经费投入远不能和现在仅仅一个课题或一个项目动辄上百万、上千万的情况相比。"80后""90后"的年轻人对于"开发第三产业”可能有些陌生，但它却是80年代中国高校、科研院所，乃至政府机关非常普遍的话语和举措。有的文学作品把这段历史描述成“80年代从大学走出来的不是教授、学者，而是经理、总经理、董事长”，虽然有些夸张，但并不是毫无根据的虚构杜撰。史学界之所以把80年代上半叶诠释为“思想时代”，把下半叶至90年代中叶诠释为“经济时代”，皆因“思想时代”不仅充满了知识分子的理想、激情、浪漫、英雄和启蒙的话语，而且也不失对历史的深刻质疑、检讨和反思。批判的背后，其实是对现实和未来的殷殷期待和长情呼唤。遗憾的是，这一时代太过短暂，以致大部分知识分子还来不及为他们热情的话语和初露锋芒的思想感到欣喜，便跌跌撞撞地被卷入“经济时代”的商品大潮之中。当然，那时候两耳不闻窗外事、继续潜心做学问的知识分子也并不是没有，但凡是在高校和科研院所里有一官半职的，几乎都无一例外地在为单位的经济开发和增加职工收入殚精竭虑。李西安仅是其中之一。但说他“一心只想搞经济开发”未免有些吹毛求疵。事实上，厉声并不知道李西安的全部身心和中国音乐学院的改革发展早已牢牢地捆在了一起。而且，李西安心里还装着很多关于中国音乐和关于中国音乐学院的梦。其中之一，便是成立中国音乐学院自己的出版社——中国音乐大系出版社。

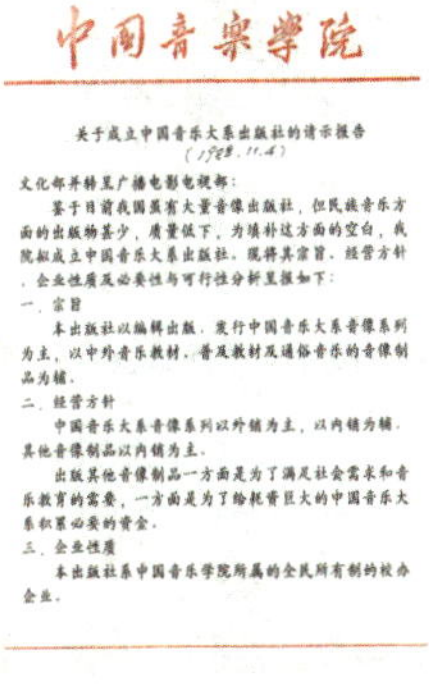
中國音樂學院

关于成立中国音乐大系出版社的请示报告

(1988.11.4)

文化部并转呈广播电影电视部：

鉴于目前我国虽有大量音像出版社，但民族音乐方面的出版物甚少，质量低下，为填补这方面的空白，我院拟成立中国音乐大系出版社。现将其宗旨、经营方针、企业性质及必要性与可行性分析呈报如下：

一、宗旨

本出版社以编辑出版、发行中国音乐大系音像系列为主，以中外音乐教材、普及教材及通俗音乐的音像制品为辅。

二、经营方针

中国音乐大系音像系列以外销为主，以内销为辅。其他音像制品以内销为主。

出版其他音像制品一方面是为了满足社会需求和音乐教育的需要，一方面是为了给耗资巨大的中国音乐大系积累必要的资金。

三、企业性质

本出版社系中国音乐学院所属的全民所有制的校办企业。

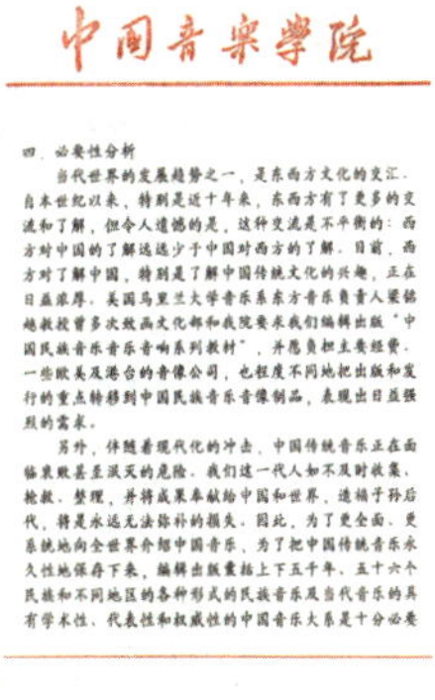
中國音樂學院

四、必要性分析

当代世界的发展趋势之一，是东西方文化的交汇。自本世纪以来，特别是近十年来，东西方有了更多的交流和了解，但令人遗憾的是，这种交流是不平衡的：西方对中国的了解远远少于中国对西方的了解。目前，西方对了解中国，特别是了解中国传统文化的兴趣，正在日益浓厚。美国马里兰大学音乐系东方音乐负责人梁铭越教授曾多次致函文化部和我院要求我们编辑出版“中国民族音乐音乐音响系列教材”，并愿负担主要经费。一些欧美及港台的音像公司，也程度不同地把出版和发行的重点转移到中国民族音乐音像制品，表现出日益强烈的需求。

另外，伴随着现代化的冲击，中国传统音乐正在面临衰败甚至泯灭的危险。我们这一代人如不及时收集、抢救、整理，并将成果奉献给中国和世界，遗祸子孙后代，将是永远无法弥补的损失。因此，为了更全面、更系统地向全世界介绍中国音乐，为了把中国传统音乐永久性地保存下来，编辑出版囊括上下五千年、五十六个民族和不同地区的各种形式的民族音乐及当代音乐的具有学术性、代表性和权威性的中国音乐大系是十分必要

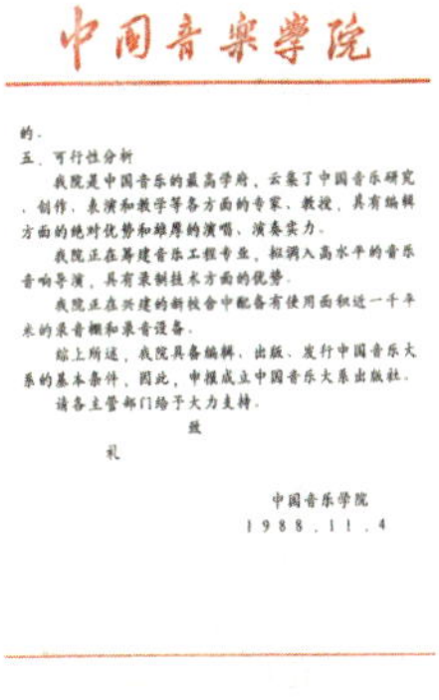
中國音樂學院

的。

五、可行性分析

我院是中国音乐的最高学府，云集了中国音乐研究、创作、表演和教学等各方面的专家、教授，具有编辑方面的绝对优势和雄厚的演唱、演奏实力。

我院正在筹建音乐工程专业，拟调入高水平的音乐音响导演，具有录制技术方面的优势。

我院正在兴建的新校舍中配备有使用面积近一千平米的录音棚和录音设备。

综上所述，我院具备编辑、出版、发行中国音乐大系的基本条件，因此，申报成立中国音乐大系出版社。

请各主管部门给予大力支持。

致

礼

中国音乐学院

1988.11.4

图2-38 《关于成立中国音乐大系出版社的请示报告》

李西安在“请示报告”中写道：

> 当代世界的发展趋势之一，是东西方文化的交汇。自本世纪以来，特别是近10年来，东西方有了更多的交流和了解，但令人遗憾的是，这种交流是不平衡的：西方对中国的了解远远少于中国对西方的了解。目前，西方对了解中国，特别是了解中国传统文化的兴趣，正在日益浓厚。美国马里兰大学音乐系负责人梁铭越教授[1]曾多次致函文化部和我院要求我们编辑出版“中国民族音乐音响系列教材”并愿意负担主要经费。欧美和我国港台地区的一些音像公司，也程度不同地把出版和发行的重点转移到中国民族音乐音像制品，表现出日益强烈的要求。
>
> 另外，伴随着现代化的冲击，中国传统音乐正在面临衰败甚至泯灭的危险。我们这一代人如不及时收集、抢救、整理，并将成果奉献给中国和世界，造福子孙后代，将是永远无法弥补的损失。因此，为了更全面、更系统地向世界介绍中国音乐，为了把中国音乐永久地保存下来，编辑出版囊括上下五千年、五十六个民族和地区的各种形式的民族音乐及当代音乐的具有学术性、代表性和权威性的中国音乐大系是十分必要的。

如今，凡是从事新闻出版和大众传媒的人对中国文化“走出去”的内涵与意义都不陌生。皆因党的十八大以来，伴随着《关于加快发

---

[1] 按：梁铭越（1941 ~ ），美籍华人，民族音乐学家。自幼跟随其父梁在平学习古筝，1957年考入台湾艺术专科学校音乐科学习小提琴及理论作曲。1964年赴美国夏威夷大学音乐学院深造，后转加州大学洛杉矶分校（UCLA）并师从西格（Anthony Seeger）、胡德（Mantle Hood）等教授学习民族音乐学（Ethnomusicology），先后获得硕士、博士学位。80年代起，任马里兰大学音乐系教授。主要作品有交响乐作品《神游》《浮云》《易水寒》，以及歌剧作品《九歌》等。主要学术著作有《古琴研究》《中国音乐通论》《姜白石自度曲研究》《历史长河的民族音乐》等。

展对外文化贸易的意见》(2014)、《关于进一步加强和改进中华文化走出去工作的指导意见》(2016)、《关于加强“一带一路”软力量建设的指导意见》(2016)等一系列政策性文件的出台，统筹对外文化交流、文化传播和文化贸易，努力讲好中国故事，传播好中国声音，推进文化“走出去”的力度空前加大，并取得了诸多令人瞩目的成就。但实事求是地说，在此前的二十多年里，“引进来”和“走出去”作为改革开放的基本国策，指的只是“对外投资”“跨国经营”“区域经济合作”“多边贸易”以及“对外工程承包”等商业经营活动，并不包含文化的“走出去”。由此可见，李西安当时的这些真知灼见确实如空谷足音般振聋发聩。

1988年11月12日，李西安在中国音乐学院党政联席会上对他的《对中国音乐学院全面改革与综合治理三年计划的若干设想》(以下简称《设想》)同与会的党政领导交换了意见。值得注意的是，在这份设想的开篇，他特意写下了这样一段文字：

> 声明，个人发言，并非决定。我个人任职期间的基本思路是：第一年，熟悉工作；第二年，局部行动；第三年至第五年，全面改革。
>
> 管理体制局部出台，有一定成效，现在打算全面出台。有些原计划中不包括的，也打算全面进行。

在“全面改革的时机成不成熟”的问题上，他明确指出：

> 中国音乐学院面临三大危机：经济、管理、教学。正因如此，必须大幅度改革，否则没有出路。生死存亡是改不改革的问题。
>
> 中国音乐学院的改革刚开始，既要整顿，更要深化。
>
> 改革必须全面推行，综合治理。

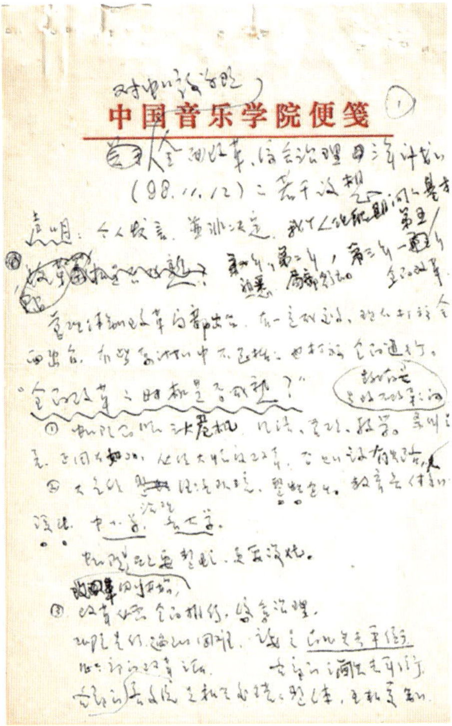

图2-39 李西安《对中国音乐学院全面改革与综合治理三年计划的若干设想》手稿

在陈述改革的具体思路时，李西安写道：

一、改革和理顺现有领导体制和学院机构设置

1.管理体制：实现由党委领导下的院长分工负责制向院长责任制过渡；

2.理顺机构：建立或改成三大系统（教学管理系统、后勤管理系统、开发管理系统）[1]。

二、教学改革

1.加强民族音乐教学；

[1] 按：李西安在这份原稿里，用结构图式表明了三大系统的相互关系与职能。此从略。

2. 建立和加强新学科；

3. 对原有专业进行论证；

4. 整顿教学秩序，建立新的教学管理体系。

三、人事制度改革

1. 聘任制与承包制并行；

2. 解决超编问题的三大渠道（聘任制与承包制并行、扩大招生、院内外人才流动）。

四、工资制度改革

实行结构工资，即基础工资+浮动工资（含职务补贴+奖金+创收）。

五、后勤改革

1. 教学后勤服务公司（今年、明年全面完成，加速）；

2.分房原则与房租改革（总微调：按级定员；按质按量收费；超标高价。在不合理中求合理）。

六、经济开发（此从略）

最后，李西安在“全面改革的三个必要前提”中写道：

1. 尽快实行院长负责制，政出一门，理顺领导体制；

2. 要改革必须有学院和各系处健全、得力的领导班子参与，但现在院、各系处的班子都不健全，要做必要的调整；

3. 定机构，定编制，否则其他改革无法进行；

4. 建立改革办公室，在原有的改革领导小组基础上，增加张静蔚、金铁霖等教师代表。

当时的会议纪要显示，李西安提出的上述设想得到了绝大多数与会者的赞同和支持。除了“建立教学、后勤、开发三大管理系统”和“分房原则与房租改革”等处大家认为还需要进一步完善外，会议决定尽快形成正式文件上报文化部。

1988年12月28日，李西安在充分听取大家的建议和意见后对原来的《设想》进行了不断的修改，四易其稿。最终以《中国音乐学院管理体制改革方案（草案）》的题目和内容定稿，并由院办呈报文化部王蒙部长及方仟司长、阎振堂司长。

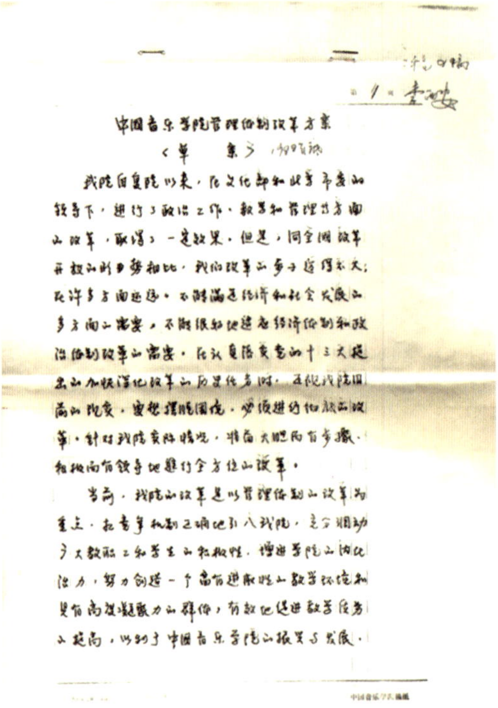

中国音乐学院管理体制改革方案

（草案）

我院自复院以来，在文化部和院党委的领导下，进行了教学工作、教学和管理诸方面的改革，取得了一定效果。但是，同全国改革开放的形势相比，我们改革的步子迈得不大；在许多方面还远远不能满足经济和社会发展的多方面的需要，不能很好地适应经济体制和政治体制改革的需要。在认真学习贯彻党的十三大提出的加快深化改革的历史任务时，面对我院旧有的院貌，要想摆脱困境，必须进行彻底的改革。针对我院实际情况，要有大胆而有步骤，积极而有领导地进行全方位的改革。

当前，我院的改革是以管理体制的改革为重点，把竞争机制正确地引入我院，充分调动广大教职工和学生的积极性，增强学院的内在活力，努力创造一个富有进取性的教学环境和具有高度凝聚力的群体，有效地促进教学质量的提高，以利于中国音乐学院的振兴与发展。

中国音乐学院稿纸

图2–40　李西安《中国音乐学院管理体制改革方案（草案）》手稿[1]

1989年1月1日（星期天），李西安在家人的一再劝说下，终于暂时放下了手里的工作，在家与妻子张鸿懿、女儿珠珠一起吃了一顿久违的团圆饭。他们共同举杯，相互祝福，庆祝新的一年的到来！

[1] 按：该手稿原件共有13页，不一一赘示。

八、春风对秋雨　冬雪映夏阳

1987年暑假期间李西安向李焕之正式递交了辞去中国音协书记处书记和《人民音乐》主编的辞呈之后，李焕之即开始积极物色接替李西安工作的人选。但由于种种原因，始终未能如愿。因此李西安实际上仍然还在《人民音乐》和中国音乐学院之间奔忙。好在《人民音乐》副主编张弦和编辑部于庆新、金兆钧等十分理解和体贴李西安，并积极主动地为李西安分担了很多工作。李焕之也尽量不再安排李西安密集地参加音协的各种会议。与此同时，无论中国音乐学院的工作如何繁重，李西安也都始终践行着他对李焕之的承诺，在《人民音乐》主编正式由他人接替之前，仍然一如既往地履行着主编职责，并对所有的约稿、来稿、审稿、发稿工作负责。

戴嘉枋的文章《时代与现实错位阴影中的必然选择——新潮音乐的得失生成及历史方位》（以下简称“戴文”）被李西安安排在了《人民音乐》1989年第1期的头版头条位置。[1]一因自新潮音乐70年代末80年代初出现以来，人们对其持续的关注和争议直接引发了理论界对传统与创新、东方与西方、保守与前卫等的深刻反思，甚至触动了中国音乐界固有的音乐思潮、音乐批评、音乐社会功能、音乐价值观，乃至作曲家主体意识与唯物主义反映论。二因两年前戴嘉枋在《音乐研究》（1987年第1期）上发表的《面对挑战的反思——从音乐新潮论我国现代音乐的异化与反异化》文章，也曾经遭到过严厉的批判[2]。然而，学术理论刊物焉能对学术理论界的当下热点漠不关心，无动于衷？又岂能像贺绿汀所说“利用刊物，压制学术”？更何况作为主编，李西安不仅具有强烈的责任担当，同时对新潮音乐当时的遭遇和戴文中对“怪胎”“不是历史

---

[1] 详见戴嘉枋:《时代与现实错位阴影中的必然选择——新潮音乐的得失生成及历史方位》，《人民音乐》1989年第1期，第2 ~ 6页。

[2] 按：详见晓星1988年5月15日在纪念《讲话》发表45周年座谈会上的发言，以及一年后他在《人民音乐》1989年第8期发表的《音乐领域必须坚持社会主义文艺方向》一文。

正道”“缺乏马列主义思想指导”等批判的反驳也深有同感。[1]

李西安当时还计划在1989年第2期的《人民音乐》里以文摘形式转载李正忠发表在《音乐研究》1988年第4期上的文章《他律论与唯物主义反映论》。与此同时，为《人民音乐》编辑部1月23日召开第三次的“回顾与反思”系列研讨会，李西安还邀请了中国艺术研究院外国文艺研究所副所长王德盛为会议作《当前苏联文艺界对日丹诺夫现象的反思》专题学术报告。那一天，虽然他因为中国音乐学院繁忙的公务未能参加会议，但与会者李伟、郭乃安、刘诗嵘、徐士家、黄晓和、汪毓和、何乾三、张静蔚、蔡仲德、李应华、王宁一、王西麟、吴毓清、魏廷格、万昭、向延生、戴嘉枋、修海林、杨燕迪、韩锺恩等济济一堂，对王德盛的报告反响热烈。大家一致表示，由于历史的原因，“斯大林时代”及日丹诺夫的文艺理论对我国音乐事业产生了重大影响，因此对中国几十年的音乐道路进行回顾与反思，重新研究日丹诺夫的文艺理论是无法回避的课题。只有把中国文艺界所经历的历史放到国际社会的大背景下进行横向联系与比较，“回顾与反思”才能深入、持久地进行下去。大家表示，半个世纪以来，苏联文学艺术发展的历史告诉我们，文艺的创作方法从来就不是一元化的，而是呈现出多元化的格局。创作方法的一元论，是封建专制主义下的畸形儿，它只能束缚甚至扼杀文学艺术的发展。日丹诺夫把苏联当时出现的现代音乐端倪一概斥为“资产阶级颓废、没落的反人民的现代主义倾向”，导致当时整个“社会主义阵营”的国家对西方现代音乐的各种流派采取了全盘否定的片面态度。而这种片面的认识，恰恰妨碍了我们对西方音乐全貌的认识与研究。大家

[1] 按：关于中国音乐理论界1987 ~ 1990年围绕新潮音乐展开激烈思想论辩的相关文章，可参见《文汇报》1987年11月24日《以史为鉴谈“新潮音乐”》和《文艺理论与批评》1987年第4期《音乐艺术要坚定走社会主义道路》等文章。另，关于“怪胎”“不是历史正道”“缺乏马列主义思想指导”等观点的出处，可参见《音乐研究》1990年第3期《澄清思想才能繁荣创作》、《中国音乐教育报》1990年9月15日《从两个否定，两个怪胎谈起》，以及《人民音乐》1990年第6期《我的一些意见》等。

希望，音乐界今后应加强对苏联音乐发展的研究。无论是历史还是现实，也无论是经验还是教训，苏联音乐事业的发展都值得引起更多的关注。[1]

然而，李西安是一个不喜务虚更善务实的人。

早在1988年6月，在李西安的发起和积极推动下，《人民音乐》编辑部就进入了筹备1989年举办“中国乐器国际比赛”的工作。应该说，举办这样的比赛一直是萦绕在李西安心头挥之不去的夙愿。因为，他有一个始自50年代末的深厚情结，当时他在中央音乐学院受姚锦新、蓝玉菘等恩师教诲和影响编写《民族曲式》，研究《八板》。早在1980年他给中国音乐学院的《十点建议》里就明确提出：

在适当的时候（1985年左右）创办“北京之秋——中国民族音乐节”，进行民族音乐作品和演奏演唱比赛，除国内音乐团体和个人参加外，邀请海外华侨、世界各国代表和演出团体参加；

在适当的时候（1985年左右），举办世界性的“中国民族音乐学学术会议”，邀请海外华侨和世界各国的中国民族音乐学者参加。

1982年，李西安除了在中国音乐学院组织了“华夏之声”系列学术音乐会，又在《关于发展中国民族音乐事业的五项倡议》中呼吁：

创办中国民族音乐节：演出传统的和新创作的中国音乐作品，举行器乐（如琵琶、二胡等）、声乐和新作品比赛，并邀请台湾省、港澳地区及海外华侨、世界各国代表参加观摩和比赛。

1986年，他被任命为中国音协书记处书记、《人民音乐》主编后，

[1] 《对日丹诺夫文艺理论的反思——本刊召开第三次“回顾与反思”研讨会》，《人民音乐》1989年第2期，第11页。

在《关于“七五”期间音协工作的若干设想》中又再次提到：

> 拟与政府有关部门联合创办中国民族音乐节；设立中国音乐家协会的国家级音乐大奖，鼓励和表彰音乐创作、表演、理论和社会活动等方面的重大成果。

1987年2月，他被任命为中国音乐学院院长之后，“民乐”仍然在他《关于中国音乐学院办学的若干设想》之中。虽然在他的手稿里，关于民乐的学科设置和相关的教学、比赛规则细节并没有详细写出，但其地位明显高于其他专业。

1988年8月，经过李西安和《人民音乐》编辑部、中国音乐家音像出版社，以及中国音协同事们的积极化缘和拉赞助，经过他们为手续报批、制定比赛（初赛、复赛、决赛）规则、明确参赛选手条件、邀请海内外评委组建评委会、联系落实比赛场地等诸多事务的多方奔走及不懈努力，由李西安亲自撰写的公告《中国乐器（琵琶、二胡、筝、柳琴）国际比赛将于1989年举行》醒目地跃然于《人民音乐》杂志上。

中国乐器(琵琶、二胡、筝、柳琴)
国际比赛将于1989年举行

为进一步推动国际间的音乐文化交流，促进中华民族音乐艺术的发展，中国音乐家协会《人民音乐》编辑部、中国音乐家音像出版社、中国艺术家旅行社将于1989年举办中国乐器（琵琶、二胡、筝、柳琴）国际比赛。

比赛分青年组和少年组。青年组年龄为17—30岁（大陆外的选手年龄放宽至35岁），少年组选手年龄为8—16岁。比赛分初赛、复赛和决赛三个阶段进行。决赛获胜选手将被授予奖金、奖品和获奖证书。

此次比赛已得到中国文联和中华人民共和国文化部的正式批准。

为保证此次大赛圆满地进行，《人民音乐》编辑部和其他主办单位已邀请著名音乐家组成了艺术委员会、评选委员会和组织委员会，并特邀美国、日本、新加坡、香港等国家和地区的著名人士担任艺委和评委。

这次国际性的中国乐器比赛是建国40年来的第一次。通过这次空前规模的、广泛的国际交流，必将使源远流长的、灿烂的中国民族音乐得到世界人民的瞩目和喜爱，必将促使当代中国的民族器乐的演奏、创作更加繁荣兴旺。

欲参赛者请与北京农展馆南里10号《人民音乐》编辑部联系。简章备索，每份1元。我们热切希望国内外各界有识之士为此次比赛提供支持和帮助。对此，我们将以各种方式予以答谢，欢迎来人或来函面洽。

中国乐器（琵琶、二胡、筝、柳琴）国际比赛组委会

图2-41　中国乐器（琵琶、二胡、筝、柳琴）国际比赛的公告[1]

---

[1] 详见《人民音乐》1988年第8期，第25页。

这是一次史无前例的国际比赛，更是一次意味深长的民乐盛会。尽管当时有人质疑琵琶、二胡的中国“血统”，他们认为血脉纯正的中国乐器首先应该是古琴、古筝。琵琶、二胡不过“胡人”之物尔，并且还列举了汉代学者刘熙《释名》所释：“枇杷，本处于胡中，马上所鼓也。推手前曰枇，引手却曰杷，象其鼓时，因以为名。”引证了宋代学者陈旸所解：“胡琴本胡乐也，出于弦鼗而形亦类焉，奚部所好之乐也。盖其制，两弦间以竹片轧之，至今民间用焉。”但李西安知其然，更知其所以然——他既看到了由于中国文化巨大的包容精神，琵琶、二胡等所谓的外来乐器早已成为文献记载最多、普及程度最高、学习人数最广的中国民族乐器，而且他也十分清楚，由于种种历史原因，现代人对于敦煌琵琶、曲项琵琶、五弦琵琶，以及大量的琵琶技法和琵琶乐谱知之有限。举办“中国乐器比赛”仅仅只是他实现理想的第一步。因为，他心中还蕴藏着另一个更为宏大的“礼失求诸野”计划——正如从公元7世纪初至9世纪末长达200多年的时间里，日本为了学习中国文化，先后向大唐王朝派出过数十批遣唐使，他要“反其道而行”——在中国音乐学院选派“遣日使”，远赴日本学习并找回失去的中国古代音乐。比赛公告发出之后，来自中国、新加坡、日本、法国、美国、英国的选手报名踊跃，人数与日俱增，李西安更是胸有成竹，信心满满。

但1989年春节前夕，原来谈好的赞助单位中国艺术家旅行社突然因故变卦。情急之下，李西安不得不与《人民音乐》编辑部的“秀才们”（孙文妍语）四处奔波，另找赞助。幸得北京工艺品进出口公司及时慷慨解囊，最终促成比赛如期举行。与此同时，由于报名参赛柳琴的选手人数较少，以及根据赞助单位北京工艺品进出口公司的要求，比赛名称被正式更正为“ART杯中国乐器（琵琶、二胡、筝）国际比赛”。与比赛配套的艺委会、评委会和组委会也在擅长周密设计组织构架的李西安统筹下随之成立并开始运转。

图2-42　ART杯中国乐器国际比赛海报

图2-43　《人民音乐》编辑部和中国音协当年为“ART杯中国乐器国际比赛”辛勤付出的“秀才们”：前排左起张弦、徐冬、严济颖，后排左起吴锡（中国音协工作人员）、于庆新、金兆钧、杜庆云（摄影者不详）[1]

[1] 按：该照片由金兆钧提供并授权本人在本书中引用。特此说明。

3月27日，由李焕之、小池哲二（日本）、朴东生、何占豪、余其伟、李凌、李光弼（中国香港）、胡登跳、袁静芳、秦鹏章、曹本冶（中国香港）、陈振铎、晨耕、乔建中、黄翔鹏、费明仪（中国香港）、汤良德（中国香港）、赵沨、赵婉珠（中国香港）、刘靖之（中国香港）、颜子仁（中国香港）、关迺忠（中国香港）、顾立民（新加坡）、吴祖强、李西安、三木稔（日本）、王国潼、王惠然、王正平（中国台湾）、王燕樵、王范地、李光祖、沈星扬（美国）、范上娥、林石城、项斯华（中国香港）、曹正、许常惠（中国台湾）、闵惠芬、彭修文、黄安源（中国香港）、黄建伟（中国澳门）、郑朝吉（新加坡）、刘文金、刘明源、刘德海、蓝玉崧等组成的艺委会、评委会，由张非、张弦、吴言韪、崔景林、俞嘉良、于庆新、舒小模、杜庆云、李炜、吴锡、金兆钧、徐冬、陆世斌、夏小泉、黄建生、黄显瑞、陶炎民、高宇文、舒立、甄彪、刘晓伦、严济颖等组成的组织委员会，以及由王国潼、王范地、王世璜、史兆元、邱大成、李光祖、李萌、李汴、李婉芬、吴俊生、林石城、秦鹏章、孙维熙、曹正、张韶、闵惠昌、乔建中、蒋青、刘文金、刘明源、邝宇忠等组成的初赛评委会和400余位青年组、少年组专业、业余参赛选手在文联大楼拉开了“ART杯中国乐器（琵琶、二胡、筝）国际比赛”初赛的大幕。

经过紧张的初赛、复赛，艺委会、评委会、组委会惊喜地发现，无论青年组还是少年组，无论专业还是业余的选手，其整体水平都远远超过了预期，而且其中一些选手的演奏技巧和艺术修养都已经接近了演奏家级别，前途无量，未来可期。通过海外20余位参赛者的演奏，人们既看到了海外华人和外国人对中国乐器的喜爱，同时也感受到了中国乐器在海外的无限活力与蓬勃生机。

决赛于6月1日至4日在中央音乐学院举行，最终产生青年/少年专业组一、二、三等奖获得者36人，青年/少年业余组一、二、三等奖获得者27人；专业组表演奖获得者57人，业余组表演奖获得者34人；特别奖获得者13人；鼓励奖专业组获得者49人，鼓励奖业余组获得者43人。

如今，当年这些年龄尚幼的获奖者，大多数已成为中国民乐界的栋梁，有的甚至还成为了蜚声海内外的著名演奏家并走上了专业音乐院校的领导岗位。他们承前启后，继往开来，引领着中国民乐欣欣向荣、蓬勃发展。然而，当年的境况却耐人寻味——80年代正值港澳台流行音乐来势汹汹冲击大陆，民族乐器乃至中国传统音乐的境况令人担忧，是这一大批杰出优秀青少年民族乐器演奏员的涌现，让人们对中国民乐再次充满了希望。中国音乐史记住了“ART杯中国乐器（琵琶、二胡、筝）国际比赛”的策划者李西安，记住了为比赛付出心血的艺委会、评委会、组委会所有工作人员，记住了所有参加决赛的获奖者：

琵琶青年专业组

一等奖：杨惟

二等奖：杨靖、张强

三等奖：陈音、章红艳、曲文军

琵琶少年专业组

一等奖：叶芳

二等奖：俞嘉、吴琼

三等奖：陈一涵、樊薇、李晖

琵琶青年业余组

一等奖：汪敏敏

二等奖：韦红雨

三等奖：孟仲芳

琵琶少年业余组

一等奖：宋涛

二等奖：梁君、马妍

三等奖：兰维薇、石娟、伍春

二胡青年专业组

一等奖：宋飞

二等奖：于红梅、严洁敏

三等奖：赵建华、李宝顺、沈多雷

二胡少年专业组

一等奖：马向华

二等奖：王惠、蒋文华

三等奖：王奕、黄晨达（中国香港）、盛叶

二胡青年业余组

一等奖：张晓莉

二等奖：梁云河

三等奖：陈京华

二胡少年业余组

一等奖：高虹

二等奖：吴韵竹、周奕

三等奖：刘君伟、朱云峰、周亚男

古筝青年专业组

一等奖：尹远

二等奖：王勇、张珊

三等奖：林玲、王蔚、王中山

古筝少年专业组

一等奖：罗晶

二等奖：祁瑶、罗小慈

三等奖：朱丽娜、邱霁、孙卓

古筝青年业余组

一等奖：李玫

二等奖：江澹曦

三等奖：谭春文（新加坡）

古筝少年业余组

一等奖：朱蕾

二等奖：李牧、周咏梅

三等奖：王运、孙欣、杨阳[1]

---

[1] 按：获得表演奖、特别奖、鼓励奖的获奖选手名单从略。特此说明。

1989年9月7日晚7点半，组委会在北京音乐厅精心组织了“ART杯中国乐器（琵琶、二胡、古筝）国际比赛颁奖仪式”。之后，各组一等奖获得者和部分海外选手联袂演出了“ART杯中国乐器（琵琶、二胡、古筝）国际比赛颁奖音乐会”。吴祖强代表艺委会、评委会、组委会在颁奖仪式上激动地说：

各位来宾，

女士们、先生们：

“ART杯中国乐器国际比赛”于今年6月1日至4日在北京举行。这是中华人民共和国成立以来举办的第一次规模大、范围广的国际性中国乐器比赛。通过初赛、复赛和决赛，有63名青少年获得了一、二、三等奖，充分显示了中华民族优秀的传统音乐艺术所具有的蓬勃的生命力。

我们高兴地看到，中国香港、中国台湾、中国澳门及新加坡、日本、美国、英国、法国等国家和地区的20余名选手参加了这次比赛。他们勤奋、认真、热情的精神给我们留下了深刻的印象。

这次比赛，有中国大陆的专家参加评选，同时还荣幸地邀请到海外的音乐家担任评委。他们是日本著名作曲家三木稔先生、新加坡指挥家郑朝吉先生、美国音乐家沈星扬先生、中国台湾作曲家许常惠先生、中国澳门二胡及古筝演奏家黄建伟先生、中国香港二胡演奏家黄安源先生和古筝演奏家项斯华女士。我代表艺委会、评委会和组委会，对他们出色的工作表示敬意和感谢！

在此，我还要特别告诉大家，这次国际性的比赛得到了海内外各界人士的支持和帮助。为了表示感谢并以资纪念，我们为部分获奖选手特设如下奖杯：

以中国香港李光弼先生命名的“光弼杯”，将授予古筝青年专业组一等奖获得者；以中国香港费明仪女士命名的“明仪杯”，将授予琵琶青年专业组一等奖获得者；以中国台湾福茂唱片社命名的“福茂杯”，将授予二胡青年专业组一等奖获得者；以日本小池哲二先生命名的“小池杯”，将授予古筝少年专业组一等奖获得者；以中国丽都电子公司命名的“丽都杯”，将授予琵琶少年专业组一等奖获得者；以中国深圳赛格集团公司命名的“赛格杯”，将授予琵琶青年专业组二等奖获得者。

女士们、先生们，华夏乐声的无限魅力使我们相聚在一起，让我们携起手来，为中华民族器乐的传播、发展、光大而继续努力！[1]

[1] 详见吴祖强：《华夏乐声的无限魅力，使我们相聚在一起——在“ART杯中国乐器国际比赛”颁奖仪式上的讲话》，《人民音乐》1989年第10期，第2页。需要说明的是，既然以××命名的“××杯”授予××组的一等奖获得者，那么吴祖强讲话中“以中国赛格集团公司命名的‘赛格杯’，将授予‘琵琶青年专业组二等奖获得者’”便有可能存在前后逻辑上的错误。何况“琵琶青年专业组二等奖”的获得者是杨靖、张强，两人共享一个奖杯的可能性极小。此外，讲话中并没有提到“二胡少年专业组”及一等奖获得者马向华。因此，疑似工作人员在为吴祖强起草讲话稿时把“以中国赛格集团公司命名的‘赛格杯’，将授予‘二胡少年专业组一等奖获得者’”误写为“以中国赛格集团公司命名的‘赛格杯’，将授予‘琵琶青年专业组二等奖获得者’”。特此存疑。

第三部 秋

人们都说秋天是一年中最美的时光。晴空万里，风清气爽，硕果满园，桃李芬芳。但秋天也是众金克木、万物萧煞的季节。春生秋亡，叶落归根。水流归末，夏荣秋枯……

一、波谲云诡

1986年初，中国音协主席团经四届二次常务理事扩大会议讨论通过并决定授权李西安起草《人民音乐》“改版计划”并正式任命他为《人民音乐》主编以后，贺绿汀对中国音协与《人民音乐》长期以来“一边倒”“不正常现象”的批评，让当时的多个音乐理论刊物都有不同程度改进。当时公开发表的最有代表性的文章是乔建中《什么是发展当代音乐的必由之路——由吕骥同志〈音乐艺术要坚定走社会主义道路〉引发的思考》(1988)、居其宏《社会主义初级阶段理论与当代音乐史的几个问题——兼与吕骥同志商榷》(1988)，以及戴嘉枋《科学总结我国当代音乐发展的历史经验——与吕骥同志等商榷》(1988)，这些文章以坦诚的思想交流和实事求是的治学态度为当时的学术理论研究增添了许多宽松与和谐的氛围。

我当时虽然还只是中国艺术研究院研究生部音乐学系(音乐研究所)的一名在读硕士研究生(理论界戏称“黄埔三期”)，但“一期”老大哥乔建中、居其宏和他们的导师吕骥商榷的勇气让我们“三期”的同学们十分感佩。受其影响，就连我的同窗费邓洪、孙川也开始和音乐研究所时任副所长的音乐美学家王宁一就哲学中的“形式”与“内容”问题展开了不止一个回合的公开商榷。在学术研究中，大家都奉行着“Plato is dear to me，but dearer still is truth”(“吾爱吾师，吾更爱真理”)的信条，平日里相互间则没大没小，称兄道弟，其乐融融。

然而，这段令人无比怀念的美好岁月已经逝去近40年。

在李西安还沉浸在1989年“ART杯中国乐器国际比赛”顺利举办的喜悦中时，就开始筹备9月7日的颁奖仪式音乐会了，他准备从中国音乐学院选派“遣日使”到日本学习并找回中国传统音乐的计划得到了日本作曲家三木稔、中国香港歌唱家费明仪等人的高度赞同，他迫不及待地把“遣日使计划”向文化部方仟司长做了汇报。但与此同时，他对方仟司长已经接到了来自中国音协和中国音乐学院某些人对他在《人民音乐》和在中国音乐学院工作中所犯“错误”的举报全然不知，9月7日颁奖仪式音乐会结束后，他还以《人民音乐》主编的身份主动向厉声约稿。对此，我们可以从《人民音乐》1989年第11期厉声发表《我们应该怎样进行“回顾与反思”？》一文的“作者附言”[1]中得到证实。

不可否认，厉声也是一个坚定、执着的人，而且具有很强的党性原则和组织观念。早在1955年《人民音乐》创刊早期（他当时供职于河北省文化局音乐工作组），他就曾经发表过一篇题为《对〈人民音乐〉的意见》的文章[2]。而他1989年末发表的《我们应该怎样进行“回顾与反思”？》一文则将其思想表述得更加清晰：

> 1988年在音乐界掀起了一个对建国40年来的音乐工作进行“回顾与反思”的热潮。《音乐研究》《人民音乐》和《中国音乐学》相继发表了几篇有关文章。
>
> 解放思想，实事求是，回顾过去，总结正面经验，以继承发扬，坚持下去，认识反面教训引以为戒，从而使今后的工作能在一贯地坚持四项基本原则的前提下，实行改革开放，不断创新。这不但是非常必要的，而且是应该全力以赴地去做好的一件大事。
>
> 但是，《人民音乐》和《中国音乐学》两刊分别组织的“回顾与反思”活动，看来并没有实现他们所预订的目的，从所刊登出来

[1] 按：《人民音乐》1989年第11期第20页被编辑部误注为“编者按”。本书根据文章正文与“编者按”的上下文理校，更正为“作者附言”，特此说明。

[2] 厉声：《对〈人民音乐〉的意见》，《人民音乐》1955年第3期，第28页。

的一些文章中看（尤其是《人民音乐》在“毛泽东文艺理论研讨会”后所发的一些文章和《中国音乐学》以和吕骥同志商讨为题的一组文章中），有些观点是存在严重错误或为我们所不敢苟同的。这些文章过多地否定了“文革”前音乐工作的成就，甚至将17年基本正确的文艺路线否定为一条“左”倾路线的统治，而林彪、“四人帮”的“极左”路线又是这一路线的延伸和发展。在这些文章中还宣扬了一些非常错误的音乐艺术观和主张，这些文章发表在中国音协的机关刊物和在全国有相当声誉的音乐学术刊物上，影响是不小的。它将本来已经相当糊涂的音乐思想搅得更加混乱了。无疑，假如这种思想不予以澄清，就会挫伤音乐工作者建设社会主义音乐艺术的信心，如果这些错误观点得以流传，就会将音乐工作引入歧途……

我们还有不多的几个理论上的“二道贩子”，常常跟着“行情”走。人家文学界、美术界——有人把腐朽当神奇，把在西方也已经过了时的理论当作时髦引进来唬弄中国人，而有人冒充“开拓型理论家”却把早已在其他界挨了当头棒喝已奄奄一息的“新理论”又移植到音乐界来，他们的任务是搬来别人的框架，而用音乐方面的“实证”硬往里塞，所以塞进去的东西常常是被歪曲的，压扁了的，变形的（当然有时为证实他的观点，也不惜把“框架”撑歪了）。如音乐上的“主体论”“异化论”，文艺指导思想上的“多元论”，还有什么“讲话后现象”这个那个现象，“重写音乐史”等等等等，无一不是如此。这种情况至少可说是反映了一种很不严肃的，哗众取宠的不良学风。

……有人无中生有地提出“拉普思想统治了我们几十年”，“日丹诺夫思想阴魂不散”，这是毫无根据的。以组织上的宗派主义、思想上的反一切传统、推崇现代主义为主要特征的“拉普派”，如果真的存在“统治现象”，的确是应该反对的，如属历史上的应彻底清算，如现在要想“重新投胎”，就应及早消灭……[1]

[1] 厉声：《我们应该怎样进行“回顾与反思”？》，《人民音乐》1989年第11期，第20 ~ 23页。

但李西安不同。他在1989年中国音协召开的常务理事会的发言中，首先特别感谢了李焕之、晨耕在《人民音乐》遭到批判后主动将责任承担下来的高风亮节，并诚恳地表示“一切责任都在我”；其次，才对“四人谈”的来龙去脉做了实事求是的说明。

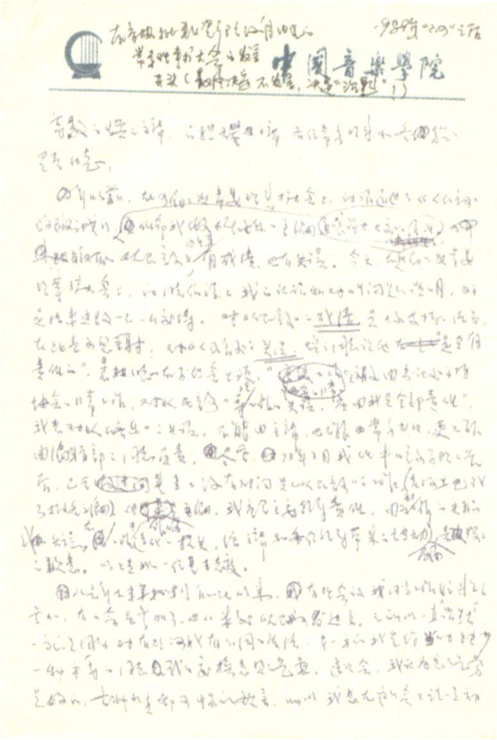
中國音樂學院

图3-1　李西安在中国音协常务理事扩大会上的发言稿（手稿）

事实上，早在1987年初，戴嘉枋就在中国音乐理论界提出“异化”与“反异化”的哲学命题，并发表了他颇具理论洞见的重要文章《面对挑战的反思——从音乐新潮论我国现代音乐的异化与反异化》（以下简称“戴文”[1]）。如今，这篇文章虽然已经被很多院校列为音乐学必读文

[1] 戴嘉枋：《面对挑战的反思——从音乐新潮论我国现代音乐的异化与反异化》，《音乐研究》1987年第1期，第44～55页转第105页。

献，中央音乐学院、中国音乐学院也分别将其汇编到了《中央音乐学院改革开放40年学术文萃·音乐评论卷（下册）》和《中国音乐大典（文论编）》之中。但在当时，戴嘉枋因此文遭到的严厉批判，恐怕现在的青年学子们无法想象。

戴文指出：

（对于新潮音乐）无论是褒扬，还是贬斥，我们不得不承认：自70年代末发轫于北京、上海等地音乐院校作曲系学生中的音乐新潮，当今已成为我国“严肃”专业音乐中一股不容忽视的力量，并在海内外产生了一定的影响。从1985年12月在武汉举行的“青年作曲家新作交流会”所展示的作品来看，这一大批在短时间内密集地出现在我国的音乐创作，虽然从题材、体裁、民族风格，到表现意图和技法，直至对音乐的认识和控制，无不异彩纷呈，但他们又体现了一个显著的共同特征，那就是以创新执着的追求和鲜明突出的个性化，对我国现代音乐的传统规范作出了勇敢的“反叛”。

……

对照传统音乐史学相较音乐新潮贫乏无力的状况，我们不能不看到，我们以往的研究确实存在着过多地从客体和直观的形式去理解音乐史实和现实的倾向，即在“文艺是现实生活的反映”的简单化的机械论决定下重视的是音乐同现实生活呈线型因果关系的形态表现，忽视了音乐同时也是主体（音乐家的思想感情）的反映，对音乐家的感性活动，在实践方面、主观方面的能动作用缺乏深刻的理解。这严峻的挑战，不能不促使我们思考，音乐史应在研究方法上作新的开拓……

最后，戴文通过大量的事实依据和哲学思辨分析指出：

> 不难看出，音乐新潮在我国的崛起绝非历史的偶然，它是我国现代音乐异化发展到顶点，音乐文化层产生断裂后的必然结果。反异化新潮在搏击中聚合汇集，冲破束缚，不迷信权威，它所特有的鲜明主体意识是民族在现实的历史反思中，对人、对尊严和地位的自觉肯定，是实现主体存在价值在音乐界的反响，也是对音乐审美及其价值标准的主观性和多样性深邃认识的结果。虽然音乐新潮方兴未艾，对青年作曲家们仅五六年来的探索实践作出历史结论似乎过早，而且也许因异化的压抑，反生成过分强调的主体性，使他们在反异化中难免矫枉过正，他们的创作不仅同现实的时代生活、社会、人生以及绝大多数听众之间，出现了一个或大或小的距离，并且某些作品音响多于音乐，意识同技巧不协调，也是一个客观事实。然而，无论如何，我们已经有理由这样说：音乐新潮的崛起代表了我国现代音乐在自由审美创造本质特征上的复归，作为一种主体意识的觉醒，虽然目前还只局限于严肃的专业音乐领域，但它预示了一种不可阻挡的趋势，因为它的意义无疑是我国现代音乐多层次、全方位新的腾跃繁荣，举踵走向世界的第一声号角！

然而，戴文的“第一声号角”却被斥责是在“为在理论上有致命缺陷的新潮音乐作曲家提供理论支柱和美学根据”[1]，因为，新潮音乐作曲家“最大的缺点是不重视世界音乐发展史为我们证明的真理”[2]。

一时间，中国音乐理论界对新潮音乐，对由新潮音乐引发的理论批判层层升温，日趋激烈。但不可否认，作为《人民音乐》主编，李西安

[1] 吕骥：《音乐艺术要坚持走社会主义道路》，《文艺理论与批评》1987年第4期，第34 ~ 37页。

[2] 吕骥：《以史为鉴谈“新潮”音乐》，《文汇报》1987年11月24日。

积极支持改革的立场和坚决贯彻“双百方针”的态度十分鲜明，而且对音乐界人士的来稿一视同仁，毫无门户之见。他甚至还对不同意见的批评也表示坦诚的欢迎。

晓星说得没错。[1]李西安的确把汪申申、刘健、周晋民《新的时代呼唤着新的音乐》（1986年第6期）、“兴城会议”的报道《中国音乐的紧迫任务》（1986年第9期）、居其宏《归来兮，批评之魂——中青年音乐理论家对音乐批评的反思与呼唤》（1986年第10期）、赵晓生《摆脱模仿　贵在创造》（1989年第5期）、金湘《繁荣发展中国歌剧之我见》（1989年第7期），以及戴嘉枋《时代与现实错位阴影中的必然选择——新潮音乐的得失与历史方位》（1989年第1期）等至今仍属优秀的重要理论文章（包括综述性质的报道）放在了《人民音乐》的头版头条位置上。但这恰恰是李西安作为中国音协机关刊物《人民音乐》主编，旗帜鲜明积极支持改革开放，促进中国音乐当代创作与理论研究的责任担当。

二、音乐思想座谈会[2]

1990年6月25日～30日，由中国音协主持召开的“音乐思想座谈会”在北京京闵饭店举行。来自北京及全国各省市自治区分会的正式代表和列席代表70余人出席了会议。会议前夕，与会者接到了一份由中国音协印发的《近几年有关音乐文稿部分目录索引》（含75篇文章的篇名与作者名）和一份《全国音乐思想座谈会讨论参考题》（以下简称《参

---

[1] 晓星：《音乐领域必须坚持社会主义方向——在纪念〈讲话〉发表45周年座谈会上的发言》，《人民音乐》1989年第8期，第14～21页。

[2] 按：本书此处之所以把1990年召开的“音乐思想座谈会”作为一个章节专门提及，原因有二。其一，此次座谈会具有鲜明的时代特征；其二，座谈会的会议内容与议题以及与会代表的发言均具有中国当代音乐史史料文献的重要价值。

考题》）：

一、如何看待马列、毛泽东文艺思想对我国音乐事业的指导作用？

二、资产阶级自由化思潮在音乐领域有哪些表现？怎样将反对资产阶级自由化的教育和斗争引向深入？

三、如何评价“五四”以来，特别是《在延安文艺座谈会上的讲话》发表以来我国音乐事业的发展？

四、如何看待西方现代音乐思想和创作方法对我们的影响？

五、如何看待“流行音乐”，它在我们的音乐生活中应摆在什么位置上？

六、在新时期怎样继承和发扬民族音乐优良传统？

七、怎样认识音乐工作者在新时期的使命？

八、如何总结十年来音乐工作的经验教训？

九、如何更好地坚持“二为”方向和贯彻“双百”方针，进一步促进音乐创作的繁荣？

十、如何沿着社会主义方向进行音乐工作的改革？

孙慎在大会开幕词中再次强调了《参考题》列举的十个问题，并希望大家围绕十个问题回顾过去、评估现在、思考未来。

开幕式上，中宣部副部长、文化部代部长贺敬之，以及吕骥、李焕之、赵沨先后讲话。李焕之宣读了贺绿汀委托他交给大会的书面发言。

6月30日上午，中国文联党组副书记孟伟哉到会讲话。当日下午举行闭幕式。吕骥、时乐濛即席发言，赵沨致闭幕词。

在5天的大会发言和小组讨论中，与会者围绕《参考题》列举的十个问题展开了激烈的讨论。

时至今日，不得不说当年《中国音乐学》编辑部的朋友们为此做了大量细致、全面、辛勤的文献记录工作，才让这份在中国当代音乐史上具有重要意义和珍贵价值的历史档案得以完整保留[1]，并让所有有志于中国当代音乐史研究和学习的后来者们，得以知兴替，明得失。[2]

晓星：在思想文化领域里倡导“多元化”是为政治上实行“多元化”制造舆论。在政治、经济、思想、理论、文艺领域大搞“多元化”，是……在认识上作了西方资产阶级意识形态的俘虏，中国音乐如果走上了这条“多元化”“多元无序”的道路，那就中了……圈套了。

厉声：谁都不能否认，近年来，尤其是1986年以来音乐界的确存在着相当对立的两种思想的论争……有人要以革新与保守、改革派与僵化派之争，或者以宗派之争、人事纠葛来解释概括这场论争，这是不能同意的。我认为，这场论争的焦点是集中在社会主义音乐建设的方向、方针和道路的问题上，包括承不承认社会主义音乐，是不是坚持党对音乐事业的领导……

王安国：一些理论工作者和音协领导在对重大问题做结论时一定要严谨、科学，慎而又慎，不然就会扩大分歧，贻误事业。例如，将新潮音乐和流行音乐笼统地说成是“两个怪胎”“不走正道”。这些结论是否经过了细致、全面的分析呢？对于这两种复杂的音乐现象，是否可以表述得更准确、科学一些呢？再如，说近些年音乐创作和演出状况“形式是繁荣的，本质上是贫乏的”。这样的评价，对成百上千的音乐工作者的辛勤劳动是否客观、公正？是否有利于团结和调动音乐界的一切积极因素？是否与改革开放以来党和人民在各个领域取得的巨大成就相符？40年间的批判、争论、斗争没有留给我们一个反党反社会主义的音乐家，这是毋庸置疑的历史事实，可否使我们再冷静地思考我们的音乐思想、音乐生活，以及在开展理论批评时自己的基本立足点？

居其宏：当前音乐界所存在的一系列争论，由来已久。对这些争论

---

[1] 《中国音乐学》资料组：《1990年“音乐思想座谈会”综述》，《中国音乐学》1990年第4期，第24～42页。

[2] 按：本章所引与会者当时的发言均出自以上“综述”，不一一赘注。

的性质应如何估计……在学术上、艺术上的不同意见、不同流派和学派应当在“双百”方针指导下进行平等的讨论，力戒用行政手段来做结论。这个结论只能由实践来做，由历史来做。前几年音乐界流行一种说法，认为音乐界资产阶级自由化的风源有两个。一个是兴城会议，一个是大连会议。这样认为可不可以呢？可以的。但这个结论只能产生在调查的末尾，而不是它的前头。就是说，要对这两个会议有一个全面的了解，要确实花一点工夫，不能靠道听途说获得印象。

马克思主义是亿万人追求的真理，不是少数同志所专有的。在马克思主义面前，我们都是小学生。在音乐界和音乐学界，用马克思主义的立场、观点、方法来观察当代复杂的音乐现象，从中找出规律性的认识，来创造有中国特色的马克思主义音乐学，这是我们老、中、青各代人共同面临的历史任务，在创造马克思主义音乐学的过程中，对种种探索和努力，应当采取爱护和鼓励的态度。即使其中有失误，有非马克思主义的东西，你可以进行批评，但你不能从根本上加以否定，给予责难。这样做无非是想说明，对马克思主义的阐释权只掌握在音乐界少数几个同志手里。别人就注定站在非马克思主义或者反马克思主义的位置上。这种态度既不符合事实，也不符合马克思主义本身。

在关于“回顾与反思”的讨论中，与会代表们依然兴致勃勃，发言踊跃。

厉声：在1985年的四次音代会上，吕骥同志在代表音协领导作的总结报告中宣布，经过十一届三中全会及真理标准大讨论之后，我们音乐工作回到了马克思主义、毛泽东思想路线上来了。这是对当时形势，对五年来的工作最根本、最本质的肯定。特别应该强调的是，吕骥同志所作的四次音代会总结报告，当时是举手通过了的，理所当然地应该成为指导我们后一段音乐工作的共同纲领。吕骥同志已经总结了历史的正反面教训，怎么能说我们那时候没搞拨乱反正？

李正忠：前几年在某些同志中间流行的“观念更新”是错误的。因为它不是本质的保留和现象的扬弃，而是一种怀疑和否定，把我们已经发现的，即便是初级的本质，还不是高级的本质，它也要整个“更新”掉，不要了，要换成西方没落的东西。所以从整体来说，“观念更新”的口号是不能接受的，我始终持反对态度。

居其宏：最近读了李业道同志的文章《反历史的“反思”》，文章认为前几年音乐界搞的“回顾与思考”“回顾与反思”是反历史的。我不这样看。我认为这个反思的背景可以追溯到粉碎“四人帮”之后的拨乱反正。当时全党批判“两个凡是”，对历史进行反思是非常必要的。当时音乐界也处在这种历史反思的背景之下。但音乐界“慢半拍”。一些参与当代音乐建设的老同志最有资格和责任对历史进行严肃的反思，但这方面的工作做得很不够。有许多重要的历史教训，没有被我们认真严肃地、富有历史感地提到反思的课题上来，就有可能使我们重犯历史上已经犯过的错误。在这种情况下，一些中青年音乐理论工作者感到有一种不可回避的责任，必须用马克思主义的科学精神对历史进行认真的回顾与反思。前几年的历史反思有两个背景，一个是批判“两个凡是”，清除“左”的影响，拨乱反正；另一个是资产阶级自由化思潮泛滥。现在一些同志只讲第二个背景，不讲第一个背景。这不是历史。只有把当时的回顾与反思同时放到这两个大背景中来考虑，才能得出符合历史实际的结论。

座谈会期间，关于新潮音乐与流行音乐的问题始终也是与会者较为关心的热点话题。

赵沨说，音乐界曾经有两个否定。一个……造成了主体意识呀、自我表现呀，各种各样的后果；另一个否定……的结果是重写音乐史。

黎英海：年轻人对现代的东西很热衷，主要是技法方面的。是谁把这些上升到理论层面？我认为：这件事的严重性超出了对新潮音乐探索的本身，因为它掀起的波澜不是一般的波澜。……这就是以“四人谈”为代表的文章所产生的恶果。……流行歌曲这个冲击波对音乐界的冲击稍微小些，但对群众，对人们的音乐生活冲击更厉害。对此，理论是要负责任的。这届音协领导最大的失误，就是把阵地让出来。

厉声：必须对李西安等人的《现代音乐思潮对话录》进行批判。它是现代音乐思潮的一个宣言书，是个总纲领，是后来激起千层浪的第一块石头。它的目的就是用现代音乐思潮来全面指导今天的社会主义音乐创作。它在音乐与人民、音乐与时代、音乐与生活、音乐与传统、内容与形式等一系列根本问题上，都是与吕骥同志四届音代会总结报告中所阐述的观点针锋相对的。它的发表也呈现了中国音协领导思想上的分裂。

石夫：《现代音乐思潮对话录》把革命音乐几十年来的宗旨归结为一是儒家观点，一是战时观点，并认为这两个观点仍在恶性膨胀。这些言论的实质，是主张纯音乐、音乐自由、音乐独立，反对音乐的社会内容、阶级属性和倾向性。

王安国：既然有同志认为新潮音乐最大的问题是脱离人民，就应举出哪部作品脱离人民，又是如何脱离的。否则，声势造得这么大，却缺乏说服力。再说，应不应当承认广大人民对音乐的欣赏、理解、喜好千差万别？社会主义文艺应该容许多种风格流派的存在，对新潮理论中存在的问题，应将心平气和的讨论与指名道姓的批判相结合。哪篇文章不好？哪个观点有害？要有根有据地指出，才能弄清问题，帮助同志。如果动不动就泛指一切研究新潮音乐的理论，打击面就太宽了。以后谁还敢在这一领域开展研究呢？近几年，我在这方面写过一些文章，已是白纸黑字，记录在案。我不愿为自己辩解，但今天这样一个让人感到有压力的场合，我要负责地说，我的所有文章，没有丝毫庸俗之处。我从来不认为新潮音乐是中国当代音乐的全部，更没有把它说成是方向。但它也不是中国当代音乐中不可辨认、不能接纳的怪客。我现在感到这方面的研究才刚开始，工作做得还很肤浅，今后应深入做下去。是不是这样，多数同志手中都有书（《现代和声与中国作品研究》），欢迎批评。

戴嘉枋：我从来没有认为新潮音乐是中国音乐的唯一发展方向。我对作品的理解是看其深度，而不是技法。我对新潮音乐的肯定主要是指它在对生活内涵的揭示方面冲破了政治为唯一的局限，丰富了技法。

图3-2 李西安拜访贺绿汀夫妇（1990年，摄影者不详）

梁茂春：新潮音乐是改革开放的产物，是一个新事物。改革开放引进了一些新的思潮，新的观念，带来了创作技法上的新的变化。

梁茂春在列举朱践耳《第二交响曲》和权吉浩《长短组合》时进一步说，没有新的技法、新的音乐语言，是无法表达特定的意境的，也难以打动人。他主张对新潮音乐在观念上要宽容，应该允许它的存在。他认为，对于新潮音乐难以用雅俗共赏来要求。它只能面向小规模的听众，也是为这部分人民群众服务的。

……

坦率地说，引文至此，我虽然心潮久久难平，但时隔三十余年，如再去对当时的某人某言进行评说已毫无意义。毕竟，严肃的史学研究不能像肤浅的娱乐时尚那样任意“穿越”。同理，把历史当成“一个很服从的女孩子，她百依百顺地由我们替她涂抹起来，装扮起来。好比一块大理石到了我们手里，由我们雕成什么像”（胡适语[1]），这

[1] 按：胡适的这段话，上世纪50年代曾因现实批判的需要被篡改成了“历史是任人打扮的小姑娘”（见《胡适思想批判》第六集，三联书店，1955年，第81页）。但事实上，胡适的这段话出自他上世纪20年代的一篇名为《实验主义》的讲稿。近30年来，在海峡两岸出版的各类胡适“文集”“文存”“作品集”“全集”，以及专题“汇编”中均有收录。本文引自胡适著、欧阳哲生编：《胡适论哲学实验主义》，合肥：安徽教育出版社，2006年，第78页。

样的历史也已被学界唾弃。或许，唯有像马克思和恩格斯在他们合著的《德意志意识形态》一书里所说的那样，“当费尔巴哈是一个唯物主义者的时候，历史在他的视野之外。当他去探讨历史的时候，他不再是一个唯物主义者。在他那里，唯物主义和历史是彼此完全脱离的”，“要说明这种曾经在德国占统治地位的历史方法，以及它为什么主要在德国占统治地位的原因，就必须从它与一切思想家的幻想，例如，与法学者、政治家（包括实际的国际活动家）的幻想的联系出发，就必须从这些家伙的独断的玄想和曲解出发”，[1] 才能透过斑驳的光影去触碰历史的宏阔与深邃。

无须赘言，座谈会上的种种迹象已经清楚表明，李西安和被与会者口诛笔伐的“新潮音乐”“流行音乐”“四人谈”“回顾与反思”“头版头条”等已经紧紧牵连在了一起，且难脱干系。赵沨在闭幕词中说：“这次会开出了好的会风。开会之前，有的同志存在一些顾虑，以为又要‘整人’了。通过几天的会议……针对某些错误观点，进行了研讨和批评。既有原则的思想交锋，又充满平等讨论的气氛，并不像有的同志担心的‘打棍子’‘戴帽子’。我们高兴地看到，有的同志对批评表示愿意重新思考。这种态度是值得欢迎的。但有的同志缺乏应有的严肃态度。”[2]

在李西安的遗物里，我看到了很多人给李西安写的信，虽然有的直白、激烈，有的婉转、隐讳，但很少有人认同会议对“新潮音乐”和对李西安，乃至对《人民音乐》的批判。比如罗艺峰就在给李西安的一封信里这样写道：

……本想为小松他们呐喊几句，多做些研究，理论新潮尚未形

[1] 中共中央马克思恩格斯列宁斯大林著作编译局：《马克思恩格斯全集》第三卷，北京：人民出版社，2008年，第56页。

[2] 《中国音乐学》资料组：《1990年“音乐思想座谈会”综述》，《中国音乐学》1990年第4期，第42页。

成便大势已逝，痛哉新潮……但不管别人怎么讲，时代是决不会不倾听青年心声的，细察当下生活，深入时代深处，多么惊人的巨变啊……相信支持您前一段工作的人是多数。我，还有很多青年。今年恰是倒春寒……

三、含冤莫白

11月末的香山，已不再漫山红遍、层林尽染。钓鱼台、地坛、圆明园金黄色的银杏叶凋零殆尽。萧瑟的秋风袭来，散落的残瓣随风飞舞，留下的是一派秋殇和荒芜。

1990年11月21日至24日，中国音协四届三次常务理事（扩大）会议在北京举行。所有常务理事、音协分党组、书记处成员，以及各省、市、自治区分会负责人100余人参加了会议。丁善德主持了开幕大会。李焕之做音协工作报告，吕骥、孙慎、李凌、赵沨先后发表讲话。贺绿汀也做了书面发言。

李焕之在他的《工作报告》中总结了第四届音协的各方面工作，与此同时，他对《中国音乐报》和《人民音乐》存在的舆论导向问题向大会做了公开检讨：

1989年在原《中国音乐通讯》基础上创办的《中国音乐报》（公开发行），经中宣部报刊整顿领导小组和国家新闻出版总署决定，已于去年底停办。……对于《中国音乐报》的政治性错误，该报主要负责同志已作了检查。[1]

《人民音乐》的改版是从1986年4月号开始的。改版计划在

[1] 李焕之：《在中国音协第四届三次常务理事（扩大）会上的工作报告》，《人民音乐》1991年第2期，第4页。

> 1986年1月制定。经书记处研究并经主席同意，在当年召开的四届二次常务理事会上研究讨论并同意了这个改版计划。改版后的《人民音乐》由李西安同志任主编，刊物有了一个新的面貌，无论版面，栏目以及印刷质量都有所提高，较之以前要活跃一些，更重要的是发表了不少学术性较强的文章，有些文章的水平比较高。
>
> 如果说《人民音乐》的舆论导向有问题的话，那是自1988年第6期起开辟了“回顾与反思”专栏之后，编辑部举办了“回顾与反思”的研讨会并陆续发表了一些文章……我作为协会主席，曾参加过一次半“回顾与反思”座谈会。对某人的发言颇有意见，当时我如果细心些，及时告诉编辑部不能发这样的文章，那就会好一些。回想起来，我对此事也是负有责任的。[1]

或许，由于此次会议是中国音协召开的常务理事扩大会议而不是座谈会，整个会议的程序、内容，以及相关报道，与5个月前有思想交锋、有观点争论的“音乐思想座谈会”群言堂截然不同。[2]

但这并不令人意外。在“音乐思想座谈会”召开之前，中国音协就已经有了免去李西安《人民音乐》主编的动议。严峻的现实，不容李西安优雅谢幕就必须匆匆退场，甚至也不容李焕之物色好接替李西安的人选后再做决定。不唯如此，某些人还要求中国艺术研究院音乐研究所黄翔鹏、郭乃安撤去居其宏的《中国音乐学》副主编职务，最后是主编郭乃安善良、智慧的“处理”才使他的副主编一职得以保住。[3]然而，三十多年后，把这段历史称为“围绕新潮音乐的争论基

[1] 李焕之：《在中国音协第四届三次常务理事（扩大）会上的工作报告》，《人民音乐》1991年第2期，第5～6页。

[2] 按：对此，李西安遗物里的一份《中国音协四届三次理事扩大会讲话摘要》记录手稿或许可以当作史料为之“佐证”。

[3] 居其宏：《高山仰止大家风范　舔犊情深吾辈楷模——深切回忆我与郭乃安先生共事的几个断片》，《中国音乐学》2016年第2期，第6～7页。

本保持在正常的学术讨论范围”[1]的说法未免失真。

在正式免去李西安《人民音乐》主编一职之前，中国音协主席团（除李焕之以外）曾多次开会总结“教训”并研究新主编人选，但意见始终得不到统一。1989年9月22日再次开会时，吕骥说，日丹诺夫有什么好反对的，物色一个真正胜任的主编，也是我们的一次反思。赵沨说，很多事情还是我们管得不够，以后也必须加强管理。同时，他提出让郑伯农接替李西安任《人民音乐》主编，但吕骥没有同意。可赵沨仍然明确表态，一定要把李西安撤掉（详见张非：“会议记录”）。

1989年9月，赵沨到《人民音乐》编辑部开会时，有好心人在会上为李西安打抱不平，当问及主编由谁接替时，赵沨说，我愿意担任《人民音乐》主编一职。自此，“主编李西安”的字样便从1990年第3期的《人民音乐》版权页上消失。而“主编赵沨”的字样则从1991年一直延续到了2000年。

那一年，赵沨75岁，李西安53岁。

关于当年被免一事，2018年我曾在和李西安的一次交谈中半开玩笑半当真地说：1990、1991适逢庚午、辛未，五行纳音为路旁土。您虽为辛丑之人，但却是八字缺金的涧下水之命。纵然山环细浪，雪涌飞端，相连南北之流，对峙坎离之脉，但命中见土，多浊天元，路旁土则浊尤甚矣……可李西安全然不信这些，我的话除了让他大笑了一番，并无直接回应。非但如此，他甚至还很认真地告诉我：其实免了也好。这样我可以专心致志地把中国音乐学院的事做好。音协本来就是临时聘任我，解聘很正常。但我的档案，我的人事关系，我的根，都在中国音乐学院。

他接着补充道：由于历史的种种原因，虽然中国音乐学院当时的工作很难展开，但不管怎么说，从文化部到中国音乐学院广大师生对我的信任和支持是很大的。特别是经过了1988年的新专业论证，中国音乐

[1] 姚亚平：《回首“新潮音乐”40年》，《中央音乐学院学报》2018年第4期，第5页。

学院不仅初步缓解了超编和经费紧张的局面，更重要的是找到了办学方向。所以论证以后，我还一直在考虑附中的搬迁问题和未来的办学问题。如果能行之有效地解决大学部和附中的生源问题，我想中国音乐学院的办学就会越来越好。再加上北院的基建即将完成，全院师生都非常期待早日搬进去，而且聘任工作结束后，新一批具有中高级职称的教学骨干工作热情和积极性都非常高。班子里，谢大京来了。改革小组里又增加了张静蔚、金铁霖。我有信心，而且我也相信，我能兑现我在就职演说里对全院师生做出的承诺，实现我的五年任期目标。

1990年11月底中国音协四届三次常务理事（扩大）会结束后，李西安仍然在中国音乐学院一如既往地工作。当时最困扰他的是附中搬迁的棘手问题，而且文化部敦促中国音乐学院和中国艺术研究院迁出恭王府的“通牒”已经进入倒计时。但中国音乐学院附中搬到哪儿去呢？一方面，苇子坑新址的规划里并不包括附中。再者说，附中也不可能像中国艺术研究院一样另找地方新建。为此，他苦思冥想以寻万全之策，比如和中国音乐学院附近（至少是朝阳区）的中学联合办学，既解决附中的搬迁问题，同时长远地看，或许还能提高附中学生的文化素养，为大学解决一定的生源问题。经过对亚运村周边中学的考察，李西安认为位于朝阳区安苑北里7号的安苑北里中学可能和他的设想最为接近。该中学因1990年北京亚运会的举办而兴建。校舍新，环境好，师资年轻，在校生人数有限。经过多次实地走访、交谈、商议后，双方达成了联合办学的意向，将学校校名更改为中国音乐学院附中。安苑北里街道办事处甚至还愿意在中国音乐学院附中校舍不够的情况下，帮助学校与政府有关部门协调增加扩建用地。三全其美，何乐不为？于是他正式在院长办公会上提出此方案，得到了党委同意。1991年1月8日，李西安亲自起草了《关于我院附中与安苑北里中学联合办学的请示报告》（以下简称《请示报告》）给文化部教科司。

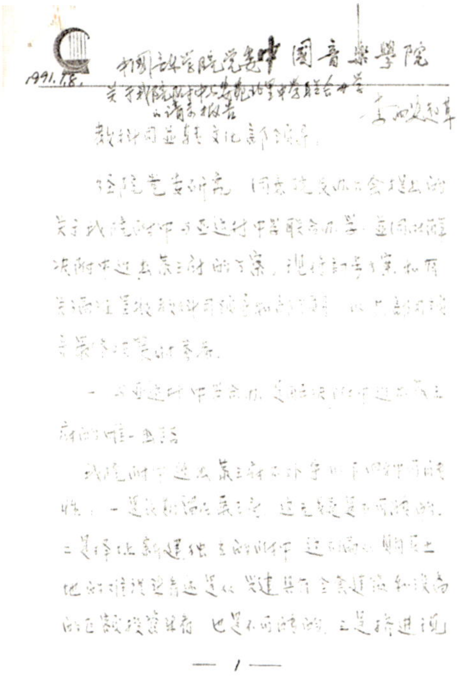
1991.7.8.
中國音樂學院

图3-3　李西安《关于我院附中与安苑北里中学联合办学的请示报告》手稿

在《请示报告》里，他仍然如同写学术论文一样，首先说明与亚运村中学联合办学是中国音乐学院附中搬出恭王府的唯一出路，并对四种搬出的可能性逐一进行分析；之后又对联合办学有助于探索艺术院校附中的办学新模式进行说明：

> 从世界范围来看，培养高等音乐院校的生源，大体有三种不同的模式。一种是音乐教育社会普及好，无附中，比如欧美；一种是办大量音乐中学，但文化课要求与普通中学相同，如苏联；再一种是社会普及太差，因此由音乐院校办附中，形成封闭式的金字塔，如中国。

经过对办学新模式的意义、优越性的一系列论证之后，李西安针对联合办学后的管理体制提出了如下建议：

> 合办后的新校命名为“中国音乐学院附中”，实行“一校两制”；四分之一为音乐专业班，四分之三为普通中学班；受朝阳区教育局和文化部、中国音乐学院双重领导。分别编制，分别招生，分别提供经费。音乐教学（包括普通中学班的音乐课）由中国音乐学院和原附中统管，文化课教学（包括音乐专业班）由原亚运村中学统管。

当他充分估计了“一校两制”在管理上可能出现的多种情况并提出了解决问题的具体办法之后，他这样写道：

> 争取1991年1月31日以前完成论证和会商，2月份上报审批。正式批准后，具体筹备合办工作和招生工作，9月1日正式成立并开学。

《请示报告》很快送达文化部领导与相关司局。陈昌本副部长也做出“事关重大，要充分论证”的明确批示。于是在李西安的主持下，分别于1991年1月16日、22日、24日举行了三次规模较大的论证会议。第一次由院学术委员会委员、各系系主任和各职能处处长参加；第二次由在京的音乐教育界、教育界人士和安苑北里中学领导参加；第三次由附中全体教师和科室领导参加。科教司陶纯孝副司长和规划处、教学处负责人出席了后两次会议并发言。大家对中国音乐学院与普通中学联合办学的思路和设想给予了高度评价，认为这种思路和设想具有“创造精神”和“改革意识”。

1991年3月8日，李西安又起草了《关于我院附中与安苑北里中学联合办学的论证报告》，并再报文化部。

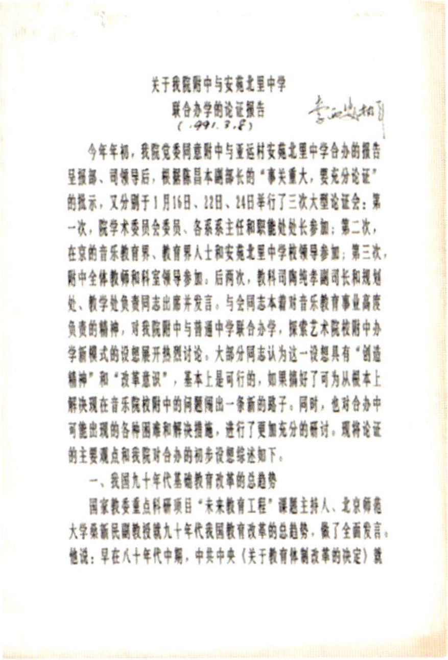

关于我院附中与安苑北里中学
联合办学的论证报告
（1991.3.8）

今年年初，我院党委同意附中与亚运村安苑北里中学合办的报告呈报部、司领导后，根据陈昌本副部长的“事关重大，要充分论证”的批示，又分别于1月16日、22日、24日举行了三次大型论证会：第一次，院学术委员会委员、各系系主任和职能处处长参加；第二次，在京的音乐教育界、教育界人士和安苑北里中学校领导参加；第三次，附中全体教师和科室领导参加。后两次，教科司陶纯孝副司长和规划处、教学处负责同志出席并发言。与会同志本着对音乐教育事业高度负责的精神，对我院附中与普通中学联合办学，探索艺术院校附中办学新模式的设想展开热烈讨论。大部分同志认为这一设想具有“创造精神”和“改革意识”，基本上是可行的，如果搞好了可为从根本上解决现在音乐院校附中的问题闯出一条新的路子。同时，也对合办中可能出现的各种困难和解决措施，进行了更加充分的研讨。现将论证的主要观点和我院对合办的初步设想综述如下。

一、我国九十年代基础教育改革的总趋势

国家教委重点科研项目“未来教育工程”课题主持人、北京师范大学桑新民副教授就九十年代我国教育改革的总趋势，做了全面发言。他说：早在八十年代中期，中共中央《关于教育体制改革的决定》就

图3-4 《关于我院附中与安苑北里中学联合办学的论证报告》

1991年3月21日，中国音乐学院和安苑北里中学正式签订了《中国音乐学院附中合办协议书》。

直至1991年5月，李西安还在制订《中国音乐学院1991年度院行政工作计划》，并像往常一样提交院长办公会讨论。他在这份“计划”中写道：

> 1991年对中国音乐学院的建设和发展是具有关键意义的一年。目前，我院已迁入新校舍，正在开展党员重新登记工作。落实文化部、国家教委和北京市教工委的指示精神，团结全院教职工，在思想建设、组织建设、教学建设和后勤建设等方面做几件实事，改变我院长期涣散的面貌，开始一个新的起点，这不仅对今年，而且对今后也有着深远的意义。
>
> ……

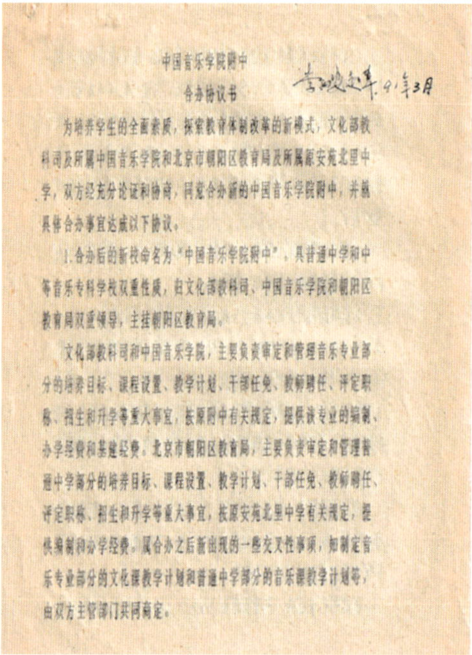

中国音乐学院附中
合办协议书

为培养学生的全面素质，探索教育体制改革的新模式，文化部教科司及所属中国音乐学院和北京市朝阳区教育局及所属安苑北里中学，双方经充分论证和协商，同意合办新的中国音乐学院附中，并就具体合办事宜达成以下协议。

1.合办后的新校命名为"中国音乐学院附中"，具普通中学和中等音乐专科学校双重性质，由文化部教科司、中国音乐学院和朝阳区教育局双重领导，主挂朝阳区教育局。

文化部教科司和中国音乐学院，主要负责审定和管理音乐专业部分的培养目标、课程设置、教学计划、干部任免、教师聘任、评定职称、招生和升学等重大事宜，按原附中有关规定，提供该专业的编制、办学经费和基建经费。北京市朝阳区教育局，主要负责审定和管理普通中学部分的培养目标、课程设置、教学计划、干部任免、教师聘任、评定职称、招生和升学等重大事宜，按原安苑北里中学有关规定，提供编制和办学经费。属合办之后新出现的一些交叉性事项，如制定音乐专业部分的文化课教学计划和普通中学部分的音乐课教学计划等，由双方主管部门共同商定。

图3-5 《中国音乐学院附中合办协议书》

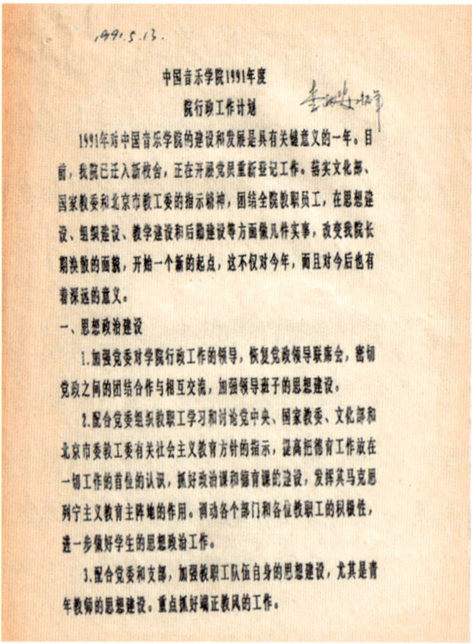

1991.5.13.

中国音乐学院1991年度
院行政工作计划

1991年对中国音乐学院的建设和发展是具有关键意义的一年。目前，我院已迁入新校舍，正在开展党员重新登记工作。落实文化部、国家教委和北京市教工委的指示精神，团结全院教职员工，在思想建设、组织建设、教学建设和后勤建设等方面做几件实事，改变我院长期涣散的面貌，开始一个新的起点，这不仅对今年，而且对今后也有着深远的意义。

一、思想政治建设

1.加强党委对学院行政工作的领导，恢复党政领导联席会，密切党政之间的团结合作与相互交流，加强领导班子的思想建设。

2.配合党委组织教职工学习和讨论党中央、国家教委、文化部和北京市委教工委有关社会主义教育方针的指示，提高把德育工作放在一切工作的首位的认识，抓好政治课和德育课的建设，发挥其马克思列宁主义教育主阵地的作用。调动各个部门和各位教职工的积极性，进一步做好学生的思想政治工作。

3.配合党委和支部，加强教职工队伍自身的思想建设，尤其是青年教师的思想建设。重点抓好端正教风的工作。

图3-6 《中国音乐学院1991年度院行政工作计划》

然而，与此同时，校内校外充斥着关于李西安的各种传闻。就连香港的某些刊物也开始兴风作浪、推波助澜（比如《九十年代（月刊）》等）。虽然李西安的支持者们并不完全相信传闻，他们笃信上级领导不可能在中国音乐学院发展最关键的时候把一位称职的院长撤掉。他们甚至天真地以为，李西安之所以被中国音协免去《人民音乐》主编的职务，主要是因为他在“新潮音乐”和“回顾与反思”等问题上犯了某些导向性错误。但在中国音乐学院，他旗帜鲜明地拥护改革，支持改革，任劳任怨，勤勤恳恳。短短3年，中国音乐学院正是在李西安富有开拓性和创新性的改革中，迎来了复院后的勃勃生机……

尽管如此，很多人仍然忧虑李西安的处境。远在法国的陈其钢就在1991年1月20日、3月28日给李西安的信里这样写道：

> ……《人民音乐》改组的消息，我是从照例寄来的杂志上获悉的，但后来据中国院的×××等人说，您的院务工作并未受到影响，才稍稍放一点心……
>
> 最近连续接到两期《人民音乐》，尤其是最后一期中提到“《人民音乐》改版后的方向问题”等等，令人哭笑不得……非常担心您是否一切平安，身体可好，情况如何……

在人类复杂的精神现象里，人的自我意识通常都是依赖于另外一个独立的自我意识而存在——李西安的自信让他的支持者获得了重要的安慰，而这种安慰又让李西安获得了极大的满足。正如睿智的黑格尔在揭示人的精神现象时指出的那样：“自我意识只有在一个别的自我意识中才能获得它的满足……自我意识有另一个自我意识和它对立；它走到它自身之外。这有双重的意义，第一，它丧失了它自身，因为它发现它自身是另外一个东西；第二，它因而扬弃了那另外的东西，因为它也看见对方没有真实的存在，反而在对方中看见它自己本身。”[1]

---

[1] 黑格尔：《精神现象学》上卷，贺麟、王玖兴译，北京：商务印书馆，1983年，第121～123页。

四、兰艾同焚

1991年7月5日（星期五）上午10点，文化部科教司高茵司长和干部司陶纯孝副司长专程来到中国音乐学院，宣布文化部对中国音乐学院党政干部的任免决定——任命樊祖荫、王秉锐为中国音乐学院副院长。由樊祖荫主持工作。免去厉声中国音乐学院党委书记职务；免去李西安中国音乐学院院长职务。

至此，人们之前的所有猜测终于有了结果。对李西安本人而言，从在“音乐思想座谈会”上被批，直至《人民音乐》主编一职被免，他就已做好了迎接更大风浪的准备，但厉声居然也和他一起被免，却让他始料不及。

2019年5月4日上午，我曾在和李西安的一次交谈中问过他被免时的心情，他不假思索地告诉我：很平静。

他说：自从1988年方仟司长一再敦促要加快党委领导下的院长分工负责制向院长负责制过渡，这一工作落实遇到很多阻碍时，我就做好了随时被免职的准备。张老师（按：指李西安夫人张鸿懿）那时候也经常劝我别干了。她说，要是他们还让你教书，你就好好教书。要是教书都不让，那你就在家继续好好做你的研究。

我说：您认为您适合当院长吗？

他若有所思地说：可能不是很适合。其实1980年中国院复建后我向院里提出的很多建议和设想，并不只是中国院的问题，而是改革开放以后中国传统音乐的继承发展和现代音乐创作的问题。只不过让我当主编、当院长，我的想法和思路可能派上了用场。

我说：可是与您的学术研究相比，您觉不觉得您在政治上还是不够老练？

他说：是的。

我说：其实厉声和您身上各自的优点如果能互相综合的话，或许也不会这样。

他说：1987年文化部任命我当院长时也是这么考虑的。方仟当时就说，李西安要帮助厉声提高业务能力，厉声要多支持李西安开展工作。现在是党委领导下的院长分工负责制，你们要团结一致，逐渐向院长责任制过渡。

……

在开车回家的路上，上午的谈话却始终萦绕在我的脑海里。

从1989年下半年至1991年初，李西安被免职的消息在各大音乐院校、科研院所，乃至中国香港、台湾，甚至新加坡的音乐圈中传得沸沸扬扬。虽然当时没有人在公开场合公开发表过什么评论，但很多人都以赠诗赠言的方式向李西安表达他们的心情。在他们赠给李西安的书签和纸条上，除了田青、张燕林、张韵璇外，很多人并没有留下自己的真实姓名和日期。

不妨的，无路可走，走就是了！
筑成的砌成的是路，
踏成的也是路啊！

刘大白《泪痕之群·四十八》

一切群生中，我颂扬投火的飞蛾，
唯有他，得着了光明中伟大的死！

宗白华《蛾》

1991年初工君赠

不愧苍天不愧民，去任荣于就任时。
莫愁前路无知已，天下谁人不识君。

1991年6月15日

张燕林赠

息止也，生也。

一事息，则一事生。

生息之际，无一毫之间。

（宋）杨时《二程粹言·论事篇》

1991年6月17日

张韵璇书赠

却将万字平戎策，换得东家种树书。

痴儿了却公家事，快阁东西倚晚晴。

1991年8月19日

田青书赠

若将世路比山路，

世路更多千万盘。

（宋）范成大《四十八盘》

……

五、千磨万击还坚劲，任尔东西南北风

李西安被免职后，虽然各种议论仍在坊间持续发酵：如果他干满一届，中国院将会如何如何；如果他再干一届，中国院肯定会怎样怎样……可所有这些都只是李西安的支持者、惋惜者、同情者善意的“如果”。但现实中没有“如果”，历史的客观存在也同样没有“假设”。事实证明，免职于李西安本人而言，是莫大的幸事与解脱。正所谓：塞翁失马，焉知非福。至少，他再也不用每天为人员超编、经费拮据、职称、分房、后勤管理、经济开发而苦恼，再也不用为新专业论证、招生，以及和安苑里中学合办附中而伏案疾书，甚至再也不需要每天和意见相左的人煞费

苦心周旋。何况，他还有自己许许多多未尽的事业理想和学术追求。

1991年7月，李西安向中国音乐学院正式移交完工作之后，仅做了短暂休整便又激情满怀地重新踏上了他的理想主义征途。就像苏轼在《留侯论》里所说的“天下有大勇者，卒然临之而不惊，无故加之而不怒。此其所挟持者甚大，而其志甚远也”一样，李西安把20余本封面上写着“音协工作笔记”“中国院工作笔记”字样的笔记本和相关的工作文稿全部认真地收藏起来之后，启用了一本全新的笔记本，他在扉页上写道：

> 如果说80年以前是我人生的第一阶段的话，80年到91年就是第二阶段，那么现在就进入了人生的第三阶段了。
>
> 第一阶段是驯化——由不自觉到自觉——和自我失落；第二阶段是在改革和开拓中寻回自我和实现自我。这一切都结束了，像梦一样地逝去了，而人生最后的路该怎么走下去呢？我想在这本笔记中留下一点踪迹。

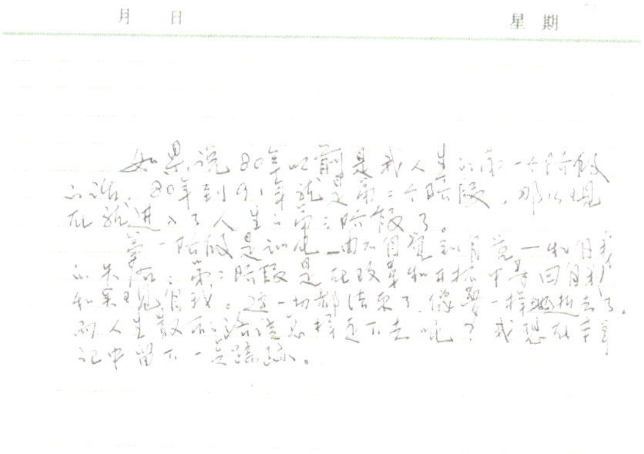
月 日 星期

如果说80年以前是我人生的第一个阶段的话，80年到91年就是第二个阶段，那么现在就进入了人生的第三阶段了。第一阶段是驯化—由不自觉到自觉—和自我失落；第二阶段是在改革和开拓中寻回自我和实现自我。这一切都结束了，像梦一样地逝去了，而人生最后的路该怎样走下去呢？我想在这本笔记中留下一点踪迹。

图3-7　李西安1991年8月9日的日记手稿

像往常的习惯一样，李西安在他全新的日记本里列出了8件要做的事，并且订出了每一件事的完成时间。比如，策划张维良笛箫独奏音乐会、策划杨秀明潮州筝独奏音乐会，以及修改他自己改编创作的作品

《婆罗门引》等。其间，他和吴俊生、吴文光、邱大成四人还受邀赴日本参加了亚洲艺术节。在艺术节上，他根据中国古曲改编的室内乐《婆罗门引》由中国内地和香港，以及日本、韩国的音乐家联袂演出并获好评。但回国后，他似乎把两年前被批判鼓吹新潮音乐、现代音乐的事儿忘得一干二净，并且仍像原来一样积极策划和倡议中国音乐学院作曲系举办“东方地平线”学生音乐作品音乐会，鼓励作曲系学生大胆创作中国现代音乐作品。但很少有人知道，在这一年里，李西安最想做的，其实是为潮州筝演奏大师杨秀明策划一场有规格、有规模的音乐会，以实现他埋藏在心底多年的愿望。

李西安和杨秀明的接触始自1981年，当时曹正将杨秀明引荐到中国音乐学院器乐系担任客座教授，同年11月20日，李西安聆听了杨秀明应中国音乐学院器乐系、音乐学系、北京乐器学会、北京古筝研究会联合邀请在中国音乐学院举行的“潮州古筝艺术介绍”讲座。[1]从那以后，他们来往甚密，彼此相见恨晚。虽说杨秀明当时被中国音乐学院聘为客座教授，但限于1981年中国音乐学院复建时的简陋条件，也只能被安排居住在恭王府深宅大院中一间只有8平米大的斗室里。可就是这8平米的斗室，“谈笑有鸿儒，往来无白丁”——杨秀明精湛的潮州筝演奏技艺，淡定从容超然平和的举止，以及改革开放之初很多北方人还不甚了解的潮汕功夫茶，吸引了恭王府里中国音乐学院和中国艺术研究院的许多中青年学者。李西安、田青既是当年斗室里的常客，更是日后对杨秀明推崇备至的两位重要贵人。

在很多人的眼里，1992年并不是李西安大规模策划组织杨秀明音乐会的最佳时机。其一，他已不再任职，无权无势时是否还有号召力尚不确定；其二，音乐界当时还有人在不依不饶地批判他[2]，“新潮音乐”也

---

[1] 肖舟：《杨秀明讲“潮州古筝”》，《中国音乐》1982年第1期，第27页。

[2] 李正忠：《音乐舆论导向上的严重失误——评〈现代音乐思潮对话录〉》，《人民音乐》1991年第8期，第2～8页。

仍然还在遭受政治和艺术双重标准的严厉“拷问”[1]。作曲家朱践耳因不服《人民音乐》继任主编的工作态度，给编辑部写信说：“音乐刊物原是一个学术探讨、百家争鸣的园地。要创造一个良好的学术环境。在改革开放的今天，我们的编者、作者、读者之间需要的是更多的相互理解、相互学习、相互尊重，需要的是实事求是的文风和科学分析的态度。平等待人、以理服人总比以势吓人、以权压人为好。”[2]此外，“怪胎论”也仍然占据着主导地位。[3]但李西安的理想主义情怀仍然让他在身处逆境的时候对自己的追求，乃至对整个世界充满着幻想和希望。而且，经过了1982 ~ 1983年策划组织“华夏之声”系列音乐会的成功实践，他更加坚定了对中国传统音乐“保存要纯粹，发展要大胆”的主张和中国音乐走向现代、走向未来的大趋势。他坚持认为，杨秀明音乐会必须集欣赏性、学术性、传统性、现代性为一体。整场音乐会的曲目不能全是潮州传统筝曲，演出形式也不能只有杨秀明一个人独奏。他希望曲目中既有潮州、客家的传统筝曲，同时也必须有经过当代作曲家改编、配器，并由交响乐队协奏的新作品。为此，他特意邀请作曲家高为杰、杨青为潮州古谱改编、配器，邀请胡炳旭执棒中央乐团和杨秀明一起排练、演出，邀请田青像何昌林当年为“华夏之声”一样担任音乐会的学术讲解。他甚至还邀请了赵朴初、高占祥、刘德海、曹正等为音乐会题词，邀请了李焕之之子李大康为音乐会现场录音。但有趣的是，音乐会前夕，当北京和杨秀明家乡的很多单位都希望成为音乐会的主办方或协

---

[1] 瞿维：《沿着毛泽东文艺思想指引的方向前进——纪念〈延安文艺座谈会上的讲话〉发表50周年》，《人民音乐》1992年第6期，第2 ~ 6页。

[2] 朱践耳：《一封公开信》，详见《一石激起千层浪——中国现代音乐争鸣文选》(下)，北京：中国音乐学院图书馆“中国现代音乐”课题组2004年编印，第476 ~ 477页。关于这场持续了近三年的文艺批评论辩始末，详见朱践耳：《关于文艺批评——从我一篇文章的遭遇说起》，《中国音乐学》1993年第1期，第109 ~ 116页，以及赵沨：《敬答朱践耳同志》，《人民音乐》1993年第4期，第20 ~ 22页。

[3] 详见居其宏：《新时期改革开放与歌曲繁荣》，《乐府新声》1992年第3、4期（连载），以及赵沨：《批判应实事求是——对居其宏同志指责的回答》，《乐府新声》1993年第2期。

办方的时候，《人民音乐》却不见了身影。

李西安身上有一种“吃一堑不长一智”的执拗。他虽然外表温文尔雅，彬彬有礼，但内心却有着不屈不挠、越挫越勇的坚韧和刚毅。为了他的理想和追求，他宁可孤独地跋涉，也不愿意随波逐流地苟笑。

经过了四个月的努力，1992年9月8日，“杨秀明古筝音乐会”在北京音乐厅举行。杨秀明儒雅不矜、丽而不俗、清朗恬淡、光明洞彻、意境悠远的演奏艺术感动了京城，李西安的成功组织策划也得到了业界的广泛好评。虽然，此时此刻李西安其人其名在某些人的眼里依然不爽，但在很多朋友的心目中，李西安仍然享有无冕之王的权威和影响。

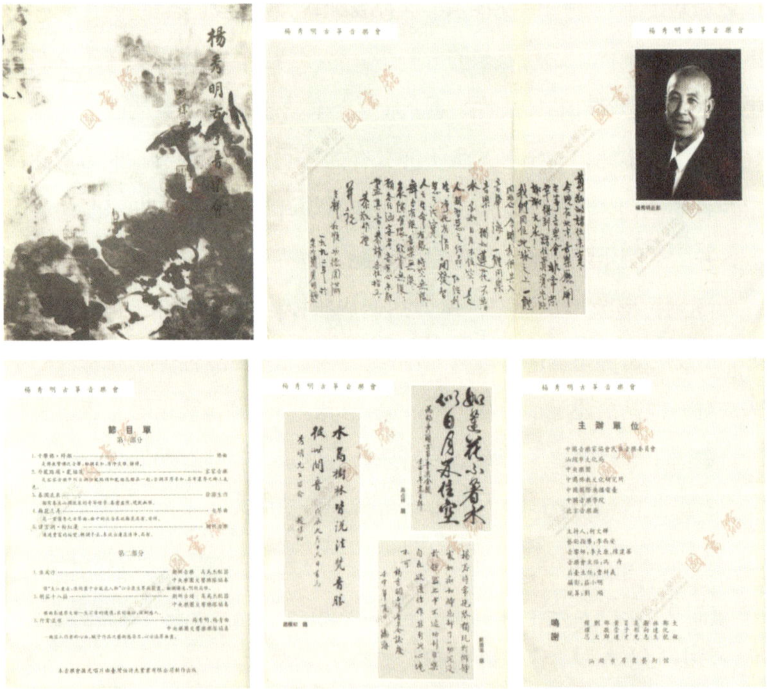

图3–8 “杨秀明古筝音乐会”节目单

李西安在音乐会节目单里写道：

中国传统音乐的大千世界里，潮州音乐在我心目中有着特殊的位置。不仅因为她保留了中原音乐的遗响，犹如在平静的湖面投下一块石子，当中心的浪花已然消失之后，一环环的涟漪却在远方延伸；还因为她造化于南国绮丽的山水，有着异样的魅力。当我第一次在秀明先生那一方斗室里，品着浓浓的功夫茶，聆听他弹潮州筝曲时，却有了一番新的体验：在音乐延绵起伏的无穷运动中，我感受到清、静、淡、远；或在慷慨激昂，或在低回婉转的人间情感的诉说中，我感受到超然的悟性。于是萌发了为秀明先生举办音乐会，与更多的同行、知音共享的念头。

秀明先生常说：艺术是现实与理想之间的桥梁。在各位热心人士的支持下，期盼了多年的愿望终于实现了。今晚，愿和大家一起，踏着这音乐之桥，去遨游理想的彼岸。

从李西安的一些著述以及他和杨秀明此后的交往中不难看出，杨秀明及其潮州筝表演艺术对李西安的影响和启发是多方面的，远不止某些青年研究者所说，他在形而上的“道”层面得到了对中国传统音乐“点”“线”“面”的美学领悟和在形而下的“器”层面上深化了对潮州音乐工字调、活五调，以及中国传统音阶调式、旋律形态、曲式结构等方面的理论研究。

在我看来，李西安从杨秀明“莲花不着水，日月不住空”的澹泊明志和行云流水的演奏中，感悟到了世间的逆顺悲欣和上善若水，超然物外，不逮功利的真谛。他甚至在心里把杨秀明这位处世从容，不失善道，且境界高远的理想主义者视为君子之行的同道。皆因中国传统知识分子推仁重义，修身治国的儒家精神与平等慈悲的佛家义理，乃至崇尚无为，任运自然的道家境界，在他们身上都明显兼具。

事实上，李西安和杨秀明的交往从1981年一直持续到了2015年。自1992年9月8日“杨秀明古筝音乐会”之后，1996年4月12日和1996年10月10日他又先后以华夏室内乐团的名义在北京音乐厅为杨秀明举办了“新编潮州弦诗音乐会”和“行云流水——杨秀明筝独奏音乐会”。直至

2008年2月，李西安还在积极地与奥地利维也纳金色大厅联系杨秀明的音乐会演出事宜。2008年6月，杨秀明被评为第二批国家级非物质文化遗产项目潮州音乐代表性传承人后，李西安欣喜万分，随后便又萌发再为杨秀明策划音乐会演出和与出版相关的一系列计划。2014年9月25日，“行云流水——杨秀明古筝独奏音乐会”得以在中国音乐学院50周年院庆暨第六届北京传统音乐节期间再次举办。此后，李西安即着手收集资料，并准备出版一部以杨秀明艺术历程为主题的音像出版物。

图3-9　2014年9月李西安在中国音乐学院第六届传统音乐节上介绍杨秀明（摄影：唐锐[1]）

经过三年多不断与版权方协商、整理、编辑，同时通过对杨秀明本人保留的，但却在他斗室里遭遇雨水浸泡发霉的1992年音乐会播出带（中央电视台录制）进行降噪和修复，2016年才以三张CD和三张DVD将杨秀明1992年北京独奏音乐会、2002年与新加坡华乐团合作演奏、2005年在扬州的古筝教学，以及2014年在中国音乐学院庆祝中国音乐学院成立50周年独奏音乐会演出实况辑录汇编为《行云流水——杨秀明的艺术历程》正式出版（顾问：田青、曾田力；艺术总监：李西安；主编：

[1] 按：该照片由中国音乐学院图书馆前副馆长唐锐提供并授权本人在本书中使用。特此说明。

何炯的；副主编：邱霁；责任编辑：熊志远；编辑：薛淼；音频修复：中科汇金数字科技［北京］有限公司；母带制作：华韵传媒股份有限公司；中国科学文化音像出版社出版）。遗憾的是，出版前一年杨秀明的突然逝世（亦即2015年6月5日），致使该出版物成为杨秀明的绝世遗响。

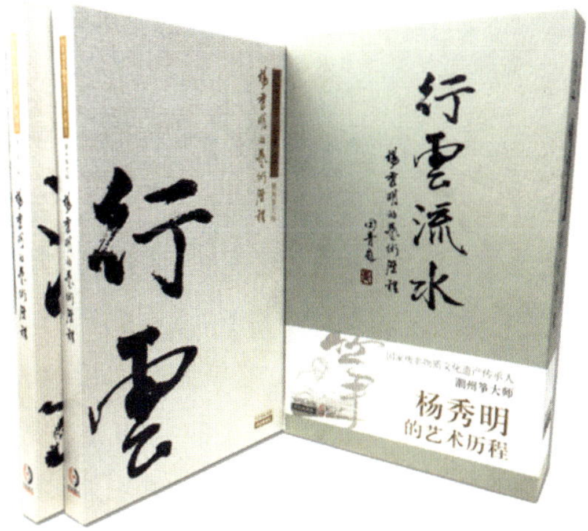

图3-10 《行云流水——杨秀明的艺术历程》

李西安说：他是我国民乐界为数不多的真正大师。他的演奏物我两忘、琴人合一、达到了禅意；

田青说：他是中国最后的文人；

张伯瑜说：他是一个流派的泰斗；

谢嘉幸说：他是当代的阿炳式人物；

邱霁说：他的演奏大音希声，大象无形。

……

这一年，李西安完成了两篇重要论文——《文化转型与国乐的张力场结构》和《移步不换形与涅槃而后生——关于中国音乐创作发展对策的思考》。1993年应邀赴香港出席“20世纪国乐思想研讨会”时，他将《文化转型与国乐的张力场结构》作为提交研讨会的论文并作了主题发言，应台湾邀请出席“第三届海峡两岸作曲家研讨会”时，他同样将《移步不换形与涅槃而后生——关于中国音乐创作发展对策的思考》作为提交研讨会的论文并作了主题发言。他的发言（尤其是对新潮音乐和新一代中国作曲家及其创作，以及中国音乐的未来的一系列看法）引起了海内外学者的高度关注和强烈共鸣。他说：

> 当青年作曲家们继承和发展"五四"以来中国新音乐的"涅槃"精神，翻开音乐史的新的一页的时候，我们不能不进一步设想一下，在悠悠数千年的中国传统和整个世界音乐的时空坐标中，找到了我们今天的方位，然而，明天的世界音乐将会怎样呢？我们又该以什么样的作品奉献给明日的世界呢？年轻人正在追赶的世界潮流本身就是瞬息万变、捉摸不定的。它也有自己的困惑，也在寻找自己的出路。这是一个难题，我们现在还无法预料。但有一点是清楚的：当今世界，"欧洲中心论"正在不断淡化，各民族文化平等并共同建立未来世界文明的观念正在被普遍接受。那么，具有悠久文化传统并在"涅槃"中不断获得新生的中国，富有智慧和韧性的中华民族，能否为世界音乐的未来，提供一点什么别人无法提供的东西呢？
>
> 说到这里，我忽然想到了陈其钢的《水调歌头》给我们留下的某种异样的感觉。在一个现代人的孤独中，听到了作曲家对苏轼名篇的出人意料的全新诠释，现代技法和传统手段糅合得惟妙惟肖，更使人感受到了中国文化的深厚、凝重和它独具的震撼力量。这或许是东西方音乐的一次深度的撞击，触及并重新揭示了中国文化的深层内涵。
>
> 在短短的十年里，新潮音乐已给中国音乐带来了无限活力并开始被世界乐坛所认同。但新潮音乐自己下一步又该向何处去呢？
>
> 我想还是留下一点新的困惑为好。
>
> 有困惑，才有思索；有思索，才会有新的发现。[1]

---

[1] 原文载于《第三届海峡两岸作曲家研讨会文集》（台北，1994年）及《中央音乐学院学报》1994年第2期。

回到北京后不久，李西安又应香港邀请并作为音乐顾问率团再赴香港演出“虚静——北京白云观道教音乐团音乐会”“中国道教音乐会”；策划“知音雅集——中国古琴名琴名曲国际鉴赏会”；应法国巴黎黄河艺术团邀请利用该团民歌、器乐、舞蹈、戏曲等多种优势，创作以黄河流域音乐文化为主要内容的音乐剧剧本《在那遥远的地方》……但他理想主义的激情再度奔放迸发，则是1994年7月4日，在由文化部召集的艺术院校新老院长、书记“教育改革座谈会”上提出了建立中国艺术大学的倡议。会后，他把发言进行了整理，并写出了《关于创办中国艺术大学的构想和可行性分析》长文。1996年应《艺术教育》编辑部要求发表的《关于创办中国艺术大学的构想》仅是这篇长文中的一个部分。[1]

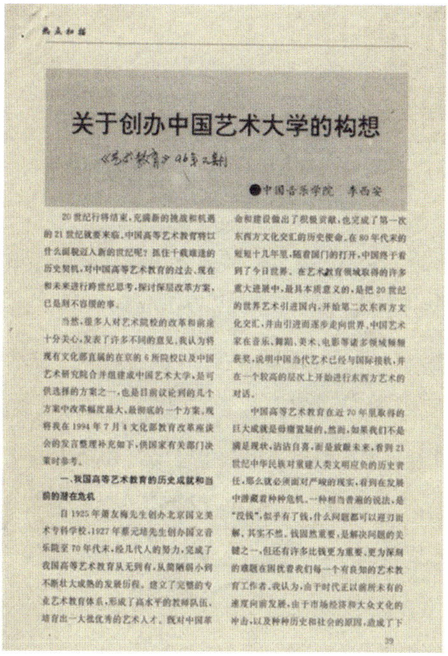

热点扫描

关于创办中国艺术大学的构想

《艺术教育》96年2期

●中国音乐学院 李西安

20世纪行将结束，充满新的挑战和机遇的21世纪就要来临。中国高等艺术教育将以什么面貌迈入新的世纪呢？抓住千载难逢的历史契机，对中国高等艺术教育的过去、现在和未来进行跨世纪思考，探讨深层改革方案，已是刻不容缓的事。

当然，很多人对艺术院校的改革和前途十分关心，发表了许多不同的意见。我认为将现有文化部直属的在京的6所院校以及中国艺术研究院合并组建成中国艺术大学，是可供选择的方案之一，也是目前议论到的几个方案中改革幅度最大、最彻底的一个方案。现将我在1994年7月4文化部教育改革座谈会的发言整理补充如下，供国家有关部门决策时参考。

一、我国高等艺术教育的历史成就和当前的潜在危机

自1925年萧友梅先生创办北京国立美术专科学校，1927年蔡元培先生创办国立音乐院至70年代末，经几代人的努力，完成了我国高等艺术教育从无到有，从简陋弱小到不断壮大成熟的发展历程。建立了完整的专业艺术教育体系，形成了高水平的教师队伍，培育出一大批优秀的艺术人才。既对中国革命和建设做出了积极贡献，也完成了第一次东西方文化交汇的历史使命。在80年代末的短短十几年里，随着国门的打开，中国终于看到了今日世界。在艺术教育领域取得的许多重大进展中，最具本质意义的，是把20世纪的世界艺术引进国内，开始第二次东西方文化交汇，并由引进而逐步走向世界，中国艺术家在音乐、舞蹈、美术、电影等诸多领域频频获奖，说明中国当代艺术已经与国际接轨，并在一个较高的层次上开始进行东西方艺术的对话。

中国高等艺术教育在近70年里取得的巨大成就是毋庸置疑的。然而，如果我们不是满足现状，沾沾自喜，而是放眼未来，看到21世纪中华民族对重建人类文明应负的历史责任，那么就必须面对严峻的现实，看到在发展中潜藏着种种危机。一种相当普遍的说法，是“没钱”，似乎有了钱，什么问题都可以迎刃而解。其实不然。钱固然重要，是解决问题的关键之一，但还有许多比钱更为重要、更为深刻的难题在困扰着我们每一个有良知的艺术教育工作者。我认为，由于时代正以前所未有的速度向前发展，由于市场经济和大众文化的冲击，以及种种历史和社会的原因，造成了下

39

图3-11　李西安《关于创办中国艺术大学的构想》

---

[1]　李西安：《关于创办中国艺术大学的构想》，《艺术教育》1996年第2期，第39～46页。

六、华夏室内乐团崛起

李西安自1991年7月被免职后，除了不断被邀请出席国内外的各种学术会议、讲座、演出以外，家里也常有新朋老友登门造访，来自全国各地的记者、学者更是络绎不绝，日常生活可谓充实。1992年国庆，他获得了由国务院颁发的政府特殊津贴证书。

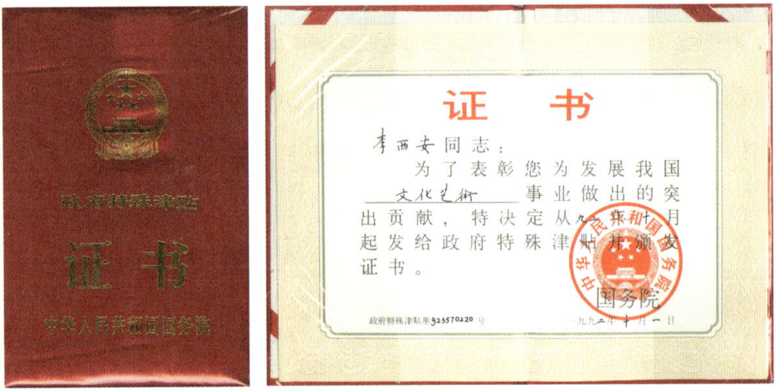

图3-12　政府特殊津贴证书

但李西安仅仅将此视为一种荣誉，因为在他的心里，还有许许多多未尽之事需要按计划一件件完成。何况，当年才50开外的他，高视睨步，精力旺盛，容光焕发，气宇轩昂。在我看来，从1980年他作为普通教师向中国音乐学院提出《十点建议》开始，他以独立身份、借助知识和精神的力量，关怀社会公共事务的强烈参与意识和参政意识就从来没有停止过，甚至在他们那一代知识分子当中都称得上是特立独行，不同流俗。毕竟，始终踯躅于学术与政治之间做两难抉择的知识分子不在少数；官场失意后寄迹山林，不染尘世的也大有人在。但李西安的理想、信仰和近乎乌托邦式的浪漫情怀始终没有消失，他渴望再次成为“主流”并引起业界关注。

在李西安1992 ~ 2001年的遗物（书信文件）里，我清楚地看到他曾经和多家机构、企业苦苦交涉、磋商，并恳求他们支持成立音乐教育机构，比如北京（香港）耀中艺术学校（1992）、《当代流行音乐》杂志（1992）、中国科技经营管理大学音乐系（1992）、音乐大篷车（1994）、中日友好艺术学院（1995）、爱乐希望小学（1996），以及清华大学音乐学院（2001）等。他希望他只是一个在执行静默任务的战士，他无时无刻不在期待着突然有一天就会被组织唤醒。当然，李西安并不是对做学问全然没有兴趣的人，但他似乎更愿意相信学问中所蕴含的附加政治功能和社会意义要比自身的学术更能体现学问的价值。他深知中国学术鲜明的实用理性倾向，所谓孜孜以求切近现实人生的“道”，更应该是“格物致知”和“当求诸心不当求诸物”的“文以载道”。因此他的生活中虽然也有过一些看似“悠然见南山”超然物外的短暂心境，但他的灵魂始终俯视着现实。

须知，1996年的李西安虽然已有5年不再担任职务，但仍然有人对他、对新潮音乐不依不饶。[1]但这毫不足奇，恰似一部《红楼梦》，“经学家看见《易》，道学家看见淫，才子看见缠绵，革命家看见排满，流言家看见宫闱秘事”（鲁迅语）。亦如20世纪初，积极倡导新文化运动的蔡元培、陈独秀、李大钊、鲁迅、钱玄同、胡适也遭到了一些卫道士的极力阻挠一样。面对20世纪末蓬勃发展的中国音乐，有人看到的是“新潮音乐”“现代音乐”大逆不道，他们为中国音乐的未来焦虑、恐惧，但李西安和许许多多作曲家、理论家看到的却是改革开放以来中国音乐走向世界的勃勃生机。

谁也不能否认，中国民族器乐的创作领域，由于80年代新潮作曲家的率先闯入，才产生了一批全新并堪称“与世界音乐并驾齐驱”[2]的作品，以往以演奏家、指挥家为改编/创作主体的格局才有了根本性的突破。比如周龙1993年的《玄——为长笛、打击乐、琵琶、筝、小提琴、

---

[1] 比如石城子：《评新潮交响乐》，《音乐研究》1996年第2期；吕骥：《音乐的主流是什么？》，《音乐研究》1996年第4期；李正忠：《关于讲政治——理论札记》，《音乐研究》1997年第1期等。

[2] 刘天华：《梅兰芳歌曲谱·序》（1930年），参见刘育和编：《刘天华全集》，北京：人民音乐出版社，1997年，第181页。

大提琴而作》（获得美国匹兹堡国际音乐节委约奖）、《隐声——为民乐与电子琴而作》（获得美国作曲家基金会“作曲家与编舞家项目”委约奖）、《玄II——为中国笛、两个打击乐与大提琴而作》（获美国哈佛大学朗姆音乐基金会作曲委约奖），1994年的《箜篌引——为女高音（兼打击乐）、二胡、琵琶与筝而作》、《天灵——为琵琶与十四位演奏家而作》（获美国巴罗基金会国际作曲比赛首奖）的一系列作品；谭盾1993年的《秋风词——为人声和任何六件乐器而作》，1994年的《鬼戏——为琵琶、弦乐四重奏及铁、水、纸、石头及演奏员的人声而作》，以及《乐队剧场I：埙——为十一个埙及乐队而作》；郭文景1993年的《打击乐组曲》（“开天”“女娲”“追日”）等。90年代初期，高为杰创作的“梦系列”——《玄梦——为低音二胡与交响乐队而作》（1993）、《缘梦》（长笛与中国笛二重奏》（1994）、《远梦——为打击乐与交响乐队而作》（1994），以及中国现代民族室内乐《春夜洛城闻笛》（1994年获第31届亚洲广播联盟年会文娱节目奖）；杨青《残照——为二胡与交响乐队而作》（1993）、《霜满天——为二胡与民族管弦乐队而作》（1993年获台湾首届新原人音乐作品甄选协奏曲奖）；王宁继1992年创作民乐三重奏《国风》（获第一届纽约“长风奖”作曲比赛第一名）之后，1993年又以《二胡与乐队的二重奏》与杨青并列获得台湾首届新原人音乐作品甄选协奏曲奖。此外，老一辈作曲家朱践耳创作的笛、筝、二胡、低音二胡与打击乐五重奏《和》（1993），中年作曲家金复载创作的三部协奏曲《孔雀东南飞》《春江水暖》《山坳里的变奏》（1994），刘念劬为闵惠芬创作的二胡协奏曲《夜深沉》（1994），赵季平为管子与民族乐队创作的《丝绸之路幻想曲》（1993）和大型民族管弦乐作品《黄土地组曲》（1994），以及贾达群为民间吹打与大鼓创作的《序鼓》（1994），邹向平为双腔葫芦埙与交响乐队创作的协奏曲《鱼凫祭》（1993），唐建平为一只竹笛和八把大提琴创作的九重奏《玄黄》和琵琶协奏曲《春秋》（1994），安承弼的室内乐《冥悟》和为打击乐与笛子群而作的协奏曲《茹》（1993、1994），崔权为二胡、大提琴、钢琴创作的《三重奏》

（1993）和为长笛、竹笛与乐队创作的《空间的韵律》（1994）等，在国内外深受好评。此外，谭盾创作的歌剧《马可·波罗》《协奏曲——为吉他和乐队而作》《协奏曲——为弹拨钢琴和十件乐器而作》《沉没的爱——为李白〈静夜思〉及女高音、弦乐四重奏而作》，以及为电影《南京大屠杀》、美国纪录片《“以天皇的名义！”——祭南京大屠杀受难者》和《苏醒的东方》创作的音乐（1995），郭文景创作的歌剧《狼子村（狂人日记）》（1995），周龙、陈怡夫妇创作的《中国神话大合唱》《唐诗大合唱》（1995），瞿小松创作的舞剧《大地震》以及“寂系列”器乐作品（1995），陈其钢创作的民乐四重奏《三笑》《道情——为双簧管与乐队而作》《大提琴协奏曲》（1995），许舒亚创作的室内乐作品《散》《周/疏》《古道叙事》，以及葛甘儒、莫五平等作曲家的作品也同样在国内外深受好评，获奖不断。[1]此外，叶小纲和与贝多芬同龄的世界著名老牌音乐出版社——德国朔特（SCHOTT MUSIC）签约，成为“朔特”音乐出版史上的第一位中国大陆作曲家（1995）。

近4年四处苦苦寻求赞助创办音乐学校的愿望落空后，1995年11月，李西安干脆成立了自己的乐团——“华夏室内乐团”（张维良任团长，李西安任艺术总监）。明眼人都知道，“华夏”二字代表着他1982年在中国音乐学院成功举办“华夏之声”系列音乐会同时提出“保存要纯粹，发展要大胆”的中国现代音乐情结。但在我看来，这更像是他用实际行动践行上世纪80年代初他在《阿炳与刘天华之比较研究》一文中提出的深思和回答：

> 勇敢的拓荒人，当他还没来得及实现自己的全部夙愿的时候，便匆匆地离去了；“孤独的夜行者”，当他历尽人生坎坷，深深感受

[1] 详见李西安：《和实生物，同则不继——窥探1993～1994年中国民族器乐创作走向》，《中国音乐年鉴·1995》，郑州：大象出版社，1996年，第3～11页；李西安：《不可忽视的作曲家群体——1995年世界华人音乐创作掠影》，《中国音乐年鉴·1996》，济南：山东文艺出版社，1997年，第50～54页。

到些许人世间的温暖时，也匆匆地离去了。但他们的艺术是长存的。在刘天华和阿炳离开的那个时代，他们手中的接力棒就已经交到了我们的手里，今天，在纪念与缅怀这两位音乐前辈的时候，如何反省这几十年来中国民族音乐走过的道路，如何摆脱当前的困境，求得新的突破与发展，以最终实现“让民乐与世界音乐并驾齐驱”的理想，是我们每一个人必须深思和回答的。[1]

与李西安志同道合的朋友们——华夏室内乐团的团员几乎全部都是在国内外享有盛誉的中青年演奏家，如张维良（笛箫埙）、赵家珍（古琴）、赵承伟（三弦）、曾德维（二胡）、王以东（打击乐）、张侠（扬琴）、陈一涵（琵琶）、常静（古筝）、刘顺（二胡）、杨秀明（潮州筝）。叶聪、李心草担任指挥，驻团作曲家则又有朱践耳、高为杰、谭盾、郭文景、陈其钢、崔权以及来自台湾的潘皇龙等。李焕之也特意为乐团的建团音乐会题词。在得到湖南威盛电子有限公司的热心赞助后，建团音乐会“’96中国室内乐音乐会系列之一”于1996年1月12日在北京音乐厅顺利举行（李心草执棒）。

图3–13　李焕之为华夏室内乐团建团音乐会题词

[1]　李西安：《阿炳与刘天华之比较研究》，《中国音乐》1983年第4期，第31页。

在李西安一贯坚持的“保存要纯粹，发展要大胆”理念指导下，乐团很快推出了“中国现代民族室内乐作品音乐会”“潮州弦诗音乐会”“埙筝琴箫古典名曲音乐会”“春华秋实民族器乐系列音乐会”“民间曲艺与华夏古风音乐会”等五台主题、风格迥然不同的中国现代民族室内乐作品音乐会，甚至还演到了法国，从此一发不可收拾。为此，李西安在华夏室内乐团建团音乐会的宣传册中写道：

> 中国民族室内乐是古老的。自春秋战国始，无论是在帝王后宫还是在贵族府邸，文人雅集或是民间社火，人们都在不断传承和发展着多姿多彩的室内乐品种，造就了传统和民间室内乐艺术的洋洋大观。
>
> 中国民族室内乐又是年轻的。80年代以来，在第二次东西方文化撞击中，作曲家们又率先在民族器乐领域进行了现代音乐的尝试，创造了多种新型民族室内乐形式，拓展了一方新天地。
>
> 为了和音乐界的朋友们一起，圆天华先生——“让国乐与世界音乐并驾齐驱”的世纪之梦，我们将以传统为源头，以世界为参照，在这两者间的广阔时空中求索不止。

1月12日当晚，音乐会成功演出了京剧曲牌《夜深沉》、广东音乐《昭君怨》、潮州音乐《寒鸦戏水》、江南丝竹《行街》，以及根据中国传统古曲改编的作品，如古曲《秋塞吟》（陈丹布编配）、白凤严《风雨铁马》（杨青编配）、古曲《胡笳》（高为杰编配）、古曲《倾杯乐》（杨青编配），以及新创作的民族室内乐作品《被点缀的空间》（崔权）、《南乡子》（谭盾）、《腔》（杨青）、《韶I》（高为杰）等。

不同寻常的是，在1月12日的演出节目单上，华夏室内乐团还预告了“’96中国室内乐音乐会系列之二”将于同年2月7日、2月11日、3月13日、3月20日分别在中国北京音乐厅和应法国国家广播电台邀请赴法国巴黎梅西安音乐厅、里昂Moliere音乐厅演出的现代作品曲目（叶聪执棒）——《和》（朱践耳）、《思》（杨立青）、《殇》（王西麟）、《韶

Ⅱ》（高为杰）、《三笑》（陈其钢）、《释道儒》（潘皇龙）、《暮春》（郭文景），以及4月12日“’96中国室内乐音乐会系列之三”特邀潮州筝演奏大师杨秀明在北京音乐厅主演的“新编潮州弦诗音乐会”。

图3-14　华夏室内乐团建团音乐会宣传册

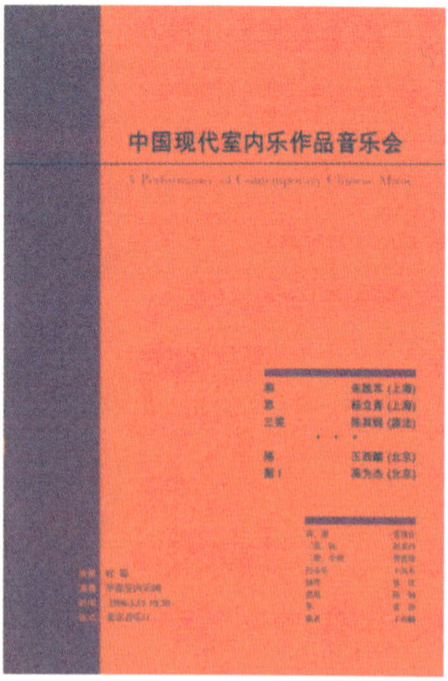

图3-15　“中国现代室内乐作品音乐会”节目单

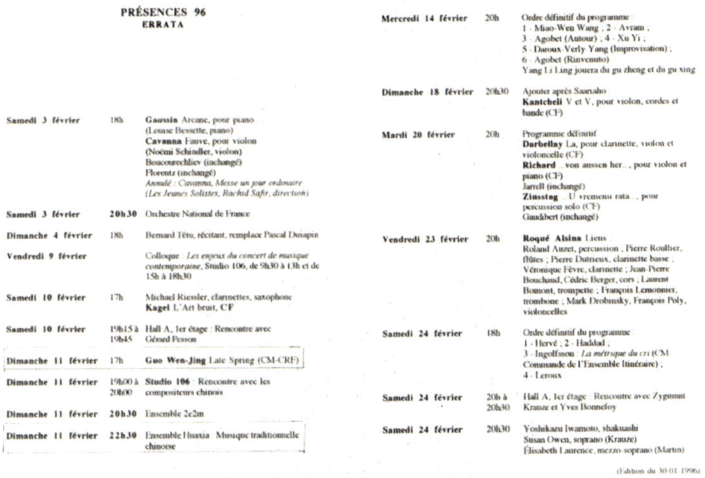

PRÉSENCES 96
ERRATA

Samedi 3 février	18h	**Gaussin** Arcane, pour piano (Louise Bessette, piano) **Cavanna** Fauve, pour violon (Noëmi Schindler, violon) Boucourechliev (inchangé) Florentz (inchangé) *Annulé : Cavanna, Messe un jour ordinaire* *(Les Jeunes Solistes, Rachid Safir, direction)*
Samedi 3 février	**20h30**	Orchestre National de France
Dimanche 4 février	18h	Bernard Têtu, récitant, remplace Pascal Dusapin
Vendredi 9 février		Colloque : *Les enjeux du concert de musique contemporaine*, Studio 106, de 9h30 à 13h et de 15h à 18h30
Samedi 10 février	17h	Michael Riessler, clarinettes, saxophone **Kagel** L'Art bruit, CF
Samedi 10 février	19h15 à 19h45	Hall A, 1er étage : Rencontre avec Gérard Pesson
Dimanche 11 février	17h	**Guo Wen-Jing** Late Spring (CM-CRF)
Dimanche 11 février	19h00 à 20h00	**Studio 106** : Rencontre avec les compositeurs chinois
Dimanche 11 février	**20h30**	Ensemble 2e2m
Dimanche 11 février	**22h30**	Ensemble Huaxia : Musique traditionnelle chinoise
Mercredi 14 février	20h	Ordre définitif du programme : 1 - Miao-Wen Wang ; 2 - Avram ; 3 - Agobet (Autour) ; 4 - Xu Yi ; 5 - Daroux-Verly-Yang (Improvisation) ; 6 - Agobet (Rinvenuto) Yang Li Ling jouera du gu zheng et du gu xing
Dimanche 18 février	20h30	Ajouter après Saariaho : **Kantcheli** V et V, pour violon, cordes et bande (CF)
Mardi 20 février	20h	Programme définitif **Darbellay** La, pour clarinette, violon et violoncelle (CF) **Richard** ...von aussen her..., pour violon et piano (CF) Jarrell (inchangé) **Zinsstag** ...U vremenu rata..., pour percussion solo (CF) Gaudibert (inchangé)
Vendredi 23 février	20h	**Roqué Alsina** Liens : Roland Auzet, percussion ; Pierre Roullier, flûtes ; Pierre Dutrieux, clarinette basse ; Véronique Fèvre, clarinette ; Jean-Pierre Bouchaud, Cédric Berger, cors ; Laurent Bomont, trompette ; François Lemonnier, trombone ; Mark Drobinsky, François Poly, violoncelles
Samedi 24 février	18h	Ordre définitif du programme : 1 - Hervé ; 2 - Haddad ; 3 - Ingolfsson : *La métrique du cri* (CM-Commande de l'Ensemble Itinéraire) ; 4 - Leroux
Samedi 24 février	20h à 20h30	Hall A, 1er étage : Rencontre avec Zygmunt Krauze et Yves Bonnefoy
Samedi 24 février	20h30	Yoshikazu Iwamoto, shakuhashi Susan Owen, soprano (Krauze) Élisabeth Laurence, mezzo-soprano (Martin)

(Édition du 30-01-1996)

图3-16　华夏室内乐团在法国演出的节目单

此外，在李西安的带领下，华夏室内乐团还应邀参加了由北京青年报社、北京青少年艺术发展促进会、北京青年宫、北京瀛海威科技有限公司、北京音乐厅联合主办的“’96新春音乐周”，并与中央乐团合唱团、中央少年广播合唱团、北京爱乐女声合唱团、新世纪室内乐团，以及盛中国夫妇先后举办了“伏尔加之声合唱音乐会”（2月10日，吴灵芬执棒）、“这里已是春天——少年室内乐音乐会”（2月16日，袁泉、邱婵、杨溪沛、王妍等）、“中外名歌童声女声合唱音乐会”（2月21日，孟大鹏执棒）、“盛中国小提琴独奏音乐会”（2月22日）、“华夏之声民族室内乐音乐会”（2月23日，张维良、赵承伟、曾德维、陈一涵、常静、王以东、张侠等）、“世纪之声中外名曲音乐会”（2月28日，李心草执棒）。

1996年是华夏室内乐团频繁演出的一年。乐团不仅从国内演到了国外，而且还登上了中央电视台“瑰丽多姿　源远流长——中国民族乐器介绍与名曲欣赏”专题节目（1996年10月9日14：00 ~ 16：00，李西安主讲，张维良演奏埙《楚歌》、笛《喜相逢》《荫中鸟》，李祥霆演奏古琴

图3-17 “'96新春音乐周”节目单

《流水》，陈一涵演奏琵琶《飞花点翠》《十面埋伏》，杨秀明、张维良演奏潮州音乐《柳青娘》，以及华夏室内乐团演奏江南丝竹《行街》、广东音乐《昭君怨》等）。所到之处，迎接他们的除了鲜花和掌声，更多的则是广大观众对华夏室内乐团中青年演奏家精湛艺术技艺的感动和对乐团既传统又现代的中国民族器乐作品产生的共鸣。他们积极进取，毫不狭隘，而且根本不在乎某些聒噪喧嚣的说教，堪称中国音乐界改革开放大潮中的真正弄潮儿。

七、无地可依的荣耀

经过一年多的艺术实践，华夏室内乐团在中国大陆和港澳台的作曲圈、民乐演奏圈中遐迩闻名。虽说华夏室内乐团仅只是一支民间性质的非职业乐团，但少而精的乐队编制和演奏家精湛的技艺，以及经李西安精心策划的民族室内乐作品，无不对当时编制庞大，但作品陈旧的职业乐团产生了巨大的冲击。华夏室内乐团所到之处，东道主既没有巨大的经济接待压力，更无须为演出场地大费周章。况且，以李西安、何昌林为首的学者专家直接登台为观众导聆的演出形式集知识性、趣味性、历史性、现代性为一体，生动活泼，幽默风趣，深受社会各界欢迎。

20世纪90年代的北京音乐厅，堪称中国剧院厅堂馆所行业里改革开放步子迈得最大，自主经营、自负盈亏程度最高，而且经济效益和社会效益结合得最为完美的典范。有报道称，当时北京全市除北京音乐厅外，一年的演出加在一起不过几百场，但北京音乐厅一年的演出就有400余场，以至成为北京当年的一种“文化现象”。这一“现象”与北京音乐厅当时的总经理钱程密切相关。钱程本人并非音乐专业出身，80年代末从天津到北京后一直经营画廊，以卖画为生，直至1993年才得到一个偶然的机会私人承包下了北京音乐厅。尽管其后他因“职务侵占”锒铛入狱，但2013年的《中国新闻周刊》仍然将其提名为“影响中国年度人物”[1]。钱程的“影响”主要在于对北京音乐厅的开拓性管理，以及由此创造出的一系列演出“神话”。而李西安则是最早为他创造“神话”出谋划策的重要人物之一。

1996年11月末，正当华夏室内乐团办得风生水起之时，钱程通过各种途径慕名找到了李西安，并邀请李西安为他策划一场新颖别致的新年音乐会。他的诉求简单而直接：艺术水平高、上座率高、雅俗共赏、大乐必易。李西安欣然接受了钱程的请求。四天后，“呼唤诗神——世界名诗朗诵交响音乐会”的策划方案在李西安笔下正式形成。钱程欣喜若狂，随后他又以敏锐、独特的商业视角和气度对方案进行了补充，即直接邀请大牌明星和有活力的交响乐团同台演出。与此同时，他还委托李西安帮他挑选世界名诗和世界名曲，以及撰写演出时必要的串词。他确

[1] 《钱程：艺术可以改变城市性格》，详见《北京日报》2014年12月16日，http://china.haiwainet.cn/n/2014/1216/c345646-21546270.html，2021年7月4日登录。

信，这样的音乐会演出，一场根本不能满足北京观众的要求，必须连续演两场。于是，演出时间订在了1997年1月10日和11日晚上。

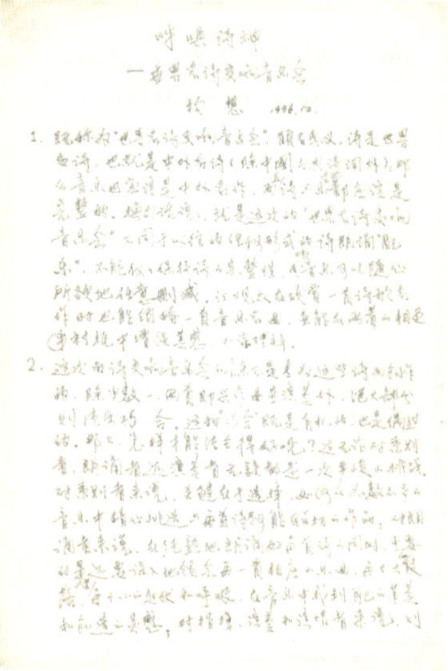
呼唤诗神
——世界名诗交响音乐会
构想 1996.12.

图3-18 李西安“呼唤诗神——世界名诗朗诵交响音乐会”策划案手稿

1996年12月23日凌晨3点，李西安和高为杰把“呼唤诗神——世界名诗朗诵交响音乐会”中15首世界名诗和15部世界名曲片段节选的配乐方案确定了下来。紧接着，李西安又给乔榛、丁建华写了一封关于他所选诗歌与音乐结合构想的说明信。一周之后，谭利华执棒北京交响乐团开始投入紧张的排练并与表演艺术家合乐。

1996年的最后一天（亦即12月31日），《北京青年报》用半个版面预告了“呼唤诗神——世界名诗朗诵交响音乐会”。《北京青年报》记者特意把金庸的堂哥穆旦（查良铮）在40年代最受知识分子欢迎的煽情诗句“诗，请把幻想之舟浮来”用作醒目的红色标题，图文并茂地大篇幅介绍了李西安、高为杰，话剧表演艺术家朱琳、濮存昕、吕丽萍，电影配音艺术家乔榛、丁建华，中央人民广播电台播音员曹山，以及青年钢琴家黄亚蒙、大提琴家娜木拉、笛箫演奏家张维良、指挥家谭利华等演出阵容。

一切恰如钱程所料，不到一天，10日和11日的两场演出票全部售罄。

诗·请把幻想之舟浮来

呼唤诗神——世界名诗朗诵交响音乐会演出在即

图3-19 《北京青年报》对“呼唤诗神——世界名诗朗诵交响音乐会”的预告

1月10日的第一场音乐会帷幕徐徐拉开，著名话剧表演艺术家朱琳风度翩翩地率先登场。柔和的聚光灯下，她照着李西安撰写的“开场白”娓娓道来：

亲爱的朋友们：

晚上好！

我们这些来自戏剧、电影和音乐界老、中、青三代人，共聚一堂，以一颗火热的心，为大家奉献一台别开生面的音乐会。

我们有个共同的心愿，试图通过诗歌与音乐的结合，来呼唤似乎久违了的诗神。愿她重新降临到每一座城市、每一条大街小巷；降临到你和我，咱们每一个人的身边。让我们共同度过一个充满诗意的美好夜晚！

西贝柳斯（Jean Sibelius，1865 ~ 1957）《芬兰颂》（*Finlandia*，Op. 26）第一乐章厚重的铜管、低音大提琴和定音鼓带着怒吼般的音响和远方的海浪声（音效）缓缓响起，丁建华、乔榛上场。

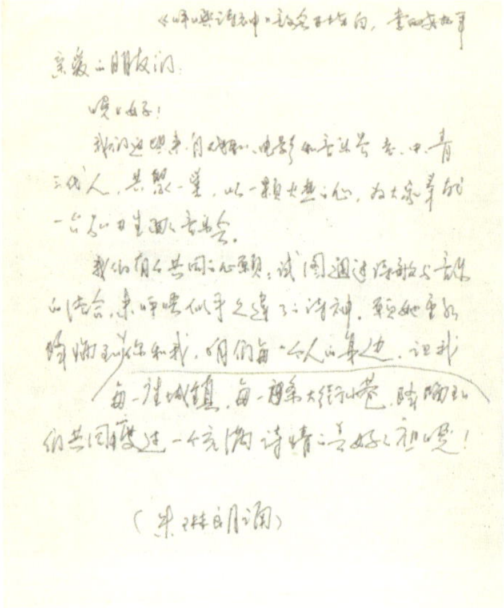

《呼唤诗神》音乐会开场白，李西安执笔

亲爱的朋友们：

你们好！

我们这些来自文学、电影和音乐界的老、中、青三代人，共聚一堂，以一颗火热的心，为大家奉献一台别开生面的音乐会。

我们有个共同的心愿：试图通过诗歌与音乐的结合，来呼唤似乎已远去了的诗神，请她重新降临到你和我，到你们每一个人的身边，让我们每一座城镇，每一条大街小巷，时时刻刻……们共同度过一个充满诗情的美好的夜晚！

（朱琳朗诵）

图3-20　李西安“呼唤诗神——世界名诗朗诵交响音乐会”开场白手稿

丁建华：那老人再一次扛起他的桨朝海边走去。这时候远处的地平线刚刚出现了白色。借着微弱的天光，老人理了理他的鱼钩、鱼叉和张绕在桅杆上的旧帆。

乔榛：已经第85天了，一条鱼也没有打到呀。我好像已经老了，开始“背运”了。可我的胳膊倒还是有着劲儿呢。

丁建华：他慢慢地升起那张补过几次的旧帆，那帆看上去就像一面永远不会失败的旗帜。

乔榛：太阳升起来了，太阳刺痛了我的眼睛，耀眼的阳光，已经把我的眼睛刺痛了一辈子了。我感到有点老了，有点力不从心了。可年轻的时候，我是个好水手。

A【木管】

丁建华：……不知过了多久，老人发现，那绿色浮竿急速地往水里沉去，他拉了拉鱼绳，感到了沉重的分量。

B【弦乐】

乔榛：我钩住的是一条什么样的鱼？它几岁了？我还从来没有见过

鱼有这么大的劲儿呢，它只要一跳，或者往前一蹿，也许会要了我的命。

……

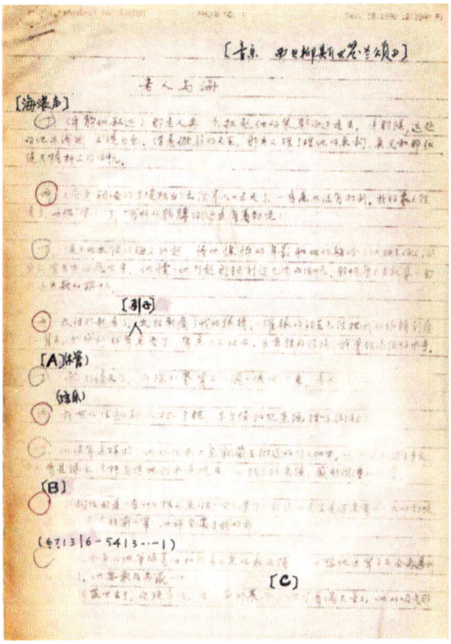

图3-21　李西安《〈老人与海〉音乐与舞台调度、灯光设计》手稿

在拉赫马尼诺夫（Sergei Vassilievitch Rachmaninoff，1873 ～ 1943）忧郁、伤感，且抒情、悠远的《练声曲》（*Vocalise*，Op.34. No.14.）无词歌声中，乔榛、丁建华再次上场。

罗切斯特（乔榛）：还没睡？

简·爱（丁建华）：没见你平安回来怎么能睡？梅森先生怎么样？

罗切斯特（乔榛）：他没事。有医生照顾。

简·爱（丁建华）：昨儿晚上你说要受到的危险，过去了？

罗切斯特（乔榛）：梅森不离开英国很难保证。但愿越快越好。

简·爱（丁建华）：他不像是一个蓄意要害你的人。

罗切斯特（乔榛）：当然不。他害我也可能出于无意。坐下。

简·爱（丁建华）：格雷斯·普尔究竟是谁？你为什么要留着她？

罗切斯特（乔榛）：我别无办法。

简·爱（丁建华）：怎么会……

罗切斯特（乔榛）：你忍耐一会儿，别逼着我回答。我，我现在多么依赖你。唉——该怎么办？简，有这样一个例子，有个年轻人，他从小就被宠爱坏了，他犯下个极大的错误。不是罪恶，是错误，它的后果是可怕的，唯一的逃避是逍遥在外，寻欢作乐。后来他遇见个女人，一个二十年里他从没见过的高尚女人，他重新找到了生活的机会，可是世故人情阻碍了他，那个女人能无视这些吗？

简·爱（丁建华）：你在说自己，罗切斯特先生？

……

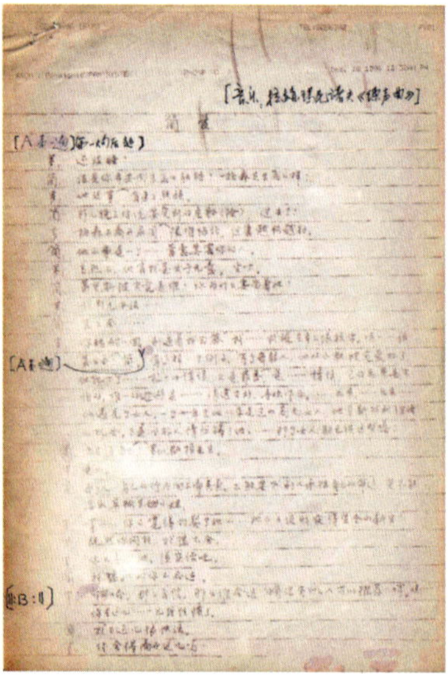

图3-22　李西安《〈简·爱〉音乐与舞台调度、灯光设计》手稿

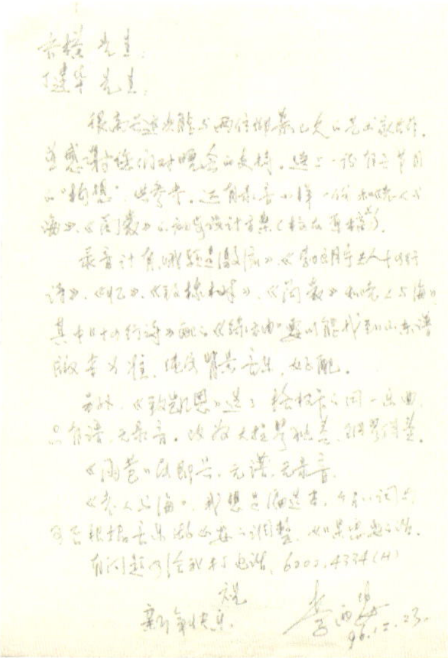

乔榛先生：
丁建华先生：

6002.4374(H)

新年快乐

李西安
96.12.23.

图3-23　李西安给乔榛、丁建华的信

“呼唤诗神——世界名诗朗诵交响音乐会”演出大获成功。

台上，表演艺术家的朗诵平上去入，字正腔圆，起承转合，声情并茂，与李西安、高为杰精心挑选的世界名曲环环相连，丝丝入扣；台下，观众聚精会神，鸦雀无声，但内心却随着名诗、名曲特定的意境跌宕起伏，且久久不能平复，甚至犹如一股暖流唤醒了因90年代“倒爷蜂起，全民经商”而缺失的人文情怀。

很少有人知道，李西安在这场音乐会里实际扮演的绝不仅仅只是文学、音乐策划，而是集灯光、音响、舞台调度、总导演于一身的总设计师。他浪漫、细腻的内心情感和丰富的艺术想象力与综合创造力更是鲜为人知。下面是李西安为濮存昕朗诵戴望舒《雨巷》构思的音乐、灯光、舞台调度设计（手稿）。濮存昕和乔榛、丁建华等表演艺术家十分钦佩李西安的博学，古今中外的名诗名曲竟然可以如此这般信手拈来，而且连舞台上的表演细节也考虑得如此专业、周全；钱程也因这场音乐会赚得钵满盆满而更加确信他与李西安相见恨晚。他甚至兴奋地请李西安继续帮他策划春节音乐会。尽管当时离春节（1997年2月7日大年初一）仅有28天，但李西安仍然欣然接受了钱程的请求。只是李西安告诉钱程，春节音乐会要更多地突出中国文化，选诗、选曲，包括朗诵都应该中国化。钱程问：朗诵何以中国化？李西安答：用中国传统的读诗方式——吟诵。钱程说：没问题。只是演两场恐怕都不够，最好是连演三场。大年初一、初二、初三！

1997年1月11日第二场“呼唤诗神——世界名诗朗诵交响音乐会”演出结束后，李西安便开始按照钱程的要求开始构思春节音乐会。虽然从策划到演出仅有28天，但他胸有成竹。70年代末80年代初，他基于对汉族语言与汉族旋律的理论研究而专门策划了第一届“华夏之声——古诗词歌曲音乐会”。他认为其中的“古诗词吟诵”即可“放大”成名家云集，规模宏大的春节音乐会，而且音乐会的名称也可定为“但愿人长久——中国千古名篇吟诵音乐会”。两天后，他给钱程打电话征求意见，没想到钱程当即拍板。1月15日，钱程便印出了海报，并开始在北京音乐厅的演出信息预告栏里重点宣传。尽管当时李西安还未选定音乐会上的中国古诗词和中国乐曲。可这正是钱程的过人之处和私人承包音乐厅的成功“秘诀”。

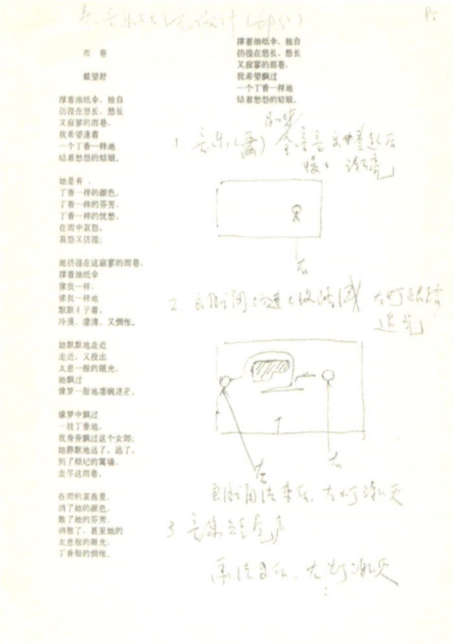

图3-24 李西安《戴望舒〈雨巷〉音乐、灯光、舞台调度设计（部分）》手稿

图3-25 “但愿人长久——中国千古名篇吟诵音乐会”海报

1月20日，李西安的策划方案第一稿基本成形，经他与钱程多次沟通，同时和参加演出的诸位表演艺术家、音乐家联络、落实后，1月30日才最后定稿。好在音乐会的乐队以华夏室内乐团为主，动用中央民族乐团和文化部老干部合唱团配乐的仅有两个节目。然而，参加吟诵的艺术家阵容则比“呼唤诗神——世界名诗朗诵交响音乐会”庞大、豪华得多。他们当中既有诗人气质的文化部前部长王蒙、前副部长英若诚，也有作家苏叔阳，专业表演艺术家里既有老一辈的电影演员孙道临、杜澎，话剧表演艺术家朱琳、苏民（濮存昕父亲），也有中青年表演艺术家杨立新、濮存昕、朱春丽；中央人民广播电台播音员夏青、葛兰、瞿弦和，以及京韵大鼓表演艺术家骆玉笙。尽管演出前的选诗、选曲、选人、排练、合乐、走台等工作极其庞杂、细碎，但都被李西安安排得有条不紊，井然有序。1月31日，他亲自制定并动笔写出的《合乐日程》和《走台日程》，以及每一首诗（节目）的舞台调度与灯光设计（图）则更让一切按部就班，有序推进。

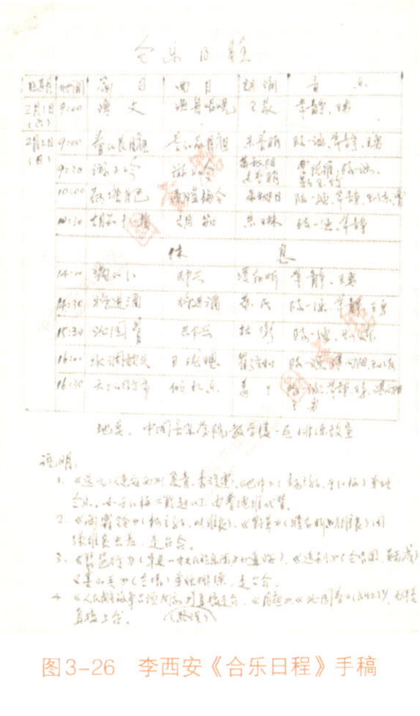
合乐日程

图3-26　李西安《合乐日程》手稿

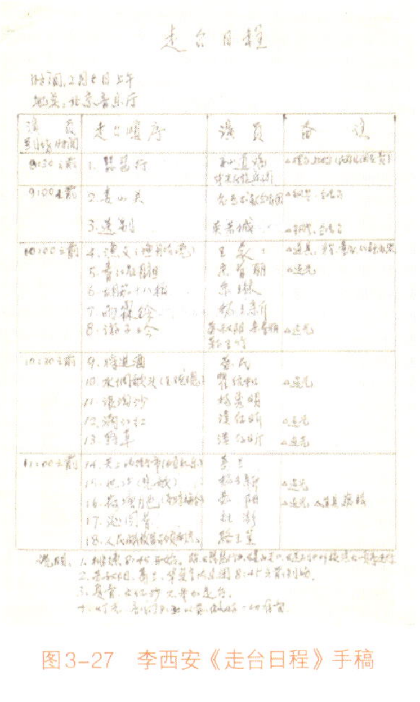
走台日程

图3-27　李西安《走台日程》手稿

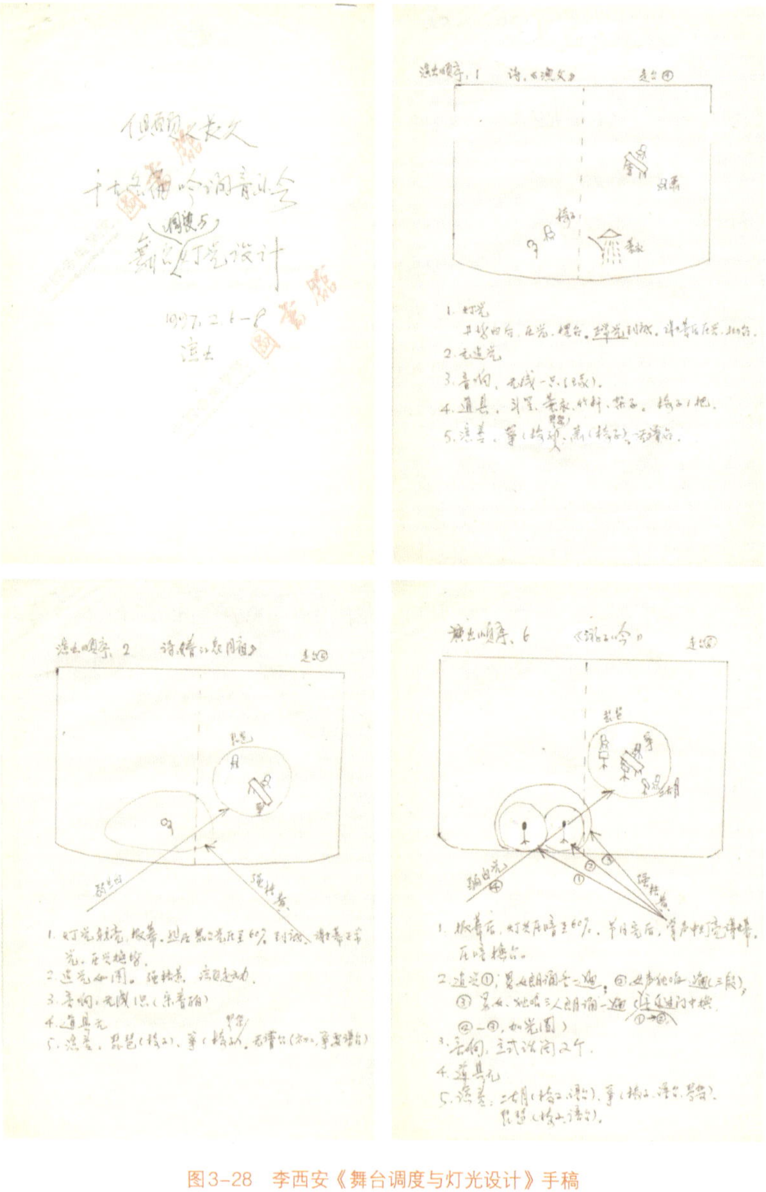

图3-28 李西安《舞台调度与灯光设计》手稿

如果说28天前，“呼唤诗神——世界名诗朗诵交响音乐会”以宏大、磅礴、洋气的场面和西式的艺术魅力感动观众的话，那么“但愿人长久——中国千古名篇吟诵音乐会”则以东方特有的艺术呈现方式和艺术表达方式激起了中国观众内心的情感与文化共鸣。但这似乎是一步险棋——从1983年开始，中国人（甚至包括海外华人）就已习惯了阖家团聚，其乐融融，边吃年夜饭边看中央电视台春节联欢晚会的“新民俗”。而明知中央电视台春节联欢晚会对亿万中国人有着巨大的吸引力，还偏偏就要在音乐厅斥巨资举办音乐会的人无疑是一种“另类”。用一些人的话说，这是在“叫板”。但假设钱程“叫板”的“底气”来自李西安学贯中西，博古通今的学识和高度专业化、精细化的执行力，而且是高效、卓越的执行力的话，那么李西安也在明明知道是险棋的情况下还接受钱程的请求，并仍然将策划和演出视为“分内”之事而竭尽全力，或许恰恰反映出的是他内心的孤独，而且是一种被从中心无情抛向边缘后无地可依的孤独。他迫切地需要施展才华，迫切地需要得到重视，甚至迫切地需要成为“主流”。但事实上，从1991年7月被免职后至1997年，他做了很多之前想做却由于种种原因一直没做成的事，如细心观察便不难发现，这些事几乎无一例外地都是他自己寻求的，而不是由上级或组织安排的。我甚至悲哀地思忖，或许钱程和李西安的两度合作也是命中注定的缘分。钱程因个人承包北京音乐厅的缘故，所有决策都由他一个人说了算，完全不必经过烦琐、冗长的七嘴八舌集体讨论；李西安也因“无官一身轻”才得以在钱程提供的平台上毫无羁绊地尽情施展才华。老一辈表演艺术家朱琳称赞李西安是全才；孙道临、苏民等得知李西安从策划到演出只用了28天时，惊叹李西安用的是“深圳速度”。但我却认为，一个曾经四处碰壁的人，反而能在“转身”后仅用28天就高效、圆满地成就了一项工作，值得深思。何况“呼唤诗神——世界名诗朗诵交响音乐会”和“但愿人长久——中国千古名篇吟诵音乐会”及其艺术形式还深入人心，喜闻乐见，而且在这样的艺术形式基础之上，1999年被他人修改为“但愿人长久——中国唐宋名篇音乐朗诵会”后，一演就是20年。2001年，濮存昕因要出版他配乐朗诵的音像制品再度找到李西安并请李西安为他设计音乐时，李西安依旧欣然接受，并一如既往地尽力做到最好。

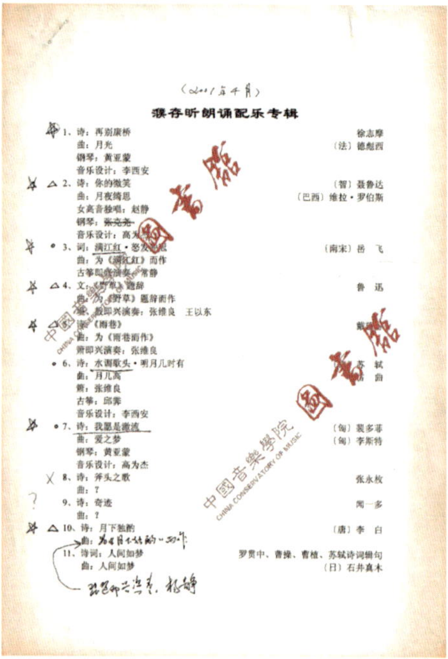

（2001年4月）

濮存昕朗诵配乐专辑

1、诗：再别康桥 徐志摩
曲：月光 （法）德彪西
钢琴：黄亚蒙
音乐设计：李西安

△2、诗：你的微笑 （智）聂鲁达
曲：月夜绮思 （巴西）维拉·罗伯斯
女高音独唱：赵静
钢琴：~~张亢先~~
音乐设计：高为杰

• 3、词：满江红·怒发冲冠 （南宋）岳 飞
曲：为《满江红》而作
古筝即兴演奏：常静

△4、文：《野草》题辞 鲁 迅
曲：为《野草》题辞而作
埙、鼓即兴演奏：张维良 王以东

△5、诗：《雨巷》 戴望舒
曲：为《雨巷而作》
箫即兴演奏：张维良

• 6、诗：水调歌头·明月几时有 苏 轼
曲：月儿高 古 曲
箫：张维良
古筝：邱霁
音乐设计：李西安

• 7、诗：我愿是激流 （匈）裴多菲
曲：爱之梦 （匈）李斯特
钢琴：黄亚蒙
音乐设计：高为杰

8、诗：斧头之歌 张永枚
曲：？

9、诗：奇迹 闻一多
曲：？

△10、诗：月下独酌 （唐）李 白
曲：

11、诗词：人间如梦 罗贯中、曹操、曹植、苏轼诗词缀句
曲：人间如梦 （日）石井真木

图3-29 李西安《濮存昕朗诵配乐专辑》

八、激情的归途

世纪更迭，时空交融。有人焦虑，有人展望，也有人作壁上观。毕竟，中国人对“世纪”（century）和对“世界”（world）的认识仅有短短百年。惊鸿一瞥，刻骨铭心。如今，当我们重读梁启超1899年12月31日远涉重洋到达美国檀香山当夜写下的《二十世纪太平洋歌》的时候，仍能真切地感受到“二十世纪”在晚清学人的著述里是一个何等炙手可热的概念。[1]而百年之后，中国当代知识分子在新一轮世纪之交中的感慨、憧憬和希冀也竟如潮水一般涌上心头，让人浮

[1] 梁启超著；汤志钧、汤仁泽编：《梁启超全集》，北京：人民大学出版社，2018年，第5426页。

想联翩。

1996年10月，资深编辑于庆新在《人民音乐》开设并主持了一个非常有意义的学术专栏——“民族器乐创作与发展系列讨论”。更为可贵的是，在他的主持下，该专栏的讨论持续了6个年头，共发表学术论文43篇（其中，也包括于庆新向李西安约稿的一篇，详后）。与此同时，1998年10月，《人民音乐》编辑部、中国民族管弦乐学会、山东省音协、青岛市音协又在青岛联合主办了“’98全国当代民乐创作理论研讨会”；2000年11月，海峡两岸及香港、澳门的音乐家继同年3月汇集香港参与中乐创作研讨会之后，再聚台湾，共商中国民乐创作与发展。毕竟，中国民族器乐创作与发展牵动着每一位中国人的拳拳之心。但毫不夸张地说，自从“新潮音乐”被横加打压之后，理论界并没有专注、扎实地对中国民族器乐的创作与发展展开深入研讨。相比之下，作为改革开放及中国当代音乐理论和民族器乐创作与发展重要转型时期最富传奇色彩的代表人物，李西安或许是当时为数不多仍然执着地对中国民族器乐创作不断进行艺术实践和理论研究的学者之一。

迄今为止，业界已有很多对李西安的专访、报道（其中包括口述史的采录等），但我却认为，李西安理论清晰、思想凝练、学术成熟的著述大部分都集中在他被免职后的数年里，其中有两个不容忽视的原因。首先，1991～1999年，无论是对传统音乐的还是对现代音乐的研究探索，他有了更多的实践机会（尤其是1996年华夏室内乐团成立之后），此前的理论研究得以在实践中更加深入地完善和补充。其次，解除重任后他得以从纷繁杂乱的人事纠纷与日常工作中解脱出来，潜心思考，享受独处和孤独。而独处和孤独恰恰是学者形成独立思想的绝佳条件，是真正通往智慧和真理的入口。皆因孤独让人摆脱了明知是虚伪的赞美，却还得向庸俗暗示多情的窘境。人类历史上无数的发明创造和对后世具有影响的卓越思想，无一不是在孤独中萌发和产生的。有道是“文章憎命达”，但事实上，孤独更出思想家。“被推崇便是被奴役，被了解便是被击倒，被领悟不过是到了人生的尽头，宛如熟透的果子落下而被人吃掉”（纪伯伦语）；“孤独有某种特别的原始魔力，不是孤立我们，而是将我们整个存在抛入所有到场事物本质而确凿的近处”（海德格尔语）。中国古语也说：“论至德者不和于俗，成大功者不谋于众。”[1]因而深入、集中地研究那些材料，可以分析和归纳李西安的学术心路历程，它们同样也是中国音乐理论界世纪之交微妙变化的重要表征。

话还得从华夏室内乐团说起。

圆满完成北京音乐厅钱程的委托并顺利办完“呼唤诗神——世界名诗朗诵交响音乐会”和“但愿人长久——中国千古名篇吟诵音乐会”之后，李西安和华夏室内乐团的同事们开始着手准备赴欧美演出的曲目创作、排练以及护照、签证、机票等事务。1998年1月14日，他率领华夏室内乐团从北京首都国际机场启程飞往大洋彼岸——美国纽约，并在旧金山、纽约、华盛顿、芝加哥、洛杉矶、麦迪逊、费城、波士顿等16个城市做了为期28天共计22场的巡回演出。回国稍事休整后，他又带领着大家再赴法国、荷兰、葡萄牙等国家和地区演出、演讲。但显而易见的是，他们的跨世纪之旅和一百年前华人带着顶礼膜拜与崇敬心情远涉重洋截然不同。李西安和华夏室内乐团演奏家赴欧美的目的是传播中国音乐，而且是年轻的中国音乐家用最古老的乐器演奏最现代的中国新音乐！然而，我面对李西安遗物里形形色色的海外媒体对他和华夏室内乐团的各种新闻报道时，却有些不以为然。花花绿绿、新颖别致的各式节目单和带有*Ensemble Mixes Old and New*、*Ancient Music Goes Modern*、*Découverte des musiques actuelles*等字样的英文、法文海报固然让人赏心悦目，但它们充其量只是“事件史”（Event History），而不是研究学者，尤其是研究涅槃而重生学者深刻的“心灵史”（Soul History）。

---

[1] 详见〔宋〕司马光：《资治通鉴·周纪二》，中华书局2011年版及在线阅读，https://www.xyyuedu.com/shishudianji/zizhitongjian/39992.html，2021年7月16日登录。

图3-30　李西安1993年在香港（摄影者不详）

在李西安的《赴美演出日记》里，有这样一段文字：

美方演出公司负责人Lisa告诉我，演出前她一直很紧张，不知道华夏乐团的演出能否得到美国听众的认可，尤其是耳朵非常挑剔的纽约听众的认可。但完全没有想到，他们非常赞赏华夏乐团的

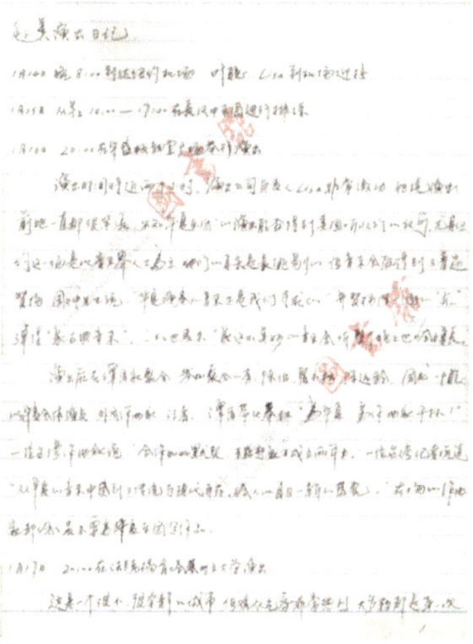

赴美演出日记

图3-31　李西安《赴美演出日记》手稿

演出。就连周文中先生也说：华夏乐团演奏的音乐正是我们寻求的……

演出结束后大家在谭盾家聚会，他带头举杯：“为华夏乐团，为作曲家干杯！”

……

图3-32 李西安与华夏室内乐团赴美演出期间在谭盾家（纽约）合影（1998）[1]

显而易见，美国听众的“认可”，周文中“正是我们寻求的”，以及谭盾“为华夏乐团，为作曲家干杯”均一致指向华夏室内乐团演出的中国现代室内乐作品，而这些作品又无一例外地都出自“新潮”作曲家之手，李西安也依然还是他们的“教头”（刘红庆语[2]）。那么，这种极具讽刺意味的“墙外香”现象原因何在？此外，究竟又是什么原因让李西安居然在为“新潮音乐”丢了“乌纱帽”之后还如此刚毅坚卓地成立华夏室内乐团，并为中国民族器乐的创作和探索矢志不渝？或许学界熟悉

[1] 按：该照片承蒙张维良、瞿小松、谭盾的回忆与辨认（摄影者不详），前排左起为：陈怡、张佚、陈一涵、常静、陈远林、闵晓芬；后排左起为：李西安、谭盾、金铁霖、曹德维、张维良、叶聪、瞿小松。

[2] 按：我虽然并不完全认同刘红庆使用的“教头”一词，因为我认为该词的江湖意味似乎太浓，但作为对李西安影响力的描述，“教头”倒也传神。详见刘红庆：《新潮音乐教头李西安去世，认准音乐一途非走不可》，《北京青年报》2020年6月11日。

李西安的朋友们都读过他的《文化转型与国乐的张力场结构》和《移步不换形与涅槃而后生——关于中国音乐创作发展对策的思考》(1994)、《写在陈其钢作品中国首演之前》(1995)、《雅俗分离之后——中国音乐雅俗关系十年回眸》(1995)、《参加'96巴黎现代音乐节侧记》(1996)、《走向世界的中国音乐》(1997),以及《中国乐器在国外——华夏室内乐团赴欧美演出写真》(1999)和《叩响现代之门——华夏室内乐团的艺术构想与实践》(1999)等著述,然而我却认为这几篇文章虽然视觉独特,所论也切中要害,但或多或少还是有些议论和铺陈。在我看来,他最具说服力的论文恰恰是经过华夏室内乐团多年的不断实践和思考后,应香港中乐团邀请担任"21世纪国际作曲大赛"评委并发表主旨演讲时完成的《我们如何面对21世纪?——民族管弦乐队的转型、解构及其他》一文(该文应于庆新之约,作为其主持的"民族器乐创作与发展系列讨论"文章发表)。我甚至认为,这篇文章才真正算是有理有据地把中国音乐理论界自80年代初对"新潮音乐"和"现代音乐"发生、发展以及在政治意义和文化意义上纠缠不清的模糊认识(甚至是错误认识)进行了系统总结,同时也是他对中国民族器乐长期研究和深入思考的最好证明。

我们将如何面对21世纪? [1]

——民族管弦乐队的转型、解构及其他

李西安

最近几年,对民族管弦乐队的讨论已经很多了。肯定者大有人在,公开发表否定意见的人虽不多,但所论却颇有道理。然而细想想,争论双方的着眼点似乎都集中在50年代后定型的乐队建制,

[1] 李西安:《我们将如何面对21世纪?——民族管弦乐队的转型、解构及其他》,《人民音乐》2000年第4期,第7～12页。

以及与之相适应的仅限于借鉴欧洲古典–浪漫派作曲技法的创作模式，对它在近20年产生的重要变化，不是完全忽略就是视而不见。说实在的，我个人在相当长的时间里，对这种乐队模式和相应的创作模式也持怀疑态度。因此把注意力放到了新兴的民族室内乐领域。但90年代以来，当我听了郭文景、谭盾、周龙、刘星、唐建平、莫凡等青年作曲家陆续发表的一些新作后，忽然发现同一个乐队在他们的手里完全变了个样，展现出一种前所未有的乐队音响结构和崭新的艺术表现空间，使我不能不重新审视民族管弦乐队的价值和发展潜力。因此，本文在评价这种合奏模式的得失的同时，着重探讨创作模式的转型、乐队建制模式解构和重组的可能，以及与之相关的训练和教育问题。

一、创作模式的转型

民族管弦乐队是在特定的历史条件下产生的。无论是它的准备——20年代后大同乐会等一批自发的实验组合，还是它的定型——50年代后中央广播民乐团率先确立编制后被以行政手段推广或是自愿效仿，使它成为全球华人的“大一统”模式，都是在中国大陆处于半封闭或完全封闭的特定阶段。从某种意义上说，这种模式作为中国向西方学习的初始阶段有其合理性。一来，要学就要按部就班，从头开始；二来，既然处于封闭状态，只知道古典音乐而不知道同时代的西方现代音乐为何物，自然只能仿照西方古典交响乐队来建造自己的乐队，同样，也只能借鉴古典作曲技法来创作。

在这种模式已经形成和发展了半个世纪后的今天，再回过头来看它的成绩和局限，应该比较清楚了。它的历史功绩是：首先，对大部分乐器进行了改革，使其十二平均律化，以便于演奏和声和转调；扩展了弦乐、管乐、弹拨的高、中、低声部，增加了声部的平衡、统一和音响的厚度，加强了乐队的表现力。其次，确立了各民乐团体间完全统一或大同小异的编制，有利于相互间的交流和作曲家的创作。另外，正是基于以上两个前提，作曲家们在不同的时期为这种编制创作、改编了诸如《春节序曲》(李焕之曲)、《瑶族舞曲》(彭修文改编)、《流水操》(彭修文曲)、《东海渔歌》(马圣龙、顾冠仁曲)、《旭日东升》(赵行如、董洪德曲)、《蜀宫夜宴》(朱舟、高为杰、俞抒曲)、《长城随想》(刘文金曲)等许多深受观众喜爱的优秀作品。

民族管弦乐队在取得上述成果的同时也失去了很多。要实现十二平均律化就必须抛弃传统的多种律制;要追求乐队整体音色的协和一致就要牺牲每种乐器的个性;编制过早地定型和统一便会放弃尝试其他可能性;仅仅满足于中国旋律与欧洲古典作曲技法结合便会导致艺术风格的单调与陈旧。在中国改革开放后的80年代初,与异常活跃的交响乐、民族室内乐等品种的创作相比,固守既有模式的民族管弦乐却显得相当沉闷,缺乏活力。怎样才能走出困境呢?大家都很清楚,要改变几十年来形成的乐队编制并不容易,因此,聪明的作曲家们选择了在不改变现有乐队建制的前提下,以现代作曲观念和技法重新开发其潜在的音响表现空间,推动创作模式的转型。

第一个打破沉寂的勇士,是留学加拿大和美国归来的香港老一辈作曲家林乐培先生。他在为香港中乐团写作品时,声称他的作曲方向是“从古思中寻根,从前卫中找路”。[1]他的《秋决》(1978)和《昆虫世界》(1979)不仅为中乐团奠定了演奏现代作品的基础,也奏响了中国现代民族管弦乐创作的先声。受林乐培先生以及日本作曲家三木稔的现代邦乐的启发,大陆青年作曲家们首先把注意力投向创建随机组合的新型民族室内乐,从深层对民乐进行变革,并为日后写大乐队做了必要的准备。周龙在1983年率先闯入这一领域,翌年出版的《空谷流水》民族室内乐录音专辑,使国内的音乐界重新发现了民乐的魅力,并对这个新的品种产生了浓厚的兴趣;谭盾

---

[1] 林乐培:《〈秋决〉及〈昆虫世界〉如何以“洋为中用”为香港中乐团奠下“现代交响化”的基础》,刊载于《中国民族管弦乐发展的方向与展望——中乐发展国际研讨会论文集》,香港临时市政局,1997年。

在1985年举办的民族室内乐专场音乐会更以爆炸性效应震动了整个中国乐坛。但真正介入大型合奏的创作是在90年代。其中，谭盾应台北市立国乐团委约创作的《西北组曲》(1990，据舞剧《黄土地》音乐整理、改编)，郭文景为戴亚独奏音乐会创作的笛子协奏曲《愁空山》(1992)和应香港中乐团委约创作的民族管弦乐组曲《滇西土风二首》(1993)，唐建平应亚洲乐团委约创作的《厚土》(1997首演，1999改编为中国民族管弦乐版本)和《天人》(1999首演，根据同名乐剧改编，原为弦乐四重奏与亚洲乐团而作，同年改编为中国民族管弦乐版本)等作品给我留下了深刻的印象。我认为，这些手法不同、个性迥异的作品之所以能让大家对民乐合奏的感觉焕然一新，是基于以下共同的美学追求。

1. 以现代和谐观取代古典和谐观

从美学意义上说，和谐是古往今来不同民族、不同时代、不同风格的音乐所遵循的共同准则，也是音乐的至高境界。然而，不同民族、不同时代、不同风格的音乐对和谐的理解又是千差万别的。其次，和谐与具体音响的协和有密切关系，但和谐决不能简单地等同于协和。和谐是更高范畴的概念，而协和则更多带有物理的属性。和谐可以全部由协和的音响构成，也可由协和的与不协和的音响共同构成，甚至不排除全部由不协和音响构成。另外，更重要的是，和谐观念特别是人类对不协和音响的认可和接受程度，总是随着时代的发展而不断改变的。

建立中国民族管弦乐队时的初衷以及为此进行的乐改和所写的作品，是试图达到西方古典交响乐队所具有的那种古典的和谐美，甚至把它视为人类共同的、永恒的理想。数十年的实践证明，这种美是不可再造的[1]，是我们的民族管弦乐队无法企及的。因此，青年

[1] 按："中国知网"刊载的原文为"这种美是不可再的"，疑漏"造"或"生"一字。根据上下文理校，本文引用时特将此处补充为"这种美是不可再造的"。特此说明。

作曲家们毅然抛弃对古典和谐美的追求而另辟蹊径。

郭文景直率地表示，要“反欧洲传统，反一切欧洲的理论和尺度”“既不要老民乐那种陈腐，也不要20世纪现代音乐那种病态”。[1]以此作为他写民乐合奏的出发点。唐建平则说得很具体：“过去为了写好三和弦拼命地做，效果还不好，最后只能以不协和写协和观念。”的确，在他们的作品中，不协和甚至极为尖锐的不协和音响随处可见，并由各种各样的不协和的局部，构成了协和统一的整体，不过也有些地方刚好相反，连最简单的和声都没有，有时很接近原始的民间多声，像持续音、旋律加花或是平行四、五度之类；有时干脆采用大篇幅的独奏。这两种看似相去甚远的写法用在一起时，效果却非常协调。也就是说，现代和谐观的构成要素不仅仅是不协和，而是一个包容面很广的概念。如果说排他的话，从本质上是排斥以大小调体系的和声为基础的欧洲古典和谐观的（当然，作为当代音乐的多元存在方式之一或是在一个更高的层次上回归古典的和谐美又当别论）。这种“扬长避短”的做法，既避开了民乐演奏传统和声时的无奈和尴尬，又可达到现代概念的和谐，无疑是一种明智的选择。

2. 以个性化的乐器、个性化的手段构筑个性化的乐队音响

欧洲古典交响乐队的形成是以淡化每一件乐器的个性而获得乐队整体音响的和谐统一的，而且这种和谐的乐队音响是一种共性化的音响，打破共性而追求个性化的发展已是德彪西、拉威尔之后的事了。中国民族乐器的个性远比组成交响乐队的乐器的个性（很多个性很强的乐器，如弹拨被排除在外）要强得多。尽管我们想方设法淡化每种乐器的个性也没达到古典交响乐队那样的和谐，白白地牺牲了乐器的个性却落了个“扬短避长”的结果。那么，现代民族

[1] 按：本文除关于香港作曲家林乐培的论述注明出处外，其他的直接引语均出自李西安与作曲家的谈话。

管弦乐创作在抛弃追求古典和谐美的同时，已经有可能而且必须重新寻回失落了的乐器的个性，以多种乐器色彩构筑一个不同于西方交响乐队的个性化的乐队音响。

第一个意识到这点并付诸实践的是林乐培先生。他在写作《秋决》和《昆虫世界》的时候，决心突破早年民乐合奏的传统作风，“在物尽其用的原则下，突出乐器的独特性格，避免不同品种乐器‘一品窝’式不必要的齐奏”，“使乐器既有单独发挥个别特征的机会，又可以充分地物尽其用地制造不同组合的色彩与气氛，引发起每件乐器的演奏者的挑战趣味与集中力”。[1]正是这种大胆的艺术构想，使这两部作品的配器色彩千变万化、层出不穷，给观众带来意外的惊喜和新鲜感。如果说，林先生的这两部作品特别是《昆虫世界》还更多地带有室内乐写法的精巧的话，那么，郭文景则充分发挥和夸张民族乐器的固有特色，营造了更加恢宏、更加交响化的气势。就唢呐和管子的用法来说，由于它们极难吹准一个大三和弦，所以，作曲家经常用它们演奏不协和和弦或者索性大齐奏。《愁空山》第三乐章中有一段（41—64小节）写得很绝：用唢呐、管子和笛子、笙全体齐奏大段的旋律，还硬加上几个临时变音，模仿唢呐“吹不准”的效果（民间奏法中这种不准的音特有味！）以此与铺满整个乐队的尖锐的不协和音响相互碰撞，造成强大的震撼力，而且绝对是中国式的，听起来非常亲切，非常过瘾!而在《滇西土风二首》的第一首《阿佤山》里，作者紧紧抓住很多少数民族的拉弦乐器或弹拨乐器特别偏爱空弦音的特点，用在整个弦乐和弹拨声部，发展过程中还在非空弦音的旋律部分加进了大量经过性的变音，同样夸张地再现了民间乐器特有的滑奏或是“音不准”的效果，别具一番

[1] 林乐培：《〈秋决〉及〈昆虫世界〉如何以“洋为中用”为香港中乐团奠下“现代交响化”的基础》，刊载于《中国民族管弦乐发展的方向与展望——中乐发展国际研讨会论文集》，香港临时市政局，1997年。

清新、质朴的民俗情趣。

谈到发挥民族乐器固有的个性时，不能不联想到刚刚建立不久的亚洲乐团。对这样一个由中、日、韩三国的民族乐器组成的跨国乐队来说，建立伊始就遇到和中国乐队同样的问题：如何用这些个性极强（虽说乐器大部分都源于中国，但民族风味更浓，“现代化”的程度更低）的乐器合奏多声部的乐曲？鉴于中国乐队四十多年来已有的经验和教训，我想，大部分作曲家都会考虑必须在充分发挥这些乐器的特性的前提下，去追求现代观念的整体和谐感。唐建平为这个乐队写的《厚土》和《天人》正是基于这样的思考。譬如在用到日本的笛子和韩国的荜篥时，要保留其特有的日本味道和韩国味道。而写唢呐的时候，反而用“打指”吹节奏型，当打击乐用。作曲家的一个很重要的经验，是极力避免用这些乐器演奏简单的旋律，而是演奏带变音或不协和音程的复杂化的旋律。因为用这些民族乐器奏越简单的旋律越难，演奏复杂的反而容易，而且特别有味道。

此外，与欧洲古典时期追求共性的乐队整体和谐不同，作曲家在现代民族管弦乐作品中追求的是以个性化的乐器和个性化作曲手段构筑个性化的乐队整体音响，甚至是每个作曲家、每个作品都不相同的音响空间。如林乐培的《秋决》，用各种各样的模拟戏曲韵白（个人角色和群体角色）的器乐语言和同样源出于戏曲的打击乐作为主角，配合多调性、无调性、音群、音层等写法和即兴演奏，构成具有戏剧性、交响性并有鲜明的戏曲风格的乐队音响。

郭文景认为“太复杂的和声和调性对民乐没效果”，“四、五度又不够浓”，所以他在《愁空山》中主要用了四、五度结构加色彩性自由附加音（多为不协和音，有时加得很多）作为和声的基本框架，配合复杂的持续音写法和多调性因素，既保持了较为清晰的调性又构成尖锐的不协和音响。他的《滇西土风二首》，因为作者打算“用民乐最顺手、最有效果的办法来写”，所以和声要比《愁空山》

简单得多，而着重挖掘民间的多声写法。除上面提到的在《阿佤山》中以频繁运用空弦音为特色的支声写法外，在《基诺舞》中更是创造性地发展了民间多声手法。通篇除了个别地方作为句逗或点缀外几乎没用和声。在第一段里，用有音高的打击乐器（后来主要加进弹拨乐器）演奏的由简单的三个音（后来扩展到四个音，又加了半音经过音）自由变序构成的轻快音型与附加的不协和半音交错撞击，配合加花、持续音等民间多声手法和音色、调性的变换，营造出一种既单纯又非常多彩，既朴素又非常浓烈的异族风情。再现部分的结尾，索性用音高模糊的群鼓奏乐章开始的主题，效果尤为绝妙。

唐建平的《厚土》和《天人》的写法又与林乐培、郭文景完全不同。就拿《厚土》来说，因为作品表现的是云南少数民族对大地的依恋、崇拜和祭祀，具有宏大的场面和古远的历史感，如果按严格的作曲法写作的话，日本和韩国的乐器很难适应，所以作曲家组织乐曲的“不是和弦效果，而是声音”，“不论用什么音列奏出来，都是我要的音响——浓密、复杂，有时像一条大河任其自由流淌，有时简直像山崩地裂”。通篇由不协和的声音构成的铺天盖地、浑然一体的音响空间与原始而又颇有神秘感的民歌交相迭置，融而为一。作者还喜欢用“有限定的偶然音响”：先写好一个旋律，再在不同声部间隔极短地相继重复，造成的音响完全出人意料。用同样方法写的一个鼓段，效果更是惊天动地。难怪首演后，三木稔被激动得连声称赞：“感动，感动，超过了斯特拉文斯基！”

和有些用欧洲古典和声和配器思维写的作品移植为交响乐队演奏往往效果恰恰相反，正是由于作曲家以个性化的乐器和手段创造出了非常个性化的乐队音响，所以，《愁空山》被改编为交响乐队协奏后，无论作曲家本人、担任笛子独奏的戴亚还是一些听众，都觉得不如原来的民乐有味。这种“不可移植”的现象，说明有些作品已经使民族管弦乐队具有了与交响乐队相对比而存在的独立品格与价值。

3.传统基因的现代重组

一提到现代民族管弦乐作品，往往会被不熟悉它的人误以为是远离传统的。其实，一些优秀的现代作品与传统的关系比简单地采用民族旋律配上西洋古典和声的作品要密切得多。只不过后者与传统的联系是表面的，容易被察觉，而前者与传统的联系是深层的，反而常常被忽略。上面提到的这些作品，它们都是源于传统又创造性地发展了传统，只是作曲家们已经不再像民族乐派那样整段引用原来的民歌作主题，而把传统音乐作为原料和素材重新加工。用一句话来概括，就是传统基因的现代重组。由于每个作曲家的经历和个性不同，在传统和现代、中国和世界、雅与俗这样一个巨大的张力场中，所选择的坐标点也就各不相同。因此，传统基因重组的方式也是很个性化的。

谭盾的《西北组曲》除了第一段直接引用了《信天游》外，其余各段的旋律都是吸收并消化了民间音乐素材之后重新写的。听来既熟悉，又新鲜。即或是根据1985年首演时曾因风格太“前卫”而轰动音乐界的《为拉弦乐器作的组曲》第三乐章改写的《石板腰鼓》，插在首尾“无穷动”之间的一段新写的抒情旋律，今天听来仍备感亲切，非常清新、风趣，乡土气息扑面而来。不直接借用原有曲调却能把旋律写得如此民间又如此富有时代感，确是一种天分。

对在巴山蜀水间长大的郭文景来说，民间音乐简直就是他的灵魂。《愁空山》可以说是巴蜀文化对他长期熏陶与浸透的一次新的升华。在写《滇西土风二首》之前，他曾多次去云南采风，研究了大量民族音乐，有很深的领悟，并坚定了他写这部作品的信念：“不是把玩民俗，而是把自己的灵魂融入民间音乐——远古的，从而创造一种亚洲式的、中国式的、郭文景式的有人道主义的音乐。”“让云南的民间音乐再熏陶我一次!”正是基于这样一种深切而又崇高的情感，他选取了自己最喜爱的虽然短小却蕴含着巨大发展潜力的素材，以自己独特的方式和现代人的审美视角，勾勒出一幅云南远古的图画。以或粗犷或细腻的笔触，表现了与大自然融为一体的那种有如枯枝老树般的永恒的力量、沧桑的力量。

唐建平的《厚土》给我印象最深的是把四首彝族、哈尼族的古歌——《打歌》《情歌》《祭典地母的歌》和《海菜腔》的录音磁带与乐队的现场演奏“拼贴”在一起，而两者间结合得又是那么默契、那么自然、那么天衣无缝！原以为录音是随机播放的，妙在歌选得好，且作曲家亲自在台下控制调音台。后来我借来总谱一看才知道，除了第一首《打歌》带有随机结合的因素外，另外三首都写了严格的总谱，完全出于作者的精心设计。当我问及作者的时候，才知道1996年底作曲家田丰曾率领云南民族文化传习馆的弟子们到中央音乐学院演出，二十几个姑娘舞得披头散发，用带有“撕裂感”的声音一面唱着《打歌》，一面用力跺着光着的脚丫……作曲家被这歌声震撼了，一个奇特的灵感闪现出来：这跺脚声不正像人类从容地从远古走来吗？这就是《厚土》第一段的构思。接下来，又根据另外三首歌构思了其他几段。更重要的是，作曲家是在彻底吃透了这些民歌后才写出了能和它们结合得如此巧妙、又如此恢宏的交响性音乐来。作者说他设想的歌声与乐队交织就好像人与大地的对话。我想，这该是每个观众的共同感受。

二、建制模式的解构与重组

前面讲到的创作模式的转型是在保持现有乐队建制模式不变的前提下进行的。那么，既然作品的风格类型已经大大拓宽，而且也已展现出前所未有的音响表现空间，为什么还进一步讨论现有乐队建制模式是否要解构与重组这个耸人听闻的题目呢？这是因为与经过漫长的积累自然演进而成的交响乐队不同，民族管弦乐队几乎是在一夜之间就仓促定型了，它的构成要件还不尽合理，更远非完善；何况今天的艺术环境和当年组建时已大不相同了。如果不是满足于已有的成绩，而是从长远考虑，尚需补足当年被忽视了的许多基础性的工作。

自20世纪80年代打开国门，中国重新发现了世界：一个更加完整的西方和曾经被忽略了的东方；在重新发现世界的同时，也正在重新发现自我。从这样的视野来看民族管弦乐队，它的参照系已不像始建时那样只限于欧洲古典交响乐队一种，而是有很多种。就拿西方的交响乐队来说，在我们按照它的样式建立自己的乐队之前，它早已在保留原有的双管或三管编制的同时开始解构——向着更个性化、更随机化的多种多样的编制发展，为原有的建制输入了新的活力。再看东方国家，由中、日、韩三国民族乐器组成的亚洲乐团，尽管时间很短，还不成熟，但它的构想和初步实践也为我们发展民乐合奏提供了不尽相同的思路。再看中国自己，最近十几年里已经出现了湖北省歌舞剧院的编钟乐舞乐队、武汉音乐学院的编钟古乐队、根据敦煌壁画复制的乐器组成的敦煌乐队、谭盾为《九歌》在美国演出而自制的陶乐器乐队等新的地区化、特色化的合奏品种。特别是很多像当年大同乐会那样自发组建的新型民族室内乐队，在不长的时间就取得令人瞩目的成绩，已开始进入欧美的主流音乐社会，与其进行平等的交流和对话，等等。面对如此丰富的参照系，民族管弦乐队今后该如何调整自己呢？是否可以在保留原建制的同时再做些新的尝试呢？

解构之一：现有声部的品种化

以弦乐为例，大家都把它视为整个乐队的基础，有如提琴家族之对交响乐队。但与交响乐队的拉弦组相比，中国乐队的弦乐组整体声音不协和，声部也不平衡，表现力很差；与西方非常丰富的弦乐合奏作品相比，中国弦乐除谭盾的《为拉弦乐器作的组曲》外，很少有人为它写作品。因此，可以说到目前为止，中国乐队的拉弦组既未成为理想的基础声部，也尚未形成独立的品种。如果按现有声部设立弦乐队、弹拨乐队、吹管乐队、打击乐队或各种随机的交叉组合，则可推动这些合奏声部的品种化，既能拓宽作曲家的创作思路，丰富乐团的演出曲目，也可视为强化声部训练和重新构架声部的整体音响的过程。经此过程再重新整合，乐队的整体音响结构会不会有很大的改观呢？中国音乐学院附中最近进行的阶段性实验，对我们会有很多启发。

解构之二：组建乐队内部的传统乐种与新型室内乐

现有民族管弦乐队乐器是中国的，但合奏形式是外来的，没有自己的传统。实际上中国自古以来就有大型合奏的传统，还有各式各样民间的广场乐、丝竹乐等合奏形式，只是我们失去了一次在传统乐队的基础上实验和发展现代乐队的机会。现在是否应该补上传统这一课呢？如果能发挥现有队员各自的所长分别按民间乐种组成江南丝竹、潮州弦诗、福建南曲、广东音乐、十番、吹打等乐队，认认真真地学，设若有一天确能奏得地地道道、原汁原味，不仅同样可以丰富乐团的演出曲目，有利于国际交流，大大增强演奏中国作品的传统神韵，说不定还会为乐队建制的调整提供些新的思路，而且也可以将目前所有的民乐团体作为即将消亡的传统乐种的一个重要的传承和推广渠道，难道这不该是我们的崇高使命吗？

另外，室内乐要求每个成员间有更高、更细致、更默契的合作能力，但由于音乐院校开设民族室内乐合奏课只是近几年的事，致使现在在职的乐队队员绝大部分都缺少应有的训练，造成乐队素质上的欠缺。如果在乐队内部加强室内乐的训练，或是由各声部的首席组成室内乐队，先行一步，并引进十几年来新型民族室内乐发展的经验，是否能更好地带动整个乐队的提高呢？

解构之三：现有编制的替换与增减

关于这个问题大家已经发表了很多很好的意见，应创造条件进行实验。另外，应鼓励作曲家根据作品的需要增减或是替换现有乐器，实验多种不同的编制。

解构之四：走出自我封闭，与姊妹艺术、现代高科技结合

与西方交响乐队几乎渗透到所有表演艺术领域相比，民族管弦乐队目前基本上处于自我封闭的状态。大陆上过去与民族歌剧、民

族舞剧的合作在“文革”后已大部分被交响乐队所取代。现在为什么不打破这种封闭，更多地与声乐、歌剧、舞剧、戏曲、电影、电视结合，与新兴的电子音乐结合，采用观众喜爱的多媒体形式……给自己争得更广阔的生存空间呢？

解构之五：打破建制的单一模式

现在中国和新加坡的乐队采用同一建制模式，是20世纪的历史使然：中国学西方，新加坡又效仿中国。在新的世纪里，为什么不各自做点不同的尝试，办得更活泼、更潇洒些呢？

我想，经过上面的种种实验，先打破现有的规范与秩序，打破现有的凝固与封闭，尔后再重组新的乐队建制，它可能是多种多样的，即或还是原来的模式，也会是一个全新的面貌了。

三、训练与教育

与欧洲音乐已有几百年专业化的历史不同，包括合奏在内的整个中国新民乐目前还处在由民间形态向专业形态过渡的阶段。民族管弦乐队要拓宽包括现代作品、新编传统乐曲等在内的多种风格的曲目并达到交响乐队的水平，不能仅仅满足于一般的排练，还需对乐队及其成员进行全面、系统的训练和补课。

专业音乐教育是专业音乐的摇篮。由于长期以来，专业音乐院校的民族器乐教学仍处于相当封闭的状态：主科和基础课教学仍以刘天华以来的创作和欧洲古典音乐基础理论为主，既忽略了传统又忽略了现代。只有个别院校的学生能在合奏课中接触有限的现代作品。这样，由专业院校培养出来的学生组成乐团，乐团又反过来强化学校的办学目标，两者间形成封闭式的自我循环。因此，要改变未来乐团的素质，根本问题在于改革院校教育。

结束语

21世纪将是世界经济一体化与文化多元化共存的世纪，趋同与求异共存的世纪。有很多迹象显示，欧洲音乐一统天下的局面将进一步衰退，而多元音乐文化发展的势头将更加强劲。在这个总的趋势面前，中国民族管弦乐队与西方交响乐队站在同一条起跑线上。

我们走过的路，只是过程而不是结果，是起点而不是终点。

有着五千年历史和丰厚文化积淀的中国，已经融入世界先进文化潮流的中国，奉献给新世纪的将不再是交响乐队的复制品，而是独一无二的中国化的、现代化的、正因为和交响乐队全然不同才与它“并驾齐驱”的新型民族管弦乐队。

20世纪，中国出了个刘天华，开创了民间独奏乐器专业化的历史；后来又出了个彭修文，创建了民乐大型合奏的模式并推广到整个华人地区；21世纪，谁将肩负起重建新型民族管弦乐队的重任并让它走向世界呢？

有意思的是，李西安这篇文章正式发表前，赵沨——84岁高龄但仍然顽强地坚守在《人民音乐》主编岗位上——特意为李西安的文章写了“编者按”，而且还是一篇以他个人名义署名的“编者按”。之所以如此说，皆因自于庆新1996年10月发起、主持“民族器乐创作与发展系列讨论”至李西安的文章发表，该系列讨论了23篇文章（《人民音乐》原文标注为“民族器乐创作与发展”系列讨论之二十三），但之前的22篇（包括“之五”叶纯之：《从创作角度看中国民族管弦乐队的前景》，“之十二”梁茂春：《论民族乐队交响化》，“之二十”鲁日融：《重视民族室内乐作品的创作与演奏推广》等）以及其后的“之二十四”吴厚元：《民族器乐创作中的新探索》，“之二十六”顾冠仁：《谈大型民族乐队的音响问题》直至“之四十三”杨忠衡：《现代国乐与传统（民族）音乐接轨的可能性探索——迎接民乐的“现代时期”》等文章都没有配发过编者按。

【编者按】最近由民族管弦乐队而展开的讨论实际是音乐文化的“中西关系”的讨论，是很有意义的。从“五四”时期提出的“新音乐”到赵元任、黄自、刘天华先生的作曲实践到抗日战争前后提出的“新音乐”“救亡音乐”……都是我们应该十分重视和认真总结，从而加强有中国特色的社会主义精神文明建设必须弄清楚（力求达到大的求同和小的存异）的重大问题。比如：1. 如何看待一百年来中国音乐文化的发展和成就及其缺点和不足；2. 什么是音乐文化的“现代化”？不是空洞的议论而是实事求是的分析、总结和可操作的具体的举措；3. 现代西方现代派或“先锋派”只是什么“无调性”“不谐和和声”、形式的解构和什么“音魂”“序列”等技法问题么？为什么提倡这种“技法”，首先要解决其中有没有糟粕和精华之分，它的“哲学”“美学”观念是什么？总之，这只是纯粹的“技法”问题么？4. 民族音乐如何在“继承”与“变异”之间找到新的出路？这些问题关系到有中国特色的社会主义精神文明建设这一伟大目标，希望能得到更广泛深入的讨论。

——赵沨[1]

但事实上，从同时期的多种文献和与之相关的史料看，当时理论界并没有积极响应赵沨编者按倡导的“广泛深入的讨论”，《人民音乐》编辑部似乎也并没有收到多少参与讨论的来稿。同年9月，经过中国文联3个月严格的初评、复评、终评，11月26日评审结果揭晓：李西安《我们如何面对21世纪？——民族管弦乐队的转型、解构及其他》获得了“中国文联2000年度文艺评论奖一等奖”并成为中国音乐界当年唯一一篇获得一等奖的论文。[2]

这一年，李西安63岁。

---

[1] 李西安：《我们将如何面对21世纪？——民族管弦乐队的转型、解构及其他》，《人民音乐》2000年第4期，第7页。

[2] 按：获得“中国文联2000年度文艺评论奖一等奖”的文章全国仅5篇，即文学类《全球化时代的文学选择》（樊星）、话剧类《“前进”道路与中国话剧——写在前进话剧团45周年团庆之际》（王蕴明）、电影类《深入浅出的夏衍电影剧作论》（于敏）、音乐类《我们将如何面对21世纪？——民族管弦乐队的转型、解构及其他》（李西安）、书法类《二十世纪草书四家评述》（杨吉平）。此外，音乐界获得二等奖的评论文章也只有两篇，即周吉《试论民族音乐学家的“守土职责”》，以及周海宏《对现代音乐的美学思考》。

图3–33　李西安中国文联2000年度文艺评论奖一等奖获奖证书

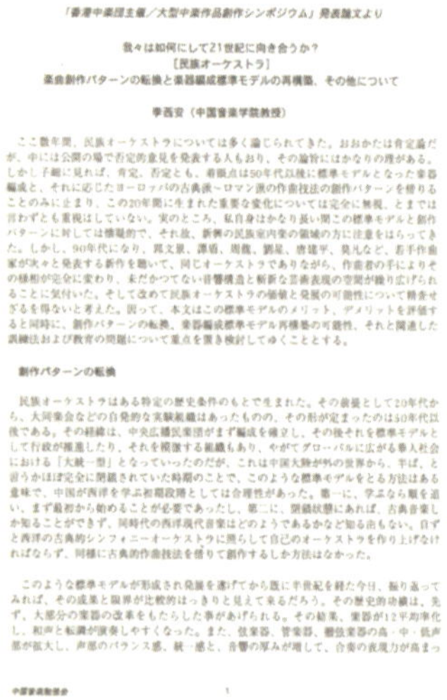

「香港中楽団主催／大型中楽作品創作シンポジウム」発表論文より

我々は如何にして21世紀に向き合うか？
［民族オーケストラ］
楽曲創作パターンの転換と楽器編成標準モデルの再構築、その他について

李西安（中国音楽学院教授）

ここ数年間、民族オーケストラについては多く論じられてきた。おおかたは肯定論だが、中には公開の場で否定的意見を発表する人もおり、その論旨にはかなりの理がある。しかし子細に見れば、肯定、否定とも、着眼点は50年代以後に標準モデルとなった楽器編成と、それに応じたヨーロッパの古典派～ロマン派の作曲技法の創作パターンを借りることのみに止まり、この20年間に生まれた重要な変化については完全に無視、とまでは言わずとも重視はしていない。実のところ、私自身はかなり長い間この標準モデルと創作パターンに対しては懐疑的で、それ故、新興の民族室内楽の領域の方に注意をはらってきた。しかし、90年代になり、[illegible]、譚盾、周龍、[illegible]、唐建平、[illegible]など、若手作曲家が次々と発表する新作を聴いて、同じオーケストラでありながら、作曲者の手によりその様相が完全に変わり、未だかつてない音響構造と斬新な芸術表現の空間が繰り広げられることに気付いた。そして改めて民族オーケストラの価値と発展の可能性について精査せざるを得ないと考えた。因って、本文はこの標準モデルのメリット、デメリットを評価すると同時に、創作パターンの転換、楽器編成標準モデル再構築の可能性、それと関連した訓練法および教育の問題について重点を置き検討してゆくこととする。

創作パターンの転換

民族オーケストラはある特定の歴史条件のもとで生まれた。その前身として20年代から、大同楽会などの自発的な実験組織はあったものの、その形が定まったのは50年代以後である。その経緯は、中央広播民楽団がまず編成を確立し、その後それを標準モデルとして行政が推進したり、それを模倣する組織もあり、やがてグローバルに広がる華人社会における「大統一型」となっていったのだが、これは中国大陸が外の世界から、半ば、と言うかほぼ完全に閉鎖されていた時期のことで、このような標準モデルをとる方法はある意味で、中国が西洋を学ぶ初期段階としては合理性があった。第一に、学ぶなら順を追い、まず最初から始めることが必要であったし、第二に、閉鎖状態にあれば、古典音楽しか知ることができず、同時代の西洋現代音楽はどのようであるかなど知る由もない。自ずと西洋の古典的シンフォニーオーケストラに照らして自己のオーケストラを作り上げなければならず、同様に古典的作曲技法を借りて創作するしか方法はなかった。

このような標準モデルが形成され発展を遂げてから既に半世紀を経た今日、振り返ってみれば、その成果と限界が比較的はっきりと見えて来るだろう。その歴史的功績は、先ず、大部分の楽器の改革をもたらした事があげられる。その結果、楽器が12平均律化し、和声と転調が演奏しやすくなった。また、弦楽器、管楽器、撥弦楽器の高・中・低声部が拡大し、声部のバランス感、統一感と、音響の厚みが増して、合奏の表現力が高まっ

中国音楽家協会　1

图3–34　李西安《我们将如何面对21世纪？》日文版

不久，日本音乐学家安藤园美将该文翻译成了日文在日本公开发表。一时间，中国、日本、新加坡的理论界、民乐界、作曲界一片热议。很多人认为，李西安文章获奖，实至名归，当之无愧。志同道合的朋友们则更为明确地表示，在中国改革开放大潮中不畏强权，勇于开拓进取的“新潮音乐”和“现代音乐”终于借由李西安的文章得以“平反”，

大快人心；也有人私下打听参加评审的人究竟是谁，什么原因竟能让当年不遗余力打压“新潮音乐”和“现代音乐”的人突然改变了态度和立场……但事情并非人们想象的那么复杂，恰恰相反，整个评审工作进行得公正祥和，井然有序。

事实上，如果说1996年于庆新发起并主持“民族器乐创作与发展系列讨论”具有某种偶然性，那么43篇文章长达6年的热烈讨论则是历史的必然；应于庆新之约，李西安的论文《我们将如何面对21世纪？》得以在《人民音乐》发表看似具有某些偶然性，但他长期关注和思考中国民乐创作与发展同样也是一种历史的必然。

虽说“没有哪一次巨大的历史灾难不是以历史的进步为补偿”[1]，但是，我们如果只是在客观上认可历史进步代价的不可避免性，仅仅满足于概括性、抽象性地复述代价的原委，则仍然不可能达到历史辩证法和社会发展与音乐实践的要求。皆因抽象的解释往往会把价值形态的对立看成是绝对永恒的现象，并默认历史代价永远不可避免。在我看来，音乐史学更需要用动态的历史观和历史哲学的方法去对代价产生和存在的主客观成因进行一番透彻、深刻的剖析，才有可能去有效探讨如何避免产生不必要代价的可能性。因为，历史活动的主体是人（而且永远是人）。一方面，对历史人物的研究始终是史学研究不可回避的重要内容；另一方面，对历史人物进行史学评价的理论前提也仍然是历史唯物主义的唯物史观。正如恩格斯当年在和费尔南迪·拉萨尔（Ferdinand Lassalle，1825 ~ 1864）谈论戏剧创作《济金根》的信中所说那样：“主要的出场人物是一定的阶级和倾向的代表，因而也是他们时代的一定思想的代表，他们的动机不是来自琐碎的个人欲望，而是从他们所处的历史潮流中得来的。”[2]

---

[1] 中共中央马克思恩格斯列宁斯大林著作编译局编：《马克思恩格斯全集》第39卷，北京：人民出版社，1960年，第149页。

[2] 恩格斯：《致费·拉萨尔》，《马克思恩格斯选集》第4卷，北京：人民出版社，1972年，第343 ~ 344页。

第四部 冬

北京的冬天俨然是两个世界。屋里，惬意恬适，暖意融融；屋外，寒风凛冽，让人心生敬畏。雪霁之后，白茫茫的大地上，碧空如洗，一尘不染，其通透、深邃的景致令人目酣神醉。然而，过不了几天，雾霾袭来，美景转瞬即逝，整个城市混浊、沉郁，令人窒息……

一、宠辱不惊，看庭前花开花落

种种迹象表明，新世纪的李西安，在被免职后通过近10年不断的艺术实践和理论研究以及与海内外朋友的广泛交往完全走出了阴影。他之前内心深处还时常会泛起的回归主流、继续参政议政的冲动和想法似乎也逐渐放弃，并开始享受社科人文学者耳顺之年做学问的黄金时光。当然，其中最重要的客观原因还在于，中国音乐界的改革开放不断深化，之前对“新潮音乐”“现代音乐”批判和打压的态度随着时间的推移开始变得宽宥包容，李西安之前被指责的“失误”和“过错”也越来越“清白”。如若不然，2000年他断不可能受中央电视台第九届CCTV全国青年歌手电视大奖赛邀请担任音乐理论组评委，并让他在拥有数以亿计观众的中央电视台上抛头露面。虽然并没有谁为当年公开点名批判李西安、吴祖强、居其宏、王安国、梁茂春、戴嘉枋、谭盾、叶小纲、瞿小松等人的事做过任何解释，但社会给出了的公正评价，2000年李西安“双喜临门”——不仅以学术论文《我们将如何面对21世纪？——民族管弦乐队的转型、解构及其他》获得了中国文联2000年度文艺评论一等奖，而且还获得了文化部区永熙优秀音乐教育奖。2001年，他的“中国民族旋律学”又被全国艺术学“十五”规划正式立项；2004年，他的论文《对音乐传统传承、变异与创新的再认识》[1]让他再次获得了中国文联文艺评论一等

[1] 李西安：《对音乐传统传承、变异与创新的再认识》，《人民音乐》2003年第12期，第19～23页。

奖。而且在2005年9月，中国文联还向李西安颁发了第五届中国文联文艺评论奖终评委员会委员的聘书。如此种种，或许就是一段历史的一个不甚完美的结局。何况，时间永远是一台公正的天平，它能准确称出每一个人为社会做出贡献的分量。

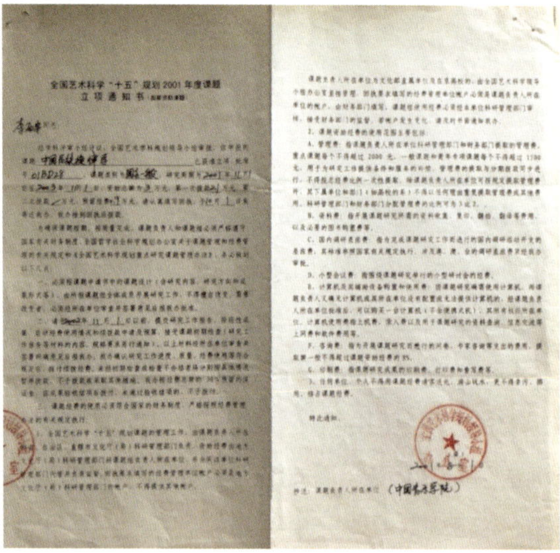

全国艺术科学"十五"规划2001年度课题
立项通知书

图4-1　全国艺术学"十五"规划2001年度课题"中国民族旋律学"立项通知书

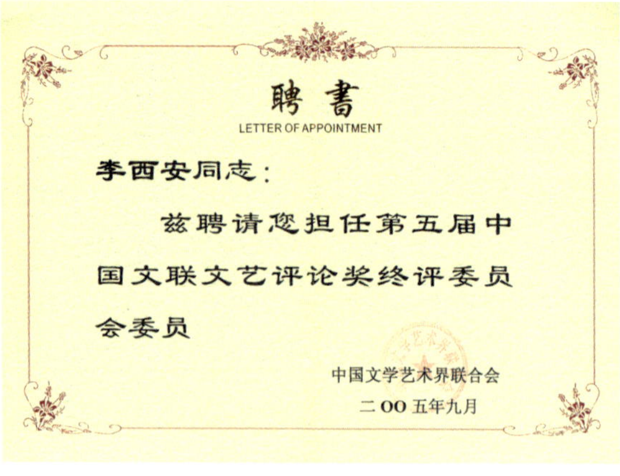

聘書
LETTER OF APPOINTMENT

李西安同志：

兹聘请您担任第五届中国文联文艺评论奖终评委员会委员

中国文学艺术界联合会
二OO五年九月

图4-2　2005年中国文联向李西安颁发的聘书

从这个意义上说，新世纪就是李西安的一个新起点。像一个在外漂泊了近10年且无地可依的人终于能回家了一样，从2000年开始，他又“回到”了中国音乐学院，并在生命的最后20年中，把大部分的精力都倾注在了教学科研工作当中。虽然他的身体大不如前，但数十篇学术论文、24张CD（170首乐曲）和附有百余万字讲解的《儿童中国民乐品赏》和大部头的两卷本《一石激起千层浪——中国现代音乐争鸣文选（1982～2003）》、九卷本《马可选集》、四卷本“中国传统旋律与曲式系列理论丛书”等重要音乐著作的编写工作，以及专心致志指导他的唯一一位博士研究生赵冬梅研究中国传统音乐等，无一不是在他时好时坏的健康状况下，以惊人的毅力坚持完成的。

此外，他具备有教无类、平易近人的谦谦君子品格，且雍容自若、兴趣广泛。从改革开放之初成功策划“华夏之声”系列学术音乐会（1982、1983）开始，他相继成功策划组织“首届全国高等艺术院校中国艺术歌曲创作与演唱比赛”（1988）、“中国歌剧之魂”（1988）、“ART杯首届中国乐器国际比赛”（1989）、《唐风》《宋韵》（1993）、中央电视台“音乐桥”（1994）、“知音雅集——中国古琴名琴名曲国际鉴赏会”（1994）、“呼唤诗神——世界名诗朗诵交响音乐会”（1997）、“但愿人长久——中国千古名篇吟诵音乐会”（1997）等多场活动，他超前的思想远见、独特的艺术鉴赏力和非凡的综合策划能力早已在业界广为人知，因而千禧年之际，慕名而来请他担任赛事评委和演出策划的院团、剧组，以及出席各种学术会议的人络绎不绝。比如作为顾问参与由孙允文编剧、黄美玲作曲的室内歌剧《苏小小》（2000）和由水儿编剧、周雪石作曲、陈蔚导演的小剧场歌剧《再别康桥》（2001），作为评委出席“21世纪国际作曲大赛（香港）”（2000），担任中国香港中乐团音乐顾问（2002），新加坡华乐团艺术咨询委员（2003），以及出席“北京新春民族音乐会”（2004）、“让世界倾听澳门——国际华语歌曲创作比赛”（2005）、“新加坡华乐团国际华乐作曲大赛”（2006）、第一届北京传统音乐节（2009）等。

但与上述光鲜亮丽的演出和比赛相比，有两个或许并不耀眼的事情引起了我的注意。

其一，2000年3月22日，葡萄牙打击乐演奏家、作曲家米格尔·阿兹吉姆（Miguel Azguime）为华夏室内乐团和人声与电子音乐创作的大型多媒体作品“元之元”在北京音乐厅演出（指挥陈雷激、男中音时可龙、女高音赵晓华，以及华夏室内乐团笛箫埙演奏家张维良、三弦演奏家赵承伟、二胡演奏家曾德维、扬琴演奏家张侠、琵琶演奏家董楠、古筝演奏家邱霁），李西安受邀出席，这部作品引发了他的理论思考。

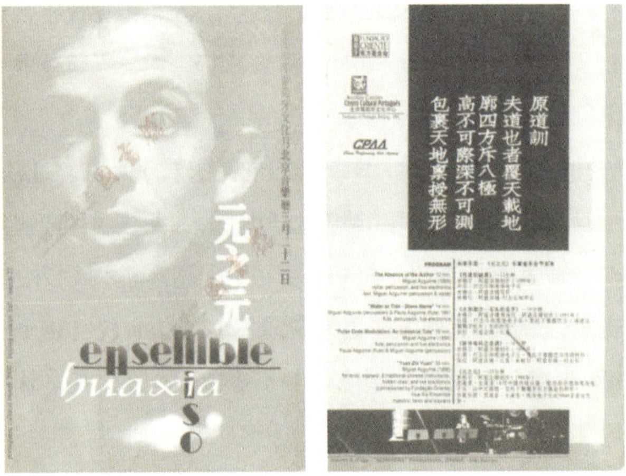

图4-3 葡萄牙作曲家米格尔·阿兹吉姆“元之元”音乐会节目单

虽然我没有看过这场演出，但李西安生前曾多次向我谈及米格尔对中国文化的崇拜与痴迷。后来通过向当时参加过音乐会演出的演奏家张维良、邱霁了解，我才知道这位作曲家为1960年生人，从7岁开始在葡萄牙国家音乐学院主修打击乐，1984年获得德国国家奖学金，赴德国继续学习打击乐和作曲，之后又到法国深造。其间还通过法国的一位汉学家学习中国文化和西汉刘安的《淮南子·原道训》的法译本。1996年他在法国巴黎现代音乐节上第一次看到华夏室内乐团的演出后，便暗下决心要为华夏室内乐团创作一部具有中国文化特色的音乐作品。之后，为了更好地理解中文版《淮南子·原道训》，他又向旅居葡萄牙的华人学习中文，而且还专程到北京聆听华夏室内乐团的演奏，甚至还自费购买了一些中国打击乐器（如铜磬、锣等）。

在李西安的遗物里，我看到了米格尔“元之元”音乐会的节目单（据张维良介绍，节目单是米格尔自己设计的），封面上有对《淮南子·原道训》原文“夫道者，覆天载地，廓四方，柝八极，高不可际，深不可测，包裹天地，禀授无形”的大篇幅引用[1]，足见这位葡萄牙作曲家的创作深受中国道家和《易》的启发。

据悉，“元之元”采用了国内当时还较为少见的声光电多媒体形式，因此在北京引起了不小的轰动——演出开始，剧场的灯全部关闭，只有天幕和观众席两侧的墙面上铺满了用幻灯投射出来的线装木刻版《原道训》及其文字：夫道者，覆天载地，廓四方，柝八极，高不可际，深不可测，包裹天地，禀授无形……独具匠心地将观众置身于一部古老而神秘的大书之中，颇具震撼力，而且作品三个乐章的名字也都来自《原道训》中“夫道者，覆天载地”“其道优天地而和阴阳”以及“大道坦坦”等三个篇章。更出人意料的是，整部作品从头到尾只围绕一个中心音——G音，即所有声部（包括独唱声部）都只围绕G音展开丰富、复杂的节奏、音色、音区变化（包括泛音），形成了一种只有以泛音列为基础的纵向结构，而没有传统意义上的旋律与和声，以表现作曲家对“元之元为一，元之会为十二，元之运为三百六十，元之世为四千三百二十……”，以及“日经天之元，月经天之会，星经天之运，辰经天之世”的理解和心得。尽管如此，这位热衷中国传统文化的葡萄牙作曲家对演奏家的演奏技巧却要求得格外精细，比如“带休止的七连音”就让古筝演奏家邱霁20年后依然念兹在兹，记忆犹新。

不可否认，通常情况下很多人对诸如此类的音乐会仅投以猎奇的眼光，而不做更多的思考。李西安却不然。但凡了解他的人都知道，他不仅是一位在文化上从不保守，很乐意进行各种新尝试的实践者，而且也是一位善学敏行的思想者。正如他1996年参加法国巴黎现代音乐节时

---

[1] 按：节目单封面上引用《淮南子·原道训》原文时，误将“柝”写成了“斥”。但“柝”（tuò）与“拓”同音、同义。不可用“斥”替代。

看到、听到各种各样的外国作品时深有感触地说“在你们的音乐里我发现了中国”[1]一样，2000年他也以同样的方式表达了他对“元之元”音乐会的思考：

> 外国作曲家用中国题材、中国诗歌或引用中国旋律作主题创作音乐作品已不鲜见，但用中文而且是道家经典的古文写作品，就我所知恐怕还是第一次。姑且不论作品写得是否完美，但终究是一种任何一位中国作曲家都没有想到的写法。记得在里斯本首场演出之后（华夏室内乐团——赵注），一位早年曾在澳门大学讲过《老子》的葡萄牙女士向叶聪说：“米格尔的‘元之元’是从窗外看中国，明天晚上华夏室内乐团演出的才是真正的道家。”看来，这位女士似乎对“元之元”不以为然，但我却以为“从窗外看中国”正是这部作品的价值所在。过去，我们太习惯于在中国文化之内看中国文化，这样固然有很多长处，甚至别人无法取代，却也难免“只缘身在此山中”而“不识庐山真面目”。近年来瞿小松用英文写希腊话剧题材的歌剧《俄狄浦斯王》和《俄狄浦斯之死》的成功和米格尔用中文写道家经典《原道训》的首演，都说明东西方的文化交融已经进入了一个新的、更深的层次。这些作品的独到之处，恰恰是为站在一种文化之外去理解和表现这种文化提供了与众不同的视角，为人们重新审视某些固有文化提供了一种新的参照。[2]

在我看来，李西安的“在你们的音乐里我发现了中国”和“从窗外看中国”这种东西方文化交融观的形成，得益于姚锦新对他早期学术视野的开拓与启发，以致他研究《八板》、中国传统曲式和中国第五代作

[1] 李西安：《在你们的音乐里我发现了中国——参加1996年巴黎现代音乐节侧记》，《音乐周报》1996年3月29日。

[2] 李西安：《从窗外看中国——〈元之元〉首演与东西方文化的深层交融》，《音乐周报》2000年9月22日。

曲家现代音乐作品的方法明显有别于某些民族主义学者的偏狭和激进，他还对世界音乐文化多样性始终抱以尊重的态度和“各美其美，美人美之，美美与共，天下大同”（费孝通语）的音乐文化理想主义情怀。与此同时，李西安对文献史料的重视和搜集、整理还极其认真且一丝不苟。

2002年李西安受中国音乐学院图书馆孙允文馆长聘请担任该馆顾问并开始建设“中国现代音乐资料库”便是最好的说明。

承蒙孙允文馆长相告：

李西安先生于2002年起担任中国音乐学院图书馆顾问，重点参与中国现代音乐资料库暨艺术档案建设工作。其间，与谭盾、瞿小松、陈怡等作曲家沟通，利用他们来学校讲座的机会，将其未出版乐谱和音频资料交图书馆复制、备份，并主持了谭盾向图书馆捐赠已出版乐谱交接仪式；指导图书馆马英珺完成“中国现代音乐数据库”的科研项目，共收集谭盾、瞿小松、陈怡、周龙等现代音乐作曲家乐谱及乐谱手稿（复印件）一百余份，为图书馆填补现代音乐馆藏空白做出重要贡献。这两个项目说起来似乎很轻松，但是实际干起来却不那么容易，李老师为之倾注了大量心血。就拿复制这些先锋作曲家的作品来说，当时都未正式出版，大多是复印件，有些还是手稿，作曲家们对版权问题自然非常谨慎。于是李老师利用他和作曲家们的私人关系，在他们来学校讲座之前先打电话说服。有时要打许多个电话，作曲家才能同意。同意之后还有实际操作的问题，作曲家从海内外各地回北京，滞留的时间有限，根本不可能把谱子或CD留在图书馆慢慢复制。因此往往是他们在那边讲，我们在这边赶印，待讲座结束原谱完璧归赵。这种方式成了图书馆现代音乐资料积累的工作常态。我虽然不在一线操作，但都会在复印室附近徘徊观察进度。我的感觉是一到这种时候，复印机便开“疯”了——极其紧张的一个下午下来，机器烫得手都不敢碰。就这样，在李老师的主持和实际操作下，我们一页一页地积累馆藏，在音乐院校中开了“现代音乐资料库”项目的先河。

马英珺博士也回忆道：

我2003年7月留在图书馆后就参与了现代音乐资料的整理与收集工作，李老师作为图书馆专家，想方设法与谭盾、瞿小松、陈怡、周龙等一批“新潮作曲家”联系并获得他们创作的音乐作品原件（包括乐谱和音像资料）。李老师每次拿到资料后都会第一时间和我联系，并把资料交给我去复制2份，一份留给图书馆作为特色馆藏，另一份李老师自己存留，原件交还李老师或还给作曲家本人。与此同时，只要有与现代音乐相关的演出或学术会议，李老师也会第一时间通知图书馆，图书馆派专人参加并录制相关资料。这项工作持续了几年的时间，图书馆便收藏了几百份作曲家的作品，这在当时是非常珍贵并值得炫耀的一份馆藏（那时作曲家的作品都还没有出版）。2005年，图书馆现代音乐资料的收集工作初具规模，正逢北京市教委组织各大艺术院校进行“特色数据库”建设项目，于是我申报了“中国现代音乐数据库”建设项目，李老师同样作为项目专家，为数据库的整体风格设计、数据库分类导航以及作曲家和作品的选择出谋划策，最终该项目被北京市教委评为了“优秀数据库项目”。

事实上，在李西安的指导下，中国音乐学院图书馆的“中国现代音乐资料库”并不局限于对当代中国作曲家作品的搜集以及数据库的建设。2002 ~ 2004年组建的“中国现代音乐课题组”和由课题组编纂的音乐院校教学参考资料《一石激起千层浪——中国现代音乐争鸣文选（1982 ~ 2003）》（以下简称《一石激起千层浪》）同样也是一部迄今为止汇集较为完整的中国现代音乐文献，并且在中国音乐理论界中（尤其是中国现代音乐史研究领域）具有重要影响的史料汇编。

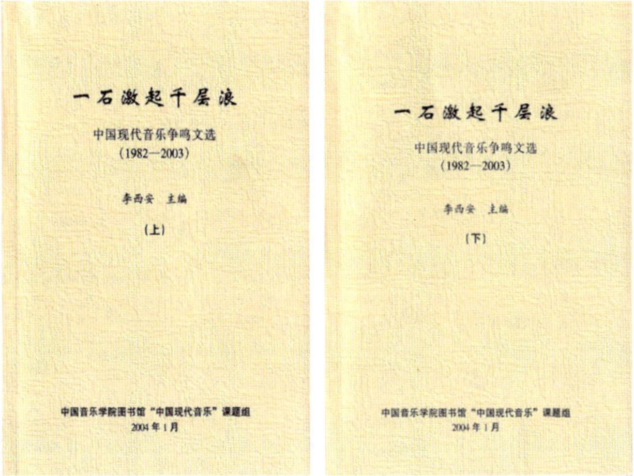

图4-4 李西安主编《一石激起千层浪——中国现代音乐争鸣文选》

虽说《一石激起千层浪》仅只是一套并未公开发行的内部教学参考资料，但其在业界的影响丝毫不亚于公开出版物。作为中国音乐理论界在国家改革开放大潮中的历史记忆的承载物，其收录的101篇文章（1982 ~ 2003）既真实地反映了改革开放之初中国音乐理论界的学术争鸣和思想交锋，同时也体现了主编李西安的史学思想——做文献汇编不仅要“向后看”——编出一套有学术价值的历史文献，更要“向前看”——为当代和为未来的学术研究提供正反两方面的历史真实。而历史的真实恰恰就是“历史学对人性的行程——那是一场永不休止的实验——的反思，在这种反思中它也必须反思这种反思本身”[1]。推动历史进步的真正源泉和动力不可能永远都是岁月静好的颂歌和温情脉脉的旋律，更何况理论研究和艺术创作一样，悲剧的力量永远超过喜剧的浅薄，理性的反思才是超越痛苦的永恒之美。毋庸置疑，和其他领域的改革开放一样，中国音乐创作界、理论界当年由“新潮音乐”激起的“千层浪”同样是一场意义深刻、影响深远的思想解放运动，它冲破了教条主义和政治化实用主义历史观的桎

---

[1] 何兆武：《历史与历史学》，武汉：湖北人民出版社，2007年，第10页。

梏，为与“世界音乐并驾齐驱”[1]的中国现代音乐扬起了时代的风帆。

在李西安带领中国音乐学院“中国现代音乐课题组”编纂《一石激起千层浪》的过程中，每一篇文章都会把他带到那个特殊的年代并勾起他太多的感慨和回忆。但几乎没有人见过他因某篇文章或某个人甚或某种观点表现出丝毫的抱怨与不悦，更没有人见过他以亲历者的老资格炫耀他当年发现和支持新潮作曲家的丰功伟绩。毕竟，当年的那些新潮作曲家如今不仅是中国第五代作曲家的核心人物，而且一个个还都是在国际乐坛上为中国争光的世界级著名作曲家，叶小纲则更为光荣地当选了中国音协第八届、第九届主席。真正让李西安铭心刻骨、没齿难忘的是马可、李焕之、李凌等识才爱才的老一辈对他的提携和帮助，以致李凌当年给他写信时的谆谆教诲始终让他牢记在心：只要本着团结宽一点，使各方面的人得到关心和支持，就很有意思……心胸宽一点，切记！[2]

2003年9月的一天，李凌女儿李妲娜给李西安打电话，她说：“我爸忽然想去看看中国院的新校舍，建成后他一直没见过。”于是，李西安便马上和中国音乐学院时任副院长朱卓建联系、安排，并和李妲娜约好时间后，一起陪同已经重病在身的李凌老院长参观了苇子坑的新校园、教学楼和北琴楼。李西安后来在一篇文章里这样写道：“那天李凌同志心情非常好，笑得特别开心。但万分遗憾的是，就在参观新校舍之后一个多月，李凌同志就不幸去世了。从1980年主持建新校舍到2003年执意最后看一眼新校舍，说明老院长在这20多年间，心里一直惦记着他亲手复建的中国音乐学院。这事让中国音乐学院的教职工也更让我深深感动，铭记在心。”[3]

---

[1] 刘天华：《梅兰芳歌曲谱·序》（1930年），参见刘育和编：《刘天华全集》，北京：人民音乐出版社，1997年，第181页。

[2] 参见本书第二部“夏”第一章“遇见贵人”。

[3] 李西安：《李凌同志对中国音乐学院复建的历史性贡献——在纪念李凌诞辰百年学术研讨会上的发言》，《中国音乐》2014年第1期，第2页。另，《中国音乐》在发表李西安这篇文章时配发的“作者简介”里，误把李西安的生年写成了“1939～”（详见第1页），实际应为“1937～”。特此说明。

图4-5　2003年9月李西安与李凌在中国音乐学院主楼前合影（摄影者不详）

二、焚膏继晷，兀兀穷年

2005年3月末，李西安因突感心前区发作性绞痛而紧急入院。经确诊，他被告知患有由冠状动脉血管发生动脉粥样硬化病变而引起的血管腔狭窄或阻塞，造成心肌缺血、缺氧、坏死的心脏病（俗称"冠心病"）。于是，他先后在2005年7月、2006年3月两次入院，接受了冠状动脉支架手术。此外，在医生的一再叮嘱下，李西安出院后，便以非凡的毅力把他长达38年的吸烟史划上了句号。更为惊人的是，经过4个多月的休养后，他居然报名加入了年轻人的"考驾大军"，并和他们一起学习交通法规，接受倒车入库、窄路掉头、侧方停车等让人烦不胜烦的驾驶技术训练。路考那天，虽然被教练冷嘲热讽地称为"老同志"，但他还是面带微笑地顺利通过了考试，并成功领到了他的小型机动车驾驶证。那时，他已69岁，离"70岁以下"的交管局规定仅差4个月！

2006年初，前辈作曲家马可的子女为筹备纪念马可诞辰90周年[1]出

[1]　按：马可生于1918年6月27日，卒于1976年7月27日，享年58岁。

版《马可文集》的事一筹莫展之时，他们想到了两个人——李西安、汪毓和。前者是他们家和平里楼上楼下的邻居（马可家住一楼，李西安家住四楼），又是马可在中国音乐学院工作期间最看重的青年才俊，同时也是马可女儿马海星的领导；后者是国内首屈一指的中国近现代音乐史权威，曾参与《聂耳全集》《冼星海全集》等重要出版物的编订、审校工作。于是他们把李西安、汪毓和请到了家里参观马可生前丰富的音乐作品、文字著述、日记，以及画传等手稿，并向二人咨询，能否用马可作品的稿费将所有手稿结集出版为《马可文集》。李西安、汪毓和当即表示，出版《马可文集》是一件非常有意义的大事，但稿费并不足以支付昂贵的出版费用，他们认为，马可是民族的马可，是国家的马可，而绝不仅仅只是作为父亲的马可，何况当今的高校和科研院所出版经费充裕，远不是上世纪捉襟见肘的景象，因此应该请中国音乐学院和有关部门助一臂之力。

2006年5月，马可的5名子女（马楠、马威、马海星、马海莹、马海玲）抱着一线希望联名向中国音乐学院递交了一份《关于编辑出版〈马可文集〉的请示报告》（以下简称“报告”）。

关于编辑出版《马可文集》的请示报告[1]

中国音乐学院：

马可是一位将毕生精力都贡献给了中国民族音乐事业的人民音乐家。在他勤奋的一生中，写作了大量的音乐作品和数百万字的文字作品，以及保留下来的四十余本日记。这些作品对中国民族音乐事业而言自有它不可低估的作用，对社会来说也是一笔宝贵财富。作为他的子女，我们已将这些珍贵资料进行了分类、整理并妥善保管。

[1] 按：该《报告》原件的电子版承蒙马可女儿马海星、马海莹、马海玲三姐妹提供并授权本人在本书中引用。特此说明。

2008年是马可诞辰90周年，为了总结他的历史成就并使他的音乐作品和思想能继续为民族音乐事业的发展做出新的奉献，我们征求了汪毓和、李西安等专家学者的意见，大家一致认为非常有必要出版《马可文集》。中国音乐学院是在周恩来总理的亲自倡导和关怀下建立的，马可作为首任院领导成员是他始终引以为自豪的事，他对学院满怀着责任感与工作的激情，对学院的建设也有许多具有前瞻性的构想……我们相信他看到民族音乐今天的发展进步也会感到兴奋和欣慰。对于出版《马可文集》一事，我们由衷地希望中国音乐学院来承担，这也是对逝者最好的缅怀吧。下面将我们与专家商讨的初步编辑、出版方案汇报如下：

一、基本设想《马可文集》由音乐作品、录音录像、文字作品、日记等共十一卷组成。其中一至三卷为音乐作品（歌剧、管弦乐与电影音乐、歌曲），四卷为音乐作品的录音录像，五至七卷为文字作品（音乐创作研究、音乐家研究与自述、戏曲音乐与民间音乐研究），八至十卷为日记与书信，十一卷为年表、索引与图片等。

二、工作方案成立组委会、编委会。组委会成员拟由中国音乐学院、徐州市委宣传部、河南大学等单位领导担任，负责《马可文集》立项、资金、协调、宣传等工作；编委会拟由音乐界部分专家学者、徐州马可研究会成员、马可子女等担任，负责具体确定出版内容、编辑、查找数据、提供手稿、联系出版社等工作。编辑、出版工作在正式立项后开始进行，用两年时间完成。暂定2008年6月27日（马可生日）召开新闻发布会暨《马可文集》首发式。

三、预算

1.音乐作品。第1卷：歌剧：《白毛女》选段34页、《小二黑结婚》30页、《夫妻识字》20页。第2卷：管弦乐与电影音乐：《陕北组曲》31页、《画中人》20页、《梅兰芳舞台艺术》20页、《红河激浪》25页。第3卷：歌曲：100首200页。以上3卷，共约

400页，打谱费1万元（人民币，下同）、校对费1万元、编审费5万元、出版费6万元，小计：13万元。

2.文字作品。第4卷：音乐创作研究，25万字；第5卷：音乐家研究与自述，25万字；第6卷：戏曲与民间音乐研究，35万字。以上3卷，共约85万字，录入费0.5万元、校对费0.5万元、编审费6.5万元、出版费8.5万元，小计：16万元。

3.第7—9卷：日记与书信48本，约150万字，录入费1万元、校对费1万元、编审费7万元、出版费15万元，小计：24万元。

4.第10卷：年表、索引与图片、履历、作品目录、评论文章目录、图片，录入费校对费共约1万元、图片资料购买版权5万元、编审费3万元、出版费6万元，小计：15万元。

5.第11卷：音乐作品录音、录像，DVD 120分钟、CD 180分钟。编审费2万元、购买版权费5万元、出版制作费8万元，小计：15万元。

6.主编费：2万元。

7.编务工作费及研讨会会务费。立项后至出版期间处理相关事务的工作费2万元；召开组委会、编委会，外地成员的往返路费、在京期间的住宿费、会场租金、会议期间用餐费用、与会人员市内交通费、会议用文件资料费等共3万元。小计：5万元。

8.宣传费。新闻发布会暨《马可文集》首发式费用：3万元。

9.不可预见费：4万元。

1—9项共计97万元。

以上为初步设想，供学院领导立项和编委会制定正式编辑出版方案时参考。

此致

敬礼

马可子女：马楠　马威　马海星　马海莹　马海玲

2006年5月

让马氏兄妹喜出望外的是，该《报告》得到了中国音乐学院时任院党委书记张雪的高度重视。5月25日，她正式将《报告》提交院长办公会讨论并指出，马可既是为中国民族音乐做出巨大贡献的著名作曲家、理论家，同时也是中国音乐学院的老院长，出版《马可文集》中国音乐学院责无旁贷，理应大力支持。与此同时，她认为，鉴于马可生前音乐作品丰硕，理论成果卓著，社会影响巨大，应该出版为《马可全集》，而不是《马可文集》。中国音乐学院党政与会人员一致赞同她的意见，并决定将编辑出版《马可全集》作为中国音乐学院的重要工作之一，同时与徐州市委市政府、河南大学联合编辑出版。经过多方协调，2007年7月19日，《马可全集》召开了第一次编辑工作会议，李西安被与会者一致推举为《马可全集》主编。随后，编辑工作正式启动。然而，当大家面对工作意义和工作职责都不尽相同的众多领导和编委，不知究竟该如何安排时，经验丰富的汪毓和提出了明智而重要的建议：成立“组委会”和“编委会”。于是李西安按照汪毓和的建议向编委会提出了主编的顶层设计方案，同时起草了《马可全集》组委会名单和编委会名单及分工。

《马可全集》组委会

主任：金铁霖

副主任：张雪、杨静茂，以及河南大学、徐州市委宣传部领导各一人

委员：韩立萍、金铁霖、杨静茂、张雪、朱卓建，以及河南大学、徐州市委宣传部领导各一人（按姓氏拼音为序）

《马可全集》编委会

顾问：周巍峙、贺敬之、瞿希贤

主编：李西安

编委：黎英海（第1卷：歌剧）；高为杰（第2卷：管弦乐与电

影音乐）；樊祖荫、钟立民（第3卷：歌曲）；张静蔚（第4卷：音乐创作研究）；汪毓和（第5卷：音乐家研究与自述）；乔建中（第6卷：戏曲与民间音乐研究）；王兆乾、马海莹（第7～9卷：日记与书信）；汪毓和、马海星（第10卷：年表、索引与图片）；李西安（第11卷：音乐作品录音录像）

事实上，出版《马可全集》虽然得到了众多领导、专家的支持，但重要的前提是马可生前丰富的作品和著述能够在“文革”中奇迹般地保存下来。据马海星相告，1966年“文革”爆发后，马可就受到了严重的冲击，造反派不断以“扫四旧”为名抄家，把马可所有的音乐作品、理论著述、日记、画传手稿装了满满八个大麻袋，拉到恭王府（中国音乐学院）封存，天香庭院的一间小屋门口还安排了一个身着军装腰系皮带臂佩袖章的大个子红卫兵日夜把守，待择日举行大批判时付之一炬。与此同时，马可也被关入“牛棚”，直至1975年，毛泽东关于电影《创业》的批示[1]下达后才恢复了工作。幸运的是，之前由于“反马派”和“保马派”分歧、内讧严重，无暇顾及从马可家抄来的八麻袋书稿，因此马可所有东西得以物归原主。

李西安和马可的情分始自1964年中国音乐学院建院之初。他当时不仅

---

[1] 按：1967～1973年中国影业只拍摄过12部国产影片［《青春红似火》、《智取威虎山》、《红灯记》、《红色娘子军》（包括1971年版和1972年版）、《沙家浜》、《白毛女》、《钢琴伴唱红灯记、黄河、交响音乐沙家浜》、《海港》（包括1972年版和1973年版）、《龙江颂》、《奇袭白虎团》］，1974年长春电影制片厂出品的电影《创业》由于展现了20世纪50、60年代中国石油工业轰轰烈烈的创业史（非“样板戏主流影片”），受到了社会各界好评。但影片公映仅半个月就遭遇了“寒流”。江青认为，该片在政治上、艺术上都有严重错误，同时下了三条禁令：一不许继续印制拷贝；二不许发表评介文章，停止播放；三不许向国外发行。有关部门随即也下发了关于电影《创业》的十条“罪状”。但编剧张天民不仅不服禁令，而且还直接上书毛泽东反映情况。接信后毛泽东于1975年7月25日做出批示：“此片无大错，建议通过发行，不要求全责备，而且罪名有10条之多，太过分了，不利调整党的文艺政策。”此即史称“《创业》的批示”。之后，文艺界一批领导干部才得以陆续“解放”并恢复工作。

对马可的歌剧创作和民族音乐理论著述着迷，对他在中国音乐学院及其他兄弟院校开设的“中国当代音乐”和“中国歌剧20年”课程佩服得五体投地，而且一直铭记马可对他的关爱。1964年，年仅27岁的李西安曾经在中国音乐学院建院音乐会上表演过一首自己创作的表演唱《非洲要自由》，得到了马可的好评。之后不久，马可便想把他调去中国歌剧舞剧院写歌剧。但因当时歌剧规定的情节是地主破坏天津抗洪，于是李西安去找马可说，与其写地主破坏天津抗洪，还不如把梁斌创作的小说《红旗谱》改编成歌剧。但马可立即告诫李西安以后不要再提《红旗谱》。李西安当时大惑不解，反而还问为什么不能提《红旗谱》。马可讳莫如深，没有正面回答。事后李西安才知道，《红旗谱》当时已经被列入了“大毒草”的批判名单，于是他恍然大悟，马可当时之所以不让他再提《红旗谱》完全是出于对他的关爱和保护。[1]作为《马可全集》的主编，他责任重大，不容懈怠。尽管他已经根据马可遗稿的内容分别和各分卷主编进行了多次交流，但当他面对马可在1938 ~ 1976年间的手稿和延安整风时期不得不中断写作、但仍有284万字的48本日记时，依然免不了不知所措。皆因他一方面深知马可是一位内心情感十分丰富、爱憎分明，且率真、坦诚的作曲家，但另一方面凭借着在《人民音乐》和《中国音乐》担任主编时积累的编辑出版工作经验，他对是否出版这部分内容举棋不定。通过和编委会、马可子女反反复复的多次协商，最终大家一致决定《日记》只出版1938 ~ 1949年的部分（两卷），[2]并对《日记》原稿中的某些文字做必要的技术处理。比如涉及个人隐私或名誉权的隐去真实姓名，一律用“×××”或“××”代替；涉及人际关系及某些较为敏感的文字，一律用“……”代替。同时在马可子女最早提出《马可文集》和后来中国音乐学院批准立项的《马可全集》基础上，正式改为《马可选集》（以下简称“选集”）。

[1] 按：此内容又见于2004年6月25日徐州《都市晨报》，该报记者晏飞2004年6月16日上午在北京丝竹园对李西安的采访报道。

[2] 按：在编委会的论证中，张静蔚认为：马可日记思想之自由，记录情感之真切，在我们音乐界能够有这样一个大部头的日记出现，是很难得的事情。建议全部出版。

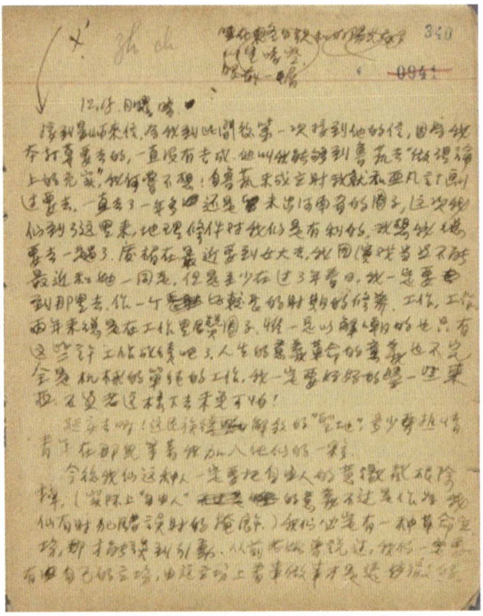

图4-6　马可日记手稿（1939年12月18日）[1]

事实上，从“全集”到“选集”绝非简单的文字删减。

虽然《歌剧卷》完整地收录了马可正式发表的歌剧《夫妻识字》《周子山》《小二黑结婚》以及《白毛女》中由他主要执笔和参与创作的乐曲，《歌曲卷》收录了马可具有历史代表性和在群众中广泛流传的歌曲112首，但由于部分著作不宜收录的历史原因，李西安和编委特意将《选集》第九卷设定为“年表、画传与著作全目（卷）”，并在马可自己早年辑录的《牙牙集》、1978年中央音乐学院和上海音乐学院编印的《马可音乐作品及文字著作目录索引》，以及80年代由马可女儿马海星整理的《马可作品目录》基础上，参考冯光钰著《走向音乐家的道路——马可生平与创作》（1989）中的“马可作品目录”进行全面考订、增补，以便读者通过“马可音乐著作全目”全面了解入选的和未入选的著作。[2]

[1]　按：该日记图片承蒙马可女儿马海玲女士提供并授权本人在本书中引用。特此说明。

[2]　详见《马可选集》编委会编：《马可选集》第九卷，北京：人民音乐出版社，2017年，第125 ~ 127页。

以《白毛女》为例，“马可音乐著作全目”中不仅有最早的延安本，还有各解放区不同年代的出版物，甚至还有香港演出时印有剧情、演员介绍和选曲的《白毛女演出手册》，以便读者全面了解《白毛女》的传播过程与传播范围。此外，1949年之后出版的多种版本，特别是1962年作出重大修改后的新版本，以及多种多样的改编本，为研究该剧的创作、修改、传播、改编、评论等提供了广泛、翔实的文献依据。

此外，除了马可（包括以他为主的集体创作）音乐作品的原版本，《选集》还一并收录了同一作品的不同形式（配器、改编）。比如黎英海改编《杨白劳》，高为杰改编《恨是高山仇是海》（钢琴伴奏），瞿希贤改编合唱《纪念碑》，王燕樵改编合唱《咱们工人有力量》，施万春编配领唱、合唱与管弦乐队《南泥湾》，戴宏威为管弦乐队配器《杨白劳》，王志信为管弦乐队配器《恨是高山仇是海》《清粼粼的水来蓝莹莹的天》等。在“马可音乐著作音像出版物选目”里的“南泥湾”条目中，改编本的形式最为丰富，比如声乐独唱类，既有老一辈歌唱家王昆、郭兰英原汁原味的独唱，也有很多年轻演员的独唱，以及崔健、周华健、徐小凤等人的流行演唱；重唱合唱类，既有混声合唱、童声合唱，也有“八只眼”组合演唱的男声四重唱和“黑鸭子”组合演唱的女声四重唱；器乐类，既有琵琶、二胡、笛子、小号、钢琴、口琴的独奏，也有民族管弦乐和西洋管弦乐的合奏等。

在李西安“做最全的选集”的编辑思想指导下，编委会根据《中国音乐书谱志（先秦—1949年）音乐书谱全目》（1984）、《四十四位音乐家歌曲作品索引》（1985）、《二十世纪中国音乐期刊篇目汇编》（2005），以及中国艺术研究院图书馆与国家图书馆的馆藏资料进行了全面的考订和增补。

最终，《马可选集》确定由九卷组成，第一、二、三卷为“音乐著作”（含“马可音乐作品选DVD/CD”），第四、五、六卷为“文字著作”，第七、八卷为“日记”，第九卷为“年表、画传与著作总目”（含

“马可纪念与研究文献选目”与“马可纪念与研究文选”）。

然而，在实际编辑中，“简翻线”（简谱翻成五线谱）和“繁翻简”（繁体字翻成简体字）却始终困扰着李西安和每一位编委，并明显影响着工作进度。首先是较为棘手的“简翻线”问题。由于在马可用简谱记写的手稿里有相当一部分谱例没有调号，因此李西安花了很多时间，想办法尽可能准确还原或接近马可原来的调高。但尽管如此，仍然还有一部分谱例无法判断，于是他只好提交编委会讨论。经过编委们的反复讨论，最终决定三卷文字著作和两卷日记（日记里偶尔也有乐谱）全部保留原样，如同商务印书馆2007年出版的《赵元任全集》一样，简谱与线谱共存。但如此一来，不仅原来已经完成的译谱全部作废，而且相关的编辑工作也得从头再来。另一个是“繁翻简”问题。李西安和各分卷主编原来都以为“繁翻简”是出版社编辑的工作，但直到交稿时才被告知，所有出版物和手稿中的“繁翻简”工作都需要由编者完成。于是，每位分卷主编不得不开始用红笔把繁体字一个一个地挑出来，再把相应的简体字一个一个地在原稿上标注，可原稿中需要“繁翻简”的字实在太多，以致每一页原稿上的红笔标注还没标完，整张页面就已“色彩斑澜”，再无“空地”可标。最后，李西安只好把原稿送到打印社按简体字重新录入，但令人啼笑皆非的是，打印店的年轻人基本上都看不懂繁体字，因而靠他们猜测、臆断的所谓简体字仍然需要进行大量的校对工作……

当上述这些庞杂、繁复、细碎，且耗时、耗力的工作告一段落时，岁月已经过去了整整6个年头。而且，2013年1月4日编委会向人民音乐出版社正式齐清定交稿那天，汪毓和编委走了；翌年，周巍峙顾问也走了……

在2014年中国音乐学院建院50周年的庆典上，《马可选集》编委会召开了隆重的新闻发布会[1]，但实际上，人民音乐出版社正式出版《马可

[1] 按：2014年9月19日，中国音乐学院建院50周年校庆期间的相关报道将此次活动称为“《马可选集》首发式”，但实际上2014年《马可选集》还在人民音乐出版社的编校流程中，因而本书此处特意改写为“《马可选集》新闻发布会”。

选集》的时间是2017年。其间，编委会与出版社编辑部对接的大量工作几乎全部落到了李西安一个人的身上，但他无怨无悔，一个人默默地又编了4年。

图4-7　李西安、郭兰英在《马可选集》发布会上亲切交谈（摄影：王小可[1]）

图4-8　《马可选集》发布会上兴高采烈的李西安与赵塔里木、杜晓十（摄影：王小可[2]）

[1]　按：该照片由马可女儿马海星提供并授权本人在本书中引用。特此说明。

[2]　同上。

马海星说：

> 感谢李西安主编，可以这样说，没有他就没有今天这部选集。无论从宏观上极具学术见地的总体设想，还是各分卷的具体指导，甚至细微到脚注的位置、字型的选择等，都浸透着他智慧缜密的思考。他的付出是常人难以做到的！真可谓呕心沥血，鞠躬尽瘁，我们永远铭记心中！[1]

三、东隅已逝，桑榆非晚

2007年春天，李西安一家从拥挤、喧闹的朝阳区丝竹园2号楼1门501～502室搬到了北京市顺义区潮白河畔的东方太阳城。这是一个号称“开退休社区之先河，立晚年幸福之标准”的大型住宅区。7000亩浩瀚的林木和大面积绿地与开发商颇具人文情怀的琴湖自成天然，蔚为壮观。位于琴湖公寓区的李西安家，房子虽然不大，但他们一家三口其乐融融。5月20日，张鸿懿、李海珠在欢声笑语中为李西安点燃了70岁的生日蜡烛，并祝他在负氧离子平均含量高达2000个/M^3，居住环境也已达到疗养级别的太阳城新家中健康长寿。

李西安显然也很享受太阳城里的一切。因为离市区相对较远，他每天除了可以安静、专注地编辑《马可选集》和写作外，还能和老伴张鸿懿在鸟语花香、风景如画的社区里观赏、漫步。每当有朋自远方来，李西安便会像博物馆的讲解员一样兴致勃勃地向朋友们详细介绍社区的由来、规划、布局，以及从宏观到微观的设计。

2007～2017年是李西安古稀之年最舒心、惬意的10年。虽然，他

[1] 详见《重新发现马可，重新认识马可——〈马可选集〉编委会成员在首发式上的发言》中马海星的发言，《中国音乐》2015年第1期，第4页。

在2012年的一次例行体检时被发现患有哮喘，之后逐渐发展成了慢阻肺，2016年11月又查出患有前列腺癌，但总体来说，10年里他始终都在充实、忙碌地工作——应邀为香港艺术节总节目册撰写《步入时代的门槛——中国民乐发展历程百年回眸》（2007），倡议、策划音乐会版《小二黑结婚》演出并为节目单撰写《新歌剧之树常青——写在新歌剧〈小二黑结婚〉（青春版）排演之前》（2008），为中国音乐学院连续策划三届“北京传统音乐节”：从金中都到新北京——北京音乐800年多媒体音乐会（2009，第一届）、舞彩丝路（2010，第二届，开幕式）、戏曲音乐高层论坛（2011，第三届），策划、主编《儿童中国民乐品赏》并获国家新闻出版署“优秀出版物一等奖”（2011），以及连续发表了若干篇学术论文。尽管如此，李西安最在意的和最满意的只有两件大事：其一，历时10年（2006 ~ 2016）完成了对九卷本《马可选集》全书的通读、统稿、审校、编订工作；其二，2007年他终于招到了一名让他自己满意的博士研究生赵冬梅，并指导其先后完成了中国传统音乐研究（2007 ~ 2009）和博士论文的开题、写作、答辩（2010 ~ 2012）。

图4–9 李西安、赵冬梅（摄影：赵栩嘉[1]）

[1] 按：该照片由赵冬梅提供并授权本人在本书中引用。特此说明。

其实，从李西安1986年招收第一位硕士研究生（谢嘉幸）开始，慕名报考他硕博研究生的人源源不断，可他却始终坚持宁缺毋滥的原则。按世俗常理，以他的科研水平、治学能力和学术地位、社会影响，他完全可以和某些博士生导师一样，每年招收一至两名学生，月积年累，形成一个驰骋学术"江湖"的"李家军团"，即使他就像某些"老板"博导那样招一批"学术民工"于麾下为自己干私活、打临工似乎也不足为奇。但他并不是那样的人。他最看重的，首先是考生受过的专业训练和理论基础是否扎实，知识结构是否能博古通今、中西兼顾，为人是否正直，是否能真正做到与学术相伴终身。正如他自己所言："一百年前，至少几十年前，只要学好西方古典作曲技法就可以畅通无阻，而现在却必须全面掌握西方古典、西方现代、中国传统和中国现代等各个领域，否则寸步难行。"[1]

赵冬梅报考李西安博士研究生的想法始于2002 ~ 2003年旁听李西安在中国音乐学院讲授"中国当代音乐"和"中国民族曲式"课程。她自幼学习扬琴，对民族民间音乐有一定的感性认识，考入中国音乐学院附中扬琴专业后，受到了西方式正规、严格的视唱练耳训练，有着敏锐的固定音高听觉，在孙虹、许敬行等老师的推荐下改学作曲专业。之后，本科、硕士均在中国音乐学院作曲系深造（先后师从金湘、高为杰），擅长技术分析。硕士毕业后留校任教，有多年从事"曲式与作品分析"课程的教学经验，并且在音乐分析圈里已小有名气。但李西安的课为她打开了新世界的大门，并且头一次让她认识到了自己对中国传统音乐和中国现代音乐的了解竟是那样的欠缺。她的博士论文选题最初受启发于美籍华人作曲家周文中2007年10月到北京与作曲系学生的一次座谈。当时她初步构想的题目是《中国现代音乐创作中的传统元素》，但论文开题时陈怡评委认为"传统元素"太大，因此建议她将"传统元素"缩

[1] 详见李西安为赵冬梅博士学位论文《中国传统音乐的音高元素在现代音乐创作中的继承与创新》所作的《序》，北京：人民音乐出版社，2014年，第4页。

小到“音高元素”。他们师徒二人后经共同商讨，最终才定为了《中国传统音乐的音高元素在现代音乐创作中的继承与创新》。

表面上，李西安带博士研究生的学术思路似乎是在部分接受赵元任的观点——“要比较中西音乐的异同，得要辨清楚哪一部分是不同的不同，哪一部分是不及的不同”[1]的基础上，引导学生对“不同的不同”和“不及的不同”展开研究，最后实现对“不同的不同”做出系统化、理论化的阐释（姚锦新的观点）。但事实上，李西安的学术视野显然要比赵元任、姚锦新更宽一些——既研究历史悠久的中国传统音乐，同时也给予中国现代音乐以密切的关注和深入的研究。毕竟，他是作曲系出身，他当年为之蒙冤的“新潮音乐”作曲家音乐创作中的新技法运用更能引起他的学术兴趣。然而，民族音乐学家和作曲家研究单个音的目的意义并不相同。正如周文中首次提出“单个音”（Single Notes）并发表论文《把单个音看作音乐创作的统一体：对各种音响特征中具有结构性的偏离的探讨（1968）》（*Single Notes as Entities: An Approach to Structured Deviation in Tonal Characteristics*，1968）[2]的主要目的和意义是基于音乐创作，而民族音乐学家研究单个音，进而再把单个音细分为直音、腔音、自由音、噪音的目的和意义则在于研究传统音乐的形态与文化意义。

李西安从作曲技术理论研究和当代中国对传统音乐继承与发展的视角出发，认为：文化的传承不外乎“移步不换形”与“涅槃而后生”两种方式，而对于现代作曲家来说，他们对传统继承与创造的使命恰恰是后者。但相对于只采用传统音阶、调式，或者仅限于对传统旋律的整体引用以外，他更愿意深入到以前几乎从未触及的传统音乐构成元素，并将其视为传统构成的最小基因。以单个音中的无音核自由音为例，其可谓“近在咫尺，远在天边”，在20世纪80年代之前的新音乐创作中从未见其踪影，因为人们当时认为它不是乐音。而在林乐培、瞿小松、郭文

[1] 商务印书馆编：《赵元任全集》第11卷，北京：商务印书馆，2005年，第12页。

[2] 按：该文曾被茅于润摘译发表于《音乐艺术》1985年第1期。

景、陈其钢等人的作品里，那些被认为不是乐音的音，却被运用得出神入化，甚至产生出普通旋律不能达到的震撼效果。因此他指出，现代音乐创作把对传统的继承和创造，推进到一个比前辈更深入、更广阔的领域，反过来又赋予了中国古老的文化传统以新的生机。[1]

在李西安的指导下，赵冬梅的论文中，有对海内外老中青三代较具代表性的现代作曲家罗忠镕、周文中、黎英海、高为杰、王西麟、朱践耳、林乐培、谭盾、郭文景、陈其钢、瞿小松、陈怡、周龙、梁雷、高平、秦文琛、陈晓勇、杨青、权吉浩及其作品中单个音的腔化、音色、形态、立体化拓展、对传统旋律的引用类型、方式和民间多声在现代音乐创作中的运用的分析，和对与中国音乐风格相适应的现代和声语言等方面的研究，成为全国首部针对中国现代作曲家群（而非单个作曲家）及其作品，研究中国传统音乐中最富特色、最具“国性”（周文中语）的单个音腔化、音色、形态以及横向旋律与纵向和声（而非通常所见的西方式“四大件”技术分析）在中国现代音乐作品中的运用的博士学位论文，同时实现了李西安“必须全面掌握西方古典、西方现代、中国传统和中国现代等各个领域”的博士研究生培养目标。由此，赵冬梅也成为作品分析圈中年富力强的佼佼者。

然而，赵冬梅博士毕业以后，李西安却没有继续招生，以致他只有一位博士研究生。

为此，我曾经问过李西安，为什么不再继续招？他告诉我，培养博士和培养硕士大不一样，博士必须出成果。但一篇好的论文能否在有限的3 ~ 5年内完成，并不完全取决于导师，还要看学生平时的知识结构和理论积累。他说，其实就目前我们国家各大音乐学院缺乏能开设现代作品分析课程的老师的现实情况来说，我也愿意继续再招，可是考生中别说全面掌握，就是对西方古典、西方现代、中国传统和中国现代能做到基本了解的学生都实在太少。

---

[1] 详见李西安为赵冬梅博士学位论文《中国传统音乐的音高元素在现代音乐创作中的继承与创新》所作的《序》，北京：人民音乐出版社，2014年，第4页。

话说至此，我明白他心里的无奈，尤其是教龄长达50年，教学、科研成果斐然，但却始终招不到自己满意学生时的那种不可名状的无奈。

2016年6月8日，国家出版基金规划管理办公室、国家新闻出版署等官方网站发布了《2017年度国家出版基金项目申报指南》，一年一度的国家出版基金项目申报工作随即开始。于是我向李西安、赵冬梅提出建议，并请他们考虑将李西安已经结项的艺术学课题“中国民族旋律学”用于2017年度国家出版基金项目申报。建议得到了李西安的高度重视，之后不久，他便召集我和赵冬梅到东方太阳城开会研究商量申报项目的具体内容和申报书填写的相关细节。首先，他认为申报项目的名称可定为“中国传统旋律与曲式系列理论丛书”，具体内容则分别由《中国传统旋律的构成要素》《中国传统曲式学》《〈八板〉及其变体研究谱例集》《汉族语言与汉族旋律研究》等四部学术著作构成。听他这样一说，我的欣喜自不待言，但与此同时我又急于了解书稿的完成情况，因为国家出版基金和社科基金项目申报的最大不同在于，前者明文要求成稿率不得低于60%，后者则仅需翔实的调研报告。尽管《中国传统曲式学》有他1964年出版的《民族曲式与作品分析》和1985年修订的《中国民族曲式学》作为坚实基础，但《〈八板〉及其变体研究谱例集》的书稿怎么可能在有限的时间内完成？殊不知，李西安之所以能在这么短的时间内指挥若定，胸有成竹，皆因他对中国传统旋律与曲式的研究已经持续了半个多世纪。其中，仅仅是对《八板》及8板、16板、24板、28板、32板、36板、40板、42板、48板、52板、56板、60板、64板、68板类的变体研究，经他搜集、整理、比对、分析、归纳的谱例就多达800余条，手稿摞起来也足有两尺之高。至于《汉族语言与汉族旋律研究》，同样是他数十年的学术积累，比如从80年代策划、组织的“第一届华夏之声——中国古典诗词歌曲音乐会”“第二届华夏之声——古谱寻声音乐会”到90年代策划、组织的“但愿人长久——中国千古名篇吟诵音乐会”。而这项研究的最初成果则分别是他1982年发表的《汉语声调与汉族旋律》和2000年赴香港参加“第二届全国旋律学学术研讨会”提交的学术论文《汉语诗律与汉族旋律》。此外，还有他2000 ~ 2004年在中国音乐学院开设“中国现代音乐讲座”时讲授“中国当代作曲家重新发现语言的魅力”的授课讲义，和2006 ~ 2008年期间受“德音”邀请为国学骨干培训班讲授“诗词吟诵的讲究”的讲座提纲等。更重要的是，他自从2006年2月托妻弟在美国网购到*Solo Explorer*正版软件之后，便和他的一位往届硕士研究生宋小汉开始了对京剧韵白的图形谱分析研究。

当然，李西安胸有成竹的另一个重要原因，则是有得意门生赵冬梅的参与。作为“中国传统旋律与曲式系列理论丛书”的第一部，亦即作为中国传统旋律与曲式系列研究的理论基础，《中国传统旋律的构成要素》是赵冬梅的独著，而且该著作为2013年度的北京市重点课题已经完成。其他三部著作的进一步补充和完善工作则由李西安、赵冬梅师徒二人共同完成。

瓜熟蒂落，顺理成章。一切都显得那样完美——2012年赵冬梅成功“熬”出了攻博的“苦海”；2013年李西安为之案牍劳形10年的九卷本《马可选集》已向人民音乐出版社齐清定“交差”；2016年四卷本“中国传统旋律与曲式系列理论丛书”的顶层设计、项目申报及分工既定：李西安、赵冬梅负责准备书稿；我负责书稿编审、校排以及需要和申报书一起提交的相关文件准备。

图4-10 李西安、赵冬梅在认真准备申报材料（摄影：赵仲明）

2016年7月末，时逢“季夏之月，日在柳，昏火中，旦奎中。其日丙丁。其帝炎帝，其神祝融。其虫羽。其音徵。律中林钟……”[1]，《2017年度国家出版基金项目申报书》连同相关文件，以及经过初排初校的《中国传统旋律的构成要素》《中国传统曲式学》《〈八板〉及其变体研究谱例集》《汉族语言与汉族旋律研究》60%以上的书稿正式上报到了国家出版基金管理办公室。事后，李西安夫妇、赵冬梅和我在东方太阳城琴湖边小聚，共同预祝项目申报顺利。

然而，让人始料不及的是，2016年8月，李西安聪明率性、自幼我行我素的爱女珠珠忽然顿悟，决绝地了却红尘，遁入空门，削发为尼。随后不久，李西安老伴张鸿懿便陷入了严重的焦虑、恐惧。从秋天起，李西安也疾病浸加，身心交瘁，每况愈下——2016年10月因前列腺癌住进了安贞医院，出院回家休养不久后，2017年1月又因陪老伴张鸿懿赴内蒙古就医引起哮喘、慢阻肺复发，以致回京后再次住院。2017年2月20日这天，2017年度国家出版基金资助项目评审结果公示，四卷本“中国传统旋律与曲式系列理论丛书”（艺术类编号29）和九卷本《马可选集》（艺术类编号37）双双蟾宫折桂，榜上有名。[2]李西安从2017年10月30日至2018年3月末，前后经过了长达5个月、辗转4个医院的紧急救治后，前列腺癌PSA值才略有下降，好不容易经医生同意于3月29日回家休养，出院前一天，又传来了让他悲恸欲绝的噩耗。

2018年3月27日，李西安在中日友好医院病房里兴致勃勃地给赵冬梅打电话约她次日到医院商量四卷本“中国传统旋律与曲式系列理论丛书”写作的相关问题。但当28日早上9点赵冬梅如约来到了李西安病房时，李西安却问赵冬梅：“你今天有空吗？我想回趟太阳城。”赵冬梅心想，不是明天就出院了吗，为何今天就想提前回家？但她思忖：李西安之所以这么说，或许他家里的确有事。于是，顾不上她的

[1] 《十三经注疏·礼记正义》卷十六，北京：中华书局，1979年，第1370页。

[2] 详见国家出版基金管理办公室“2017年度国家出版基金资助项目评审结果公示”，www.npf.org.cn。

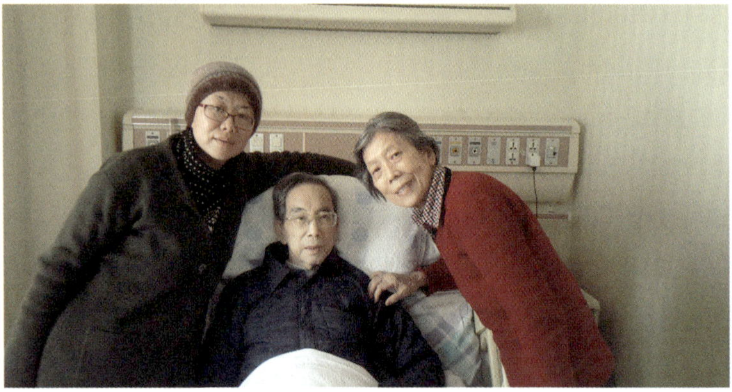

图4-11 2018年1月30日，李西安、张鸿懿、李海珠的最后一张全家福（摄影：赵冬梅）

车那天限行，便载着李西安往顺义方向驶去。路上，李西安如同往常一样，平静地对赵冬梅说：今天早上太阳城的保安给我打电话，说我们家楼道口有一位老太太摔倒了，我估计是张老师……赵冬梅顿觉事不宜迟，于是加大马力从三环急速驶入京承高速。但当李西安、赵冬梅赶到太阳城时，殡仪馆的车已经把张鸿懿的遗体运走了。就这样，风风雨雨相依相伴50年的恩爱夫妻竟来不及作最后的告别，便阴阳永隔……

图4-12 丧妻后孤独、憔悴的李西安（摄影：赵仲明）

毫不夸张地说，李西安生命的最后3年，是在寻常耄耋老人难以忍受的丧失之苦和病痛折磨中坚强度过的。即使此前他生命里有过辉煌与灿烂，最终都要以孤独和寂寥来偿还。虽然平时人们都会风轻云淡地说“慈能与乐，悲能拔苦”，但在真正的危机和灾难面前，非大智慧者、非内心强大者、非刚毅坚卓者断然不能承受。四卷本“中国传统旋律与曲式系列理论丛书”中的《中国传统曲式学》全部和《〈八板〉及其变体研究谱例集》《汉族语言与汉族旋律研究》中的许许多多重要思想和重要章节都是他在生命的尾声中艰难完成的。

事实上，四卷本“中国传统旋律与曲式系列理论丛书”之所以能在国家出版基金历时半年的初评、复评、终评过程中得到各学科专家评委的充分肯定，皆因国家出版基金自2008年实施以来，一方面成功解决了学术理论著作“叫好不叫座”的尴尬现状，另一方面促进了学术理论著作当代出版的繁荣，以至音乐理论图书呈现出了琳琅满目、丰富多彩的局面，其内容涵盖音乐史、戏曲史、乐舞史、曲艺史、汉族传统音乐、少数民族音乐、宗教音乐、乐器研究、中国古琴音乐研究、钢琴音乐创作研究、当代作曲家作品（乐谱），以及音乐、戏曲、曲艺辞书等多个领域。与此同时，中国民族音乐理论图书编纂与出版也步入了“大典时代”——《中华大典》《昆曲艺术大典》《中国京剧大典》《华乐大典》《中国音乐总谱大典》《西安鼓乐大典》《河北梆子经典剧目大典》《陕北民歌大典》《中国音乐大典》……它们少则十数卷，多则数十卷，乃至数百卷，鸿篇巨制，洋洋大观。然而，细心观察便不难发现，在出版形态方面，汇编型图书多，理论型图书少，原创理论图书则更少，学科比例的相关数据也明确显示：传统音乐37%、戏曲音乐35%、乐谱12%、曲艺音乐9%、名家文集4%，而具有原创性的当代理论研究仅为3%。[1]

---

[1] 按：关于1949年以来的音乐理论图书形态、学科比例的相关数据，参见拙作《新中国音乐理论图书出版70年述要》(《云南艺术学院学报》2019年第9期)，以及由赵仲明、吴良柱、竹岗承担的中宣部“中华民族音乐传承出版工程”2020年委托课题《新世纪中华民族音乐理论图书出版研究》(课题负责人：赵仲明)。

但这种现象毫不足奇。对于编者来说，绝大多数学术含量较低甚或缺乏学术内涵的文献汇编型图书都简单明快，像做“快餐”一样无须花大量的时间和精力便可“打包”成形。但原创理论的写作却必须从每一个概念、每一个术语的梳理研究入手。只有皓首穷经，心无旁骛，日积月累，持之以恒的少数人（甚至是极少数人）才能做出真正有学术贡献的理论图书。况且能称得上“Outstanding”或“Stand out”的本来也是少数。显然，李西安称得上少数杰出、优秀的学者之一。坦率地说，当时目睹李西安极其令人不安的身体状况，我曾不止一次地责问过自己，这样对待李西安是不是太过残酷，是不是太不近人情？每当基金办和出版社问及项目进度和结项时间的时候，我内心还会为他愤愤不平，他们根本不知道李西安每天都在和病魔奋力抗争，每时都在与死神顽强拼搏。

四、“八千公尺”，践履如一

2018年4月，在李西安的北京外国语学院老朋友石蓝天的热心帮助下，护理员陈姐来到了李西安家。从此，李西安日常的饮食起居和看病就医得到了陪伴和照顾。但即使这样，他内心深痛的丧失之苦和孤独无助依然会猝不及防地向他汹涌袭来——一个熟悉的场景、一个熟悉的声音、一个熟悉的物件都会让他百感交集，潸然泪下。那是他生命中真正的一段至暗时刻，他骨瘦如柴，神情恍惚，沉吟少言。他甚至还常常会去想他从未见过的生父生母，在悼念亡妻的家祭仪式上一并追悼他的生父生母和养父养母，安排虔具清酌庶馐之祭。

不得不说，李西安逐渐走出阴影，逐渐恢复健康并重新回到电脑前继续写作在很大程度上应该归功于陈姐，而绝不是李西安熟悉的我们这些亲朋好友。这绝不是说大家缺乏真情实意，反而是因为我们彼此太过熟悉，以至任何一种文绉绉的开导和安慰都显得那么苍白无力。但陈姐则完全不同，她用李西安最不熟悉，但却是最朴素、最直白、最有效的语言要求李西安服药、吃饭、睡觉、写作。她甚至要求李西安每天都要在社区的公共健身器材上锻炼身体。日复一日，在陈姐的照顾、陪伴和坚持下，李西安终于再次振作了起来。他笑了，笑得似乎连他自己都觉得有些陌生；同时也胖了，他极度虚弱的身体慢慢恢复了一些往日的精气神。

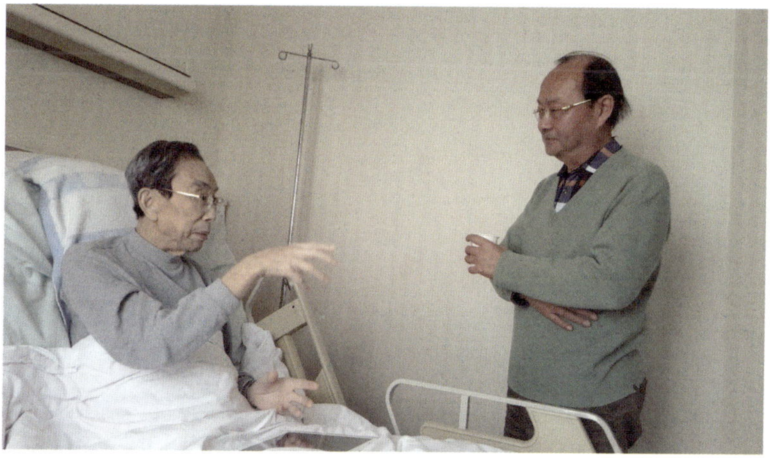

图4-13　李西安在中日友好医院住院期间仍在与本书作者讲述中国民族音乐的未来（摄影：赵冬梅）

李西安不幸丧妻的消息在音乐圈中迅速传开后，很多朋友想去太阳城登门看望的愿望都被他和陈姐婉言谢绝了。直至两个月后，李西安才有选择性地在家中接待一些远道而来的朋友。无论来者何人，他必予其隆重、典雅的待客礼仪。2018年7月，年龄和李西安相差半个世纪的“80后”南音艺人蔡雅艺来访，李西安特意换上了一套庄重、儒雅的亚麻色唐装。这是李西安的习惯，无论何时，他都以豁达、乐观、开朗的精神慰藉他人，而从不向朋友们抱怨、诉苦。如同30年前面对那场风波时一样，他仍然将自己所有的悲伤、凄苦、委屈都深深地埋藏在心底独自承受。

图4-14　李西安出院后在东方太阳城锻炼身体（摄影：陈姐[1]）

那天，李西安饶有兴味地听了蔡雅艺用尺八吹奏的古老南音，他的思绪被乐曲带到了他率领中国音乐学院实验乐团张维良、刘顺、赵承伟、李光六、左继成、李景侠等当时风华正茂的青年音乐家远赴泉州向民间艺人学习南音的80年代。蓦然回首，此去经年，若隐若现，恍如隔世。可是他依然像海明威笔下那位笃信“一个人可以被毁灭，但不能被打败”的倔犟老人一样，向蔡雅艺滔滔不绝地讲起了当年在泉州学习南音的生动故事和回到北京后在中国音乐学院汇报演出的盛况，尤其是老院长李凌和挚友黄翔鹏如何对他当年提出“保存要纯粹，发展要大胆”和举办“华夏之声”系列学术音乐会的高度评价和有力支持。在我看来，这绝非迟暮老人的絮叨之言，而是他心中对继承传统音乐和发展现代音乐挥之不去的执念。

[1] 按：该照片由陈姐提供并授权本人在本书中使用。特此说明。

图4-15　2018年7月南音艺人蔡雅艺来访（摄影：赵冬梅[1]）

从2018年夏天起，李西安拖着衰弱的病体又顽强地回到了《汉族语言与汉族旋律研究》一书的写作中。虽说这项研究是他长达40余年的积累——在他的笔下，古籍里“歌之为言之，长言之”的模糊描述首次被清晰地分门别类梳理归纳，然而，文稿一旦付梓成书，诸多问题便立即凸显出来，比如语言声调的国际音标记录方式、汉语诗律的平仄关系、传统的诗词吟诵方法和准确反映京剧韵白、念唱艺术特色的图形谱、五线谱，以及中国当代作曲家对中国语言艺术魅力的再认识、再利用，等等。须知，当时赵冬梅正在中国音乐学院繁忙的日常教学科研之余夜以继日地潜心完善《〈八板〉及其变体研究谱例集》，因而《汉族语言与汉族旋律研究》一书的所有工作只能靠李西安自己完成。此前，虽然他曾经向中科院声学研究所江峰博士请教，但当时用于声学研究的计算机软件并不完全适用于音乐研究（尤其是旋律形态的研究），尽管有的软件也能以横坐标为时间（单位为毫秒），纵坐标为振动频率显示出每一个音衍生出的泛音和基音以外的信息。直至2005年秋天李西安的最后一名硕士研究生宋小汉入学时，日新月异的录音、编曲、音频编辑软件中

[1]　按：该照片由赵冬梅提供并授权本人在本书中引用。特此说明。

开始出现了一些能识别音高并将音高线条化、音频可视化的功能模块。于是2006年2月李西安托其妻弟在美国网购到*Solo Explorer* 1.0软件后，京剧韵白图形谱的呈现方式才有了较为明显的改观（参见图4-16）[1]。但对汉语声调、汉语诗律、传统吟诵和艺术综合语言（如京剧、昆曲、说唱等），以及中国当代作曲家究竟如何在他们的现代音乐作品中体现中国语言艺术魅力的学术化、理论化阐释和写作，无论是宋小汉还是赵冬梅，都无法替李西安分担。

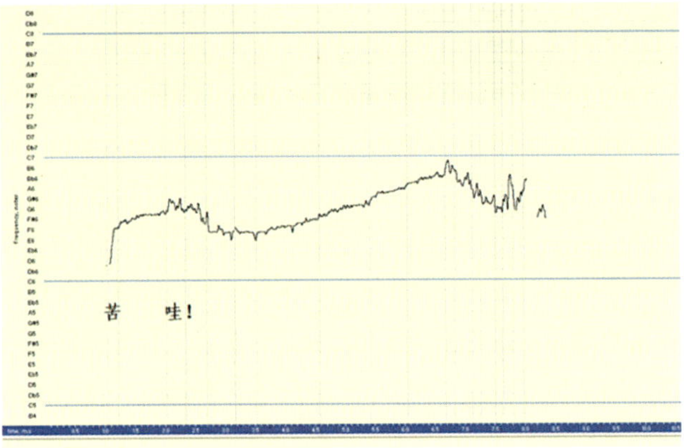

图4-16　京剧《女起解》中苏三韵白“苦哇”图形谱

2019年4月，在四川音乐学院作曲系艾明和民乐系张国亮两位老师的精心组织和盛情邀请下，李西安出席了在成都青城山召开的音乐学术沙龙——龢龠论坛。会后，他又受陈铭道夫妇邀请去了重庆，并在环境优雅的棕榈泉国际花园观看了张维良、黄梅的琴箫音乐会。也许是他已经很久没有在现场聆听音乐会的缘故，那天晚上他始终若有所思，神情专注。只是我们谁也没想到，成都、重庆之旅竟成了他和我们的最后一次旅行，而我当时在侧台口用长焦镜头对他的抓拍也成了朋友们后来悼念和缅怀他的一张珍贵照片。

[1] 详见李西安、赵冬梅著《汉族语言与汉族旋律研究》，宋小汉撰写《韵白图形谱的设计与制作说明》一文，北京：现代出版社，2021年，第167～174页。

图4-17　李西安在重庆观看张维良、黄梅“琴箫音乐会”（摄影：赵仲明）

从重庆回到北京后，李西安很快就恢复了《汉族语言与汉族旋律研究》一书的日常写作。听陈姐说，他的饮食起居很有规律，健康状况也还好。有的时候，他还会亲自下厨教陈姐做他喜爱的罗宋汤、土豆沙拉和糖醋小排。只是陈姐告诉我，她因山西老家有急事需要尽快回去，今后照顾李西安的工作将由她的侄女小邓接替。

图4-18　李西安82岁生日（摄影：赵仲明）

2019年5月20日李西安82岁生日，朋友们在太阳城欢聚一堂。作为生日礼物，我把之前从一位美国旧书商手中购到的姚锦新1943年在美国出版的英文作品《花鼓及其他中国歌曲》(*The Flower Drum and Other Chinese Songs*)扫描后送给了李西安。他用沙哑、颤抖的声音告诉我：40多年前，我在姚老师家见到过这部作品……[1]一个星期后，他把我叫到太阳城，并且非常郑重地说：我和冬梅商量了，我们想在“中国传统旋律与曲式系列理论丛书”这套书的扉页上写上“谨以此书献给姚锦新先生”。后来我才知道，生日那晚，他眼里噙着泪水，一个人在家默默地看了恩师姚锦新的这部作品很久，很久……

图4-19 姚锦新《花鼓及其他中国歌曲》

北京2019年的冬天气温骤降，异常寒冷。11月29日，悄无声息的一场鹅毛大雪让花团锦簇的京城一夜间零落凋残，叶败枝枯。还没等到新年的钟声响起，史无前例的新冠疫情就开始肆虐。然而，“祸兮福之所倚，福兮祸之所伏”。长达半年“不聚集、不聚会、不聚餐，少流动”的居家隔离反而提高了许多从事独立研究和写作者的工作效率。

[1] 参见本人拙作《姚锦新与〈花鼓及其他中国歌曲〉》,《音乐研究》2020年第4期，第133～145页。

李西安便是其中之一，《汉族语言与汉族旋律研究》一书的写作终于进入了尾声。3月31日早上10点45分，我收到了李西安给我发来的微信，让我帮他看一下陈其钢的《水调歌头》中文下面是不是国际音标，我看后告诉他是的。之后，我们又为谭盾、瞿小松、郭文景总谱里的国际音标、英文以及用汉语拼音记录方言的相关问题通了电话。[1]我告诉他，以后如果再碰到此类问题可直接视频通话，以便一起看着总谱交换意见，不用再麻烦拍照、截图、发短信。他听取了我的建议并很高兴地告诉我，他饮食和睡眠都还好，接替陈姐的小邓也已经完全熟悉了太阳城社区和家里的环境，而且小邓还能自己开车去超市购物和去医院拿药，所以他就不用再当司机，每天上午都能保证专心写作。

但4月10日晚，李西安便住进了离太阳城不远的顺义李遂镇北京地坛医院顺义病区。虽说是“病区”，但实际上仍然是隶属于首都医科大学附属地坛医院的正规公立三甲医院，其拥有的医疗设施和医护人员都明显优于普通的社区医院。然而即便如此，李西安在他生命的尽头也依然没有同意进ICU，没有被满身插管，而是极其达观、坦然地接受了有尊严的姑息治疗方案——临终关怀（虽然他完全有资格享受高干病房的各种特殊待遇和急救措施）。此后不久，珠珠从南山寺赶回了北京，并与小邓、三舅（张鸿懿弟弟）按照疫情期间的特别规定轮流到病区探视。

5月8日早上，李西安平静地从地坛医院顺义病区回到了家。这是他在社区医院经过了28天心理否认期之后的平静——从不承认自己病情严重，总希望和幻想还会有奇迹出现，到开始明显意识到死亡已经不可避免之后的平静。那段时间，他每天都静卧在珠珠特意为他网购的护理床上，苍白的面容中虽然丝毫没有对死亡的惊怖和恐惧，沙哑的声音里也没有任何痛苦的呻吟和哀号，但他的眼里却常常充满了等待和生命依依不舍做最后告别的泪花。让我们喜出望外的是，从5月中旬开始，他突

---

[1] 按：瞿小松是贵州人，郭文景是重庆人，我是云南人。他们音乐作品中用汉语拼音记写的贵州方言和重庆方言与云南方言有很多相似、相近之处。

然开始有了食欲，脸色也逐渐有了一些好转，而且语言、神志、情绪也都有了明显的改观。为此，我们非常高兴，在5月20日他83岁生日那天，大家都衷心希望他能创造奇迹，再渡难关。

图4-20 2020年5月20日李西安的最后一个生日（摄影：赵仲明）

然而生日过后不久，他的病情急转直下。6月3日晚，珠珠在电话里告诉我，李西安想见我。当我问及病情的时候，珠珠说，情况越来越不好，而且开始出现持续低烧的情况，估计大限已至，时日无多。珠珠说得没错，6月4日早上10点，我的确就是李西安此生见到的最后一个朋友。时至今日，我依然清楚地记得，那天他的额头上贴了一块退烧贴，但整个人已经开始脱形。当我站在护理床边轻轻握住他枯瘦的手时，他只微弱地“啊”了一声便将身子向我侧转了过来，似乎还想和我再说点什么，但却迟疑不决，欲言又止。紧接着，泪水便从他的眼里夺眶而出……这时我才明白，他几天前看似好转的假象，其实是从肾上腺素里分泌出的糖皮质激素使他快要丧失功能的器官得以暂时恢复正常供血后的回光返照，是他渴望走完生命最后一程的请求。

果不其然，6月5日一大早，赵冬梅就在电话里泣不成声地告诉我：

"李老师昨天晚上10点走了……" 随后，她开车去接谢大京和谢嘉幸，我自己也匆匆驾车向太阳城驶去。大家汇合后，我们在李西安的遗体前，久久凝视着他平静如同深眠中的面容，直至泪水模糊了双眼方才明白，他与我们已经天涯咫尺，阴阳两隔。

当晚，我与萧梅、谢嘉幸、赵冬梅怀着沉痛的心情开始通过网络编辑《李西安教授音乐学术活动大事年表》，直至次日下午定稿后，萧梅在传统音乐学会的微信公众号里发出。[1]与此同时，中国音乐学院也向全国发出讣告。随后，中国音乐学院院长王黎光、党委书记王旭东、副书记吴武匆匆赶到李西安先生家吊唁。霎时间，中国音乐界陷入了深深的悲痛，流泪、恸哭、心碎、合十的网络表情一次次地在微信朋友圈中刷屏。中国音协、中央音乐学院、武汉音乐学院、中央民族乐团、人民音乐出版社，以及《人民音乐》编辑部、《音乐研究》编辑部的唁电也纷纷发到了中国音乐学院。

虽说遵照李西安的生前遗愿和家属丧事从简的要求，一切有组织的李西安遗体告别仪式和追悼会并没有举行，但李西安的生前好友施万春、王秉锐、高为杰、郭福安及社会各界朋友仍然自发地以各种方式寄托哀思。"头七"那天（6月11日），更是牵动了海内外无数音乐理论家、作曲家、表演艺术家的心。叶小纲代表中国音乐家协会敬挽的花圈第一批送达了太阳城。《人民音乐》编辑部金兆钧、于庆新、张萌，《音乐研究》编辑部任方冰、沈顺姬，人民音乐出版社赵易山，作曲家杨青、郭文景、高平，中国音乐学院谢大京及作曲系、音乐学系、国乐系、图书馆杨通八、张韵璇、谢文辉、金平、王萃、李月红、杨春薇、邱霁、葛咏、孙允文、唐锐，马可女儿马海莹，以及李西安生前的老朋友、大朋友和忘年交的小朋友们都纷纷从四面八方赶到了李西安家。许多身居外地和国外的师友也先后发来了感人的短信。

---

[1] 详见2020年6月6日中国传统音乐学会（ATMC）微信公众号"传统音乐学会"：赵仲明、萧梅、谢嘉幸、赵冬梅辑《李西安教授音乐学术活动大事年表》。

梁雷：尊敬的李西安先生，您的一生都在无私付出。您做的每一件事都是为了更高更远的目标，为了宏观大局，为了中国音乐事业的使命，也为了提拔和引导年轻人……您不仅是中国新音乐的指路人，更是令人仰望的真君子！中国音乐史不会忘记您。

郭文景：李老师，我默默地注视着您走好！您对我曾经的解救，我放在心灵的深处……

谭盾：李西安老师是我的恩人。没有李老师就没有我的今天……

陈怡、周龙：李老师，您对中国音乐发展的坚定执着和对我们的热情支持都深深地留在了我们无尽的忆念中，鼓舞着我们不断地用新音乐创作为人类的美好未来而努力奋斗。您的业绩永垂不朽！

李吉提：愿大师兄李西安先生到天国能与姚先生再次相见……

贾达群：李西安先生对改革开放以后中国新音乐的成长和发展给予了极大的支持，其历史性的贡献有目共睹……李西安先生的离去使我们失去了一位好领导、好老师、好朋友，是中国音乐界的重大损失。我们永远怀念他！

秦文琛：李西安老师，您是中国新音乐的倡导者和引领者，为中国音乐的发展做出了重要的贡献。您的离去，让我们感到了巨大的孤独！

乌兰杰：李西安先生对我国民族音乐教育事业所做出的贡献，对母校中国音乐学院发展壮大所做出的贡献，将永远铭刻在我们心中！

鲍元恺：我亲眼见证了李西安80年代在中国院大刀阔斧的改革。没有他，中国院不会有今天。

陈铭道：没有李西安老师，我一生的道路和我家将完全不同。而今，铭道虽已老迈，但每思及此，如骨梗喉，临书涕零。

陈其钢在从法国发来的微信语音里几度哽咽地说：

李老师的逝世，我非常难过……没有李老师……我上不了大学……80年代末90年代初，李老师为中国音乐学院做出了巨大的贡献，让中国音乐学院成为了中国众多音乐学院中的佼佼者，并留下了许多十分珍贵的音乐遗产。没有李老师，就没有当时作曲系、理论系那样开放、活跃的思维和创作，更不可能有中国作曲家今天的国际影响！

……

必须承认，那一刻我情不自禁地想起了刻在贝多芬墓上的一段话：当你站在他灵柩前的时候，笼罩着你的不是志颓气丧，而是一种崇高的感情，我们只有对他一人说，他完成了伟大的事业！因为，无论是在李西安遗像前鞠躬的朋友，还是朋友们从远方发来的短信，都没有任何志颓气丧的呜咽和哀鸣，而弥漫在屋子里的全是大家对他的崇敬。中国音乐界津津乐道李西安种种慧眼识才的逸闻趣事，皆因人们从心底佩服他爱才的诚意、用才的胆识、容才的雅量和聚才的良方。我确信，为了这一切，他倾其一生，践履其志——正如他在66年前和同窗好友施万春在琴房里说的“垫脚石”，以及40年前向改革开放后中国音乐学院录取的第一批硕士研究生所说“我愿在八千公尺设下自己的帐篷，为最后攀登到顶峰的人，铺下几块小小的石子”！虽然，经过近60年心无旁骛、持之以恒的不断攀登，李西安已在“八千公尺的帐篷”里寿终正寝，与世长辞，但他60年笔耕不辍的研究著述和不懈探索已是栉风沐雨、薪火相传、筚路蓝缕、玉汝于成，“为最后攀登到顶峰的人”铺下的“小石子”已经成为中国音乐理论界继承和弘扬传统音乐的重要基石！

事实上，李西安也诚如恩格斯在伦敦海格特公墓把马克思一生最重要的“人类历史发展规律”和“剩余价值”两个发现进行归纳和总结后所说的那样：“一生中能有这样两个发现，该是很够了。即使只能作出一个这样的发现，也已经是幸福的了。”[1]虽然李西安并不是什么具有重大发现和重大发明的政治伟人，但作为一位正直、善良、宽厚、达观、睿智，并且把毕生心血都献给了中国传统音乐和中国现代音乐研究的学

[1] 中共中央马克思恩格斯列宁斯大林著作编译局编：《马克思恩格斯选集》第3卷，北京：人民出版社，2012年，第1002 ~ 1004页。

者，能够被这么多真挚的，而且其中很多还是因得他辅佐、受他帮助才攀登上世界顶峰并在国际社会产生重大影响的朋友们记住，又何尝不是足够的幸福?

2020年7月23日上午10时，李西安、张鸿懿夫妇的合墓在北京市丰台区永定河畔太子峪陵园落成。这是李西安的生前愿望——不仅要和他的爱妻张鸿懿在一起，而且也一定要和与他并无血缘关系，但却含辛茹苦把他抚养成人的慈祥养母张素贤永不分离[1]。

那天，北京的天很蓝。

蓝得一尘不染，碧空如洗；

蓝得清风峻节，泣血涟如……

图4-21　李西安、张鸿懿之墓（摄影：赵仲明）

---

[1] 按：2000年4月7日，李西安和哥哥李福聚（后更名为李翔九，河北省胸科医院主治医师、教授、国家特殊津贴获得者）把他们共同的养母张素贤（1902 ~ 1990）从哈尔滨移葬至北京市丰台区太子峪陵园。

尾　声

李西安逝世后，本来需要按计划成套出版和结项的四卷本“中国传统旋律与曲式系列理论丛书”只好先行出版早已完成齐清定编校的《中国传统旋律的构成要素》和《中国传统曲式学》。但令人意想不到的是，2020年7月书一上市，李西安其人其著在微信朋友圈和音乐界朋友们的各种微信群里便引起了热议。现代出版社的“现代音乐”公众号留言区里有很多留言，就连年逾九秩的郑小瑛老师、耄耋之年的江明惇老师和年逾古稀的伍国栋老师也都写下了他们的感言。从事音乐分析和传统音乐研究的朋友们更是纷纷下单网购，不到50天，《中国传统曲式学》便售罄、加印。

图5-1　《中国传统旋律的构成要素》

图5-2　《中国传统曲式学》

郑小瑛：向李西安教授致敬！如此冷门，如此艰难，而如此必要，填补了我国音乐理论研究的空白！了不起的贡献，一定会流芳百世，向你致敬！

江明惇：受教了！向西安同志致敬，想尽快学读全书。

伍国栋：祝贺这两本书的出版！中国传统音乐曲体、曲调类型的分析和应用研究，应当尽快成为各大音乐院校音乐学专业的必修基础课。这两本书是当下值得推荐的好教材。老师们，学起来教起来吧！

从8月起，我和珠珠、冬梅开始收拾、处理李西安家里的遗物，并按照李西安的遗愿，把他所有的藏书分装、打包捐赠给哈尔滨音乐学院。在李西安的心里，哈尔滨始终是一个让他魂牵梦萦的特殊所在——他在哈尔滨呱呱坠地，可是他却从未见过他的亲生父母，但抱养、哺育他的养父养母却和他命中注定在哈尔滨相遇。虽然李西安后来大半生都在北京度过，几十年间，国外国内，走南闯北，哈尔滨却是他一直想去而始终没有机会去的地方，每逢清明家祭，他都会把亲生父母和养父养母放在同等重要的位置上慎终追远，清酌庶馐。那是因为李西安对他们和对哈尔滨的驰念和记挂始终在心里挥之不去。

李西安的藏书量虽然很大，但由于他生前分门别类整理得非常清楚，所以我们的分装工作并不困难。然而，在一个文件袋里，他写在半张A4纸上的“李西安未实现的梦想及其他”（以下简称“未实现的梦想”）引起了我极大的好奇。须知，这份“未实现的梦想”和他以往的写作习惯大不一样。首先，没有注明日期，而且字迹也很潦草；其次，没有写在他分类严格的笔记本里，而只是写在半张A4纸上；再次，个别词句似乎还有来不及周全考虑的语病。但可以肯定的是，李西安写这份“未实现的梦想”的时候，身体已经非常虚弱，尽管确切的年份与日期我不得而知。按常理判断，能把自己“未实现的梦想”逐条厘清并书写出来的人，可能有两种情况：一种是阶段性总结，以便鞭策自己，再接再厉；另一种是痛苦、绝望地默认自己的生命已经走到了尽头，认为所有“未实现的梦想”都再也没有机会实现后，怅然若失，万念俱灰。

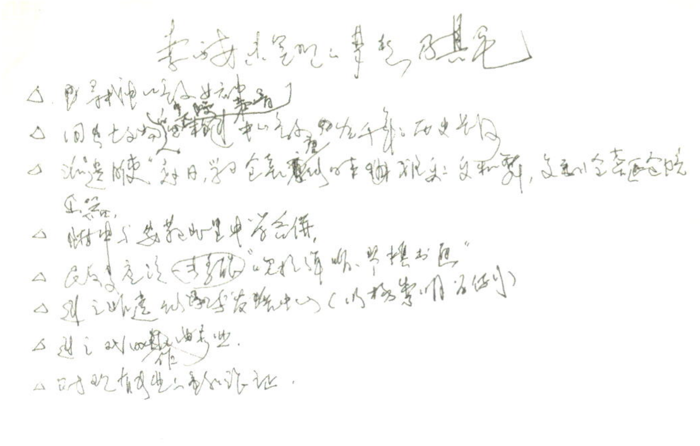

图5-3　李西安未实现的梦想及其他手稿

李西安未实现的梦想及其他

△寻找中国音乐女神

△用出土文物的实际声音构建中国音乐五千年的历史长河

△派“遣日使”赴日，学习全套唐传日本雅乐的乐和舞，复制全套正仓院乐器

△附中与安苑北里中学合并

△民乐系应该“吹拉弹唱，琴棋书画”

△建立非遗传承与发展中心（以杨秀明为例）

△建立戏曲作曲专业

△对现有专业重新论证

相信朋友们看到这份“未实现的梦想”时，对其中列举的内容并不陌生，因为它们都是李西安在中国音乐学院工作和任职期间的事业规划和当时正在努力实现的奋斗目标，比如“寻找中国音乐女神”“遣日使”“附中与安苑北里中学合并”……虽然造化弄人，事与愿违，但我当时仍然思忖，假如世上有假如，假如他不被免职，假如当时能让他干

完一届，甚或再任一届，他的这些“梦想”是否能都实现或部分实现？不过假如的确是假如的话，那么我们看到的或许是梦想实现了之后的另一种假如。然而，曾子言曰：“鸟之将死，其鸣也哀；人之将死，其言也善。”[1]这一切绝不是假如，而是人性。

我相信，世上最令人唏嘘的假如，并非都是因“壮志未酬人欲老，寒林落雾心茫然”（尹耕）的感叹和“心如老马虽知路，身似鸣蛙不属官”（陆游）的哀怨。最令人感动和心碎的假如，恰恰是人在生命垂危之际最后发出的强烈渴求和深切期盼。正如贝多芬患科根综合征（Cogan syndrome）后，迅速的听力下降和最终的耳聋折磨了他近30年，但他临终前留下的一句话却让人仰面而泣，潸然泪下——“我将在天堂里听到一切。”[2]

经过了差不多一个月的时间，我们终于把李西安的藏书都收拾好了。2020年8月31日（星期一）晚上7点半，我给老友陶亚兵去了电话，但估计是他当时不便通话的缘故，9月1日下午两点半他才把电话打了回来。当我向他说明李西安的遗愿和我们正在对所有藏书分装、打包并准备发运哈尔滨的情况后，他当即安排哈尔滨音乐学院图书馆顾伟泉馆长与我对接。之后，我和顾伟泉馆长互加了微信，并就捐赠藏书的数量、类型，以及物流、时间等具体问题做了多次沟通。更巧的是，陶亚兵的继任者——新学期走马上任哈尔滨音乐学院的新院长竟是相识多年的杨燕迪。不得不说，捐赠一事能得到他们的鼎力相助实在是李西安的幸运，虽然此前他们都不了解李西安和哈尔滨这段凄美的故事，更不知道李西安还有把他所有藏书都捐赠给哈尔滨音乐学院的遗愿。

毫不夸张地说，打包李西安所有的藏书是一件十分繁重的体力活。一切都收拾停当那天，一共装了59箱，分三批送到中国邮政办

[1] 《十三经注疏·论语注疏·泰伯第八》，北京：中华书局，1979年，第2480页。

[2] “I shall hear in heaven.”参见：http://www.all-about-beethoven.com/beethovenmature.html 以及 https://en.wikipedia.beta.wmflabs.org/wiki/Main_Page。

理物流手续时一称重：159千克！ 2020年9月14日上午10点刚过，我就接到了顾伟泉馆长发来的短信和照片。他告诉我：59箱书全部收到了！不久之后，他又告诉我，哈尔滨音乐学院图书馆已经开始对李西安捐赠的图书、乐谱、录音、录像等资料进行建档和数字化处理。

图5-4　李西安捐赠哈尔滨音乐学院的59箱个人藏书（摄影：顾伟泉[1]）

2021年4月24日早上7点，杨燕迪通过微信语音告诉我，经过半年时间，哈尔滨音乐学院图书馆对李西安捐赠图书的数字化处理工作已经基本完成，并计划秋季学期时正式举办捐赠仪式及与李西安相关的学术纪念活动。我得知后非常高兴，同时也对他和哈尔滨音乐学院高度重视李西安捐赠藏书和务实、高效的工作感到十分敬佩。

但事实上，计划举办活动的时间正是冬梅和我压力最大、工作最忙的时候。皆因李西安逝世后，尚未完稿的《〈八板〉及其变体研究谱例集》和《汉族语言与汉族旋律研究》续写、补充、完善的千钧重担全部落在了赵冬梅一个人的肩上。而我作为这套书的选题策划和特约编辑，面对李西安不完整、不系统的原稿和需要协助赵冬梅完成的阶段性编辑工作，以及大量的谱例打谱、校对和音频二维码生成等工作也在加班

[1] 按：该照片由顾伟泉提供并授权本人在本书中引用。特此说明。

加点。当然，那段时间最辛苦的还是赵冬梅。我目睹了她在导师李西安逝世后经受和克服的巨大孤独和无助。正如她后来在《汉族语言与汉族旋律研究》后记中所说：完成《〈八板〉及其变体研究谱例集》和《汉族语言与汉族旋律研究》的写作是“一个异常艰难、痛苦的过程”[1]。我曾问过她，硕博学生里有没有能帮上忙的人，她说没有，同时她还告诉我，以李西安研究的京剧韵白为例，不仅她的硕博学生闻所未闻，就连她自己也一知半解，似懂非懂。然而，她通过向戏曲专家虚心请教学习，并在无数次地对京剧老唱片中著名唱段和韵白进行大量模唱、模诵基础上的理性分析和归纳之后，最终完全掌握了中州韵、湖广音及其在传统戏曲语言艺术中的运用规律，最终圆满地完成了《汉族语言与汉族旋律研究》。坦率地说，在她艰难完成《〈八板〉及其变体研究谱例集》和《汉族语言与汉族旋律研究》这两本书的续写、补充、完善过程中，我在她身上看到了李西安身上特有的性格——隐忍、踏实、执着和刚毅。也正因如此，《〈八板〉及其变体研究谱例集》和《汉族语言与汉族旋律研究》最终赶在了2021年9月初正式出版。

图5-5 《〈八板〉及其变体研究谱例集》

图5-6 《汉族语言与汉族旋律研究》

[1] 李西安、赵冬梅：《汉族语言与汉族旋律研究》，北京：现代出版社，2021年，第177页。

全四卷“中国传统旋律与曲式系列理论丛书”出齐后，哈尔滨音乐学院、中国音乐学院、《人民音乐》杂志社、中国出版集团现代出版社便开始筹备“2021年纪念李西安逝世周年学术研讨会”和“李西安遗存资料捐赠仪式”。然而，原定于2021年10月9 ~ 10日在哈尔滨音乐学院举行的第一次会议的通知和给与会专家的邀请函在9月14日发出后不久，9月21日（即中秋节当天），黑龙江省卫健委突然通报，2021年9月21日0 ~ 18时，哈尔滨市发现新冠确诊病例3例。不得已，会议只能改至11月9 ~ 10日举行。可是没过几天，北京市丰台区、大兴区、昌平区也先后发现了确诊病例，直至12月初，京哈两地的疫情仍此起彼伏，并未消停。虽然大家严格遵守着“非必要不聚集”的防控纪律，但会议主办方和所有与会专家无不期待着这次意义非同寻常的活动。因为，那将是李西安“回家”的日子。

或许很多朋友并不了解李西安把他个人藏书捐赠给哈尔滨音乐学院的真实意图。但事实上，早在2016年哈尔滨音乐学院建院之初，李西安就已经做出了三个决定：一、把他的艺术档案捐赠给他为之工作长达半个多世纪的中国音乐学院；二、把他的个人藏书捐赠给他“家乡”新成立的音乐学院；三、逝世后把他埋葬在北京太子峪陵园，让他和他的养母永远在一起。

就像少小离家、客死他乡的肖邦，虽然在法国巴黎拉雪兹公墓（Pere-Lachaise Cemetery）长眠，他周围不仅有众多世界著名的哲学家、思想家、作曲家、舞蹈家，甚至还有大文豪巴尔扎克、莫里哀、王尔德，但他的心脏仍然在他的祖国波兰安放。正如作为肖邦心脏的墓志铭被永久镌刻在华沙圣十字教堂（Holy Cross Church）的廊柱上《马太福音》里的经典名句一样：For where your treasure is，there your heart will be also——你的珍爱在哪里，你的心就在哪里。

面对死亡，人们常说“尘归尘，土归土”，借此凭吊逝者，抚慰生者。但在我看来，这尘，这土，绝不仅仅是官场上的得与失，理论研究的对与错，事业奋斗的成与败，人世间的爱与恨，生命过往的生与死，更是大千世界、芸芸众生在历史的天平上被称出的公正分量和人生价值。

诚然，李西安究竟是“尘”是“土”还需要留待历史评说，但我确信——

他是一位重情重义的人；

一位有理想而从不妄诞浮夸的人；

一位具有爱才诚意、用才胆识、容才雅量和聚才良方的人；

一位既没有学阀气息，更没有官僚做派的人……

又及

2023年5月，正当我还在为本书做第八次修改时，欣闻李西安、赵冬梅合著《中国传统曲式学》和袁静芳著《中国乐种学》、樊祖荫著《中国传统多声部音乐研究·多声部民歌》、王子初著《中国音乐考古学》等四部学术著作获得了由中国艺术研究院主办的第二届“杨荫浏音乐学术提名”。

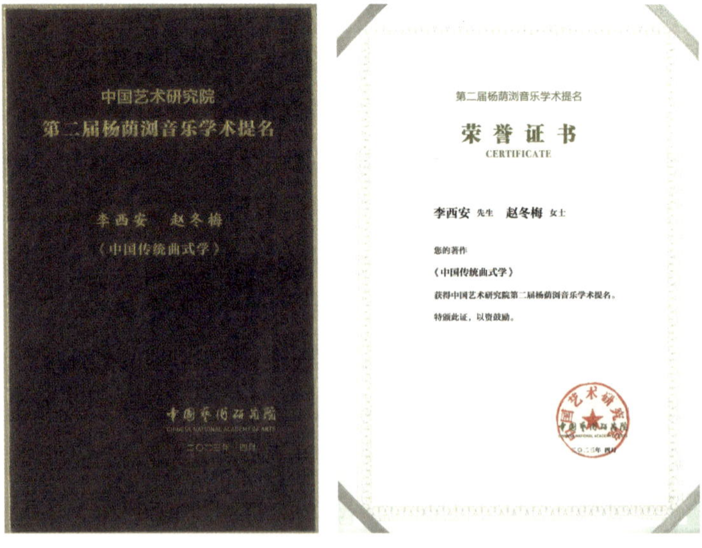

图5-7 第二届杨荫浏音乐学术提名荣誉证书

主办方在《中国传统曲式学》的提名词中写道：

> 该著作在传统音乐领域具有里程碑意义，是作者研究与教学实践成果的集中呈现。作者综合运用比较音乐学、旋律学、曲式学等学科方法，结合多种体裁的实证分析，系统归纳中国传统音乐典型结构类型，阐释中西曲式形态与内涵的分野，打破长期以来用西方音乐理论框定中国传统音乐的思维局限，为推动中国音乐理论体系建设做出重要贡献。

中央文史研究馆馆员、中国艺术研究院音乐研究所名誉所长田青特意为李西安、赵冬梅著《中国传统曲式学》题诗：

国人洋人同中异，
西乐华乐异中同；
奏鸣曲式板腔体，
皆为世界大发明。

至此，李西安为之皓首穷经的中国传统旋律与曲式研究终得圆满。中国音乐学术研究的最高荣誉“杨荫浏学术提名”便是对他最好的告慰。

2023年6月4日是李西安逝世三周年忌日，我和张鸿懿老师的弟弟张鸿任夫妇、赵冬梅以及她的部分博士、硕士研究生一同前往太子峪陵园，我们不仅恭备了鲜花果品，而且还把《中国传统曲式学》和由中国艺术研究院颁发的“第二届杨荫浏音乐学术提名荣誉证书”虔诚地摆放在了李西安、张鸿懿的合墓前。

“时荏苒而不留，将迁灵以大行”（潘岳语），转瞬又到了2024年6月4日李西安逝世四周年的忌日，而距离2020年9月李西安个人藏书及文存捐赠给哈尔滨音乐学院也近四年，2021年8月中国出版集团现代出版社为配合哈尔滨音乐学院筹备李西安纪念活动而捐赠“中国传统旋律与曲式系列理论丛书”40套亦逾三载，而我2018年5月受李西安生命之托而写的传记依然还在第九次审查改稿中……它们仿佛调性音乐里始终未“解决”的导音一样在我的脑海里萦绕、回旋，让人心神不宁，惴惴不安。直至2024年末，著名二胡演奏家宋飞教授履新担任哈尔滨音乐学院院长后不久，由哈尔滨音乐学院、中国音乐学院、《人民音乐》杂志社、中国出版集团现代出版社共同举办的“李西安先生纪念活动”最终才定于12月5 ～ 6日在哈尔滨音乐学院举行。

图5-8　2024年李西安先生纪念活动嘉宾合影[1]（摄影：白杨）

来自中国音乐学院、北京电影学院、首都师范大学、江苏师范大学、齐齐哈尔大学等院校，以及中央歌剧院、《人民音乐》杂志社、中国出版集团现代出版社的专家、学者，与哈尔滨音乐学院宋飞院长、崔

[1] 按：出席哈尔滨音乐学院李西安先生纪念活动的嘉宾第一排（左起）：顾伟泉、崔志林、竹岗、谢嘉幸、杨青、杨燕迪、宋飞、赵冬梅、王萃、张弦、谢大京、赵仲明、蒋力、金兆钧；第二排（左起）：魏竹吟、王宇翔、傅琳琳、尹晗、张宏亮、王岩、苗芳舒、王伯达、关剑、张强、陈龙、邱霁、葛詠、王珏、赵璐璐、宋蓓、李木子、毛维汉、卓佳宾、姜烨、张珂、焦凤培、王新子。

志林副院长、前院长杨燕迪教授，哈尔滨音乐学院音乐学系、作曲系部分教授、副教授及在读博士、硕士研究生和中国音乐学院在站博士后、在读博士生等虽然仅40余人，但所有人无不为李西安一生始终围绕中国音乐学的核心问题——中西关系、古今关系、雅俗关系不懈研究和音乐创作的丰硕成果震撼，为他矢志不渝，致力建构中国新音乐的大格局感佩，更为他爱才、惜才的悲悯之心动容……

在由哈尔滨音乐学院崔志林副院长主持的开幕式上，哈尔滨音乐学院院长宋飞教授和中国音乐学院副院长王萃教授、哈尔滨音乐学院前院长杨燕迪教授和中国音乐学院前副院长谢大京教授分别致辞。随后，赵冬梅代表李西安家属向哈尔滨音乐学院捐赠李西安个人藏书及文存，宋飞代表哈尔滨音乐学院向李西安家属颁发捐赠证书；中国出版集团现代出版社音乐事业部主任竹岗编审代表现代出版社向哈尔滨音乐学院捐赠由现代出版社出版的李西安、赵冬梅合著“中国传统旋律与曲式系列理论丛书”（四卷本）40套，哈尔滨音乐学院副院长崔志林代表哈尔滨音乐学院向现代出版社颁发捐赠证书。庄重的捐赠仪式结束后，所有与会嘉宾在宋飞院长的带领下参观了哈尔滨音乐学院图书馆、博物馆精心布置的李西安个人藏书及文存展。

图5-9　哈尔滨音乐学院宋飞院长含着热泪向与会嘉宾致辞（摄影：白杨）

图5-10　赵冬梅（右）泣不成声地从宋飞（左）手中接过哈尔滨音乐学院向李西安家属颁发的捐赠证书（摄影：白杨）

图5-11　宋飞（中）、崔志林（左）代表哈尔滨音乐学院向中国出版集团现代出版社竹岗主任（右）颁发李西安、赵冬梅合著“中国传统旋律与曲式系列理论丛书”（四卷本）捐赠证书（摄影：白杨）

图5-12　与会嘉宾参观李西安个人藏书及文字、乐谱手稿遗存展（摄影：白杨）

在“追思与学术研讨”环节中，与会嘉宾先后围绕李西安的身世、生平和他在中国传统音乐理论研究、中国音乐学院学科建设、中国新音乐创作实践等方面具有前瞻性、引领性的思想及其对中国现代音乐的影响进行了深情的缅怀与深入的探讨。承蒙哈尔滨音乐学院抬爱，在该环节中，我被安排为第一位发言的人。然而，当我才说到“今天，与其说是我们等了四年多的活动终于在李西安的家乡——哈尔滨音乐学院举办，不如确切地说，今天更是李西安‘回家’的日子”时，就再也无法控制内心百感交集的情绪，以致数度哽咽，潸然泪下……

图5-13　赵仲明：《我所认识的李西安老师》（摄影：白杨）

图5-14 金兆钧:《走出时代的峡谷》(摄影:白杨)

图5-15 谢嘉幸:《艺术家的气质、理论家的眼光与教育家的胸怀——李西安80年代新学科建设的"张力场"实践探索的成就与意义》(摄影:白杨)

图5-16 赵冬梅:《跨越世纪 薪火相传——“中国传统旋律与曲式系列理论丛书”背后的故事》(摄影:白杨)

图5-17 杨青:《一座大山、一泓清流——忆李西安先生》(摄影:白杨)

图5-18 谢大京:《鹤舞春秋,功德自有评说——缅怀李西安先生》(摄影:白杨)

图5-19　鄂振明：《李西安〈湘灵歌〉演释研究》（摄影：崔如许）

图5-20　王伯达：《李西安对中国现代音乐创作的影响》（摄影：崔如许）

图5-21　赵璐璐：《从李西安的音乐理论及实践论文化自觉》（摄影：崔如许）

图5-22　邱霁：《潮州筝乐传承——音乐会与唱片背后的故事》（摄影：崔如许）

图5-23　葛詠：《师者　仁者　爱者——忆李西安先生》（摄影：崔如许）

图5-24　蒋力：《李西安与〈现代音乐思潮对话录〉》（摄影：崔如许）

图5-25 张弦:《怀念李西安老师》(摄影:崔如许)

图5-26 王珏:《人生的灯塔 永远的榜样》(摄影:崔如许)

不得不说，每一位发言人的发言都情真意切，感人至深。大家敬重、景仰李西安，原因并非李西安是曾经的主编、院长，而是大家在与李西安的过往和交集中，因得李西安平易近人的开导、鞭辟入里的点拨、率先垂范的引领，改变了自己一生。即使是一些无缘见过李西安的在读博士、硕士学生，也都在李西安的捐赠中强烈地感受到了李西安为探索和建构中国新音乐矢志不渝的付出和努力，学到了他“敬而无失，与人恭而有礼”和“敬事而信”的品格，同时对中国当代音乐史上的杰出前辈也多了一份追慕之情。

我甚至突然觉得，推迟至2024年12月5～6日才举办的这场“大典”或许就是李西安的命中注定：倘若本书未经九次审读，而是第七次、第八次就通过的话，或许早已出版。那么，李西安“回家”的愿望和哈尔滨音乐学院迎接他“回家”的活动就不可能真实地记录在本书里，而作为人物传记，那将是一个无法弥补的重大缺憾。但现在的一切却是如此真切地依理而行，顺理成章。而且，具体操办和迎接李西安“回家”大典的主理人，正是35年前在李西安主持的“ART杯中国乐器（国际）比赛”中脱颖而出的小姑娘——宋飞！

此真乃“造物不自以为动，归之太空。太空冥冥，不可得而名”（苏轼语），亦恰如王安石所云：冥冥鸿雁飞，北望去成行。

……

愿李西安的在天之灵，九泉有知，永世安息！

附录一

李西安音乐学术活动大事年表[1]

1937年5月20日出生于黑龙江省哈尔滨市。

1943 ~ 1955

先后就读于黑河惠永国民小学、哈尔滨兆麟小学、天津木斋中学、天津一中。其间（1952 ~ 1955），师从白俄小提琴家托诺夫学习小提琴。

1955 ~ 1961

考入中央音乐学院作曲系，先后师从苏夏、姚锦新、萧淑娴、杨儒怀等教授。

1961 ~ 1963

任教于中央音乐学院作曲系，与他人合作开设“民族曲式与作品分析”课程。

[1] 按：本年表根据2020年6月6日中国传统音乐学会（ATMC）微信公众号“传统音乐学会”发布的由赵仲明、萧梅、谢嘉幸、赵冬梅辑《李西安教授音乐学术活动大事年表》修订、补充。特此说明。

1964～1965

调入中国音乐学院并在作曲系任教。

出版专著《民族曲式与作品分析》(与军驰合作)。

开设“民族器乐旋律写作基础”课程。

1966～1972

带领学生集体创作大合唱《红太阳颂》《七届四中全会组歌》(均由中央人民广播电台录制播出)。

集体创作《各族人民歌唱〈为人民服务〉》，舞剧《红卫兵战歌》。

下放天津军粮城接受劳动改造和清查“5.16分子”期间，集体创作小歌剧《猪跑了》、小京剧《选委员》，同时写诗若干，自编入《芦边诗抄》。

1973～1976

调入中央五七艺术大学音乐学院钢琴教材编写小组，开始编写教材。

创作钢琴小品《打夯歌》《愉快的劳动》《小民兵》《小鼓手》。

创作舞剧音乐《蜜蜂与熊》《G大调钢琴小奏鸣曲(祖国的花朵)》(周广仁钢琴独奏)。

创作钢琴故事组曲《半夜鸡叫》(周广仁钢琴独奏，杨俊朗诵)。

1977～1979

回到中央音乐学院作曲系任教。恢复高考后作为中央音乐学院作曲系上海考点负责人赴上海招生。

1980～1983

任中国音乐学院创研部创作室主任。

开设“民族旋律与曲式”课程。

创作电影音乐《药》(根据鲁迅同名小说改编，与施万春合作)。

创作艺术歌曲《对酒》。

撰写《关于建设中国音乐学院的十点建议》《关于“建立中国音乐学院民族音乐创作中心”的建议》（提交中国音乐学院复建筹备领导小组）。

倡议发起并具体组织实施集创作、研究、表演为一体的“华夏之声”系列音乐会：

第一届“中国古典诗词音乐会”（1982）；

第二届“古谱寻声音乐会”（1983）。

策划出版《中国古典诗词歌曲——华夏之声》唱片与盒式磁带。

撰写《关于发展中国民族音乐事业的五项倡议》（全国民族音乐学第二次年会）。

发表音乐作品、论文

《未来属于年轻一代——从黄安伦的几首新作谈起》，《光明日报》1980年2月1日。

《湘灵歌》（根据鲁迅七言律诗《湘灵歌》作曲），《中国音乐》1981年第10期。

《此情眷恋无绝期——评歌曲〈送上我心头的思念〉》，《人民音乐》1982年第1期。

《啊，梦》（女声独唱，李西安词、施万春曲），《中国音乐》1982年第2期。

《钢琴曲〈夕阳箫鼓〉音乐分析》，《中国音乐》1982年第2期。

《电影音乐民族化和交响化的新成果——评故事片〈海囚〉的音乐》，《人民音乐》1982年第4期。

《学业的导师　为人的楷模——为姚锦新教授70寿辰而作》，《中央音乐学院学报》1982第2期。

《汉语声调与汉语旋律》，《中国音乐》1982年第4期。

《姚锦新的〈花鼓歌及其他中国歌曲〉》，《中国音乐》1982年第9期。

《走中国自己的路——评交响叙事曲〈十面埋伏〉》，《人民音乐》

1982年第9期。

《〈华夏之声——中国诗词歌曲〉序》,《华夏之声》(唱片与盒式磁带),中国唱片社1982年。

1983～1984

开展学科建设活动

学科建设:任中国音乐学院实验乐团团长,并提出“保存要纯正,发展要大胆”的建团方针。带领乐团团员分赴广东、福建学习潮州音乐和南音,开创音乐院校以“原样保存”的方式(即不用乐谱,直接拜老艺人为师,用口传心授的方式)学习传统音乐的先例。此外,按作曲专业要求为乐团团员开设和声、作曲课程,同时要求每位演奏员学习第二乐器。

《复制中国古代乐器计划》《恢复中国音乐历史长河第一期科研计划》,负责组织研究、制作“音乐会用华夏编钟”(1987年完成)。

《对中国音乐学院体制改革的认识与建议》(提交文化部)。

发表《心灵的泪花——漫话电影〈勿忘我〉的音乐》,《中国音乐》1983年第1期。

《走自己的路——关于建立中国音乐教育体系的构想》,《中国音乐》1983年第2期。

《音乐会特刊文论选》(李西安、黎英海、赵沨、吴文光、何昌林、赵如兰、陈应时、吴钊、黄翔鹏),《中国音乐》1983年第3期。

《阿炳与刘天华的比较研究》,《中国音乐》1983年第4期。

《“古谱寻声”音乐会情况概述》,《文艺界通讯》1983年第11期。

《振兴民族艺术 体现民族精神——看湖北省歌舞团演出的〈编钟乐舞〉》,《北京日报》1983年11月5日。

开设“民族旋律与曲式”课程(至2004年)。

《民族音乐课新方案的总体构想》,《人民音乐》1984年第1期。

《汨罗悠悠千古流——漫话〈汨罗江幻想曲〉的艺术创造》,《人民音乐》1984年第12期。

应中国唱片总公司之邀，组织创作《风雅颂——为〈诗经〉谱曲》激光唱片（CD）2张并选入《中华古诗词名家吟唱》出版（1984～1992）。

1985

兼任第四届中国音乐家协会书记处书记和理论委员会副主任（1985～1999）。

起草《作曲系办系规划（1985～1995）》。

策划举办“中外当代音乐系列讲座”（1985）。

策划“作曲系教师音乐作品录音回顾展”（4次）。

发表《中国音乐的大趋势》（在“当代音乐系列讲座”上的演讲）。

《回答世界的挑战——从黄安伦的〈交响音乐会〉谈起》，《文艺研究》1985年第2期。

《他从迷惘和求索中走来——叶小纲的音乐创作述评》，《人民音乐》1985年第10期。

《中国民族音乐美学三题》，《乐府新声》1985年第1期。

《在幼小的心灵中播下民族音乐的种子》，《人民音乐》1985年第5期。

主编并创作与小学《语文》课本（北京版）配套的《儿童唱唐宋诗》。

修订出版《中国民族曲式》（与军驰合作）。

1986

被中国音乐家协会聘为《人民音乐》主编（1986～1989）。

起草《〈人民音乐〉改版计划》，《中国音乐通讯》1986年第1期。

参与主办叶小纲、陈怡、瞿小松、许舒亚、郭文景、何训田等青年作曲家的个人作品音乐会。

参与主办在辽宁兴城举行的“全国中青年音乐理论家座谈会”，并发表以《走出大峡谷》为题的主旨演讲。

起草《关于“七五”期间音协工作的若干设想》

招收首届作曲技术理论（中国民族曲式）方向硕士研究生谢嘉幸。

发表《音乐文学断想》，《中国音乐文学》1986年1月试刊号。

《中国音乐的新浪潮》，《中国建设》（中、英、法、西班牙文版）1986年第2期。

《中国音乐理论家的社会使命》，《中国音乐学》1986年第3期。

《正在转机的中国通俗音乐——评中国青年首届民歌通俗歌曲大奖赛》，《人民音乐》1986年第3期。

《〈人民音乐〉改版——致读者》，《人民音乐》1986年第4期。

《现代音乐思潮对话录》（李西安、谭盾、瞿小松、叶小纲），《人民音乐》1986年第6期。

《中国乐舞复兴的思索》，《人民音乐》1986年第6期（以笔名“东方晓”署名发表）。

《农村音乐文化的兴起》，《人民音乐》1986年第11期（以笔名“东方晓”署名发表）。

《中国音乐的新浪潮》，《中国建设》（中、英、法、西班牙文版）1986年第12期。

加入中国共产党并成为中国共产党正式党员。

1987

任中国音乐学院院长、《中国音乐》主编（1987 ～ 1991）。

制定《中国音乐学院体制改革》方案。

发表《〈人民音乐〉西北专号——致读者》，《人民音乐》1987年第1期。

策划张维良首次个人笛箫独奏音乐会。

策划“中国歌剧之魂”大型晚会等（1987 ～ 1988）。

1988

开展学科建设，首次提出“在最古老的传统和最现代的新思维、新学科之间建立一个巨大的发展空间”的新的办院方针，就音乐工学（含计算机音乐和音乐音响导演）、音乐治疗、艺术管理、音乐教育、音乐图书情报、艺术嗓音医学、音乐文学7个新兴交叉学科进行论证，并经文化部批准，翌年设立音乐教育系，开设音乐工学、音乐治疗和艺术管理专业。

发表《新专业系列论证主体论证》(1988年6月9日在中国音乐学院新专业论证会上的讲话)。

举办《人民音乐》“回顾与反思”系列座谈会。分别发表以《我们历尽艰险但仍奋力向前》《毛泽东文艺理论研讨会在京举行》及《对日丹诺夫文艺理论的反思》为题的综合报道。

倡议发起并主持举办“桑达杯全国首届高等艺术院校中国艺术歌曲演唱比赛和创作比赛”。

策划、监制由台湾福茂唱片公司出版《刘明源胡琴专辑“幸福年”》《张维良的吹管艺术“凤凰楼”》《王范地琵琶专集“阳春白雪”》等音像制品。

制定《中国音乐学院管理体制改革方案（草案）》。

1989

策划并主持由中国音乐家协会、《人民音乐》、中国音乐家音像出版社、中国工艺品进出口公司联合举办的“ART杯首届中国乐器（二胡、琵琶、古筝）国际比赛”。

发表《遥远的梦——首届中国乐器比赛漫想》,《人民音乐》1989年第10期。

《在中国音乐治疗学会成立大会上的讲话》,《中国音乐治疗学会论文集》，1989年10月。

1990

发表《步入民族音乐的大千世界——中央音乐学院校庆40周年寄

语》,《中央音乐学院四十年校庆纪念特辑》,1990年6月。

《求索,在传统与现代之间——交响曲〈十面埋伏〉弦外谈》,《中央音乐学院学报》1990年第4期。

《心灵的呼唤　时代的悲歌——纪念柴可夫斯基诞辰150周年》,《世界知识画报》1990年第10期。

1991

主编小学《语文》课本中与古诗词赏析、谱曲配套的《配乐古诗鉴赏》盒式磁带。

发表《迎接电子音乐的新纪元》,四通集团公司《电脑音乐之声》1991年第12期。

起草《关于我院附中和安苑北里中学联合办学的请示报告》《关于我院附中和安苑北里中学联合办学的论证报告》,以及《中国音乐学院附中合办协议书》。

1992

应邀率团赴日参加亚洲艺术节。此前根据中国古曲改编室内乐《婆罗门引》由来自中国内地和香港、日本、韩国等的音乐家联合演出。

创作女声独唱《母校,我向你轻声述说——为母校天津一中建校45周年而作》。

倡议以“东方地平线”为题举办学生作品系列音乐会。

应邀担任正大国际音乐制作中心顾问,策划出版西部歌曲《LOLO谣》、张维良箫独奏流行音乐《问情》。

策划“笛与箫”张维良个人独奏音乐会、“活着的阿炳”著名潮州筝大师杨秀明个人独奏音乐会。出版《梵音胜彼世间音》激光唱片(CD)。

获得国务院颁发的政府特殊津贴及证书。

1993

应香港大学之邀，出席“20世纪国乐思想研讨会”，发表题为《文化转型与国乐的张力场结构》的主旨演讲。

应新加坡风格音乐出版有限公司邀请，策划创作和录制《唐风》《宋韵》激光唱片（CD）。

策划举办以“弦韵”为题的青年胡琴演奏家曹德维个人音乐会。

发表《1992年的民族器乐创作》，《中国音乐年鉴·1993》。

1994

应中国台湾省立交响乐团之邀，赴台出席“第三届海峡两岸作曲家研讨会”，发表以《移步不换形与涅槃而后生——对中国音乐创作发展对策的思考》为题的主旨演讲（《中央音乐学院学报》1994年第2期发表）。

出席文化部召开的由艺术院校新老院长、书记参加的教育改革座谈会，提出建立中国艺术大学的倡议。

应邀担任中央电视台“音乐桥”栏目音乐顾问，参与制定栏目总体规划。

起草报告、组织编辑中央电视台库存音乐节目总目，拓展中国传统音乐和现代音乐的内容。

应中国香港邀请，作为音乐顾问率团赴香港演出“白云观道教音乐会”和“中国道教音乐会”。

参与策划“知音雅集——中国古琴名琴名曲国际鉴赏会”，监制出版“中国古琴名家名曲”系列激光唱片（CD）。

应法国巴黎黄河艺术团之邀，创作以介绍我国黄河流域音乐文化为目的的音乐剧剧本《在那遥远的地方》，音乐全部采用黄河流域各省的民歌、戏曲等。

策划演出《远古的回声——旅日音乐家孟晓亮打击乐新作品音乐会》。

发表《移步不换形与涅槃而后生——对中国音乐创作发展对策的思考》,《中央音乐学院学报》1994年第2期。

《文化转型与国乐的张力场结构》,《中国音乐》1994年第4期。

招收首届音乐工学计算机专业硕士研究生陈倩。

1995

与张维良共同组建“华夏室内乐团”,并任艺术总监(1995～2001)。

组建北京市青少年艺术发展促进会并任会长。

策划在北京大学、清华大学等高校开展“流动音乐大篷车”活动,受到广大师生欢迎。

组建由首都八大交响乐团首席组成的新世纪(爱乐)室内乐团。

以中国音乐评论家的身份应邀出席“95法国秋季国际艺术节”。

策划实施陈其钢作品中国首演音乐会、“忆吹箫”张维良箫独奏音乐会。

出版西部歌曲专辑《LOLO谣》。

招收音乐音响导演专业硕士研究生金苓。

发表《写在陈其钢作品中国首演之前》,《人民音乐》1995年第2期。

《雅俗分离之后——中国音乐雅俗关系十年回眸》,《文艺研究》1995年第6期。

《LOLO是谁》,《国际音乐交流》1996年第1期。

《LOLO和他的“LOLO谣”》,正大国际音乐制作中心《每月快讯》,1995年。

1996

策划实施华夏室内乐团“96中国民族室内乐系列”:“建团音乐会”“中国现代作品音乐会”“华夏之声——民族室内乐音乐会”“西江月——新编潮州弦诗音乐会”“北京大学中文系百年华诞音乐会”“华夏古风——埙筝琴箫古典名曲音乐会”“千里共婵娟——中秋音乐会”、为中央电视台音乐编辑举办“中国民族乐器与乐曲介绍”音乐会等。

由香港雨果公司出版华夏室内乐团第一张激光唱片《婆罗门引》（CD）。

应法国国家电视台之邀，率华夏室内乐团赴法参加以中国为主题的“’96巴黎春季国际音乐节”，演出中国现代作品音乐会和中国传统名曲音乐会，并为音乐节总节目单撰写序言《中国的新音乐》。

策划演出“纪念马可逝世20周年——马可经典作品音乐会”。

招收音乐音响导演专业硕士研究生王珏。

发表《〈华夏室内乐团〉序》,《华夏室内乐团》宣传册，1996年1月。

《当前我国高等艺术教育的潜在危机及其出路》,《艺术教育》1996年第2期。

《关于创办中国艺术大学的构想》,《艺术教育》1996年第2期。

《参加’96巴黎现代音乐节侧记》,《国际音乐交流》1996年第5期。

《人去天上　魂留人间——马可逝世20周年祭》,《人民日报》1996年9月1日。

《和实生物　同则不继——窥探1993 ~ 1994年中国民族器乐创作走向》,

《中国音乐年鉴·1995》。

获得中国歌坛十年回顾大型系列活动组委会颁发的“中国歌坛成就奖章”。

1997

参与策划、担任音乐设计、演出“呼唤诗神——世界名诗交响音乐会”“但愿人长久——中国千古名篇吟诵音乐会”。

率华夏室内乐团赴法国参加“’97里昂国际现代音乐节”，演出中国现代作品音乐会（之二）、电子音乐与民族乐器音乐会和中国传统名曲音乐会。

策划华夏室内乐团“’97中国民族室内乐系列”之“唐宋古风音乐

会”“行云流水——杨秀明筝独奏音乐会”，“寻梦唐宋古风音乐会”等。

香港雨果公司出版华夏室内乐团第二张激光唱片《三笑》（CD）。

发表《不可忽视的作曲家群体——95世界华人音乐创作掠影》，《中国音乐年鉴·1996》

《为诗歌插上音乐的翅膀——“世界名诗音乐会”策划随笔》，《中国经济时报》1997年1月。

1998

率华夏室内乐团赴美国16个城市巡回演出，由DELOS公司为华夏室内乐团录制第三张激光唱片“HUAXIA”（CD）。

率华夏室内乐团赴葡萄牙、中国澳门参加“’98里斯本国际音乐节”和“’98澳门国际音乐节”演出。

策划华夏室内乐团与荷兰卡斯·詹森五重奏团联合演出“邂逅——现代爵士音乐会”。

应香港中乐团新任音乐总监阎惠昌之邀，提出《关于香港中乐团建设与发展的几点初步设想》，并参与该团发展方向、重大比赛、学术研讨会的策划以及声部首席和其他重要部门人员的聘任考试。

发表《永恒的爱的颂歌——黄安伦的〈g小调钢琴协奏曲〉》，《人民音乐》1998年第7期。

《〈走进音乐——音乐鉴赏的训练与评估〉序》，《音乐生活报》1998年12月31日。

1999

率华夏室内乐团赴杭州、温州、宁波等城市演出“广发之夏——高山流水觅知音”音乐会。

发表《融吟、白、诵、唱为一体的绝妙之作——听陈其钢的〈水调歌头〉》，《今日艺术》1999年第3期。

《中国乐器在国外——华夏室内乐团赴美演出写真》，《乐器》1999

年第3期。

《叩响现代之门——华夏室内乐团的艺术构想与实践》，《人民音乐》1999年第7期。

《直抒胸臆　浑然天成——听陈其钢的大提琴协奏曲〈逝去的时光〉》，《光明日报》1999年12月2日。

2000

应香港中乐团之邀，担任“21世纪国际作曲大赛”评委。

策划、组织开设与作曲家共同主讲的“中国现代音乐系列讲座”（1）。

倡议中国音乐学院图书馆建立“中国现代音乐资料库”。

担任北京市哲学社会科学规划课题“中国当代音乐信息库”（2000 ～ 2004）顾问及实际资料收集者。

发表《我们将如何面对21世纪？——民族管弦乐队的转型、解构及其他》，《人民音乐》2000年第4期，获得“中国文联2000年度文艺评论奖一等奖”。

《邵氏音群与邵氏和声——忆邵光琛在中国音乐学院期间的学术活动》，《新疆艺术》2000年第3期。

《从窗外看中国——〈元之元〉首演与东西方文化的深层交融》，《音乐周报》2000年9月22日。

获文化部区永熙优秀音乐教育奖。

2001 ～ 2002

全国艺术学“十五”规划2001年度科研课题《中国民族旋律学》立项。

率华夏室内乐团赴法国参加“2001里昂国际音乐节”，演出中国民族乐器与电子音乐音乐会。

策划并率天音室内乐团赴漳州演出“南山之光——庆祝南山寺建寺1265周年音乐会”。

策划、组织开设与作曲家共同主讲的“中国现代音乐系列讲座”（2）。

策划、组织并与沈洽、樊祖荫、乌兰杰、杜亚雄、乔建中共同开设“中国民族音乐形态学系列讲座”（2002 ~ 2004年）。

受中央音乐学院《音乐百科全书》编委会委约，撰写“中国民族曲式”及相关词条。

《走出大峡谷——李西安音乐文集》出版。

应指挥家叶聪之邀，提出《对新加坡华乐团21世纪发展策略的初步思考》。

为《计算机绘谱：Encore 4.x教程》作序。

招收音乐音响导演专业硕士研究生曹勐、唐舒岩、邹佳默。

发表《在瞬息即逝中创造音乐的永恒——杨静和她的琵琶即兴艺术》，《乐器》2001年第5期、第6期连载。

《汉语诗律与汉族旋律》，《音乐研究》2001年第3期。

《新时期的合唱音乐》（上、下），《音乐周报》2001年11月2日、11月9日连载。

《新时期艺术歌曲回顾》，《人民音乐》2002年第1期。

《我国民乐创作由单一模式向多元格局的转型》，《人民音乐》2002年第10期。

受聘担任香港中乐团顾问。

2003 ~ 2004

以香港中乐团音乐顾问身份参加该团“探讨中国音乐在现代的生存环境及其发展”座谈会，发表以“对音乐传统传承、变异与创新的再认识”为题的主题演讲。

受聘担任新加坡华乐团艺术咨询委员（2003 ~ 2016）。

主编《一石激起千层浪——中国现代音乐争鸣文选（1982 ~ 2003）》（上、下册）。

策划北京市大型春节晚会“春潮：2004”。

为中国音乐学院40周年院庆向学院领导提交《中国音乐学院向何处去？——40周年院庆后时代忧思录》。

主编《中国音乐学院校庆四十周年纪念集（音像）》

发表《调整创作风格与艺术追求——音乐创作二人谈》（与叶小纲），《中央音乐学院学报》2003年第2期。

《对音乐传统传承、变异与创新的再认识》，《人民音乐》2003年第12期，获得“中国文联2004年度文艺评论奖一等奖”。

《马可等人在音乐教育领域的超前意识》，《人民音乐》2004年第10期。

《音乐中国：中西音乐对话前的对话》（与于润洋、陈其钢），《光明日报·书评周刊》。

2005 ~ 2006

策划澳门基金会与中国音乐家协会联合举办的“让世界倾听澳门——2005国际华语歌曲创作比赛”。歌词创作《让世界倾听澳门》获得二等奖（与陈哲合作）。

参加全国第二届音乐传播学学术研讨会（2005），发表以“要重视对音乐传播文化政策的研究”为题的主旨演讲。

以新加坡华乐团艺术咨询委员身份应邀赴新加坡考察，举办以“华乐的历史与走向”和“如何走出大峡谷？”为题的专题讲座。

参与策划“2006新加坡华乐团国际华乐作曲大赛”并担任复赛、决赛评委。

为新加坡国际贸易基金会常年大会大型多媒体晚会“DIASPORA”（流离）担任音乐设计。

为德音国学系列培训班开设“诗词吟诵的讲究”讲座。

发表《寻找“红樱束”》，《音乐周报》2005年1月21日。

《苏夏教授：“在星辉斑斓里放歌”》，《人民日报》2005年4月22日。

《“走出西方音乐的阴影”对话录》（与瞿小松），《中央音乐学院学报》2005年第2 ~ 3期连载。

《马可等人在音乐教育领域的超前意识》,《中国音乐》2005年第4期。

《贴近自心的音乐——梁雷近作三人谈》(与谢嘉幸、梁雷),《人民音乐》2006年第2期。

《姚思源教授的艺术生涯给我们哪些重要启示?——祝贺姚思源教授80华诞》,《姚思源音乐教育思想学术研讨会发言与论文集》,首都师范大学音乐学院2006年12月编。

被聘为中国文联第五届中国文艺评论奖终评委员会委员。

担任《马可选集》主编。

2007 ~ 2008

参与策划《儿童中国民乐品赏》并担任主编(2011年获国家新闻出版总署优秀出版物一等奖)。

倡议并策划音乐会版歌剧《小二黑结婚》演出,并为演出节目单撰写《新歌剧之树常青——写在音乐会歌剧〈小二黑结婚(青春版)〉排演之前》。

发表《步入时代的门槛——中国民乐发展历程百年回眸》,载《香港艺术节总节目册》2007年7月13日。

2007年招收首届作曲技术理论专业博士研究生赵冬梅。

发表《在安波、马可塑像揭幕仪式上的讲话》(2008年5月8日)。

2009 ~ 2010

策划“2009首届北京传统音乐节”及开幕式“从金中都到新北京——北京音乐800年多媒体音乐会”,并具体指导策划“中国传统吟诵雅集”“韩日传统吟诵雅集”和闭幕式“北京民俗音乐狂欢”。

策划“2010第二届北京传统音乐节”开幕式“舞彩丝路”。

为高为杰教授博士研究生卢璐博士论文《高为杰现代音乐创作技法研究》作序。

2011 ~ 2012

策划“2011第三届北京传统音乐节——戏曲音乐高层论坛”。

策划“乡梦——张维良笛艺40年巡演音乐会”。

策划并主持“渔舟唱晚——潮州筝大师杨秀明古筝音乐会”。

设计、绘制“太极传统音乐奖”徽标（Logo）被采纳。

为张维良专著《笛乐艺术研究》作序《在广阔视野中构筑笛乐艺术的理论平台》。

发表《写在“高为杰教授从教50周年师生作品音乐会”之前》，《中国音乐》2011年第1期。

《两条不期而遇的平行线——〈剑桥西方音乐理论发展史〉中文版首发式祝词》，《中国音乐》2012年第2期。

《为国乐创作打开另一扇窗——谭盾和他的〈西北组曲〉》（与赵冬梅合作），中国民族管弦乐学会编《乐谭——“新绎杯”中国民族管弦乐获奖作品评析》。

2013 ~ 2014

策划编辑《行云流水——潮州筝大师杨秀明的艺术历程》。

策划“纪念中国音乐学院50周年校庆：“行云流水——潮州筝大师杨秀明古筝音乐会”。

策划“大雅国风——张维良的民乐新纪元”多媒体音乐会。

发表《让古老的竹笛焕发出时代精神——杨青和他的竹笛与民族管弦乐队〈苍〉》，《人民音乐》2013年第10期。

《李凌同志对中国音乐学院复建的历史性贡献——在纪念李凌诞辰百年学术研讨会上的发言》，《中国音乐》2014年第1期。

为博士研究生赵冬梅博士学位论文《中国传统音乐的音高元素在现代音乐创作中的继承与创新》作序。

2015 ~ 2016

为《马可选集》出版撰写《重新发现马可，重新认识马可——〈马可选集〉编后》。

为班丽霞主编《借音乐提问：梁雷音乐文论与作品评析》作序《没有创新，就没有音乐的未来——我所认识的新生代作曲家梁雷》。

2017 ~ 2018

“中国传统旋律与曲式系列理论丛书”：《中国传统旋律的构成要素》《中国传统曲式学》《〈八板〉及其变体研究谱例集》《汉族语言与汉族旋律》获得2017年度国家出版基金资助项目立项（与赵冬梅合作）。

发表《永远的缅怀　深深的敬意——忆黄翔鹏先生对“华夏之声”音乐会的重要奉献》，《中国音乐学》2017年第3期。

与文化学者许嘉璐共同策划“远古的呼唤——张维良大型人文史诗”多媒体音乐会。

2019

应四川音乐学院作曲系艾明、民乐系张国亮两位老师邀请，赴成都出席音乐学术沙龙——龢龠论坛，之后赴重庆观看张维良、黄梅琴箫音乐会。

为龚琳娜、老锣《流动的时光——龚琳娜、老锣二十四节气古诗词歌曲》作序《寻回正在失落的生命密码》。

2020

6月4日晚10时于北京逝世，享年83岁。

附录二

李西安音乐创作手稿辑佚[1]

一、歌曲创作

1.《响哨的一粒铜豌豆》(电视系列片《寻找关汉卿》主题歌)，李西安、徐怀中编词、李西安曲

2.《踢银灯》(小旦)，词作者不详，李西安曲

3.《不见面》(小旦)，词作者不详，李西安曲

4.《啊，梦》(女声独唱)，李西安词、施万春曲

5.《这里是我的故乡——遥寄海外的亲人和朋友》(独唱)，张加毅、宋文法词，李西安曲

6.《湘灵歌》(女声独唱)，鲁迅词、李西安曲

7.《山行》，词作者不详，李西安曲

8.《战斗吧，多米尼加人民》张自词、李西安曲

9.《曙光小学校歌》，李西安词曲

10.《当我走进一中的校园》，词作者不详，李西安曲

11.《美丽的鹭岛》，词作者不详，李西安曲

[1] 按:《李西安音乐创作手稿辑佚》为哈尔滨音乐学院图书馆根据李西安向哈尔滨音乐学院捐赠的个人藏书及文存中的音乐创作手稿编辑整理而成。虽然，其中的大部分作品李西安生前并未注明创作年代，部分歌曲作品的词作者和戏曲音乐的编剧者亦不详，但它们同样具有不可多得的史料价值，故而在“附录”中如实呈现。

12.《太阳宫里有只金色的大雁》，词作者不详，李西安曲

13.《无题——血沃中原肥劲草》，词作者不详，李西安曲

14.《怀念敬爱的周总理》，石祥原诗、李西安改词作曲

15.《扁担歌》，词作者不详，李西安曲

16.《丰收之歌》（1962年5月13号），胡松华作词编曲、李西安配伴奏

17.《永远走毛主席指引的路》，王照乾词、李西安曲

18.《黄鹤楼送孟浩然之广陵》，无锡吟诗调、李西安编曲

19.《我为革命采油忙》，词作者不详，李西安曲

20.《喜听原油滚滚流》，词作者不详，李西安曲

21.《日本的怒火》（1965年12月），词作者不详，李西安曲

22.《毛主席永远在我们心上》，词作者不详，李西安曲

23.《渔家恋》，词作者不详，李西安曲

24.《一朵朵油花把油海映红》，词作者不详，李西安曲

25.《十里长街送总理》，词作者不详，李西安曲

26.《西游记宫》，词作者不详，李西安曲

27.《周总理》，词作者不详，李西安曲

28.《石油侦察兵之歌》，词作者不详，李西安、樊祖荫曲

29.《飒爽英姿放线工》，词作者不详，李西安、樊祖荫曲

二、钢琴作品[1]

1.《祖国的花朵》，李西安编曲

[1] 按：《祖国的花朵》《阿细跳月》《小民兵》《大夯歌》等四首钢琴小品为李西安1974年配合周广仁先生为中央五七艺术大学零基础的工农兵学员编写钢琴教材而创作。详见本书第一部“春”之第一章“从军粮城到中央五七艺术大学”。

2.《阿细跳月》，李西安编曲

3.《小民兵》，李西安编曲

4.《打夯歌》，李西安编曲

三、戏曲音乐创作

1.《选委员》(1969年6月)，编剧不详，作曲：李西安、刘德海、彭氏雄、安如历、刘为光、张鸿懿

2.《野营路上第一课》(1972年2月)，编剧不详，作曲：李西安、王立厚、陈应政

3.《三岔路口》，编剧不详，编曲：李西安

4.《战洪图》，编剧不详，作曲：马可、李西安、梁克祥

5.《猪跑了》，编剧不详，作曲：李长安

后　记

写作三年，审读两年，九易其稿又一年，总算走完了这段五味杂陈的漫漫心路。

确切地说，我接受李西安郑重委托撰写这部传记的时间是2018年6月，亦即同年4月23日中国音乐学院图书馆于第23个世界读书日举办“李西安艺术档案展”结束不久。从那以后，李西安便开始分期分批地将他的档案陆续交给我（注：2020年6月他逝世后我又在他的遗物里发现了另一些之前不曾见到的书信和文稿）。

从那时起，我开始逐渐走进李西安的精神世界。三年中，有一大半的时间完全沉浸在阅读，甚至是猜测、辨认他那些发黄、褪色的书信、日记和工作笔记中时而工整隽秀，时而潦草难认的笔迹之中，有的内容和文字甚至还需要找别的文献相互校雠、求证，才能把上下文连贯读通，以至不知不觉中，我电脑里仅仅是对李西安档案涉及的历史事件、人物、思想、焦点核心，以及时间、地点、场域、语境的甄别、考据、梳理就有10多万字。

事实上，居其宏1990年在中国音协召开的“音乐思想座谈会”上中肯的发言至今依然耐人寻味：

> 马克思主义是亿万人追求的真理，不是少数同志所专有的。在马克思主义面前，我们都是小学生。在音乐界和音乐学界，用马克

> 思主义的立场、观点、方法来观察当代复杂的音乐现象，从中找出规律性的认识，来创造有中国特色的马克思主义音乐学，这是我们老、中、青各代人共同面临的历史任务，在创造马克思主义音乐学的过程中，对种种探索和努力，应当采取爱护和鼓励的态度。[1]

何况，对于历史本体中的偶然性和必然性，马恩原著早有精辟论断：

> 偶然性只是相互存在的一极，它的另一极叫作必然性。在似乎也是被偶然性支配的自然界中，我们早就证实，在每一个领域内，都存在着这种偶然性为自己开辟道路的内在必然性和规律性……一种社会活动，一系列社会过程，愈是超出人们的自觉控制，愈是超出他们的支配范围，愈是显然受纯粹的偶然性的摆布，它所固有的内在规律就愈是以自然的必然性在这种偶然性中为自己开辟道路。[2]

当今娱乐业的“繁荣”令人发指，而音乐史学界对中国当代音乐史最近50年的研究却鲜有重大成果问世。究竟是学者的缺失，还是学界的悲哀?

2021年6月4日李西安逝世一周年忌日那天，我因公务在身，没能和赵冬梅等师友同去扫墓。除了默默聆听谢嘉幸在他的“幸会音乐”公众号里精心制作的“纪念李西安先生逝世一周年特别专辑”外，只能委托冬梅“转告”李老师：传记我还在写，争取两周年祭时奉上。然而，令我始料不及的是，第九稿通过专家审读时，李西安已经离开了我们四年多……此时此刻，虽然书稿即将付梓，但能否告慰李西安的在天之灵，能否让学界和众多关心李西安的海内外朋友们认可，则又让我多了

[1] 《中国音乐学》资料组：《1990年“音乐思想座谈会”综述》，《中国音乐学》1990年第4期，第24 ~ 42页。

[2] 中共中央马克思恩格斯列宁斯大林著作编译局：《马克思恩格斯全集》第21卷。北京：人民出版社，1972年，第199页。

几分忐忑。

毕竟，迄今为止中国音乐学界的人物传记研究和书写还十分有限。因此“写什么，如何写”仍然是音乐史学界，乃至音乐批评界需要深入研究的课题。从理论上说，学界同仁对“志传”“纪传”“史传”，以及“志属信史”的传统说法似乎并无异议。但在写作实践中，真正做到实事求是，寓褒贬于叙事中，“情真而不诡”“事信而不诞”，并且始终以人物为中心来陈述传主在不同历史时期中所起的作用并不容易。

我欣赏戴嘉枋40多年前对《冼星海传》和《星海传》的批评[1]。我更赞成在真实可信的史料基础上，以时间为序，将传主始终置于纷繁复杂的历史语境之中，尽可能准确把握、深入分析事件发生、发展、变化的内在逻辑关系（包括所有与事件有关联的人物关系及场域、语境），从而揭示和研究传主受客观影响所产生的主观内心（包括言行），并对其做出尽可能合乎历史真实原貌的学术评价。此外，在传记体裁的选择方面，明代文学批判家金圣叹对《史记》和《水浒传》的评价言简意赅不无道理：前者“以文运事”，后者“因文生事”。同理，罗曼·罗兰《贝多芬传》和《约翰·克里斯朵夫》的题材、体裁关系以及写作方法、叙事风格的不同处理，甚至包括本书对所有过往人物的人称指代也同样是我在正式开始写作前反反复复思考的问题。

所幸，李西安留下的丰富史料为本书的写作提供了十分重要的前提——在宏观历史语境中梳理他的思想发展脉络、个人志趣、情感变化及其逻辑关系不仅成为可能，而且全书的写作做到了：1.所有史料（包括书信、日记、文论、会议记录、报刊、图片等）均有出处，并精确到年、月、日；2.所有人物均有真实姓名（除根据审读专家意见对个别人名做了“×××”处理外），并有据可查；3.所有出版物（包括中外文图书、期刊）引文均注明著作和作者名称、出版社名称、出版年代、版

[1] 戴嘉枋：《我们需要什么样的音乐家传记？——读两本冼星海传》，《中央音乐学院学报》1981年第1期，第37～39页。

次，以及期刊名称、期号与引用文章的起止页码和当前页码，即便是从互联网上引用的信息，也一并注明网页和引用时的登录日期，以确保史学研究的属性与品质，避免文学性传记创作常见的人物、时间、事件虚构与虚拟问题。

然而，“史料是历史学家步入历史学殿堂的凭借，但是史料只是素材或记录，它们本身不能独立自存；只有当它们融入历史学家的精神时，才成为历史学”[1]。况且，“并不是有了活生生的历史，就会有活生生的历史学；而是只有有了活生生的历史学，然后才会有活生生的历史”[2]。

六年来，本书在写作前漫长的准备阶段和正式写作，以及每一次对书稿进行修改的过程中都先后得到了学界众多师友的热忱帮助和大力支持。他们是：李西安先生女儿李海珠女士，张鸿懿教授胞弟张鸿任先生，中国音乐学院谢大京教授、施万春教授、高为杰教授、谢嘉幸教授、陈铭道教授、张维良教授、赵冬梅教授、葛詠教授、邱霁教授、黄梅副教授，中国音乐学院图书馆付晓东馆长、唐锐研究馆员、马英珺研究馆员和前馆长孙允文教授，《人民音乐》前主编张弦编审、金兆钧编审，前副主编于庆新编审和现任副主编张萌编审，中央音乐学院李吉提教授、梁茂春教授、蒲方教授，英文版《音乐中国》主编周勤如教授，南京艺术学院居其宏教授，首都师范大学王安国教授、杨青教授、孟维平教授，中国艺术研究院音乐研究所田青研究员、蔡良玉研究员，中央歌剧院蒋力研究员，哈尔滨音乐学院图书馆顾伟泉馆长，上海音乐学院萧梅教授、冯长春教授、邹彦教授，西安音乐学院罗艺峰教授、崔炳元教授，前辈作曲家马可先生三位女儿马海星、马海莹、马海玲女士，中国音乐学院老院长李凌先生女儿李妲娜女士，中科汇金数字科技（北京）有限公司、华韵传媒股份有限公司熊志远董事长，以及“中国音网”总编辑魏小石博士。

[1] 何兆武：《历史与历史学》。武汉：湖北人民出版社，2007年，第94页。

[2] 同上，第10页。

需要特别感谢的是，2021年8月本书第一稿完成后，承蒙居其宏教授抬爱并在炎热的夏天和繁忙的工作中专门抽出宝贵时间对拙稿仔细审读，倾情作序。但居老的认真和严谨却让我无地自容：近400页的稿子，他竟然一丝不苟地给我指出某人人名第12页和第22页不统一（如“俊”“峻”）、第23页和第60页不统一（如“许”“徐”）、第42页和第81页不统一（如“丽”“力”）、第62页和第127页不统一（如“家”“嘉”），需核实；某页中的某个句子多了一个字，需改正……

此外，由于本书涉及中国改革开放40年意识形态和中国当代音乐创作、音乐学理论研究领域发生的巨大变化，因而先后得到了众多学者的悉心审读和斧削郢正，他们的意见虽然犀利、尖锐，但却不失睿智、中肯，并让我再次对历史与历史学的关系有了更加深刻的领悟。他们是人民音乐出版社前副总编辑杜晓十教授、现任总编辑杜永寿教授、中国出版集团第一届中版编辑“工匠”奖十佳导师竹岗编审，以及有出版情怀、有品质追求、有时代担当的广西师范大学出版社年轻有为的优秀出版家汤文辉总编辑、总编室肖爱景主任，以及广西师范大学出版社北京分公司乔祥飞总经理和细心周到的“90后”责任编辑顾族宸硕士。尤其是我把2024年12月5～6日在哈尔滨音乐学院举办的李西安纪念活动增补到原已齐清定的书稿中后，顾编辑给予了极大的宽容和悉心的帮助。

请允许我向上述各位师友致以诚挚的敬意和衷心的感谢，倘蒙诸位专家与读者不吝教正，拜嘉无极。

赵仲明

2024年12月18日于京北官厅湖畔